한 번에 합격, 자격증은 이기적

이렇게 기막힌 적중률

 함께 공부하고 특별한 혜택까지!
이기적 스터디 카페

 구독자 약 15만 명, 전강 무료!
이기적 유튜브

오직 스터디 카페 멤버에게만
주어지는 특별 혜택!

이기적 스터디 카페

이기적 스터디 카페

 합격을 위한 기적 같은 선물
또기적 합격자료집

 혼자 공부하기 외롭다면?
온라인 스터디 참여

 모든 궁금증 바로 해결!
전문가와 1:1 질문답변

 1년 내내 진행되는
이기적 365 이벤트

 도서 증정 & 상품까지!
우수 서평단 도전

 간편하게 한눈에
시험 일정 확인

이기적 365 EVENT

합격까지 모든 순간 이기적과 함께!

QR코드를 찍어 이벤트에 참여하고 푸짐한 선물 받아가세요!

1. 기출문제 복원하기

이기적 책으로 공부하고 시험을 봤다면 7일 내로 문제를 제보해 주세요!

2. 합격 후기 작성하기

당신만의 특별한 합격 스토리와 노하우를 전해 주세요!

3. 온라인 서점 리뷰 남기기

온라인 서점에서 책을 구매하고 평점과 리뷰를 남겨 주세요!

4. 정오표 이벤트 참여하기

더 완벽한 이기적이 될 수 있게 수험서의 오류를 제보해 주세요!

※ 이벤트별 혜택은 변경될 수 있으므로 자세한 내용은 해당 QR을 참고해 주세요.

기출 복원 EVENT

기적의 적중률, 여러분의 참여로 완성됩니다

1. 이기적 수험서로 공부하고 시험에 응시했다면 누구나 참여 가능
2. 응시일로부터 7일 이내 복원 문제만 인정(수험표 첨부 필수!)
3. 중복, 누락, 허위 문제는 당첨 대상에서 제외

※ 이벤트별 혜택은 변경될 수 있으므로 자세한 내용은 해당 QR을 참고해 주세요.

시험 환경 100% 재현!
CBT 온라인 문제집

CBT 온라인 문제집 이용 가이드

- **STEP 1** CBT 사이트 (cbt.youngjin.com) 접속하기
- **STEP 2** 과목을 선택하고 시작하기 버튼 클릭하기
- **STEP 3** 시간에 맞춰 문제 풀고 합격 여부 확인하기
- **STEP 4** 로그인하면 MY 페이지에서 응시 결과 확인 가능

글자 크기 조절 — 글자 크기 100% 150% 200%

안 푼 문제 수 확인 가능 — 전체 문제 수 : 40 · 안 푼 문제 수 : 40

실제 시험처럼 시간 재며 풀기 — 제한 시간 40분 / 남은 시간 37분 39초

모바일 접속도 가능

답안 표기란에 체크

안 푼 문제로 바로 이동 가능 / 합격 결과 즉시 확인

이기적 CBT

합격을 위해 모두 드려요.
이기적 합격 솔루션!
이기적이 여러분을 위해 준비했어요

시행처 발표 출제기준 반영, 2026년 출제기준

프로그래밍기능사의 2026년 출제기준, 완벽 분석!
정확하게 확인하고, 다시 한번 합격을 위해 달립니다~

처음 공부하는 모두를 위한, 100% 무료 합격 강의

혼자서 어떻게 공부해야 할지 모르겠다면,
이기적에서 제공하는 무료 동영상 강의와 시작해 보세요!

언제든지 PC와 모바일로, CBT 온라인 문제집

프로그래밍기능사 필기 시험을 컴퓨터로 본다고?
시험장에 가서 당황하지 않도록 미리 CBT 시험을 연습해 보세요!

1:1 질문답변부터 이벤트까지, 이기적 스터디 카페

모르는 내용은 서로 물어보고 깜짝 이벤트도 참여하세요.
시험이 끝나고 나의 합격 후기를 공유하면 선물도 드려요!

※ 〈2026 이기적 프로그래밍기능사 필기 기본서〉를 구매하고 인증한 회원에게만 드리는 혜택입니다.

◀ 모든 혜택 한 번에 보기

정오표 바로가기 ▶

책은 너무 무겁다면? 가볍게 만나자!
이기적 전자책(eBook)

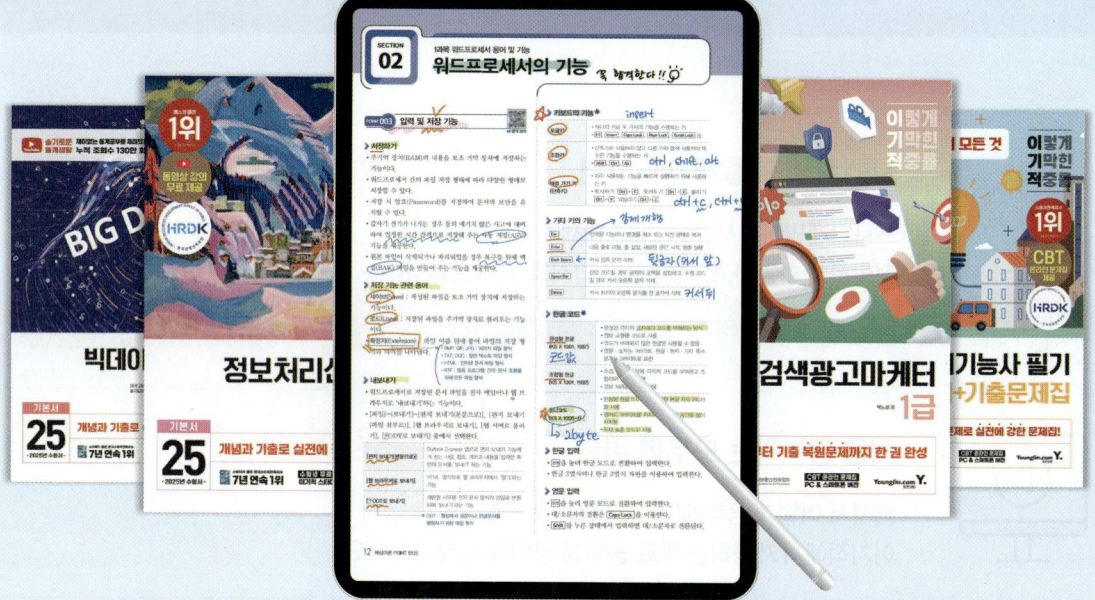

LIGHT
여러 권의 책도
eBook으로
구매하면 0.0g!

EASY
필요한 키워드
손쉽게 검색 &
무제한 필기 가능

FAST
배송 기다림 없이
즉시 다운받고
바로 학습 가능

이용방법

온라인 서점 접속 → eBook 메뉴에서 이기적 도서 검색 → [eBook] 상품 구매 → 서점별 eBook뷰어로 바로 이용 가능

※ eBook은 배송 과정이 없는 디지털 상품으로 온라인 서점별 앱에서 바로 이용 가능하며 이와 별개로 **도서 전체의 PDF 파일은 제공하지 않습니다.**

◀ 이기적 전자책 보러가기

이렇게 기막힌 적중률

프로그래밍기능사
필기 기본서

"이" 한 권으로 합격의 "기적"을 경험하세요!

차례

난이도에 따라 분류하였습니다.
- 상 : 반드시 보고 가야 하는 이론
- 중 : 보편적으로 다루어지는 이론
- 하 : 알고 가면 좋은 이론

▶ 합격 강의

동영상 강의가 제공되는 부분을 표시했습니다.
이기적 수험서 사이트(license.youngjin.com)에 접속하여 시청하세요.

▶ 본 도서에서 제공하는 동영상은 1판 1쇄 기준 2년간 유효합니다. 단, 출제기준안에 따라 내용은 변경될 수 있습니다.

PART 01 프로그래밍 언어 활용 및 응용 [1권]

CHAPTER 01 구조적 프로그래밍, C언어 ▶

중 SECTION 01 C언어 기본, printf, 변수와 자료형, scanf	1-22
중 SECTION 02 C언어 연산자(1)	1-37
중 SECTION 03 C언어 연산자(2)	1-44
중 SECTION 04 구조적 프로그램과 제어문	1-52
중 SECTION 05 C언어 반복문, while, do~while	1-65
중 SECTION 06 C언어 반복문, for, break, continue	1-75
상 SECTION 07 배열	1-84
상 SECTION 08 포인터	1-90
상 SECTION 09 함수	1-96

CHAPTER 02 객체지향 프로그래밍 ▶

중 SECTION 01 객체지향 프로그래밍 기본	1-104
중 SECTION 02 Java 언어 기본, 명령어	1-109
상 SECTION 03 Java 배열과 문자처리	1-118
상 SECTION 04 Java 오버로딩와 오버라이딩	1-123

PART 02 응용 SW 기초 기술 활용

CHAPTER 01 네트워크 기초
- SECTION 01 OSI 모델 · · · · · 1-130
- SECTION 02 프로토콜 · · · · · 1-136
- SECTION 03 TCP/UDP, IP · · · · · 1-142

CHAPTER 02 데이터베이스 기초
- SECTION 01 데이터베이스의 개요와 DBMS · · · · · 1-148
- SECTION 02 E-R 모델, 데이터베이스 모델 · · · · · 1-155
- SECTION 03 관계형 데이터베이스, 키(Key) · · · · · 1-161
- SECTION 04 무결성, 정규화 · · · · · 1-165
- SECTION 05 자료구조 기본 · · · · · 1-175

PART 03 SQL 작성 및 활용

CHAPTER 01 데이터 조회
- SECTION 01 시스템 카탈로그, 트랜잭션 · · · · · 1-184
- SECTION 02 SQL, 집합 연산자 · · · · · 1-188

CHAPTER 02 데이터 수정
- SECTION 01 DDL 기본 · · · · · 1-192
- SECTION 02 DDL 작성하기 · · · · · 1-194
- SECTION 03 DML 기본 · · · · · 1-202
- SECTION 04 DML 작성하기 · · · · · 1-206
- SECTION 05 DCL 기본 및 작성하기 · · · · · 1-211
- SECTION 06 SELECT 문 · · · · · 1-214
- SECTION 07 DML – JOIN · · · · · 1-222

PART 04 화면 구현 및 UI 테스트

CHAPTER 01 UI 테스트
- SECTION 01 UI/UX 개념 … 1-232
- SECTION 02 UI 테스트 기법 … 1-238

CHAPTER 02 화면 구현
- SECTION 01 HTML … 1-242
- SECTION 02 CSS … 1-254
- SECTION 03 자바스크립트(JavaScript) 기초 … 1-259

PART 05 테스트 및 배포

CHAPTER 01 애플리케이션 테스트 수행
- SECTION 01 애플리케이션 테스트 개요 … 1-270
- SECTION 02 화이트박스 테스트, 블랙박스 테스트 … 1-275
- SECTION 03 단위 테스트 … 1-279
- SECTION 04 통합 테스트 … 1-283
- SECTION 05 프로그램 디버깅 … 1-287

CHAPTER 02 애플리케이션 배포
- SECTION 01 DevOps 개념 … 1-292
- SECTION 02 CI/CD 개념 … 1-297

PART 06 개발자 환경 구축

CHAPTER 01 운영체제 기초 활용
- SECTION 01 운영체제의 기본 — 1-304
- SECTION 02 Windows의 특징과 기본 명령어 — 1-309
- SECTION 03 Windows의 CLI 명령어(DOS) — 1-315
- SECTION 04 UNIX 특징과 기본 명령어, 기타 운영체제 — 1-319

CHAPTER 02 기본 개발환경 구축
- SECTION 01 개발환경 설정 — 1-328
- SECTION 02 개발도구 설치 및 설정 — 1-333

PART 07 개발환경 운영 지원

CHAPTER 01 개발환경 백업 및 복원
- SECTION 01 백업 용량 산정 기법 — 1-340
- SECTION 02 백업 시스템 종류 및 복원 — 1-343
- SECTION 03 소스코드 형상관리 — 1-348

별책 기출공략집 (2권)
- 대표 이론 70선 — 2-3
- 기출 예상문제 01~05회 — 2-19
- 기출 예상문제 정답&해설 — 2-69

이 책의 구성

STEP 1 핵심만 정리한 이론

프로그래밍기능사 시험에서
중요한 이론들만 빠르게 공부하기

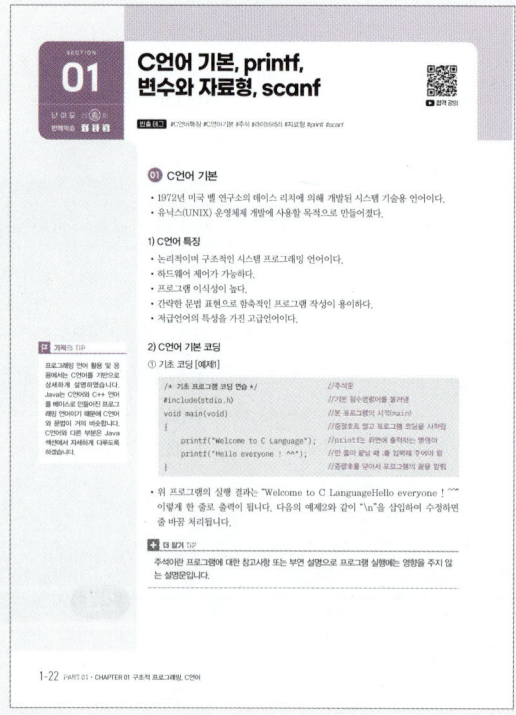

- 난이도와 빈출 태그 확인
- 반복 학습을 통해 이론 완벽 숙지
- 기적의 TIP과 더 알기 TIP 참고

STEP 2 이론을 확인하는 기출문제

앞에서 공부한 이론을 바탕으로
문제를 풀면서 이론 복습하기

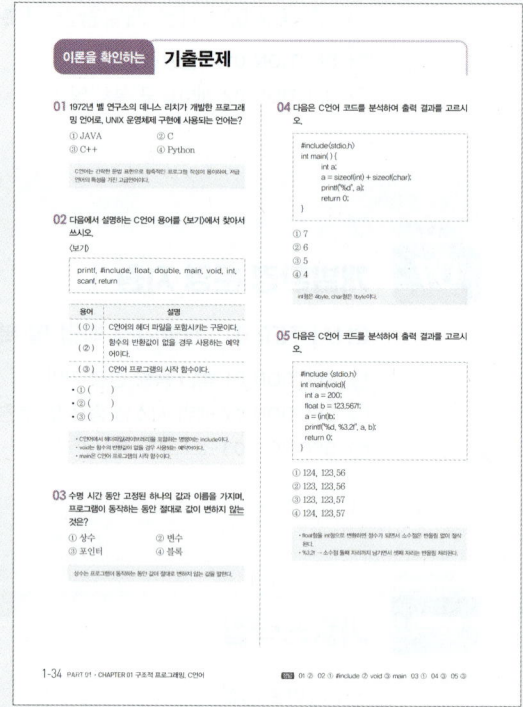

- 문제와 함께 이론 내용 복습
- 정답은 하단에서 바로 확인 가능
- 이론에 없는 내용도 문제로 학습

STEP 3 대표 이론 70선

자주 출제되는 핵심 포인트와
문제로 다시 한번 복습하기

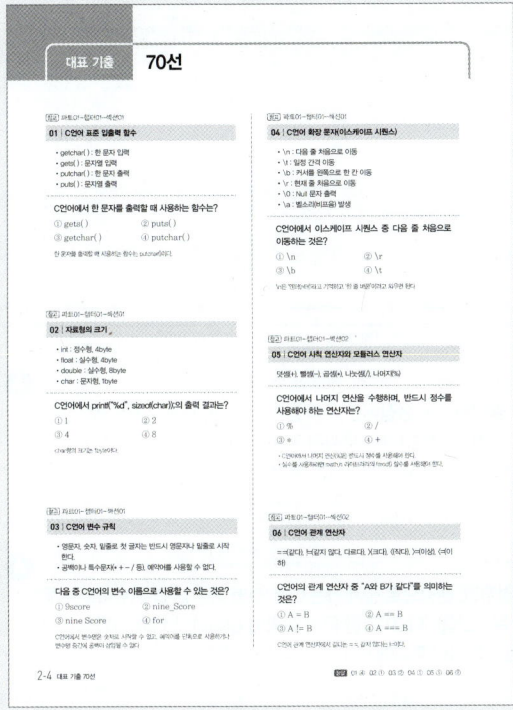

- 중요 핵심 포인트 내용 복습
- 이론 대표 문제로 시험 연습
- 이론과 문제 연계로 마지막 정리

STEP 4 기출 예상문제 5회분

마지막 최종 점검!
기출 예상문제 풀어보기

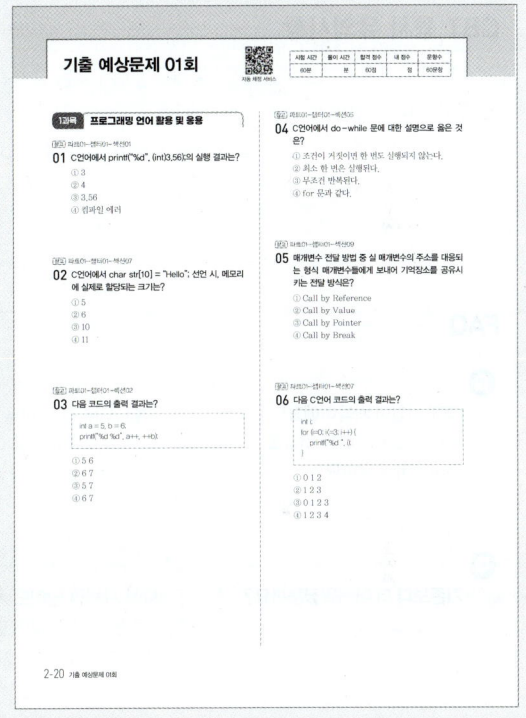

- 실제 시험을 보는 것처럼 연습
- 자세한 해설로 이론 마무리 정리
- 자주 틀리는 내용과 문제는 따로 복습

CBT 시험 가이드

CBT란?

CBT는 시험지와 필기구로 응시하는 일반 필기시험과 달리, 컴퓨터 화면으로 시험 문제를 확인하고 그에 따른 정답을 클릭하면 네트워크를 통하여 감독자 PC에 자동으로 수험자의 답안이 저장되는 방식의 시험입니다.
오른쪽 QR코드를 스캔해서 큐넷 CBT를 체험해 보세요!

큐넷 CBT 체험하기

CBT 응시 유의사항

- 수험자마다 문제가 모두 달라요. 문제은행에서 자동 출제됩니다!
- 답지는 따로 없어요!
- 문제를 다 풀면, 반드시 '제출' 버튼을 눌러야만 시험이 종료되어요!
- 시험 종료 안내방송이 따로 없어요!

FAQ

Q CBT 시험이 처음이에요! 시험 당일에는 어떤 것들을 준비해야 좋을까요?

A 시험 20분 전 도착을 목표로 출발하고 시험장에는 주차할 자리가 마땅하지 않은 경우가 많으므로, 대중교통을 이용하는 것을 추천합니다. 무사히 시험 장소에 도착했다면 수험자 입장 시간에 늦지 않게 시험실에 입실하고, 자신의 자리를 확인한 뒤 착석하세요.

Q 기존보다 더 어려워졌을까요?

A 시험 자체의 난이도 차이는 없지만, 랜덤으로 출제되는 CBT 시험 특성상 경우에 따라 유독 어려운 문제가 많이 출제될 수는 있습니다. 이러한 돌발 상황에 대비하기 위해 이기적 CBT 온라인 문제집으로 실제 시험과 동일한 환경에서 미리 연습해 두세요.

Q 풀었던 문제의 답안 수정은 어떻게 하나요?

A 마킹한 답안을 수정할 경우에는 문제지 화면에서 수정하고자 하는 문제의 답을 다시 클릭하면 먼저 체크한 번호는 없어지고 새로 선택한 번호가 검은색으로 마킹됩니다.

Q 문제를 다 풀고 나면 어떻게 하나요?

A 문제를 다 풀고 시험을 종료하려면, '시험 종료' 버튼을 클릭하면 됩니다. 마킹하지 않은 문제가 있을 경우 남은 문제의 문제번호 목록을 보여 주고, 남은 문제번호를 선택한 다음 [문항으로 이동] 버튼을 클릭하면 문제화면에 클릭한 문제가 나타납니다. 남은 문제가 없을 경우 최종적으로 종료 여부를 확인하는 대화상자가 나타나며 [예]를 클릭하면 시험이 종료되고 수험자가 작성한 답안은 자동으로 저장되어 서버로 전송됩니다.

CBT 진행 순서

좌석번호 확인: 수험자 접속 대기 화면에서 본인의 좌석번호를 확인합니다.

⬇

수험자 정보 확인: 시험 감독관이 수험자의 신분을 확인하는 단계입니다.
신분 확인이 끝나면 시험이 시작됩니다.

⬇

안내사항: 시험 안내사항을 확인하고, 다음을 클릭합니다.

⬇

유의사항: 시험과 관련된 유의사항을 확인합니다.

⬇

문제풀이 메뉴 설명: 시험을 볼 때 필요한 메뉴에 대한 설명을 확인합니다.
메뉴를 이용해 글자 크기와 화면 배치를 조정할 수 있습니다.
남은 시간을 확인하며 답을 표기하고, 필요한 경우 아래의 계산기를 이용할 수 있습니다.

⬇

문제풀이 연습: 시험 보기 전, 연습을 해 보는 단계입니다.
직접 시험 메뉴화면을 클릭하며, CBT가 어떻게 진행되는지 확인합니다.

⬇

시험 준비 완료: 문제풀이 연습을 모두 마친 후 [시험 준비 완료] 버튼을 클릭하면 시험 감독관의 지시에 따라 시험이 시작됩니다.

⬇

시험 시작: 시험이 시작되었습니다. 수험자는 제한 시간에 맞추어 문제풀이를 시작합니다.

⬇

답안 제출: 시험을 완료하면 [답안 제출] 버튼을 클릭합니다. 답안을 수정하기 위해 시험화면으로 돌아가고 싶으면 [아니오] 버튼을 클릭합니다.

⬇

답안 제출 최종 확인: 답안 제출 메뉴에서 [예] 버튼을 클릭하면, 수험자의 실수를 방지하기 위해 한 번 더 주의 문구가 나타납니다. 시험 문제 풀이가 완벽히 끝났다면 [예] 버튼을 클릭하여 최종 제출합니다.

⬇

합격 발표: CBT 시험이 모두 종료되면, 퇴실할 수 있습니다.

이제 완벽하게 CBT 필기시험에 대해 이해하셨나요?
그렇다면 이기적이 준비한 CBT 온라인 문제집으로 학습해 보세요!
이기적 온라인 문제집 : https://cbt.youngjin.com

이기적 CBT 바로가기

시험의 모든 것

시험 알아보기

● 자격증명
프로그래밍기능사

● 자격 소개
정보 시스템 구축에 필요한 기초 프로그래밍, UI 구현, SQL 활용, 테스트 등의 업무를 수행하는 직무이다.

● 응시 자격
- 모든 학과 응시 가능
- 실기는 필기 합격자 대상

● 필기 시험 과목
- 프로그래밍 언어
- 응용 SW 기초 기술
- SQL 활용
- 정보 시스템 기초 기술

● 검정 방법
- 필기 : 객관식 4지 택일형 60문항(60분)
- 실기 : 필답형(1시간 30분)

출제기준

출제기준 상세보기

● 개요
- 적용 기간 : 2026.01.01.~2026.12.31.
- 정보통신 〉 정보기술 〉 프로그래밍기능사

● 세부 출제기준

프로그래밍 언어 활용 및 응용	구조적 프로그래밍
	객체지향 프로그래밍
응용 SW 기초 기술 활용	네트워크 기초
	데이터베이스 기초
화면 구현 및 UI 테스트	UI 테스트
	화면 구현
SQL 작성 및 활용	데이터 조회
	데이터 수정
테스트 및 배포	애플리케이션 테스트 수행
	애플리케이션 배포
개발자 환경 구축	운영체계 기초 활용
	기본 개발환경 구축
개발환경 운영 지원	개발환경 백업 및 복원

접수 및 응시

● **시험 일정**
- 1년에 필기/실기 각 4회씩 시행
- 정확한 시험 일정은 시행처 참고

● **유의 사항**
- 원서접수시간은 원서접수 첫날 10:00부터 마지막 날 18:00까지
- 시험 일정은 종목별, 지역별로 상이할 수 있음
- '접수 일정 전에 공지되는 해당 회별 수험자 안내(Q-net 공지사항 게시)' 참조 필수

● **합격 기준**
- 필기 : 100점을 만점으로 하여 60점 이상
- 실기 : 100점을 만점으로 하여 60점 이상

합격 발표

● **합격자 발표**
- 시험 종료 즉시 합격 여부 확인 가능
- 필기 시험 합격 예정자 및 최종 합격자 발표 시간은 해당 발표일 09:00

● **자격증 발급**
- 인터넷 발급 신청하여 우편 수령
- 인터넷 자격증 발급신청 접수 기간 : 월요일~일요일(24시간) 연중 무휴
- 인터넷을 이용한 자격증 발급신청이 가능한 경우
  - 배송 신청 가능자 : 공단이 본인 확인용 사진을 보유한 경우(2005년 9월 이후 자격취득자 및 공인인증 가능자)
- 인터넷 우편 배송 신청 전 공단에 직접 방문하여야 하는 경우
  - 공단에서 확인된 본인 사진이 없는 경우
  - 신분 미확인자인 경우(사진상이자 포함)
  - 법령개정으로 자격 종목의 선택이 필요한 경우
- 인터넷 자격증 발급 시 비용 발생
- 발급 문의 : 32개 지부/지사

고사장 및 시험 관련 문의
- 시행처 : 한국산업인력공단
- www.q-net.or.kr

📞 **1644-8000**

시험 출제 경향

과목 01 프로그래밍 언어 문법·흐름 제어

기본 문법과 프로그램의 흐름 제어 능력, 객체지향 개념 이해를 통해 기본 코딩 역량을 평가한다. 구조적 프로그래밍에서는 조건문과 반복문, 컴파일러 원리 등 기초 문법이 핵심이며, 객체지향 프로그래밍에서는 상속·다형성·추상화·동적 바인딩 같은 개념 문제가 자주 출제된다. 따라서 단순 암기에 그치지 말고, 간단한 코드를 작성해 결과를 예측하는 연습을 통해 실전 감각을 키우는 것이 효과적이다.

01 구조적 프로그래밍 — 55%
빈출 태그 기초 문법, 순차·선택·반복 구문, 컴파일러

02 객체지향 프로그래밍 — 45%
빈출 태그 OOP, 상속, 다형성, 추상화, 동적 바인딩

과목 02 응용 SW 기초 기술 네트워크·UI

네트워크, 데이터베이스 기초, 자료구조, UI 구현 및 테스트 등 소프트웨어 이해에 필요한 전반적 기초 능력을 확인한다. 네트워크 영역은 프로토콜, OSI 7계층, TCP/UDP 등 정의를 묻는 암기형 문제가 많으며, 자료구조는 리스트·스택·큐와 같은 기본 연산 과정을 그림으로 이해하면 효과적이다. 또한 UI 구현에서는 HTML·CSS·JavaScript 기초 문법을 다루므로 실제 화면을 만들어보는 실습이 도움이 된다. 이 파트는 이론 학습과 실습 학습을 균형 있게 병행하는 것이 중요하다.

01 네트워크 기초 — 25%
빈출 태그 데이터 정제, 이상치 판단, 결측값 대치

02 데이터베이스 기초 — 25%
빈출 태그 변수 선택, 파생 변수 생성, 학습데이터 불균형, 차원의 저주, 군집 불균형, 차원 축소, 변수 변환, 원-핫 인코딩, 오버샘플링

03 자료구조 기본 — 20%
빈출 태그 박스플롯, 산점도, 상관계수, median, 표본 추출, 왜도, 기초통계량, 이상치

04 UI 구현 및 테스트 — 30%
빈출 태그 주성분분석, 비정형데이터, 요인분석, 텍스트 마이닝, 시공간 데이터

과목 03 SQL 활용 · SQL 작성·조회

데이터 정의·조작·제어, 트랜잭션 이해와 같은 실무 중심의 SQL 활용 능력을 평가한다. SELECT, JOIN, 서브쿼리, 집합 연산자 등 결과 예측 문제가 자주 출제되며, DML·DDL·DCL과 같은 SQL 명령어의 용도와 실행 방식도 반드시 익혀야 한다. 단순히 문법을 외우는 것보다 직접 SQL을 작성해 보고 실행 결과를 확인하는 연습이 필요하다. 실습형 학습을 통해 SQL 구문을 체득하는 것이 합격의 핵심 전략이 된다.

01 데이터 조회 — 40%
빈출 태그 시스템 카탈로그, SELECT, 집합연산자

02 데이터 수정 — 40%
빈출 태그 DML, DDL, DCL, 트랜잭션

03 고급 SQL 요소 — 20%
빈출 태그 JOIN, 서브쿼리, 인덱스, 뷰

과목 04 정보 시스템 기초 기술 · 운영체제·환경

운영체제 기초와 개발환경 구축, 형상 관리와 같은 시스템 운영 능력을 평가한다. 운영체제 영역은 개념·종류·특징과 기본 명령어를 중심으로 출제되며, 개발환경 구축에서는 IDE와 개발 도구 설치 과정이 중요하다. 또한 백업·복원, 소스코드 형상 관리와 같은 운영 지원 영역은 최근 출제 비중이 높아지고 있어 주의가 필요하다. 이 파트는 비교적 암기형 문제가 많으므로 요약노트를 반복 학습하고, 형상 관리나 DevOps 개념은 사례와 함께 정리하는 것이 효과적이다.

01 운영체제 기초 — 45%
빈출 태그 운영체제 개념, 종류 및 특징, 명령어

02 개발환경 구축 — 35%
빈출 태그 개발환경 설정, 개발도구 설치

03 개발환경 운영지원 — 20%
빈출 태그 백업·복원 기법, 소스코드 형상관리

Q&A

Q 프로그래밍기능사 시험은 몇 과목으로 구성되나요?

A 필기는 4개 과목(프로그래밍 언어, 응용 SW 기초 기술, SQL 활용, 정보 시스템 기초 기술)에서 고르게 출제됩니다.

Q 시험 시간과 문항 수는 어떻게 되나요?

A 필기는 총 60문항, 시험 시간은 60분입니다.

Q 합격 기준은 어떻게 되나요?

A 100점 만점에 60점 이상이면 합격입니다. 과락 제도는 없습니다.

Q 필기시험 합격 후 실기시험까지의 유효기간은 얼마인가요?

A 필기 합격일로부터 2년간 실기시험에 응시할 수 있습니다.

Q 자격 취득 후 유효기간이 있나요?

A 프로그래밍기능사 자격은 평생 자격으로 별도의 갱신이 필요하지 않습니다.

Q 정보처리기능사와 어떤 차이가 있나요?

A 기존보다 난이도가 약간 높아졌으며, UI 구현, 자료구조, DevOps 개념 등 최신 실무 요소가 추가되었습니다.

Q 시험 난이도는 어느 정도인가요?

A 정보처리산업기사보다는 낮지만, 기존 정보처리기능사보다 높습니다. 특히 코드 해석 문제와 SQL문제가 까다롭습니다.

Q SQL 파트는 어느 정도 준비해야 하나요?

A SELECT, JOIN, 서브쿼리, 트랜잭션 등 실무 SQL문법이 필수입니다. 특히 SQL 파트가 합격의 당락을 좌우합니다.

Q 프로그래밍 언어는 어떤 것이 출제되나요?

A 특정 언어에 한정되지 않고, C언어 스타일의 문법, 객체지향(OOP) 기본 개념, JavaScript 기초가 출제됩니다.

Q 기출문제 활용이 효과적인가요?

A 매우 효과적입니다. 기출문제를 풀면서 기존에 출제되었건 자주 반복되는 유형을 익히는 것이 많은 도움이 됩니다.

Q 프로그래밍기능사는 어떻게 공부하는 것이 좋을까요?

A ① 프로그래밍 언어 기초 다지기
  - 구조적 프로그래밍 : 변수, 연산자, 제어문(조건 · 반복문) 등 기초 문법을 확실히 익히세요.
  - 객체지향 프로그래밍 : 상속, 다형성, 추상화 등 OOP 기본 개념을 이해하면 응용 문제에 대응할 수 있습니다.
  - 연습 팁 : 간단한 코드(조건문, 반복문)를 직접 실행해 보고 결과를 예측하는 훈련을 하세요.

② 응용 SW 기초 기술 학습
  - 네트워크 기초 : OSI 7계층, TCP/UDP, IP 등은 암기형 문제로 자주 나옵니다.
  - 자료구조 : 리스트, 스택, 큐 등 기본 연산 과정을 그림으로 이해해 두세요.
  - UI 구현/테스트 : HTML, CSS, JavaScript 기초 문법을 실습하며 익히면 기억하기 쉽습니다.

③ SQL 집중 학습
  - 기본 SQL : SELECT, INSERT, UPDATE, DELETE는 반드시 반복 학습하세요.
  - 고급 SQL : JOIN, 서브쿼리, 집합연산자, 뷰 문제는 난도가 높아 출제 비중도 큽니다.
  - 연습 팁 : 무료 온라인 SQL 실습 환경(DB Fiddle, SQLite 등)을 활용해 직접 쿼리를 실행해 보는 것이 효과적입니다.

④ 정보 시스템 기초 기술 정리
  - 운영체제 개념 · 명령어, 개발 환경 설정, 백업 · 형상관리 개념을 간단한 요약노트로 정리해 반복 확인하세요.

⑤ 기출문제 풀이와 오답노트
  - 기존 정보처리기능사 기출문제와 최신 정보처리산업기사 기출문제를 풀어보세요.
  - 자주 등장하는 유형(조건문, SQL 결과, 네트워크 정의 등)을 정리하고, 틀린 문제는 오답노트로 관리하세요.

⑥ 시간 관리 연습
  - 필기시험은 60문항 60분이므로, 평균 1분 이내에 문제를 풀 수 있어야 합니다.
  - 어려운 문제는 과감히 넘기고, 확실히 아는 문제부터 푸는 습관을 들이세요.

PART 01

프로그래밍 언어 활용 및 응용

파트 소개

구조적 프로그래밍과 절차적 프로그래밍의 종류와 특징을 숙지하고, C언어와 JAVA의 기초문법, 순차구문, 선택구문으로 작성된 코드를 분석하여 정확한 결과를 적을 수 있도록 충분히 학습하세요.

CHAPTER

01

구조적 프로그래밍, C언어

학습 방향

C언어 코드를 단순히 암기하는 것 보다는 교재에 나오는 코드를 이해하고 결과를 적을 수 있도록 학습하는 것이 중요합니다.

난이도

- (중) **SECTION 01** C언어 기본, printf, 변수와 자료형, scanf
- (중) **SECTION 02** C언어 연산자(1)
- (중) **SECTION 03** C언어 연산자(2)
- (중) **SECTION 04** 구조적 프로그램과 제어문
- (중) **SECTION 05** C언어 반복문, while, do~while
- (중) **SECTION 06** C언어 반복문, for, break, continue
- (상) **SECTION 07** 배열
- (상) **SECTION 08** 포인터
- (상) **SECTION 09** 함수

SECTION 01

C언어 기본, printf, 변수와 자료형, scanf

난이도 상 중 하
반복학습 1 2 3

합격 강의

빈출 태그 #C언어특징 #C언어기본 #주석 #라이브러리 #자료형 #printf #scanf

01 C언어 기본

- 1972년 미국 벨 연구소의 데이스 리치에 의해 개발된 시스템 기술용 언어이다.
- 유닉스(UNIX) 운영체제 개발에 사용할 목적으로 만들어졌다.

1) C언어 특징

- 논리적이며 구조적인 시스템 프로그래밍 언어이다.
- 하드웨어 제어가 가능하다.
- 프로그램 이식성이 높다.
- 간략한 문법 표현으로 함축적인 프로그램 작성이 용이하다.
- 저급언어의 특성을 가진 고급언어이다.

2) C언어 기본 코딩

① 기초 코딩 [예제1]

```
/* 기초 프로그램 코딩 연습 */          //주석문
#include<stdio.h>                    //기본 함수명령어를 불러냄
void main(void)                      //본 프로그램의 시작(main)
{                                    //중괄호로 열고 프로그램 코딩을 시작함
    printf("Welcome to C Language"); //printf는 화면에 출력하는 명령어
    printf("Hello everyone ! ^^");   //한 줄이 끝날 때 ;를 입력해 주어야 함
}                                    //중괄호를 닫아서 프로그램의 끝을 알림
```

- 위 프로그램의 실행 결과는 "Welcome to C LanguageHello everyone ! ^^" 이렇게 한 줄로 출력된다. 다음의 예제2와 같이 "\n"을 삽입하여 수정하면 줄 바꿈 처리된다.

➕ 더 알기 TIP

주석이란 프로그램에 대한 참고사항 또는 부연 설명으로 프로그램 실행에는 영향을 주지 않는 설명문입니다.

📒 기적의 TIP

프로그래밍 언어 활용 및 응용에서는 C언어를 기반으로 상세하게 설명하였습니다. Java는 C언어와 C++ 언어를 베이스로 만들어진 프로그래밍 언어이기 때문에 C언어와 문법이 거의 비슷합니다. C언어와 다른 부분은 Java 섹션에서 자세하게 다루도록 하겠습니다.

② 기초 코딩 [예제2]

```
/* 기초 프로그램 코딩 연습 */
#include<stdio.h>
void main(void)
{
    printf("Welcome to C Language\n");      //출력하고 줄 바꿈(\n)
    printf("Hello everyone ! ^^");
}
```

| 결과 | Welcome to C Language
Hello everyone ! ^^ |

> **암기 TIP**
> \n는 엔터(n터)입니다.

더 알기 TIP

- 줄 바꿈 기호는 작성 폰트에 따라 \n 또는 ₩n으로 코딩됩니다.
- \n과 ₩n은 같은 의미입니다.

02 C 프로그램의 구조

1) 주석문

- 주석이란 프로그램에 대한 참고사항 또는 부연 설명으로, 비실행문이다.

① 단일 라인 주석

```
/* 주석내용 */
```

② 여러 줄에 걸친 주석

```
/**
주석내용1
주석내용2
**/
```

③ 필요할 때 주석 달기

```
명령줄1;
명령줄2;   //주석내용
명령줄3;
```

2) 전처리기(#)

- 컴파일 작업 전에 먼저 동작하는 명령을 의미하며 전처리기는 맨 앞에 '#'을 붙여서 구분한다.
- 라이브러리 사용 예

```
#include<stdio.h>      //입출력함수에 대한 코드 정보를 가짐
#include<string.h>     //문자열 처리에 사용되는 기능들을 제공
#include<math.h>       //수학 관련 함수에 대한 코드 정보를 가짐
```

> **기적의 TIP**
> 라이브러리는 프로그램을 효율적으로 개발할 수 있도록 자주 사용하는 함수나 데이터들을 미리 만들어 모아 놓은 집합체입니다.

➕ 더 알기 TIP

#include를 사용하는 이유

C언어 자체는 아주 작은 언어입니다. 그 이유는 외부의 라이브러리가 별도로 존재하기 때문입니다. 그러므로 프로그램 코딩을 하기 전에 외부 라이브러리를 포함(include)시켜 사용하기 위해서 #include를 사용합니다.

3) 라이브러리

① 라이브러리의 구성

도움말	라이브러리를 사용할 수 있도록 하는 도움말 문서
설치 파일	라이브러리를 적용하기 위해 제공되는 설치 파일
샘플 코드	라이브러리를 이해하고 손쉽게 적용하기 위해 제공하는 샘플 소스 코드

② 라이브러리의 종류

표준 라이브러리	• 프로그래밍 언어가 기본적으로 가지고 있는 라이브러리 • 모듈이나 패키지 형태
외부 라이브러리	• 표준 라이브러리와 달리 별도의 파일을 설치 • 외부 라이브러리는 누구나 개발하여 설치할 수 있으며, 인터넷 등을 이용하여 공유할 수도 있음

> **기적의 TIP**
> - 모듈이란 하나의 기능이 한 개의 파일로 구현된 형태를 말합니다.
> - 패키지란 하나의 패키지 폴더 안에 여러 개의 모듈을 모아 놓은 형태를 말합니다.

③ C언어 라이브러리 종류

⟨stdio.h⟩	• 데이터 입출력에 사용되는 기능들을 제공 • printf( ), scanf( ), gets( ), puts( )
⟨stdlib.h⟩	• 자료형 변환, 난수 발생, 메모리 할당에 사용되는 기능들을 제공 • rand( ), srand( ), atoi( ), atof( ), malloc( ), free( ), abort( ), exit( )
⟨math.h⟩	• 수학 함수들을 제공 • sin( ), cos( ), tan( ), sqrt( ), abs( ), log( )
⟨string.h⟩	• 문자열 처리에 사용되는 기능들을 제공 • strlen( ), strcpy( ), strcat( ), strcmp( )
⟨time.h⟩	• 시간 처리에 사용되는 기능들을 제공 • clock( ), difftime( )

더 알기 TIP

- pow(2, 3) : 2의 3승(2^3)을 구한다. → 8
- sqrt(9) : 9의 제곱근($\sqrt{9}$)을 구한다. → 3 20년 4회
- abs(-3) : -3의 절대값을 구한다. → 3
- log10(100) : 상용 로그에 대한 값을 구한다. → 2 20년 4회

4) main 함수

- main( ) 함수는 C언어에서 반드시 존재해야 하며 이 부분에 프로그램의 수행 내용을 기술한다.
- 함수 블록의 시작과 끝에는 반드시 중괄호 {로 시작해서 }로 끝나야 한다.

```
void main(void)
{
    기술내용1;
    기술내용2;
}
```

더 알기 TIP

main( ) 함수 앞에는 반환형이 오게 됩니다. 반환되는 값이 숫자형이면 int, 반환되는 값이 아무것도 없는 경우 void를 기술합니다.

① 숫자형으로 반환되는 경우

```
int main()
{
    코드기술..
    return 0;        //함수의 종료를 의미합니다.
}
```

② 반환값이 없는 경우

```
void main( )
{
    코드기술..
    return 0;        //생략 가능합니다.
}
```

5) 사용자 정의 함수

- main( )에서 호출하기 위해 사용자가 작성한 함수이다.

03 printf 함수

1) C언어 대표 표준 입출력 함수

입력 함수	scanf( )	표준 입력
	getchar( )	한 문자 입력
	gets( )	문자열 입력
출력 함수	printf( )	표준 출력
	putchar( )	한 문자 출력
	puts( )	문자열 출력

2) printf 출력 형식 변환 문자

%d	10진 정수로 변환하여 출력
%o	8진 정수로 변환하여 출력
%x	16진 정수로 변환하여 출력(%X는 대문자로 출력)
%f	실수(float)로 변환하여 출력
%c	한 문자로 변환하여 출력
%s	문자열로 변환하여 출력

> **기적의 TIP**
>
> **진법 변환**
> - 컴퓨터는 모든 문자를 2진수로 표현합니다. 그래서 프로그래머는 10진수를 2진수, 8진수, 16진수로 변환하는 방법과 서로의 진법으로 변환하는 방법을 알아야 합니다.
> - 진법 변환과 비트 연산자는 Section 03에서 상세히 다룰 예정이니 지금은 종류만 알아두고 넘어가도 됩니다.

3) printf 확장 문자(이스케이프 시퀀스, Escape Sequence)

확장 문자	영문	설명
\n	New Line	커서를 다음 줄 처음으로 이동
\r	Carriage Return	커서를 현재 줄 처음으로 이동
\t	Tab	커서를 일정 간격만큼 띄움
\b	Backspace	커서를 왼쪽으로 한 칸 이동
\0	Null	널 문자 출력
\'	Single Quote	작은따옴표 출력
\"	double Quote	큰따옴표 출력
\₩	Backslash	역슬래시(\) 출력
\a	Alert	벨소리 발생
\f	Form Feed	한 페이지 넘김

➕ **더 알기 TIP**

역슬래시(\)는 글꼴에 따라 ₩ 또는 \로 출력될 수 있습니다만, 둘은 같은 기호입니다.

4) printf 함수 사용 예제

① printf [예제1]

```c
#include <stdio.h>
int main(void)
{
        printf("Hello Everybody \n");   //Hello Everybody 출력하고 줄 바꿈
        printf("%d \n", 1234);          //%d 자리에 1234를 주고 출력, 줄 바꿈
        printf("%d %d", 10, 20);        //%d %d 자리에 10과 20을 주고 출력
}
```

결과	Hello Everybody 1234 10 20

> **기적의 TIP**
> "printf("%d \n", 1234);"와 "printf("%d %d", 10, 20);"의 차이점
> \n의 사용 유무에 따라 줄 바꿈이 되거나 안 됩니다. 프로그래밍기능사 실기까지 준비한다고 생각하시고 꼼꼼하게 학습하는 것이 좋습니다.

② printf [예제2]

```c
#include <stdio.h>
int main(void)
{
        printf("%d %d %d\n", 10, 20);
//%d %d %d 자리에 10과 20을 주고 출력한 후, 줄 바꿈
}
```

결과	10 20 0

> **기적의 TIP**
> printf("%d %d %d", 10, 20);
> • printf는 입력 개수와 출력 개수를 맞추지 않아도 에러가 발생되지 않습니다.
> • 첫 번째와 두 번째 %d에 10과 20을 주고, 마지막 %d는 0이 출력됩니다.

③ printf [예제3]

```c
#include <stdio.h>
int main(void)
{
        printf("My age : %d\n", 20);
        printf("%d is my point\n", 100);
        printf("Good\n morning\n everybody\n");
}
```

결과	My age : 20 100 is my point Good morning everybody

> **기적의 TIP**
>
> 동일한 프로그램이라도 여러 가지 방법으로 변형될 수 있습니다. 소스 코드를 보고 분석하고 결과를 적을 수 있도록 학습하세요.

④ printf [예제4] – 예제3과 같은 결과가 나오는 소스

```
#include <stdio.h>
int main(void)
{
        printf("My age : %d\n", 20);
        printf("%d is my point\n", 100);
        printf("Good\n");
        printf("morning\n");
        printf("everybody\n");
}
```

결과	My age : 20 100 is my point Good morning everybody

⑤ printf [예제5] – 출력 형식 변환 문자 활용

```
#include <stdio.h>
int main(void)
{
        printf("합격점수 : %d점 이상\n", 60);
        printf("과락 없이 %d점 이상\n", 60);
        printf("학점 : %c\n", 'A');              //%c는 한 글자
        printf("메시지 : %s\n", "합격했어요");      //%s는 문자열
        printf("%d + %d = %d", 10, 20, 10+20);
}
```

결과	합격점수 : 60점 이상 과락 없이 60점 이상 학점 : A 메시지 : 합격했어요 10 + 20 = 30

04 변수와 자료형

1) 변수(Variable)
- 어떤 값을 메모리 공간을 확보하여 저장하기 위한 공간(컵)을 말한다.

① 변수 규칙
- 영문자, 숫자, 밑줄(_)로 구성, 변수의 첫 글자는 반드시 영문자나 밑줄로 시작한다.
- 공백이나 *, +, -, / 등의 특수문자를 사용할 수 없다.
- C언어는 대소문자를 구분하며, 예약어와 함수명을 사용할 수 없다.
- 올바른 변수 사용 예 : dulle, wonbi, kor_1, math2 등
- 잘못된 사용 예 : 2street, kor-1, int, float

② 변수 [예제1]

```
main( )
{
    int a;                          //int 타입의 a 변수 선언
    a=123;                          //a 변수에 123을 넣는다.
    printf("a = %d", a);            //a 변수에 담긴 123을 출력하고 줄 바꿈한다.
}
```

| 결과 | a = 123 |

> **기적의 TIP**
> int와 float는 자료형을 나타내는 예약어이므로 변수명에 사용할 수 없습니다.

> **기적의 TIP**
> 변수 선언 시 변수명에 데이터 타입을 명시하는 것을 헝가리안 표기법이라고 합니다.

2) 자료형(데이터 타입)
- 프로그램에 필요한 데이터의 종류 및 데이터가 저장되는 방식 모두를 의미한다.
- 변수를 선언하면 해당 변수에 어떠한 종류의 데이터가 들어가야 하는지를 선언해줘야 그에 맞는 메모리 공간을 할당받게 된다.

① C언어 자료형 종류

자료형	예약어	크기 (Byte)
정수형	short	2Byte
	int	4Byte
	long	4Byte
	long long	8Byte
부호없는 정수형	unsigned short	2Byte
	unsigned int	4Byte
	unsigned long	4Byte
실수형	float	4Byte
	double	8Byte
	long double	8Byte
문자형	char	1Byte
부호 없는 문자형	unsigned char	1Byte

> **기적의 TIP**
> C언어는 문자열 String 자료형이 없습니다.

② 자료형 [예제1]

```c
#include<stdio.h>
void main( ) {
    printf("int = %d byte\n", sizeof(int));
    printf("float = %d byte\n", sizeof(float));
    printf("double = %d byte\n", sizeof(double));
    printf("char = %d byte", sizeof(char));
}
```

결과	int = 4 byte float = 4 byte double = 8 byte char = 1 byte

> **기적의 TIP**
> sizeof 함수는 자료형의 크기를 구하는 함수입니다.

③ 자료형 [예제2]

```c
#include<stdio.h>
void main( )
{
    printf("%d byte\n", sizeof(5));        //정수는 기본적으로 int형
    printf("%d byte\n", sizeof(5.5));      //실수는 기본적으로 double형
    printf("%d byte", sizeof(5.5f));       //숫자 옆에 f를 쓰면 foat형
}
```

결과	4 byte 8 byte 4 byte

④ 자료형 [예제3]

```c
#include<stdio.h>
void main( )
{
    double num1, num2;
    double sum;
    num1 = 1.11;
    num2 = 2.22;
    sum = num1 + num2;
    printf("%lf + %lf = %lf\n", num1, num2, sum);    //%lf는 double형
    printf("%.2lf + %.2lf = %.2lf", num1, num2, sum);
}
```

결과	1.110000 + 2.220000 = 3.330000 1.11 + 2.22 = 3.33

> **기적의 TIP**
> %.2lf : 소수점 이하 2자리까지 출력하라는 의미입니다.

⑤ 자료형 [예제4] – 형 변환 연산자 (cast) 캐스팅 연산자

```
#include<stdio.h>
void main( )
{
    int x, y;
    x = 5;
    y = 2;
    printf("x / y : %d\n", x/y);
    printf("x / y : %f\n", (float)x / (float)y);
    printf("%d, %d, %d", sizeof(x), sizeof(y), sizeof(x) + sizeof(y));
}
```

결과	x / y : 2 x / y : 2.500000 4, 4, 8

➕ 더 알기 TIP

캐스팅 연산자는 현재 줄에서만 임시로 자료형을 변환하는 연산자로써, 원래의 자료형이 변경되는 것은 아닙니다.

05 scanf

- C언어는 키보드를 통해 사용자가 직접 원하는 값을 입력하여 변수에 대입하고자 할 때 scanf( ) 함수를 이용한다.

1) scanf 함수를 이용한 정수의 입력

```
int main( )
{
    int val;              //int 타입의 val 변수 선언
    scanf("%d", &val);    //정수를 입력받아 변수 val에 저장
}
```

🏁 기적의 TIP

&는 주소 연산자로써 val 변수의 메모리 주소를 말하며, scanf 문에서는 반드시 사용해야 합니다.

2) scanf 입력 형식 변환 문자

%d	10진 정수로 변환하여 입력
%o	8진 정수로 변환하여 입력
%x	16진 정수로 변환하여 입력
%f	실수(float)로 변환하여 입력
%lf	실수(double)로 변환하여 입력
%c	한 문자로 변환하여 입력
%s	문자열(배열)로 변환하여 입력

> **기적의 TIP**
> - %s는 문자열을 배열로 입력받는 문자입니다. 배열의 주소(포인터)를 넘기므로 &는 붙이지 않습니다.
> - Section 07 배열, 문자열에서 자세히 다루겠습니다.

3) scanf 예제

① scanf [예제1]

```c
#include <stdio.h>
int main(void) {
    int result;
    int val1, val2;
    printf("첫 번째 숫자 : ");
    scanf("%d", &val1);                    //5를 입력하고 [Enter]
    printf("두 번째 숫자 : ");
    scanf("%d", &val2);                    //2를 입력하고 [Enter]
    result = val1 + val2;
    printf("%d + %d = %d", val1, val2, result);
    return 0;
}
```

결과	첫 번째 숫자 : 5 두 번째 숫자 : 2 5 + 2 = 7

> **기적의 TIP**
> 마지막 줄에 "return 0;"은 return 값이 0(없다)이라는 뜻으로 함수의 종료를 의미합니다. 사용자 지정 함수 단원에서 자세히 설명하겠습니다.

② scanf [예제2]

```c
#include <stdio.h>
int main(void)
{
    int result;
    int val1, val2;
    printf("숫자 둘을 입력하세요 : ");
    scanf("%d %d", &val1, &val2);     //10 20을 입력하고 [Enter]
    result = val1 + val2;
    printf("%d + %d = %d\n", val1, val2, result);
    return 0;
}
```

결과	숫자 둘을 입력하세요 : 10 20 10 + 20 = 30

③ scanf [예제3]

```c
#include<stdio.h>
int main(void)
{
    int num;
    printf("하나의 정수 입력 : ");
    scanf("%d", &num);                //7을 입력하고 [Enter]
    printf("%d의 제곱의 결과 : %d\n", num, num*num);
    return 0;
}
```

결과	하나의 정수 입력 : 7 7의 제곱의 결과 : 49

이론을 확인하는 기출문제

01 1972년 벨 연구소의 데니스 리치가 개발한 프로그래밍 언어로, UNIX 운영체제 구현에 사용되는 언어는?
① JAVA ② C
③ C++ ④ Python

> C언어는 간략한 문법 표현으로 함축적인 프로그램 작성이 용이하며, 저급 언어의 특성을 가진 고급언어이다.

02 다음에서 설명하는 C언어 용어를 〈보기〉에서 찾아서 쓰시오.

〈보기〉

printf, #include, float, double, main, void, int, scanf, return

용어	설명
(①)	C언어의 헤더 파일을 포함시키는 구문이다.
(②)	함수의 반환값이 없을 경우 사용하는 예약어이다.
(③)	C언어 프로그램의 시작 함수이다.

• ① :
• ② :
• ③ :

> • C언어에서 헤더파일(라이브러리)을 포함하는 명령어는 include이다.
> • void는 함수의 반환값이 없을 경우 사용되는 예약어이다.
> • main은 C언어 프로그램의 시작 함수이다.

03 수명 시간 동안 고정된 하나의 값과 이름을 가지며, 프로그램이 동작하는 동안 절대로 값이 변하지 않는 것은?
① 상수 ② 변수
③ 포인터 ④ 블록

> 상수는 프로그램이 동작하는 동안 값이 절대로 변하지 않는 값을 말한다.

04 다음은 C언어 코드를 분석하여 출력 결과를 고르시오.

```
#include<stdio.h>
int main( ) {
    int a;
    a = sizeof(int) + sizeof(char);
    printf("%d", a);
    return 0;
}
```

① 7
② 6
③ 5
④ 4

> int형은 4byte, char형은 1byte이다.

05 다음은 C언어 코드를 분석하여 출력 결과를 고르시오.

```
#include <stdio.h>
int main(void){
    int a = 200;
    float b = 123.567f;
    a = (int)b;
    printf("%d, %3.2f", a, b);
    return 0;
}
```

① 124, 123.56
② 123, 123.56
③ 123, 123.57
④ 124, 123.57

> • float형을 int형으로 변환하면 정수가 되면서 소수점은 반올림 없이 절삭된다.
> • %3.2f → 소수점 둘째 자리까지 남기면서 셋째 자리는 반올림 처리된다.

정답 01 ② 02 ① #include ② void ③ main 03 ① 04 ③ 05 ③

06 C언어에서 문자열을 출력할 때 사용하는 함수는?

① gets( )
② puts( )
③ getchar( )
④ putchar( )

> 오답 피하기
> ① 문자열 입력, ③ 한 문자 입력, ④ 한 문자 출력

07 다음은 C언어 코드를 분석하여 출력 결과를 고르시오.

```
#include <stdio.h>
int main(){
  printf("%d, ", sizeof(12.4));
  printf("%d", sizeof(char));
  return 0;
}
```

① 4, 4
② 4, 1
③ 8, 4
④ 8, 1

실수는 기본적으로 double형으로 8byte, char형은 1byte이다.

08 다음은 C언어 코드를 분석하여 출력 결과를 고르시오.

```
#include <stdio.h>
int main(){
  int a = 7 + 6;
  int b = (int)7.3 + (int)6.7;
  printf("%d %d", a, b);
}
```

① 13 13
② 13 14
③ 13 15
④ 13 16

강제 형 변환은 실수를 정수로 변환할 때 반올림하지 않는다.

09 다음 중 C언어의 변수 이름으로 사용할 수 있는 것은?

① 3score
② kor_Score
③ eng Score
④ while

변수명은 숫자로 시작할 수 없고, 예약어를 단독으로 사용하거나 변수명 중간에 공백이 삽입될 수 없다.

10 C언어에서 이스케이프 시퀀스(Escape Sequence)에 대한 설명으로 틀린 것은?

① \n : null character
② \r : carriage return
③ \f : form feed
④ \b : backspace

\n은 new line이다.

11 C언어에서 이스케이프 시퀀스 중 커서를 일정 간격만큼 띄우는 것은?

① \n   ② \r
③ \b   ④ \t

> 오답 피하기
> ① 커서를 다음 줄 처음으로 이동
> ② 커서를 현재 줄 처음으로 이동
> ③ 커서를 뒤로 한 칸 이동

12 C언어의 특징으로 옳지 않은 것은?

① 기호 코드(Mnemonic Code)라고도 한다.
② 이식성이 뛰어나 컴퓨터 기종에 관계 없이 프로그램을 작성할 수 있다.
③ UNIX 운영체제를 구성하는 시스템 프로그램이다.
④ 포인터에 의한 번지 연산 등 다양한 연산 기능을 가진다.

기호 코드로 작성된 프로그래밍 언어는 어셈블리(Assembly)이다.

13 C언어에서 정수형 자료 선언 시 사용하는 것은?
① char
② float
③ double
④ int

> 오답 피하기
> ① 문자형, ② 실수형(4byte), ③ 실수형(8byte)

14 C언어에서 강제적으로 데이터 형 변환을 하는 연산자는?
① Auto 연산자
② Case 연산자
③ Cast 연산자
④ Conversion 연산자

> Cast 연산자(형 변환 연산자)
> • 어떤 수식을 다른 데이터형으로 바꿀 때 사용하는 연산자
> • 명시적으로 형 변환을 할 때 사용됨

15 C언어의 자료형에 대한 설명으로 옳지 <u>않은</u> 것은?
① typedef를 통해 새로운 자료형을 생성할 수 있다.
② 실수 자료형을 이용하면 더 정확한 계산이 가능하다.
③ unsigned 자료형으로 음수를 제한함으로써 양수의 표현 범위를 넓힐 수 있다.
④ String 자료형을 사용하여 문자열을 저장할 수 있다.

> String은 Java에서 문자열을 저장할 때 사용하는 객체로, C언어에서는 제공되지 않는다.

16 다음 중 C언어에서의 변수 선언 방법으로 올바르지 <u>않은</u> 것은?
① int a, b = 10;
② char c;
③ unsigned long d = 2;
④ unsigned double e = -3.14;

> • unsigned 자료형은 문자형(char)과 정수형(short, int, long)에만 존재한다.
> • double은 실수형이며, 실수형에는 unsigned 자료형이 없다.

17 C언어에서 정수형 변수 앞에 추가하여 0 이상의 값을 표현하도록 하는 예약어는?
① static
② fixed
③ signed
④ unsigned

> unsigned는 '부호가 없는'이라는 의미로, 부호 비트를 제거하여 양수만 표현함으로써 양수의 표현 범위를 넓힌 자료형이다.

18 C언어에서 상수를 정의할 때 사용하는 예약어는?
① #include
② #define
③ #valuable
④ #function

> 상수를 정의(define)할 때 사용하는 예약어는 #define이다.

19 프로그래밍 언어에서 예약어란?
① 프로그래머가 미리 설정한 변수
② 데이터를 저장할 수 있는 이름이 부여된 기억 장소
③ 시스템이 알고 있는 특수한 기능을 수행하도록 이미 용도가 정해져 있는 단어
④ 프로그램이 수행되는 동안 변하지 않는 값을 나타내는 단어

> 오답 피하기
> ② 변수, ④ 상수

20 다음 중 C언어에서 문장을 끝마치기 위해 사용되는 기호는?
① 콤마(,)
② 온점(.)
③ 세미콜론(;)
④ 콜론(:)

> C언어 문장 끝에는 반드시 세미콜론(;)을 붙여야 한다.

SECTION 02 C언어 연산자(1)

난이도 상 **중** 하
반복학습 1 2 3

▶ 합격 강의

빈출 태그 #연산자 #증감연산 #관계연산 #논리연산

01 사칙 연산자와 대입 연산자

사칙 연산자와 모듈러스 연산자	덧셈(+), 뺄셈(−), 곱셈(*), 나눗셈(/), 나머지(%)
기본 할당(대입) 연산자	=

① 산술 연산자 [예제]

```c
#include<stdio.h>
void main()
{
    int a, b, c, d, e, f;
    printf("첫번째 값 입력 : ");        //15를 입력하고 [Enter]
    scanf("%d", &a);
    printf("두번째 값 입력 : ");        //4를 입력하고 [Enter]
    scanf("%d", &b);
    printf("%d와 %d를 더하면 %d입니다.\n", a, b, a+b);
    printf("%d와 %d를 빼면 %d입니다.\n", a, b, a-b);
    printf("%d와 %d를 곱하면 %d입니다.\n", a, b, a*b);
    printf("%d와 %d를 나눈 몫은 %d입니다.\n", a, b, a/b);
    printf("%d와 %d를 나눈 나머지는 %d입니다.", a, b, a%b);
}
```

결과	첫번째 값 입력 : 15 두번째 값 입력 : 4 15와 4를 더하면 19입니다. 15와 4를 빼면 11입니다. 15와 4를 곱하면 60입니다. 15와 4를 나눈 몫은 3입니다. 15와 4를 나눈 나머지는 3입니다.

> 📌 **기적의 TIP**
> 모듈러스 연산자는 나머지를 구하는 연산자인 %입니다.

> 📌 **기적의 TIP**
> '='은 같다는 의미가 아니고 우측의 어떤 값을 좌측에 대입시키라는 의미입니다. 즉, '='는 대입 연산자이고, '=='는 '같다'는 의미인 논리 연산자입니다.

> **기적의 TIP**
>
> ++은 1 증가이고, --은 1 감소입니다.

02 증가감소 연산자 20년 2회, 20년 1회

연산자	연산의 예 (a=5인 경우)	의미
++a	printf("%d", ++a)	5였던 a가 1 증가된 후, 6을 출력
a++	printf("%d", a++)	5를 출력한 후, 1 증가되어 6이 됨
--a	printf("%d", --a)	5였던 a가 1 감소된 후, 4를 출력
a--	printf("%d", a--)	5를 출력한 후, 1 감소되어 4가 됨

① 증가감소 연산자 [예제1]

```c
#include<stdio.h>
void main()
{
    int a, b, c, d;
    a = 10;
    b = 5;
    c = a % b;                          //10과 5를 나눈 나머지 0을 c에 준다.
    printf("나머지 = %d\n", c);
    printf("a = %d, b = %d\n", a++, b);    //10인 a를 출력한 후, 1 증가한다.
    d = a % b;                          //11과 5를 나눈 나머지 1을 d에 준다.
    printf("나머지 = %d, b결과 = %d", d, ++b);   //5인 b를 1 증가한 6을 출력한다.
}
```

결과	나머지 = 0 a = 10, b = 5 나머지 = 1, b결과 = 6

② 증가감소 연산자 [예제2]

```c
#include <stdio.h>
int main(void)
{
    int val1=10;
    int val2=20;
    printf("출력 후 1 증가 : %d\n", val1++);   //10을 출력한 다음 val1은 1 증가
    printf("다시 한번 출력 : %d\n\n", val1);
    printf("1 증가 후 출력 : %d\n", ++val2);   //20에서 1 증가한 val2를 출력
    printf("다시 한번 출력 : %d", val2);
    return 0;
}
```

결과	출력 후 1 증가 : 10 다시 한번 출력 : 11 1 증가 후 출력 : 21 다시 한번 출력 : 21

03 혼합대입(할당) 연산자

- 가감승제(+,-,*,/) 연산작업을 수행한 후 해당 변수에 결과값을 재할당할 경우에 사용한다.

+=	기존 변수값에 특정값을 더한 후 결과를 기존 변수에 다시 할당
-=	기존 변수에서 특정 값을 뺀 후 결과를 기존 변수에 다시 할당
*=	기존 변수에 특정 값을 곱한 결과를 기존 변수에 다시 재할당
/=	기존 변수의 값을 특정값으로 나눈 결과를 다시 기존 변수에 재할당
%=	기존 변수의 값을 특정값으로 나눈 나머지를 다시 기존 변수에 재할당

> **기적의 TIP**
>
> % 연산자는 반드시 정수끼리의 연산을 해야 합니다. 실수를 사용하면 오류가 발생합니다.

더 알기 TIP

연산자	같은 의미
a += b;	a = a + b;
a -= b;	a = a - b;
a *= b;	a = a * b;
a /= b;	a = a / b;
a %= b;	a = a % b;

① 혼합대입(할당) 연산자 [예제]

```c
#include <stdio.h>
int main(void)
{
    int val1 = 2, val2 = 4, val3 = 6;
    val1 += 3;              //val1 = val1 + 3
    val2 *= 4;              //val2 = val2 * 4
    val3 %= 5;              //val3 = val3 % 5
    printf("result : %d %d %d \n", val1, val2, val3);
}
```

결과   result : 5 16 1

> **기적의 TIP**
>
> 관계 연산자는 참과 거짓을 판별하는 연산자입니다.

④ 관계 연산자

연산자	연산의 예	의미
<	a<b	a가 b보다 작니?
>	a>b	a가 b보다 크니?
==	a==b	a가 b와 같니?
!=	a!=b	a가 b와 같지 않니?
<=	a<=b	a가 b보다 작거나 같니?
>=	a>b	a가 b보다 크거나 같니?

- 결과값은 참(true), 거짓(false) 중의 하나를 가진다.
- 참은 1, 거짓은 0으로 표현한다. 예 5>3 : 참(1), 4==5 : 거짓(0)

① 관계 연산자 [예제]

```c
#include<stdio.h>
void main()
{
    int a,b,c;
    printf("두 값을 입력하세요.\n");
    scanf("%d %d", &a, &b);         //10 12를 입력하고 [Enter]
    printf("결과 = %d", a>b);
}
```

결과	두 값을 입력하세요. 10 12 결과 = 0

⑤ 논리 연산자

- 논리 연산자 종류 : and(&&), or(||), not(!)

연산자	연산의 예	의미
&&	a&&b	a와 b가 모두 참일 때 참이고 나머지는 거짓이다.
||	a||b	a와 b 중에 하나라도 참이면 참이고, 둘 다 거짓일 때만 거짓이다.
!	!a	a가 참이면 거짓이고, 거짓이면 참이 된다.

조건1	조건2		AND(&&)	OR(||)		조건		NOT(!)
거짓(0)	거짓(0)		거짓(0)	거짓(0)		거짓(0)	→	참(1)
거짓(0)	참(1)	→	거짓(0)	참(1)		참(1)		거짓(0)
참(1)	거짓(0)		거짓(0)	참(1)				
참(1)	참(1)		참(1)	참(1)				

① 논리 연산자 [예제1]

```c
#include<stdio.h>
void main()
{
    int a = 3, b = 2, c;
    c = a == ++b;              //3인 a와 2에서 1 증가한 b가 같니?
    printf("c결과 = %d", c);    //위 질문에 대한 결과값 c를 출력
}
```

결과　c결과 = 1

② 논리 연산자 [예제2]

```c
#include<stdio.h>
void main()
{
    int a = 3, b = 2, c;
    printf("결과 = %d \n", !(a>b));            //3>2(참)의 not(부정, 거짓)을 출력
    printf("결과 = %d \n", (a==3) && (b>2));   //a==3(참)과 b>2(거짓)을 and
    printf("결과 = %d", (a==3) || (b>2));      //a==3(참)과 b>2(거짓)을 or
}
```

결과
결과 = 0
결과 = 0
결과 = 1

➕ 더 알기 TIP

- int a = 3, b = 2, c;
//a에 3을 주고, b에 2를 주고, 정수 변수 c를 선언합니다.
- printf("결과 = %d \n", !(a>b));
//3인 a가 2인 b보다 크니? 참(1)이지만 not(!)을 만나 거짓(0)이 됩니다.
- printf("결과 = %d \n", (a==3) && (b>2));
//3인 a가 3이랑 같니? 참입니다. 그리고(&&) 2인 b가 2보다 크니? 거짓입니다.
//참과 거짓을 and(&&) 연산을 하면 거짓(0)이 됩니다.
- printf("결과 = %d", (a==3) || (b>2));
//3인 a가 3이랑 같니? 참입니다. 또는(||) 2인 b가 2보다 크니? 거짓입니다.
//참과 거짓을 or(||) 연산을 하면 참(1)이 됩니다.

이론을 확인하는 기출문제

01 다음 C언어 코드의 출력 결과는?

```
#include <stdio.h>
int main(void)
{
    int val1 = 10;
    int val2 = (val1--) + 2;
    printf("%d, %d", val1, val2);
}
```

① 9, 12
② 10, 11
③ 9, 11
④ 10, 12

10인 val1과 2를 더한 결과 12를 val2에 주고, val1은 1 감소하여 9가 된다.

02 다음 C언어 코드를 분석하여 출력 결과를 적으시오.

```
#include <stdio.h>
main()
{
    int a, b, c;
    a = 5 % 3;
    a--;
    b = (a++) + 3;
    printf("%d, %d\n", a, b);      //결과 : ( ① )
    c = (++a) + 3;
    printf("%d, %d, %d", a, b, c); //결과 : ( ② )
}
```

• ① :
• ② :

- a = 5 % 3 : 5와 3을 나눈 나머지 2를 a에 준다.
- a-- : 2였던 a가 1 감소하여 1이 된다.
- b = (a++) + 3 : 1인 a와 3을 더한 4를 b에 주고, a는 1 증가하여 2가 된다.
- c = (++a) + 3 : 2인 a를 1 증가시킨 값과 3을 더한 값을 c에 준다.

03 다음 C언어 코드를 분석하여 괄호에 해당하는 결과를 적으시오.

```
#include <stdio.h>
int main(void)
{
    int val1=10, val2=12;
    int result1, result2, result3;
    result1=(val1==10 && val2==12);
    result2=(val1<12 || val2>12);
    result3=(!val1);
    printf("result1 : %d \n", result1);   //result1 : ( ① )
    printf("result2 : %d \n", result2);   //result2 : ( ② )
    printf("result3 : %d \n", result3);   //result3 : ( ③ )
}
```

• ① :
• ② :
• ③ :

- == : 같으면 참, 다르면 거짓
- && : and(둘 다 참일 때만 참)
- || : or(둘 다 거짓일 때만 거짓)
- ! : not(반대)

04 다음 C언어 코드의 출력 결과는?

```
#include<stdio.h>
int main(void) {
    int num1=16, num2=44;
    int a = num1++;
    int b = --num2;
    printf("%d", a+b);
}
```

① 57
② 58
③ 59
④ 60

- int a = num1++; : a에 16을 주고 num1은 1 증가한다.
- int b = --num2; : b에 num2를 1 감소한 값을 준다.

정답 01 ① 02 ① 2, 4 ② 3, 4, 6 03 ① 1 ② 1 ③ 0 04 ③

05 다음 C언어 코드의 출력 결과는?

```
#include <stdio.h>
void main() {
    int x, y, z;
    x = 7, y = 7;
    z = - -x + y++;
    printf("%d", z);
}
```

① 12
② 13
③ 14
④ 15

7이었던 x는 1 감소(연산 전 감소)하여 6이 되고, 7이었던 y는 6인 x와 더한 후 1 증가(연산 후 증가)하여 8이 된다. 6인 x와 7인 y를 더한 값 13을 z에 준다.

06 다음 C언어 코드의 출력 결과는?

```
#include <stdio.h>
void main() {
    int x = 4;
    printf("%d", x++);
}
```

① 5
② 3
③ 4
④ 6

4인 x를 출력하고, 1 증가(연산 후 증가)한다.

07 C언어의 관계 연산자 중 "A와 B가 같지 않다"를 의미하는 것은?

① A <> B
② A != B
③ A <= B
④ A &= B

오답 피하기
① 엑셀, ③ 이하

08 다음 C언어 코드의 출력 결과는?

```
#include<stdio.h>
int main() {
    int x = 5, y = 10, z = 20, sum = 0;
    x += y;
    y -= z;
    z %= y;
    sum = x + y + z;
    printf("Sum: %d", sum);
    return 0;
}
```

① Sum: 5
② Sum: 10
③ Sum: 15
④ Sum: 20

- int x = 5, y = 10, z = 20, sum = 0; : x에 5, y에 10, z에 20, sum에 0을 넣는다.
- x += y; : x = x+y와 동일한 의미로, 5인 x와 10인 y를 더한 15를 x에 넣는다.
- y -= z; : y = y-z와 동일한 의미로, 10인 y와 20인 z를 뺀 -10을 y에 넣는다.
- z %= y; : z = z%y와 동일한 의미로, 20인 z와 -10인 y를 나눈 나머지 0을 z에 넣는다.
- sum = x + y + z; : sum = 15 + (-10) + 0으로 sum은 5가 된다.

09 C언어에서 두 개의 논리값 중 모두 참이면 1을 하나라도 거짓이면 0을 반환하는 연산자는 무엇인가?

① || ② &&
③ **   ④ !=

오답 피하기
① OR, ④ 같지 않다.

10 C언어에서 반드시 정수를 사용해야 하는 연산자는?

① %
② /
③ *
④ +

C언어에서 나머지 연산(%)은 반드시 정수를 사용해야 한다. 실수를 사용하려면 math.h의 fmod() 함수를 사용해야 한다.

정답 05 ② 06 ③ 07 ② 08 ① 09 ② 10 ①

SECTION 03 C언어 연산자(2)

난이도: 중
반복학습: 1 2 3

빈출 태그 #비트연산 #진법변환 #연산우선순위 #보수

합격 강의

기적의 TIP

비트 연산은 2진수 연산입니다. 논리회로 진리표와 진법 변환을 기본적으로 학습하세요.

01 논리회로와 진법 변환

1) 논리회로

입력		AND (&)	OR (|)	XOR (^)	not (~)
a	b				
0	0	0	0	0	~a → 1
0	1	0	1	1	~b → 0
1	0	0	1	1	
1	1	1	1	0	

2) 진법 변환

① 진수 표현
- 2진수 : 0과 1로 구성된 수
- 8진수 : 0 ~ 7 사이의 숫자로 구성된 수
- 16진수 : 0 ~ 9, A, B, C, D, E, F 총 16개로 구성된 수

암기 TIP

16진수를 셀 때에는 9까지는 숫자이고, 10부터는 주먹을 쥐면서 A, B, C, D, E, F를 세면 헷갈리지 않습니다.

② 10진수에서 다른 진수(2, 8, 16진수)로 변환하기
- 10진수를 변환하고자 하는 각 진수로 몫이 안 나눠질 때까지 나눠 몫부터 나머지를 거꾸로 적으면 된다.
- 예) 10진수 17을 2진수, 8진수, 16진수로 변환하시오.

```
2 | 17
2 |  8 — 1          8 | 17          16 | 17
2 |  4 — 0              2 — 1            1 — 1
2 |  2 — 0
     1 — 0
```

∴ $17_{10} = 10001_2, 21_8, 11_{16}$

③ 2진수를 10진수, 8진수, 16진수로 변환하기
- 2진수 11010을 10진수로 변환하기

16	8	4	2	1	변환 방법
1	1	0	1	0	16*1 + 8*1 + 4*0 + 2*1 + 1*0 = 26

- 2진수 11010을 8진수로 변환하기 : 2진수를 오른쪽 끝에서 3자리씩 묶어서 8진수 한 자리를 표현

4	2	1	4	2	1	0*4 + 2*1 + 1*2	4*0 + 2*1 + 1*0
0	1	1	0	1	0	3	2

- 2진수 11010을 16진수로 변환하기 : 2진수를 오른쪽 끝에서 4자리씩 묶어서 16진수 한 자리를 표현

8	4	2	1	8	4	2	1
0	0	0	1	1	0	1	0

8*0 + 4*0 + 2*0 + 1*1	8*1 + 4*0 + 2*1 + 1*0
1	A

④ 8진수, 16진수를 2진수로 변환하기
- 8진수를 변환 : 8진수 한 자리를 2진수 3자리로 표현 예 $5_8 = 101_2$
- 16진수를 변환 : 16진수 한 자리를 2진수 4자리로 표현 예 $7_{16} = 0111_2$, $AC_{16} = 10101100_2$

3) 보수(Complement)

① 1의 보수 : 2진수 한 자리를 0은 1로, 1은 0으로 각각 변환한다.
- 예 100110_2을 1의 보수로 표현하시오.

2진수	1	0	0	1	1	0
1의 보수	0	1	1	0	0	1

② 2의 보수 : 먼저 2진수를 1의 보수로 변환한 후, 1의 보수에 1을 더한다.
- 예 100110_2을 2의 보수로 표현하시오.

2진수	1	0	0	1	1	0	풀이 설명
1의 보수	0	1	1	0	0	1	
+						1	1+1=10, 끝자리 0, 올림수 1 발생
2의 보수	0	1	1	0	1	0	올림수 1과 둘째 자리 0을 더해 1이 됨

> **기적의 TIP**
> 컴퓨터에는 가산기만 있기 때문에 보수를 사용하면 감산(-) 과정을 가산(+)으로 계산할 수 있습니다.

4) 2진수 표현 방식

- 정수(int)를 2진수 32자리로 표현한다.
- 부호 : 양수는 0, 음수는 1을 쓴다.

부호							

- 예 10진수 -12를 2의 보수 표현 방식으로 변환하시오.
  - 우선 10진수 12를 2진수로 변환한다. → 1100

– 부호와 절대치 표현 방식

| 1 | 0 | 0 | 0 | 1 | 1 | 0 | 0 |

– 1의 보수 표현 방식 : 부호를 제외하고 1의 보수로 변환한다.

| 1 | 1 | 1 | 1 | 0 | 0 | 1 | 1 |

– 2의 보수 표현 방식 : 1의 보수에 1을 더해 2의 보수로 변환한다.

| 1 | 1 | 1 | 1 | 0 | 1 | 0 | 0 |

02 비트 연산자 20년 1회

연산자	의미	설명
&	and	두 개의 비트가 모두 1일 때만 1이고 나머지는 0
^	xor	두 개의 비트가 서로 같으면 0, 서로 다르면 1
|	or	두 개의 비트가 모두 0일 때만 0이고 나머지는 1
~	not	0이면 1, 1이면 0
<<	왼쪽 시프트	비트를 왼쪽으로 이동
>>	오른쪽 시프트	비트를 오른쪽으로 이동

> **기적의 TIP**
> 예를 들어 a << 3은 왼쪽으로 3번 이동, a >> 3은 오른쪽으로 3번 이동하라는 의미입니다.

+ 더 알기 TIP

비트 연산을 하려면 먼저 2진수로 변환하고 수행해야 합니다.

① 비트 연산자 [예제1]

```
#include <stdio.h>
main() {
    int a = 5, b = 7, c, d;    //5와 7을 2진수로 변환한다.
    c = a & b;                  //101₂와 111₂를 AND 연산을 한다.
    d = a | b;                  //101₂와 111₂를 OR 연산을 한다.
    printf("%d, %d", c, d);
}
```

| 결과 | 5, 7 |

② 비트 연산자 [예제2]

```
#include <stdio.h>
main() {
    int a = 5, b = 7, c;        //5와 7을 2진수로 변환한다.
    c = ~b;                     //b를 not 연산을 한다.
    a = a >> 1;
    b = b << 3;
    printf("%d, %d, %d", c, a, b);
}
```

| 결과 | -8, 2, 56 |

➕ 더 알기 TIP

① c = ~b;

| 0 | 0 | 0 | 0 | 0 | 1 | 1 | 1 | 10진수 7을 2진수로 변환한다. |

↓ (not 연산)

| 1 | 1 | 1 | 1 | 1 | 0 | 0 | 0 | 1은 0으로 0은 1로 변환한다. |

↓ (1의 보수 표현 방식으로 변환)

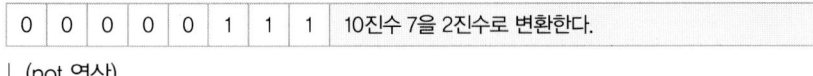

왼쪽 끝(부호)을 제외하고 0은 1로, 1은 0으로 변환한다.

↓ (2의 보수 표현 방식으로 변환)

| 1 | 0 | 0 | 0 | 1 | 0 | 0 | 0 | 1의 보수 표현 방식에 1을 더한다. |

② a = a >> 1;

| 0 | 0 | 0 | 0 | 0 | 1 | 0 | 1 | 10진수 5를 2진수로 변환한다. |

↓ (오른쪽 Shift 1회)

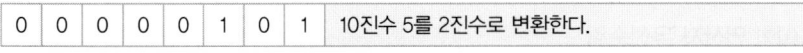

오른쪽으로 한 자리씩 이동한다.

↓ (왼쪽 빈 자리는 0을 채웁니다.)

③ b = b << 3;

| 0 | 0 | 0 | 0 | 0 | 1 | 1 | 1 | 10진수 7을 2진수로 변환한다. |

↓ (왼쪽 Shift 3회)

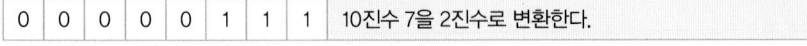

왼쪽으로 3칸 이동하고 빈칸은 0으로 채웁니다.

※ 왼쪽 Shift는 2^n을 곱하고, 오른쪽 Shift는 2^n을 나눕니다.

> **기적의 TIP**
>
> 비트 연산을 하려면 2의 보수 표현 방식으로 변환해야 합니다.

03 연산자 우선순위

1) 연산자 우선순위 개념
- 두 종류 이상의 연산자가 수식 내에 포함될 경우 연산의 순서를 의미한다.
- 연산자 결합 방향은 우선순위가 동일한 연산자들이 수식 내에 포함될 경우 어느 방향으로 결합하는가를 결정하는 것이다.

① 연산자 우선순위와 결합 방향

종류	연산자	결합 방향	우선순위
단항 연산자	(), [ ]	→	1
	!, ~, ++, --, *, sizeof( ), cast	←	2
이항 연산자	*, /, %	→	3
	+, -	→	4
	《, 》	→	5
	〉, 〉=, 〈, 〈=	→	6
	==, !=	→	7
	&	→	8
	^	→	9
	|	→	10
	&&	→	11
	||	→	12
삼항 연산자	? :	←	13
대입 연산자	=, +=, *=, -=, /=, &=	←	14

> **기적의 TIP**
> 삼항 연산자는 if문 단원에서 자세히 다루겠습니다.

> **암기 TIP**
> 괄호 **먼저 계산**하고, 산관논!
> 괄호 먼저 계산한다는 거 상관하지도 말고 논하지도 말아!

② 이항 연산자 우선순위
- 이항 연산자란 연산자와 피연산자(연산의 대상)를 2개 가지는 연산을 말한다.
- 이항 연산자의 우선순위는 '산술 연산자 〉 관계 연산자 〉 논리 연산자' 순이며 괄호가 있지 않으면 우선순위가 높은 연산자부터 처리된다.

2) 연산자 우선순위 예제

① 연산자 우선순위 [예제1]

```c
#include <stdio.h>
main() {
    int a=3, b=5;
    a=a*7+b;
    printf("%d", a);
}
```

| 결과 | 26 |

더 알기 TIP

- 연산 순위 : (*) → (+) → (=)
- a=a*7+b;   //3인 a와 7 곱해서 21이 된다. → 21과 5인 b를 더해서 26이 된다.
              → 결과를 a에 준다.

② 연산자 우선순위 [예제2]

```c
#include <stdio.h>
main() {
    int a=3, b=5;
    a*=7+b;
    printf("%d", a);
}
```

| 결과 | 36 |

더 알기 TIP

- 연산 순위 : (+) → (*=)
- a*=7+b;   //7과 5인 b를 더해 12가 된다. → 12와 3인 a를 곱한 36을 a에 준다.

이론을 확인하는 기출문제

01 다음 C언어 코드의 출력 결과는?

```
#include<stdio.h>
int main(){
    int nData = 15;
    printf("%o", nData);
    return 0;
}
```

① 16
② 17
③ 18
④ 19

%o는 8진수로 출력하는 변환 문자이다.

02 다음 C언어 코드를 분석하여 출력 결과를 적으시오.

```
#include<stdio.h>
int main(void) {
    int num=0b1001;
    printf("%d", num);
}
```

• 답 :

• 0b는 2진수를 말하며 2진수 1001을 10진수로 변환하면 9가 된다.
• //printf("%d", num); → %d는 10진 정수를 의미하므로 9가 출력된다.

03 16진수 2C를 10진수로 변환한 것은?

① 41
② 42
③ 43
④ 44

2*16+12*1

04 2진수 101111110을 8진수로 변환한 것은?

① 576_8
② 567_8
③ 557_8
④ 558_8

오른쪽부터 3자리씩 나눠 8진수 한 자리로 표현한다.

05 8진수 234를 16진수로 바르게 표현한 것은?

① 9C
② 9D
③ 8C
④ 8D

• 먼저 8진수 234를 2진수인 010011100로 변환한다.
• 2진수 010011100을 네 자리씩 묶어서 16진수로 변환한다.

06 다음 C언어 코드를 분석하여 출력 결과를 적으시오.

```
#include <stdio.h>
int main(void)
{
    int a=9, b=11, c;
    c = a^b;
    printf("%d", c);
}
```

• 답 :

• 10진수 9와 11을 2진수로 변환한다.
• 2진수 a와 b를 XOR 연산을 한 후, 10진수로 변환하여 출력한다.

정답 01 ② 02 9 03 ④ 04 ① 05 ① 06 2

07 다음 C언어 코드를 분석하여 출력 결과를 적으시오.

```
#include <stdio.h>
int main(void)
{
    int a=4, b=7, c;
    c = a&b;
    printf("%d", c);
}
```

• 답 :

- 10진수 4와 7을 2진수로 변환한다.
- 2진수 a와 b를 AND 연산을 한 후, 10진수로 변환하여 출력한다.

08 다음 C언어 코드를 분석하여 출력 결과를 적으시오.

```
#include<stdio.h>
int main(void) {
    int num = 1640;
    num = num >> 3;
    printf("%d", num);
    return 0;
}
```

• 답 :

우측 Shift 3회는 2^3(=8)으로 나눈 결과와 같습니다.

09 두 비트 중 한 비트만 1일 때 참을 반환하는 연산자는?

① &
② ^
③ |
④ ~

두 비트 중 한 비트만 1일 때 참이라는 것은 XOR(^)를 의미한다.

오답 피하기
① AND(&)는 두 비트가 모두 1일 때만 참, 나머지는 거짓
③ OR(|)는 두 비트가 모두 0일 때만 거짓, 나머지는 참
④ NOT(~)은 1은 0으로, 0은 1로 변환

정답 07 4 08 205 09 ②

SECTION 04 구조적 프로그램과 제어문

빈출 태그 #if #if~else #삼항연산 #switch #break

01 구조적 프로그램과 제어문

1) 구조적 프로그램
- 프로그램의 이해가 쉽고 디버깅 작업이 쉽도록 한다.
- 한 개의 입력과 한 개의 출력 구조를 갖도록 한다.
- 구조적 프로그램에서 goto 문은 사용하지 않는다.

① 구조적 프로그래밍의 기본 구조
- 순차(Sequence) 구조
- 선택(Selection) 구조
- 반복(Iteration) 구조

② 구조적 프로그램의 특징
- 프로그램의 가독성이 좋으며 개발 및 유지보수가 용이하다.
- 프로그래밍에 대한 규칙을 제공하여 투자되는 노력과 시간이 감소한다.
- 프로그램의 신뢰성이 향상된다.

2) 제어문
- 주어진 조건의 결과값에 따라 프로그램의 수행 순서를 제어하거나 문장들의 수행 횟수를 조정하는 문장이다.
- 프로그램의 흐름을 지시하는 데 사용되는 문장이다.

① C언어의 제어문
- 순차 구조 : 변수 선언문, 변수 대입문
- 선택 구조 : if, switch~case
- 반복 구조 : while, do~while, for
- 제어 명령문 : break, continue, goto

② JAVA언어의 제어문
- 순차 구조 : 변수 선언문, 변수 대입문
- 선택 구조 : if, switch~case
- 반복 구조 : while, do~while, for, for~each
- 제어 명령문 : break, continue

02 선택구문 if

- 주어진 조건의 결과값에 따라 프로그램의 수행 순서를 제어하거나 문장들의 수행 횟수를 조정하는 문장이다.
- 조건에 따라 문장을 선택적으로 실행한다.

1) if

① 형식

```
if(조건식) {
    문장1;
    문장2;
}
```

- 수행할 문장이 단일 문장일 경우는 블록 기호를 생략할 수 있다.
- 수행할 문장이 2개 이상인 경우 블록 영역(중괄호, { })처리한다.

② if문 [예제1]

- 임의의 정수를 입력받아서 10을 초과하는 수를 입력하는 경우 10을 더하는 프로그램

```
#include<stdio.h>
void main() {
    int a;
    printf("임의의 정수 입력 : ");
    scanf("%d", &a);         //임의의 정수를 입력받아 a에 준다.
    if (a>10) {              //입력받은 a가 10보다 크니?
        a+=10;               //참인 경우 a=a+10을 수행하고, 거짓이면 종료된다.
        printf("결과=%d\n",a); //참인 경우 a를 출력한다.
    }
}
```

결과 1	5를 입력한 경우 임의의 정수 입력 : 5
결과 2	15를 입력한 경우 임의의 정수 입력 : 15 결과=25

➕ 더 알기 TIP

- 5를 입력한 경우 : 5는 10보다 크지 않기 때문에 if 문을 벗어나서 프로그램이 종료된다.
- 15를 입력한 경우 : 15가 10보다 크기 때문에 if 문을 수행하여 "a+=10" 문을 수행한다. 즉, 15인 a와 10을 더한 25를 a에게 주고 printf 문을 실행한다.

③ if문 [예제2]

- 임의의 정수를 입력받아서 10을 초과하는 수를 입력하는 경우 10을 더하는 프로그램

```c
#include <stdio.h>
int main(void) {
    int opt;
    float val1, val2, result;
    printf("덧셈 1, 뺄셈 2, 곱셈 3, 나눗셈 4 \n");
    printf("선택? ");
    scanf("%d", &opt);              //3을 입력하고 [Enter]
    printf("두 개의 실수 입력 : ");
    scanf("%f %f", &val1, &val2);   //9 2를 입력하고 [Enter]
    if(opt==1) {
        result = val1 + val2;
        printf("결과 : %f", result);
    }
    if(opt==2) {
        result = val1 - val2;
        printf("결과 : %f", result);
    }
    if(opt==3) {
        result = val1 * val2;       //9와 2를 곱한 결과 18을 result에 준다.
        printf("결과 : %f", result); //실수를 출력한다.
    }
    if(opt==4) {
        result = val1 / val2;
        printf("결과 : %f", result);
    }
}
```

결과	덧셈 1, 뺄셈 2, 곱셈 3, 나눗셈 4 선택? 3 두 개의 실수 입력 : 9 2 결과 : 18.000000

2) if ~ else

① 형식

```
if(조건식) {
    문장1;        //조건식이 참인 경우 문장1, 문장2를 실행
    문장2;
} else {
    문장3;        //조건식이 거짓인 경우 문장3, 문장4를 실행
    문장4;
}
```

- 기존 if문에 조건식이 거짓일 경우 수행할 문장을 실행하기 위한 else 구절을 추가한다.
- 조건식이 참인 경우 문장1, 문장2를 수행하고, 거짓인 경우 문장3, 문장4를 수행한다.
- 수행할 문장이 단일 문장일 경우는 블록 기호를 생략할 수 있다.

② if~else문 [예제1]

- 임의의 정수를 입력받아서 0보다 작은지, 0 이상인지 출력하는 프로그램

```
#include <stdio.h>
int main() {
    int val;                                  //임의의 정수를 입력하고 [Enter]
    printf("정수를 하나 입력하세요 : ");
    scanf("%d", &val);
    if(val<0) {
        printf("입력 값은 0보다 작다.");
    }
    else {
        printf("입력 값은 0 이상이다.");
    }
}
```

결과 1	**-1을 입력한 경우** 정수를 하나 입력하세요 : -1 입력 값은 0보다 작다.
결과 2	**10을 입력한 경우** 정수를 하나 입력하세요 : 10 입력 값은 0 이상이다.

③ if~else문 [예제2] 20년 1회

- 한 개의 숫자를 직접 입력받아 짝수인지 홀수인지 판별하는 프로그램

```c
#include<stdio.h>
void main() {
    int a;
    printf("숫자 입력 : ");
    scanf("%d", &a);              //6을 입력하고 [Enter]
    if (a%2==0)                   //입력받은 a 값과 2를 나눈 나머지가 0이니?
        printf("짝수입니다.");    //참인 경우
    else
        printf("홀수입니다.");    //거짓인 경우
}
```

결과	숫자 입력 : 6 짝수입니다.

3) 다중 if

- 여러 조건들 중 어느 하나를 선택해야 하는 경우 if ~ else if 구문을 사용한다.

① 형식

```
if (조건1) {
    문장1;         //조건1이 참인 경우 문장1, 문장2를 실행
    문장2;
}
else if(조건2)    //조건1이 거짓인 경우 조건2를 실행
{
    문장3;         //조건2가 참인 경우 문장3, 문장4를 실행
    문장4;
}
else
{
    문장5;         //조건1과 조건2가 모두 거짓인 경우 문장5, 문장6을 실행
    문장6;
}
```

> **기적의 TIP**
>
> 다중 if 문은 if의 조건이 거짓인 경우에 하나의 결과값이 아니라 여러 개의 결과값이 있는 경우에 사용합니다.

② 다중 if [예제1]
- 두 개의 수를 입력받아 큰 값에서 작은 값을 뺀 숫자를 출력하는 프로그램
- 만약 두 개의 수가 같으면 "같은 수를 입력했습니다."라고 출력

```c
#include<stdio.h>
void main() {
    int a, b, c;
    scanf("%d %d", &a, &b);     //임의의 정수 2개를 입력하고 [Enter]
    if (a>b) {
        c=a-b;                  //a가 b보다 큰 경우 a-b의 결과를 c에 준다.
        printf("a-b=%d", c);
    }
    else if (a<b) {
        c=b-a;                  //b가 a보다 큰 경우 b-a의 결과를 c에 준다.
        printf("b-a=%d", c);
    }
    else                        //a가 b보다 크지도 작지도 않으면 같다는 의미이다.
        printf("같은 수를 입력했습니다.");
}
```

결과 1	다른 수를 입력한 경우
	10 5
	a-b=5

결과 2	같은 수를 입력한 경우
	5 5
	같은 수를 입력했습니다.

03 삼항 연산자

- if~else 문을 간결히 표현하는 데 사용될 수 있다.

① 형식

> 조건? A : B

▶ 기적의 TIP

삼항 연산자는 C언어 소스의 결과를 묻는 문제로 많이 출제가 되었습니다. 확실하게 이해하고 넘어가세요.

➕ 더 알기 TIP

x = (y<0)? 10 : 20;   //y가 0보다 작으면 x에 10을 대입하고 아니면 20을 대입한다.

② 삼항 연산자 [예제1]
- 두 개의 수를 입력받아 큰 값을 출력하는 프로그램

```c
#include<stdio.h>
void main() {
    int a, b;
    printf("두 값을 입력하세요\n");
    scanf("%d %d", &a, &b);     //5 10을 입력하고 [Enter]
    printf("두 값 중 큰 값은 %d입니다.", (a>b)? a : b);
}
```

결과	5 10을 입력한 경우
	두 값을 입력하세요
	5 10
	두 값 중 큰 값은 10입니다.

③ 삼항 연산자 [예제2]
- 양수와 음수를 판별한 후, 절대값을 출력하는 프로그램

```c
#include <stdio.h>
int main(void) {
    int x;
    char ch;
    printf("정수 입력 : ");
    scanf("%d", &x);
    ch=(x<0)? '-' : '+';    //x가 0보다 작으면 '-', 크면 '+'를 ch에 준다.
    (ch=='+')? printf("양수 \n"): printf("음수 \n");
    //ch와 '+'가 같니? 참이면 '양수', 거짓이면 '음수'를 출력
    printf("절대값 : %d", (x<0)? -1*x : x);
    //x가 0보다 작으면 -1*x, 아니면 x를 출력
}
```

결과	-5를 입력한 경우
	정수 입력 : -5
	음수
	절대값 : 5

04 switch ~ case

- 특정 식 혹은 변수의 상태에 따라 case 값에 일치하는 내용이 있을 경우 이를 선택적으로 실행한다.
- switch 문은 하나의 변수만을 가지고 값을 검사한다.
- 시스템은 해당 변수의 값과 일치하는 case 문의 코드를 수행한다.
- case는 break문을 만나기 전까지 계속 실행된다.

① switch ~ case 문 형식
- break 문을 사용하지 않은 경우

```
switch(식 혹은 변수) {
    case 값1:
        문장1
    case 값2:
        문장2
    ...
    default:             //위 내용 어디에도 해당사항이 없는 경우에 수행되는 문장
}
```

＋ 더 알기 TIP
- 입력한 숫자와 일치하는 case 문을 찾아 실행한 후, 아래 문장까지 계속 실행합니다.
- case 문을 빠져나가려면 break 문을 이용해야 합니다.

- break 문을 사용한 경우

```
switch(식 혹은 변수) {
    case 값1:
        문장1
        break;           //문장1을 실행하고 switch 문을 빠져나감
    case 값2:
        문장2
        break;           //문장2를 실행하고 switch 문을 빠져나감
    ...
    default:             //위 내용 어디에도 해당사항이 없는 경우에 수행되는 문장
}
```

＋ 더 알기 TIP
- breake 문은 "반복문"과 "switch~case 문" 등을 빠져나올 때 사용됩니다.
- 한 번에 하나의 반복문만 빠져나올 수 있습니다.

② switch ~ case [예제1]
- 1~3까지 숫자를 입력한 후, 입력한 숫자를 맞추는 프로그램

```c
#include<stdio.h>
void main() {
    int re;
    printf("메뉴를 입력하세요 1 to 3\n");
    scanf("%d", &re);
    switch(re) {
    case 1:
        printf("당신은 1을 입력했네요\n");
    case 2:
        printf("당신은 2를 입력했네요\n");
    case 3:
        printf("당신은 3을 입력했네요\n");
    default:
        printf("올바른 값을 입력하세요");
    }
}
```

결과 1	1을 입력한 경우 메뉴를 입력하세요 1 to 3 1 당신은 1을 입력했네요 당신은 2를 입력했네요 당신은 3을 입력했네요 올바른 값을 입력하세요
결과 2	3을 입력한 경우 메뉴를 입력하세요 1 to 3 3 당신은 3을 입력했네요 올바른 값을 입력하세요

➕ 더 알기 TIP

case 1, case 2, case 3 모두 break 문이 없습니다. 그래서 1을 입력한 경우 case 1로 가서 문장을 실행하고, 그 아래에 있는 case 문과 default 문까지 모두 실행됩니다.

③ switch ~ case [예제2]
- 1~3까지 숫자를 입력한 후, 입력한 숫자를 맞추고 switch 문을 벗어나는 프로그램

```c
#include(stdio.h)
void main() {
    int re;
    puts("메뉴를 입력하세요 1 to 3");
    scanf("%d", &re);                    //1을 입력하고 [Enter]
    switch(re) {
    case 1:
        puts("당신은 1을 입력했네요");    //puts는 문자열을 출력하는 명령어임
        break;                            //switch 문을 벗어남
    case 2:
        puts("당신은 2를 입력했네요");
        break;
    case 3:
        puts("당신은 3을 입력했네요");
        break;
    default:
        puts("올바른 값을 입력하세요");
    }
}
```

결과 1	**1을 입력한 경우** 메뉴를 입력하세요 1 to 3 1 당신은 1을 입력했네요
결과 2	**4를 입력한 경우** 메뉴를 입력하세요 1 to 3 4 올바른 값을 입력하세요

➕ 더 알기 TIP

- puts 함수는 문자열을 출력하고 줄 바꿈하는 함수입니다.
- printf("문자열 \n");과 동일한 기능을 하는 함수입니다.

05 goto 문

- 지정한 레이블로 무조건 분기하는 명령문이다.
- 장점 : 루틴의 빠른 실행이 가능하다.
- 단점 : 프로그램이 비구조적이 되고 이해하기 어려워진다.
- 구조적 프로그래밍에서는 goto 문을 사용하지 않는다.

> **기적의 TIP**
> goto 문은 JAVA언어에는 존재하지 않는 제어문입니다.

① goto 문 형식

```
goto 레이블명;
```

② goto 문 [예제1]

- 10보다 큰 숫자를 입력할 때까지 반복하는 프로그램

```c
#include<stdio.h>
void main() {
    int a;
re:                              //re라는 이름의 레이블(깃발)을 줍니다.
    printf("값입력 : ");
    scanf("%d", &a);             //임의의 정수를 입력하고 [Enter]
    if (a>10)
        printf("%d는 10보다 큰 값입니다.", a);
    else {
        printf("잘못 입력하셨습니다. 다시 입력하세요\n");
        goto re;                 //re 레이블(깃발)로 이동하라는 뜻입니다.
    }
}
```

> **기적의 TIP**
> 레이블은 깃발이라고 생각하면 편해요.
> "goto re;" → 아까 깃발을 꽂아 놓은 곳으로 이동해. 깃발 이름은 re야.

결과	5, 10, 11을 입력한 경우 값입력 : 5 잘못 입력하셨습니다. 다시 입력하세요 값입력 : 10 잘못 입력하셨습니다. 다시 입력하세요 값입력 : 11 11는 10보다 큰 값입니다.

이론을 확인하는 기출문제

01 다음 C언어 코드의 출력 결과는?

```c
#include<stdio.h>
int main() {
    int a = 1, b;
    b = (a++ > 1)? a+2 : a+3;
    printf("%d", b);
}
```

① 3　　② 4
③ 5　　④ 6

> a++ > 1은 1 증가하기 전 1인 a가 1보다 크니? → 거짓이라 a+3으로 가면서 a는 1 증가한 후 a+3을 한다. 만약 printf("%d %d", a, b);이면 2 5가 출력된다.

02 다음 C언어 코드의 출력 결과는?

```
1   #include <stdio.h>
2   int main(){
3       int a=8, b=10, c;
4       if(a++ >= b--)
5             c=a-b;
6       else
7             c=a+b;
8       printf("a=%d\n", a);
9       printf("b=%d\n", b);
10      printf("c=%d", c);
11  }
```

① a=9　　② a=8
　b=9　　　b=9
　c=18　　　c=19
③ a=9　　④ a=9
　b=10　　　b=9
　c=17　　　c=17

> • 4번 줄 : 1 증가 전 8인 a가 1 감소 전 10 이상이니? → 거짓
> • 6~7번 줄 : 4번 줄을 실행하고 a는 1 증가, b는 1 감소하여 각각 9가 된다. 9인 a와 b를 더한 결과 18을 c에 준다.

03 다음 C언어 코드의 출력 결과는?

```c
#include <stdio.h>
int main(void)
{
    int x=1, y=2;
    int max;
    max = x>y? x : y;
    printf("%d", max);
}
```

① 1　　② 2
③ 3　　④ 4

> max = x>y? x : y; //1인 x가 2인 y보다 크니? 거짓이라 y를 max에 주고 출력한다.

04 다음 C언어 코드의 출력 결과는?

```c
#include<stdio.h>
int main(void) {
    int num1=16, num2=80;
    printf("%d", num1>num2? num1&num2 : num1^num2);
}
```

① 64　　② 66
③ 1000000　　④ 1000110

> • &(AND), ^(XOR)는 비트 연산자이므로, 10진 정수 16과 80을 먼저 2진수로 변환해야 한다.
> • 16인 num1은 80인 num2보다 크니? 거짓이라 num1과 num2를 XOR 연산한다.
> • 16은 2진수로 00100000이고 80은 10100000이다. 각 자리별로 XOR 연산을 수행하면 1000000가 되는데 출력은 %d 10진 정수로 출력해야 하기 때문에 64가 된다.

05 구조적 프로그램의 기본 구조가 아닌 것은?

① 순차 구조　　② 반복 구조
③ 일괄 구조　　④ 선택 구조

> 구조적 프로그램의 기본 구조는 순차, 선택, 반복이다.

06 다음 C언어 코드의 출력 결과는?

```c
#include <stdio.h>
#define func1 0    //상수 선언으로 func1은 0이다.
#define func2 1    //상수 선언으로 func2는 1이다.
int main() {
    int num = 83;
    if(num % 2 == func1)
        printf("HRD");
    else if(num % 2 == func2)
        printf("KOREA");
    else
        printf("1644-8000");
    return 0;
}
```

① KOREA   ② HRD
③ 1644-8000   ④ 83

- if 문에서 83인 num과 2를 나눈 나머지가 0인 func1과 같니? → 거짓
- else if 문으로 가서 83인 num과 2를 나눈 나머지가 1인 func2와 같니? → 참

07 다음 C언어 코드를 분석하여 출력 결과를 적으시오.

```c
#include <stdio.h>
int max = 100;
int main(void) {
    int num = 99;
    if(num >= max)
        printf("MAX가 큽니다.");
    else
        printf("MAX의 값은 %d입니다.", max);
}
```

• 답 :

- 99인 num이 100인 max 이상이니? → 거짓
- else 아래 문장을 수행한다.

08 구조적 프로그래밍의 주요 목표로 올바른 것은?

① 프로그램 실행 속도를 최대화하는 것
② 모듈화를 통해 이해하기 쉽고 유지/보수를 쉽게 할 수 있게 하는 것
③ 하드웨어 의존성을 줄이는 것
④ 객체의 다형성을 구현하는 것

구조적 프로그래밍의 목표는 프로그램의 가독성, 유지보수성, 신뢰성의 향상이다.

09 다음 C언어 코드를 분석하여 출력 결과는?

```c
#include<stdio.h>
int main() {
    int x = 40, y = 60, z = 80;
    int res;
    res = x < y? y++ : --z;
    printf("%d\\%d\\%d", res, y, z);
    return 0;
}
```

① 60\61\80   ② 61\61\80
③ 60\61\79   ④ 61\61\79

- 40인 x가 60인 y보다 작니? → 참
- 60인 y를 res에 주고 1 증가시킨다.

10 다음 C언어 코드를 분석하여 출력 결과를 적으시오.

```c
#include<stdio.h>
void main() {
    int n = 5;
    switch(n) {
        case 1:
            printf("1번 입력");
            break;
        case 2:
            printf("2번 입력");
            break;
        case 3:
            printf("3번 입력");
            break;
        default:
            printf("입력오류");
    }
}
```

• 답 :

5인 n에 해당하는 case가 없어서 default 문만 수행한다.

11 구조적 프로그래밍의 특징으로 가장 적절한 것은?

① goto 문을 적극적으로 활용한다.
② 위에서 아래로(Top-Down) 설계를 강조한다.
③ 클래스와 객체를 활용한다.
④ 비선형적인 제어 흐름을 허용한다.

구조적 프로그래밍은 Top-Down 방식을 사용하며, goto를 배제하고 제어 구조를 단순화한다.

정답 06 ① 07 MAX의 값은 100입니다. 08 ② 09 ① 10 입력오류 11 ②

SECTION 05 C언어 반복문, while, do~while

빈출 태그 #while #do~while #반복문

01 while 문

- while 문은 조건이 먼저 나오고 조건이 참일 때까지 반복하는 함수이다.
- 조건식을 만족할 때까지 문장을 반복해서 수행한다.

1) 형식

```
while(조건식) {
    반복 실행문장;
    반복 실행문장;
}
```

> **더 알기 TIP**
> - while 문은 조건식이 참인 동안 반복 실행문장을 실행합니다.
> - while 문에서 반복 실행문장이 한 줄일 경우 중괄호 '{ }'는 생략이 가능합니다.
> - 조건식이 '항상 참'으로 결과를 생성하거나 while(1)로 명시되어 있으면 무한 반복을 수행하게 됩니다. 무한 반복을 끝내려면 반복할 명령문들 중에 break; 문을 사용합니다.

2) while C언어 예제

① while [예제1]
- 1부터 100까지 합계를 출력하는 프로그램

```c
#include<stdio.h>
void main() {
    int a=1, sum=0;
    while(a<=100){    //a가 100 이하인 동안 아래 문장을 반복한다.
        sum+=a;       //sum=sum+a
        a++;          //a는 1 증가한다.
    }
    printf("1----100까지 합 => %d",sum);
}
```

결과 1----100까지 합 => 5050

② while [예제2]

- 양의 정수를 하나 입력받아서, 그 수만큼 "handaman!"을 출력하는 프로그램

```c
#include<stdio.h>
int main() {
    int num, i=0;
    printf("양의 정수 입력 : ");
    scanf("%d", &num);          //3을 입력하고 [Enter]
    while(i<num)                //i가 0부터 3보다 작은 동안은 아래 문장을 반복
    {
        printf("handaman!\n");
        i++;
    }
}
```

결과	양의 정수 입력 : 3 handaman! handaman! handaman!

③ while [예제3]

- 구하려는 배수와 원하는 개수를 입력받은 후, 그 수만큼 배수를 출력하는 프로그램

```c
#include<stdio.h>
int main(void) {
    int num, cnt=0, i;
    printf("원하는 배수 입력 : ");
    scanf("%d", &i);            //3을 입력하고 [Enter]
    printf("배수의 개수 입력 : ");
    scanf("%d", &num);          //4를 입력하고 [Enter]
    while(cnt++<num)            //cnt는 0부터 4보다 작을 때까지 4회 반복
        printf("%d ", i*cnt);
}
```

결과	원하는 배수 입력 : 3 배수의 개수 입력 : 4 3 6 9 12

④ while [예제4]
- 입력받은 숫자에 해당하는 구구단을 역순으로 출력하는 프로그램

```
#include<stdio.h>
int main(void) {
    int num, i=9;
    printf("역순으로 출력할 단 입력 : ");
    scanf("%d", &num);                  //6을 입력하고 [Enter]
    while(i>0) {
        printf("%d * %d = %d\n", num, i, num*i);
        i--;
    }
}
```

결과

```
역순으로 출력할 단 입력 : 6
6 * 9 = 54
6 * 8 = 48
6 * 7 = 42
6 * 6 = 36
6 * 5 = 30
6 * 4 = 24
6 * 3 = 18
6 * 2 = 12
6 * 1 = 6
```

➕ 더 알기 TIP

- 6을 입력해서 num에 6이 저장되었다고 가정합니다.
  - while(i>0)   //6은 0보다 크니? 참입니다. 아래 반복문을 실행합니다.
  - printf("%d * %d = %d\n", num, i, num*i);   //"6 * 9 = 54"를 출력합니다.
  - i--;   //9였던 i는 1 감소되어 8이 되고, 다시 "while(i>0)" 문으로 이동합니다.
- i가 0보다 큰 동안 while 문을 계속 반복하고, i가 1씩 감소되면서 0이 되는 순간 반복문을 벗어나 프로그램이 종료됩니다.
- while 문은 조건이 참일 때만 반복문을 실행합니다.

4) 중첩 while C언어 예제

- 중첩 while이란 while 문 안에 또 다른 while 문이 있는 경우를 말한다.

① 중첩 while [예제1]
- 중첩 while 문을 이해할 수 있는 프로그램

```c
#include <stdio.h>
int main(void) {
    int i=1, j=1;
    while(i<=3) {
        printf("*** 현재 i는 %d *** \n", i);
        while(j<=3) {
            printf("현재 j는 %d \n", j);
            j++;
        }
        i++;
        j=1;
    }
}
```

결과
```
*** 현재 i는 1 ***
현재 j는 1
현재 j는 2
현재 j는 3
*** 현재 i는 2 ***
현재 j는 1
현재 j는 2
현재 j는 3
*** 현재 i는 3 ***
현재 j는 1
현재 j는 2
현재 j는 3
```

➕ 더 알기 TIP

- i는 1인 상태에서 내부의 반복문 while을 만나 j가 1, 2, 3이 되고 4인 상태로 내부 반복문을 벗어납니다.
- i는 1 증가하여 2가 되고 j는 다시 1이 됩니다. 이 과정을 i가 3일 때까지 반복합니다.

② 중첩 while [예제2]
- 구구단 2단부터 9단까지 출력하는 프로그램

```c
#include <stdio.h>
int main(void) {
    int i=2;
    int j=0;
    while(i<10) {        //i는 2부터 10보다 작을 때까지 반복
        j=1;             //j는 1로 초기화
        while(j<10) {    //j는 1부터 10보다 작을 때까지 반복
            printf("%d * %d = %d \n", i, j, i*j);
            j++;
        }
        printf("\n");
        i++;
    }
}
```

결과

```
2 * 1 = 2
2 * 2 = 4
2 * 3 = 6
2 * 4 = 8
2 * 5 = 10
2 * 6 = 12
2 * 7 = 14
2 * 8 = 16
2 * 9 = 18

3 * 1 = 3
3 * 2 = 6
..
..
9 * 5 = 45
9 * 6 = 54
9 * 7 = 63
9 * 8 = 72
9 * 9 = 81
```

② do~while 문

- 문장을 먼저 실행한 후 조건을 체크한다.

1) 형식

```
do {
반복 실행문장;
반복 실행문장;
}
while(조건식);
```

➕ 더 알기 TIP

- 반복 실행문장 → 조건식이 참인 경우 실행문장을 반복하고 거짓인 경우엔 종료됩니다.
- 실행이 먼저 이루어지는 구조이므로 최소한 한 번은 문장을 수행합니다.
- 조건식이 '항상 참'으로 결과를 생성하거나 while(1)로 명시되어 있으면 무한 반복을 수행하게 됩니다. 무한 반복을 끝내려면 반복할 명령문들 중에 break; 문을 사용합니다.

> **🏁 기적의 TIP**
>
> while은 조건이 참인 경우에만 반복 실행문장을 수행하기 때문에 한 번도 실행하지 않는 경우가 있지만, do~while은 조건의 참/거짓과 관계없이 무조건 한 번은 실행합니다.

2) do~while C언어 예제

① do~while [예제1]

- 1부터 100까지 합계를 구하여 출력하는 프로그램

```c
#include<stdio.h>
void main()
{
    int a=0, sum=0;
    do {
        ++a;        //a는 1 증가합니다.
        sum+=a;     //a를 sum에 누적합니다. (sum = sum + a)
    }
    while(a<100);
    printf("1----100까지 합 => %d", sum);
}
```

결과　1----100까지 합 => 5050

② do~while [예제2]
- 원하는 단을 입력받아 구구단 출력하는 프로그램

```
#include <stdio.h>
int main()
{
    int val;
    int i=1;
    printf("출력하고자 하는 구구단, 몇 단? ");
    scanf("%d", &val);    //3을 입력하고 [Enter]
    do {
        printf("%d*%d=%d \n", val, i, val*i);
        i++;
    } while(i<10);        //i는 1부터 10보다 작을 때까지 반복문을 실행
}
```

결과	출력하고자 하는 구구단, 몇 단? 3 3*1=3 3*2=6 3*3=9 3*4=12 3*5=15 3*6=18 3*7=21 3*8=24 3*9=27

➕ 더 알기 TIP

- 추가 문제

```
..
    } while(i<10);
    printf("현재 i는 %d입니다." ,i)    //이 소스를 추가하는 경우
}
```

- 결과

```
..
3*8=24
3*9=27
현재 i는 10입니다.        //i가 10인 상태로 do~while 문을 벗어났기 때문입니다.
```

③ do~while [예제3]
- 0을 입력받기 전까지의 합계가 출력하는 프로그램

```c
#include <stdio.h>
int main() {
    int total=0, val=0;
    do {
        printf("숫자 입력 (0 to quit) : ");
        scanf("%d", &val);
        total+=val;
    } while(val!=0);
    printf("Total : %d", total);
}
```

결과	숫자 입력 (0 to quit) : 5 숫자 입력 (0 to quit) : 2 숫자 입력 (0 to quit) : 0 Total : 7

➕ 더 알기 TIP

처음에 0을 입력하면 "Total : 0"이 출력됩니다.
//do~while은 반복문을 무조건 1회 실행합니다.
//0을 입력받아 val은 0이 되고, 0인 val을 total에 더합니다. total은 0이 됩니다.
//"while(val!=0)" 문을 만나서 조건을 확인합니다. "val이 0이 아니니?" 거짓입니다.
//반복문을 벗어나고, 현재 total에 저장된 0을 출력하게 됩니다.

④ do~while [예제4]
- 0 이상 100 이하의 정수 중에서 짝수의 합을 출력하는 프로그램

```c
#include<stdio.h>
int main(void) {
    int total = 0, num = 2;
    do {
        total+=num;
        num=num+2;
    } while(num<=100);
    printf("Total : %d", total);
}
```

결과	Total : 2550

이론을 확인하는 기출문제

01 C언어의 제어구조에서 문장을 실행한 다음, 조건을 검사하여 반복 실행의 여부를 결정하는 문은?

① for 문
② while 문
③ do~while 문
④ switch~case 문

> do~while 문은 반복할 문장을 무조건 먼저 수행한 후, 조건식이 참인 경우에만 다시 반복하는 문이다.

02 다음 C언어 코드의 출력 결과는?

```c
#include<stdio.h>
int main(void) {
    int a=9, b=5;
    while(a != b) {
        if(a>b) a-=b;
        else b-=a;
    }
    printf("%d %d", a, b);
    return 0;
}
```

① 1 1
② 2 2
③ 3 3
④ 4 4

```c
#include<stdio.h>
int main(void) {
    int a=9, b=5;
    while(a != b) {        //a와 b가 다르면 반복한다.
        if(a>b) a-=b;      //a가 b보다 크면 a-=b
        else b-=a;         //아니면 b-=a
    }
    printf("%d %d", a, b);
    return 0;
}
```

- 반복
  - 1차 : 9인 a가 5인 b보다 크니? 참으로 a=a-b를 수행하여 a는 4가 됨
  - 2차 : 4인 a가 5인 b보다 크니? 거짓으로 b=b-a를 수행하여 b는 1이 됨
  - 3차 : 4인 a가 1인 b보다 크니? 참으로 a=a-b를 수행하여 a는 3이 됨
  - 4차 : 3인 a가 1인 b보다 크니? 참으로 a=a-b를 수행하여 a는 2가 됨
  - 5차 : 2인 a가 1인 b보다 크니? 참으로 a=a-b를 수행하여 a는 1이 됨
- while 문에서 1인 a와 1인 b가 같으므로 while 문을 벗어난다.

03 다음 C언어 코드의 출력 결과는?

```c
#include <stdio.h>
int main(void) {
    int i = 0;
    do {
        i++;
    } while(i < 10);
    printf("%d", i*4);
    return 0;
}
```

① 38
② 39
③ 40
④ 41

> i는 0부터 9까지 10회를 반복하고 10이 되었을 때 거짓이 되면서 do~while 문을 벗어나게 되고, 10인 i와 4를 곱한 결과값을 출력한다.

04 C언어에서 반복 처리를 위한 명령문이 아닌 것은?

① for
② while
③ continue
④ do~while

> continue는 반복문을 제어하는 명령문이다.

05 C언어에서 do~while 문에 대한 설명 중 틀린 것은?

① 문의 조건이 거짓인 동안 루프처리를 반복한다.
② 문의 조건이 처음부터 거짓일 때도 문을 최소 한번은 실행한다.
③ 무조건 한 번은 실행하고 경우에 따라서는 여러 번 실행하는 처리에 사용하면 유용하다.
④ do~while 문의 맨 마지막 while(조건) 오른쪽에 ";"이 필요하다.

> do ~ while 문은 참인 동안 반복한다.

정답 01 ③ 02 ① 03 ③ 04 ③ 05 ①

06 C언어에서 while문과 do~while문의 차이점으로 옳은 것은?

① while 문은 최소 1번은 반드시 실행된다.
② do~while 문은 조건이 거짓이라면 한 번도 실행되지 않는다.
③ while 문은 조건 검사 후 실행하고, do~while 문은 실행 후 조건을 검사한다.
④ 두 문법은 완전히 동일하게 동작한다.

> while은 조건 → 실행, do~while은 실행 → 조건 확인
>
> **오답 피하기**
> ① do~while, ② 최소 1회는 실행

07 다음 C언어 코드의 출력 결과는?

```c
#include <stdio.h>
int main() {
    int i = 0;
    while (i < 3) {
        printf("%d ", i);
        i++;
    }
}
```

① 0 1 2
② 1 2 3
③ 0 1 2 3
④ 출력 안 됨

> i는 0부터 시작해서 3보다 작은 동안 반복문을 실행하면서 1씩 증가한다. 0, 1, 2까지 출력 후 i가 3이 되면 i<3이 거짓이 되면서 종료된다.

08 C언어에서 x에는 0이 있고 반복문에서 1씩 증가한다고 가정했을 때 무한 반복을 만드는 코드는?

① while(1) { 반복문 }
② do { 반복문 } while(0);
③ while(x<5) { 반복문 }
④ do { 반복문 } while(x<5);

> while(1)은 조건이 항상 참이라 무한 반복을 실행한다.

09 다음 C언어 코드의 출력 결과는?

```c
#include <stdio.h>
int main() {
    int i = 5;
    do {
        printf("%d ", i);
        i++;
    } while (i < 5);
    return 0;
}
```

① 5
② 출력 안 됨
③ 5 6 7 8 … (무한 반복)
④ 0 1 2 3 4

> do~while은 조건을 나중에 검사하므로 i=5일 때 한 번 실행하고 종료한다.

10 다음 C언어 코드의 출력 결과는?

```c
int x = 0;
while (x < 5) {
    x += 2;
}
printf("%d", x);
```

① 4
② 5
③ 6
④ 무한 반복

> • 1차 : 0인 x가 5보다 작니? 참으로 x=x+2를 수행하여 x는 2가 된다.
> • 2차 : 2인 x가 5보다 작니? 참으로 x=x+2를 수행하여 x는 4가 된다.
> • 3차 : 4인 x가 5보다 작니? 참으로 x=x+2를 수행하여 x는 6이 된다.
> • 4차 : 6인 x가 5보다 작니? 거짓으로 반복문을 벗어나서 x를 출력한다.

C언어 반복문, for, break, continue

빈출 태그 #for문 #다중for문 #break #continue

01 for 문

• 한 개 이상의 문장을 몇 번이고 실행하는 프로그램 구조이며 "for loop"이라고 한다.

1) 형식

```
for(초기값; 조건값; 증감값)
{
실행문장;
}
```

➕ 더 알기 TIP

• 초기값 : 반복 변수의 시작값을 지정합니다.
• 조건값 : 반복 수행 전에 조건을 검사합니다. 참인 경우 실행문장을 실행합니다.
• 증감값 : 반복 실행한 후 한 번씩 실행하고 다시 조건값과 비교합니다.

2) for 문의 작동 순서

① 1차 반복

```
for(i=0 ; i<2 ; i++)      //① i에 0을 준다. ② 0인 i가 2보다 작니? 참
     ①     ②
{
    printf("hello\n");     //hello를 출력
}
```

② 2차 반복

```
for(i=0 ; i<2 ; i++)      //① i는 1 증가 ② 1인 i가 2보다 작니? 참
            ②    ①
{
    printf("hello\n")      //hello를 출력
}
```

③ 3차 반복

```
for(i=0 ; i<2 ; i++)        //① i는 1 증가 ② 2인 i가 2보다 작니? 거짓
         ②    ①
{
    printf("hello\n");      //for 문을 벗어난다.
}
```

3) for 문 C언어 예제

① for [예제1]

- 1부터 10까지 반복하는 프로그램

```c
#include <stdio.h>
int main(void) {
    int i;
    for(i=1; i<=10; i++) {   //i는 1부터 10 이하일 때까지 1씩 증가하며 반복
        printf("현재 i는 %d 이다.\n", i);
    }
    return 0;
}
```

결과	현재 i는 1 이다. 현재 i는 2 이다. .. 현재 i는 9 이다. 현재 i는 10 이다.

② for [예제2]

- 1부터 10까지 합계를 구하는 프로그램

```c
#include<stdio.h>
void main() {
    int a, sum=0;
    for (a=1; a<=10; a++)   //a가 1부터 10 이하이면 아래 문장을 실행하고 a를 1 증가
        sum+=a;             //a를 sum에 누적한다.
    printf("1----10까지 합 => %d", sum);
}
```

결과	1----10까지 합 => 55

> **기적의 TIP**
>
> 1부터 10까지 합계를 못 구하면 어쩌지? 걱정하지 마세요. 시험장에 기본적인 계산(덧셈/뺄셈/곱셈/나눗셈)을 할 수 있는 계산기를 가져갈 수 있습니다.

③ for [예제3]
- 임의의 숫자 3개를 입력받아서 합계를 계산하는 프로그램

```c
#include<stdio.h>
void main() {
    int i,a,sum=0;
    for (i=1; i<=3; i++) {      //i는 1부터 3 이하일 때까지 반복합니다.
        printf("입력 : ");
        scanf("%d", &a);         //5를 입력하고 [Enter], 다음엔 10, 3 순으로 입력
        sum+=a;
    }
    printf("합계 = %d",sum);
}
```

> **기적의 TIP**
>
> for (i=0; i<3; i++)도 같은 결과가 나옵니다.

결과	입력 : 5 입력 : 10 입력 : 3 합계 = 18

④ for [예제4]
- 1부터 n까지의 합계를 계산하는 프로그램

```c
#include <stdio.h>
int main(void) {
    int i, n, total=0;
    printf("0부터 n까지의 덧셈, n을 입력 : ");
    scanf("%d", &n);
    for(i=0; i<n+1; i++)
        total+=i;                //반복문이 한 줄이면 중괄호{ } 생략 가능
    printf("0부터 %d까지 덧셈 결과 : %d", n, total);
    return 0;
}
```

결과	0부터 n까지의 덧셈, n을 입력 : 10 0부터 10까지 덧셈 결과 : 55

02 다중 for 문

1) 형식

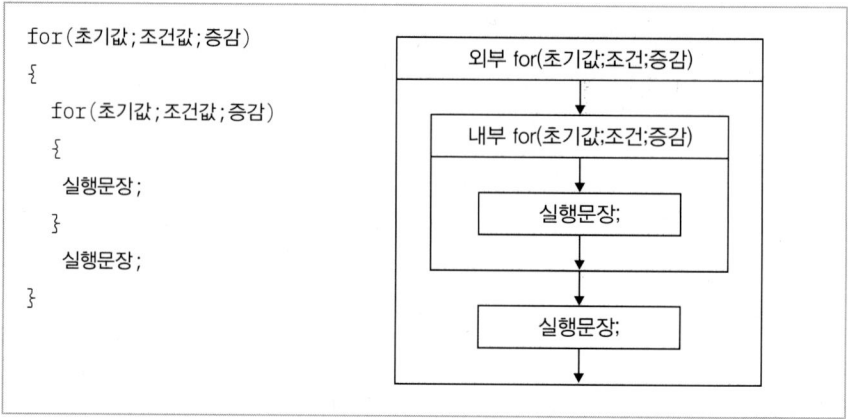

2) 다중 for 문 C언어 예제

① 다중 for 문 [예제1]

> **기적의 TIP**
>
> i가 0인 상태에서 j를 2회 출력하고, i가 1인 상태에서 j를 2회 출력, i가 2인 상태에서 j를 2회 출력한 다음 i가 3인 상태에서 for 문을 벗어나는 프로그램입니다.

```c
#include <stdio.h>
int main(void) {
    int i, j;
    for(i=0; i<3; i++) {
        printf("*** 현재 i는 %d *** \n", i);
        for(j=0; j<2; j++) {
            printf("현재 j는 %d \n", j);
        }
    }
}
```

결과
```
*** 현재 i는 0 ***
현재 j는 0
현재 j는 1
*** 현재 i는 1 ***
현재 j는 0
현재 j는 1
*** 현재 i는 2 ***
현재 j는 0
현재 j는 1
```

② 다중 for 문 [예제2]
- /t(일정 간격 이동), /n(줄 바꿈)을 이용하여 한 행에 3개를 출력하고 줄 바꿈하는 프로그램

```c
#include<stdio.h>
void main() {
    int i, j;
    for (i=1; i<=2; i++) {      //i는 1부터 2 이하일 때까지 2회 반복(2행)
        for(j=1; j<=3; j++)     //j는 1부터 3 이하일 때까지 3회 반복(3열)
            printf("i=%d, j=%d \t",i, j);
        printf("\n");
    }
}
```

결과	i=1, j=1	i=1, j=2	i=1, j=3
	i=2, j=1	i=2, j=2	i=2, j=3

③ 다중 for문 [예제3]
- 1단~9단까지 출력하는 프로그램

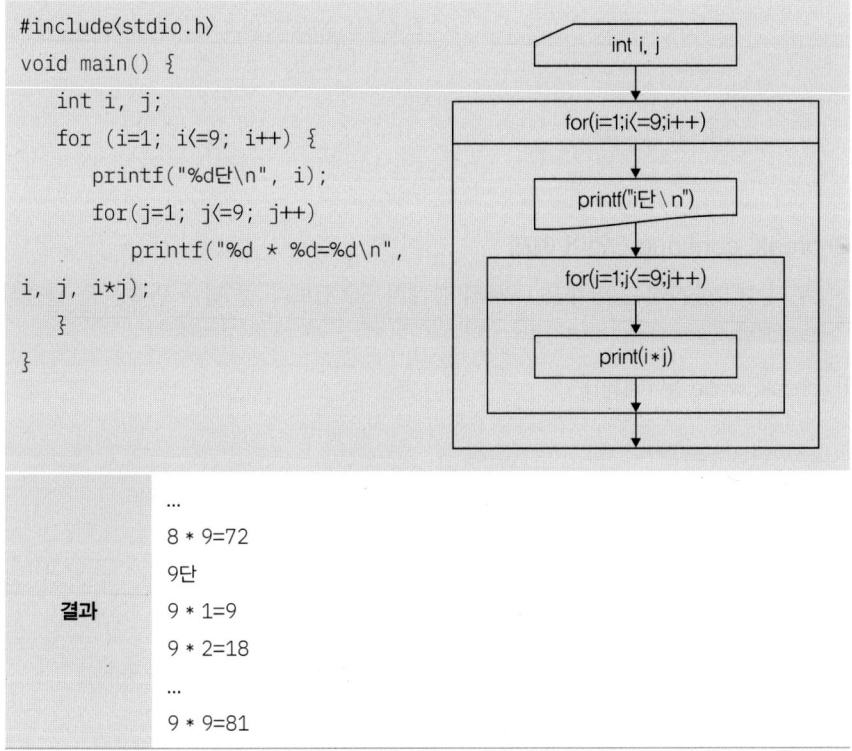

```c
#include<stdio.h>
void main() {
    int i, j;
    for (i=1; i<=9; i++) {
        printf("%d단\n", i);
        for(j=1; j<=9; j++)
            printf("%d * %d=%d\n", i, j, i*j);
    }
}
```

결과	...
	8 * 9=72
	9단
	9 * 1=9
	9 * 2=18
	...
	9 * 9=81

③ break, continue

1) break, continue 형식

- 반복문(while, do~while, for)에서 모두 사용 가능하다.

① break : 반복문을 빠져나올 때 사용한다.

```
while(1) {              //1은 참, 0은 거짓이라 while(1)은 무한 반복
..
    if(x<0)
        break;          //반복문을 벗어나고 printf("반복 끝"); 문장 실행
        ...
}
    printf("반복 끝");
```

② continue : 다음 번 반복으로 넘어갈 때 사용한다.

```
while(1) {
..
    if(x<0)
        continue;       //이번 반복은 수행하지 않고 while(1) 문으로 이동
        ...
}
    printf("반복 끝");
```

2) break, continue C언어 예제

- 1부터 1씩 증가하는 합계를 구하되 합계가 5000보다 큰 경우 반복문을 탈출하는 프로그램

① break, while 문 [예제1]

```
#include <stdio.h>
int main(void) {
    int sum=0, num=1;
    while(1) {          //무한 반복
        sum+=num;
        if(sum>5000)
            break;      //sum의 값이 5000보다 큰 경우 반복문 while을 벗어남
        num++;
    }
    printf("sum : %d \n", sum);
    printf("num : %d", num);
}
```

| 결과 | sum : 5050 |
| | num : 100 |

② break, for 문 [예제2]

```c
#include <stdio.h>
int main(void) {
    int sum=0, num=1;
    for( ; ; ) {         //for문의 무한 반복
        sum+=num;
        if(sum>5000)
            break;        //sum의 값이 5000보다 큰 경우 반복문 for를 벗어남
        num++;
    }
    printf("sum : %d \n", sum);
    printf("num : %d", num);
}
```

결과	sum : 5050 num : 100

③ if, continue, break, for 문 [예제3]
- 5 이상의 값은 더하고, 999를 입력하면 반복문을 벗어나는 프로그램

```c
#include<stdio.h>
void main() {
    int a=0, sum=0;
    for ( ; ; ) {
        printf("값을 입력 : ");
        scanf("%d", &a);   //3, 5, 10, 999 순으로 입력하고 [Enter]
    if(a < 5)
        continue;          //3, 5, 10, 999 순으로 입력하고 [Enter]
        if(a==999)
            break;         //a와 999가 같은 경우 반복문을 벗어나서 sum을 출력
    sum +=a;
    }
    printf("입력된 값들의 합계는 %d 입니다.", sum);
}
```

결과	값을 입력 : 3 값을 입력 : 5 값을 입력 : 10 값을 입력 : 999 입력된 값들의 합계는 15 입니다.

이론을 확인하는 기출문제

01 다음 C언어 코드의 출력 결과는?

```c
#include <stdio.h>
int main() {
    int i, j;
    for(i=2;i<=4;i++) {
        for(j=5;j<=7;j++) {
        }
    }
    printf("%d × %d = %2d", i, j, i*j);
}
```

① 4 × 7 = 28
② 4 × 8 = 32
③ 5 × 7 = 35
④ 5 × 8 = 40

- i는 2부터 4 이하일 때까지 반복하고, 5가 되면 for 문을 벗어난다.
- j는 5부터 7 이하일 때까지 반복하고 8이 되면 for 문을 벗어난다.

02 다음 C언어 코드의 출력 결과는?

```c
#include<stdio.h>
int main() {
    int i, cnt=0;
    for(i=1; i<=100; i++)    {
        if(i % 3 = = 0 && i % 7 = = 0) {
            printf("%d*", i);
        }
    }
}
```

① 21*42*63*84*
② 21*42*63*84
③ 21*42*63*84*105*
④ 21*42*63*84*105

i를 3과 7로 나눈 나머지가 모두 0인 경우 i 값과 * 기호를 출력한다.

03 C언어에서 반복문을 빠져나올 때 사용하는 명령문은?

① out
② break
③ continue
④ exit

break 문은 반복문을 벗어나게 하는 명령이다.

오답 피하기
③은 반복문의 처음으로 이동하는 명령이다.

04 아래 C언어에서 for문의 작동 순서를 올바르게 나열한 것은?

```
for(i=0 ; i<2 ; i++)
     ①     ②    ③
{
    printf("hello\n");
              ④
}
```

① ① → ② → ③ → ④
② ① → ③ → ② → ④
③ ① → ② → ④ → ③
④ ① → ③ → ④ → ②

① i에 0을 준다. ② 조건 i<2를 확인하고 참인 경우 ④로 이동한다. ③ i를 1 증가시키고 ② 조건을 확인한다.

05 다음 중 for 문의 일반적인 형태로 옳은 것은?

① for (조건식; 초기식; 증감식)
② for (초기식; 조건식; 증감식)
③ for (초기식; 증감식; 조건식)
④ for (증감식; 초기식; 조건식)

for(i=0 ; i<2 ; i++)
//i는 1부터(초기) 2보다 작을 때까지(조건) 1씩 증가(증감)하면서 반복한다.

정답 01 ④ 02 ① 03 ② 04 ③ 05 ②

06 다음 중 continue에 대한 설명으로 옳은 것은?

① 반복문을 즉시 종료한다.
② 반복문의 현재 반복을 건너뛰고 다음 반복으로 넘어간다.
③ 프로그램 전체를 종료한다.
④ 반복문과 상관없이 항상 실행된다.

> continue는 반복문의 이번 회차만 건너뛰는 명령이다.
>
> **오답 피하기**
> ①은 break에 대한 설명이다.

07 다음 C언어 코드의 출력 결과는?

```
int i;
for (i=0; i<3; i++) {
    printf("%d ", i);
}
```

① 0 1 2
② 1 2 3
③ 0 1 2 3
④ 출력 없음

> for (i=0; i<3; i++) {
> //i는 0이 되고 i<3을 만난다. 참이어서 0을 출력한다.
> //i는 1 증가하면서 1, 2를 출력한다. i가 3이 되고 i<3을 만나면 거짓이 되면서 반복문이 종료된다.

08 다음 C언어 코드의 출력 결과는?

```
int i;
for (i=0; i<5; i++) {
    if (i == 3) break;
    printf("%d ", i);
}
```

① 0 1 2   ② 0 1 2 3
③ 1 2 3 4   ④ 출력 없음

> i는 0, 1, 2 출력 후 3이 되면 break를 만나 반복문을 종료한다.

09 다음 C언어 코드의 출력 결과는?

```
int i;
for (i=0; i<5; i++) {
    if (i == 2) continue;
    printf("%d ", i);
}
```

① 0 1 2 3 4
② 0 1 3 4
③ 1 2 3 4
④ 0 1 3 4 5

> i는 2일 때 continue를 만나 반복문으로 다시 올라가서 재실행한다.

10 다음 중 무한루프가 되는 코드는?

① for (; ;) { }
② for (i=0; i<10; i++) { }
③ for (i=10; i>0; i--) { }
④ for (i=0; i<5; i+=2) { }

> while 문과 do~while 문은 while(1)이 무한루프이고, for 문은 for(; ;)가 무한루프가 된다.

11 다음 C언어 코드의 출력 결과는?

```
int i;
for (i=0; i<10; i++) {
    if (i % 3 == 0) continue;
    if (i > 5) break;
    printf("%d ", i);
}
```

① 1 2 3 4 5
② 1 2 4 5
③ 0 1 2 4 5
④ 1 2 4

> • i를 3으로 나눈 나머지가 0이면 for 문으로 올라간다.
> • i가 5보다 크면 반복문을 벗어난다.

SECTION 07 배열

빈출 태그 #1차원배열 #문자배열 #2차원배열

01 1차원 배열

1) 배열(Array)의 개념
- 같은 유형의 데이터를 여러 개 변수로 보관해야 할 경우 배열을 사용한다.
- 여러 변수들을 하나의 이름으로 묶은 집합이다.
- 첨자(또는 인덱스) : 각 값들을 구분할 수 있는 번호를 의미
- 배열 요소 : 각각의 개별 값들을 일컬으며, 0부터 최고 인덱스까지 연속되어 대입

2) 배열 선언의 필수 3요소
- 배열 자료형 : 배열을 구성하는 변수의 자료형
- 배열 이름 : 배열에 접근할 때 사용되는 이름
- 배열 길이 : 배열을 구성하는 변수의 개수(반드시 상수를 사용)

int	array	[5]
배열 자료형	배열 이름	배열 길이

3) 1차원 배열의 형식
- 배열 요소의 위치를 표현 : 인덱스(index)
- 인덱스는 0에서부터 시작

78	85	80	90	82
a[0]	a[1]	a[2]	a[3]	a[4]

- 예 배열 선언 후, 각각의 인덱스에 직접 값을 넣는 방식

```
int a[5];
a[0] = 78;
a[1] = 85;
a[2] = 80;
a[3] = 90;
a[4] = 82;
```

- 예 선언과 동시에 초기화하는 방식

```
int a[5] = {78, 85, 80, 90, 82};
```

4) 배열의 초기화 작업

① 명시적 배열
- 배열 선언 시 배열의 크기를 명시적으로 지정한다.
- 예

```
int sample[2];
sample[0] = 10;
sample[1] = 20;
```

② 묵시적 배열
- 배열 선언 시 배열의 크기를 생략하여 선언한다.
- 예

```
int sample[] = {10, 20, 30, 40, 50};
```

- 배열 크기를 지정하지 않고 초기값만 나열할 수 있다.
- 묵시적 배열에서 초기값을 지정하지 않으면 error이다.

③ 선언과 동시에 초기화

```
int main(void) {
    int arr1[5] = {1, 2, 3, 4, 5};   //명시적 선언
    int arr2[ ] = {1, 3, 5, 7, 9};   //묵시적 선언
    int arr3[5] = {1, 2}             //명시적 선언
}
```

- int arr1[5]= {1, 2, 3, 4, 5};

| 1 | 2 | 3 | 4 | 5 |

- int arr2[ ]= {1, 3, 5, 7, 9};

| 1 | 3 | 5 | 7 | 9 | //초기 값의 개수에 맞게 자동으로 크기가 결정된다.

- int arr3[5]= {1, 2}

| 1 | 2 | 0 | 0 | 0 |

④ 배열의 크기

```
int main() {
    int ar[] = {6, 4, 11, 15, 3, 2};
    int len = sizeof(ar);   //int형은 4byte, 6칸 배열이므로 총 24byte입니다.
    printf("%d", len);
}
```

| 결과 | 24 |

02 문자 배열과 문자열 배열

- C언어에서는 문자열 상수를 1차원의 문자 배열과 문자열 배열을 통해 메모리에 저장하여 참조한다.
- C언어의 문자열 배열은 문자 배열보다 1byte의 널문자(\0)를 포함하고 있다.

> **기적의 TIP**
>
> 문자열 상수는 문자열이면서 상수의 특징을 지닙니다.
> ⓓ printf("Hello World! \n");

1) 문자 배열과 문자열 배열 예제로 확인하기

```c
#include <stdio.h>
int main(void)
{
    char str1[4]={'G','o','o','d'};     //char형은 1byte
    char str2[]={"Good"};               //1byte의 널문자가 포함됨
    printf("문자배열의 크기 : %d바이트\n", sizeof(str1));
    printf("문자열배열의 크기 : %d바이트", sizeof(str2));
    return 0;
}
```

결과	문자배열의 크기 : 4바이트
	문자열배열의 크기 : 5바이트

2) 문자열 배열의 특징

- 문자열 배열은 마지막에 널(null) 문자가 자동으로 생성된다.

> **더 알기 TIP**
>
> **널(null) 문자**
> - \0이며 아스키코드 값으로 0입니다.
> - 널(null) 문자를 지녀야 하는 이유
>   - 문자열의 끝을 표현하여 실제 문자열의 경계를 나타내기 위해 사용
>   - printf 함수는 널 문자를 통해서 출력의 범위를 결정

3) 문자열 처리

- 문자열 처리는 <string.h> 라이브러리 함수를 사용한다.

함수	설명
strlen	문자열의 길이(널 문자 제외)를 반환한다.
strcpy	문자열 복사, strcpy(목적지, 원본) 형식으로 원본 문자열을 목적지에 모두 복사한다.
strncpy	문자열 일부 복사, strncpy(목적지, 원본, 글자수) 형식으로 원본 문자열을 왼쪽부터 지정한 글자수만큼 목적지에 복사한다.
strcat	문자열 이어 붙이기, strcat(문자열1, 문자열2) 형식으로 문자열1과 문자열2를 이어 붙이기 한다.
strcomp	문자열의 크기를 비교한다. strcmp(문자열1, 문자열2) 형식으로 문자열1과 문자열2가 같으면 0, 작으면 음수, 크면 양수의 결과값을 가진다.

③ 2차원 배열

1) 2차원 배열의 구조
- 행과 열의 구조로 자료를 표현하고자 하는 경우 사용하는 것으로 인덱스가 2개 정의된다.
- 형식

> 자료형 배열명[행의 개수][열의 개수];

2) 2차원 배열 선언과 초기화
- int a[3][3];

a[0][0]	a[0][1]	a[0][2]
a[1][0]	a[1][1]	a[1][2]
a[2][0]	a[2][1]	a[2][2]

- int a[3][3] = {{1,2,3}, {4,5,6}, {7,8,9}};

1	2	3
4	5	6
7	8	9

3) 2차원 배열 예제

```c
#include<stdio.h>
void main() {
    int a[3][3]={{1,2,3},{4,5,6},{7,8,9}};
    int i, j;
    for(i=0; i<3; i++) {
        for(j=0; j<3; j++)
            printf("%d\t", a[i][j]);
        printf("\n");
    }
}
```

결과	1　2　3 4　5　6 7　8　9

이론을 확인하는 기출문제

01 C언어에서 배열(Array)에 관한 설명으로 <u>틀린</u> 것은?

① 배열의 인덱스 번호는 1부터 시작한다.
② 2차원 배열은 행과 열의 구조로 자료를 표현하고자 하는 경우 사용한다.
③ 배열의 각 요소는 변수처럼 사용된다.
④ 문자열 배열은 마지막에 널 문자가 자동으로 생성된다.

> 배열의 인덱스는 0부터 시작한다.

02 다음 C언어가 실행되었을 때의 결과는?

```
1    #include <stdio.h>
2    int main(){
3        int a[6]={1,5,1,2,7,5};
4        int i;
5        for(i=0; i<6; i++) {
6            if((i+1)%2 == 0)
7                printf("%d", a[i]);
8        }
9    }
```

① 117
② 575
③ 525
④ 125

> • 반복1
> - 5번 : i가 0인 상태로 i<6를 확인한다. 참
> - 6번 : 1과 2를 나눈 나머지 1이 0과 같니? 거짓. 5번으로 간다.
> • 반복2
> - 5번 : i가 1증가 되어 1이 되고 i<6를 확인한다. 참
> - 6번 : 2와 2를 나눈 나머지 0이 0과 같니? 참. 7번으로 간다.
> - 7번 : a[1] 값인 5를 출력한다. 5번으로 간다.
> • 반복3
> - 5번 : i가 1증가 되어 2가 되고 i<6를 확인한다. 참
> - 6번 : 3과 2를 나눈 나머지 1이 0과 같니? 거짓. 5번으로 간다.
> ...
> 이 과정을 반복하면 a[1], a[3], a[5]의 값을 출력하게 된다.

03 아래 C언어 코드에서 배열(Array)에 관한 설명으로 <u>틀린</u> 것은?

```
#include <stdio.h>
int main()
{
    int arr[3] = {10, 20};
    printf("%d\n", arr[2]);
    return 0;
}
```

① 배열은 선언된 크기만큼 메모리를 확보한다.
② 배열의 첨자는 0부터 시작하므로 arr[2]는 세 번째 요소를 의미한다.
③ arr[2]는 명시적으로 초기화되지 않지만, 0으로 자동 초기화된다.
④ 배열 초기화 시 값이 부족하면 컴파일 오류가 발생한다.

> • C언어에서 배열 초기화 시 값이 배열 크기보다 적어도 컴파일 오류가 발생하지 않으며, 나머지 요소는 0으로 자동 초기화 된다.
> • 문제의 코드에서 {10, 20}으로 초기화 되었지만, 배열 크기가 3이므로 arr[2]는 0으로 초기화 된다.
>
> **오답 피하기**
> • 배열의 자료형과 크기에 맞춰 메모리 공간을 할당한다.
> • 정수형 int는 4바이트이고 arr[3]은 정수형 3칸을 의미하므로 12바이트의 크기를 가진다. printf("%d byte", sizeof(arr)); → 12 byte

04 C언어에서 배열(Array)에 대한 설명으로 옳은 것은?

① 배열의 인덱스 번호는 1부터 시작한다.
② 배열은 서로 다른 자료형을 저장할 수 있다.
③ 배열은 같은 자료형의 데이터를 연속된 메모리 공간에 저장한다.
④ 배열의 크기는 실행 중에 변경할 수 있다.

> 배열은 같은 자료형의 데이터를 연속된 공간에 저장한다.
>
> **오답 피하기**
> ① 배열의 인덱스는 0부터 시작한다.
> ② 배열은 서로 다른 자료형을 저장할 수 없다.
> ④ 실행 중에는 배열의 크기를 변경할 수 없다.

05 아래 C언어 코드에서 올바른 배열 요소 접근 방법은?

```
int arr[3] = {10, 20, 30};
```

① arr[3]
② arr[2]
③ arr(1)
④ arr{0}

int arr[3] = {10, 20, 30}; //배열 인덱스는 0, 1, 2까지 가능

06 아래 C언어 코드의 출력 결과는?

```
int arr[5] = {1, 2};
for (int i=0; i<5; i++) {
    printf("%d ", arr[i]);
}
```

① 1 2 3 4 5
② 1 2 (쓰레기 값) (쓰레기 값) (쓰레기 값)
③ 1 2 0 0 0
④ 1 2 3 0 0

초기화 되지 않은 값은 0으로 채워진다.

07 아래 C언어 코드의 출력 결과는?

```
int arr[2][3] = {
    {1, 2, 3},
    {4, 5, 6}
};
printf("%d", arr[1][2]);
```

① 3
② 4
③ 5
④ 6

arr[1][2] : 두 번째 행, 세 번째 열에 있는 값(6)

포인터

빈출 태그 #포인터 #포인터 변수

① 포인터(Pointer)

- 메모리의 주소값을 저장하기 위한 변수이다.
- 주소값과 포인터는 다른 것이다.
- '포인터'를 흔히 '포인터 변수'라 한다.
- C언어에서는 포인터 연산자를 통해 명시적으로 참조 상황을 표현할 수 있다.
- 고급 언어에서 사용되는 기법이며 Java 언어에는 포인터 연산자가 존재하지 않는다.

② 포인터 변수 사용 방법

1) 올바른 포인터 변수 사용

- 포인터 변수를 선언할 때는 자료의 형을 먼저 쓰고 변수명 앞에 *를 붙인다.
- 포인터 변수에 주소를 저장하기 위해 변수의 주소를 구할 때는 변수 앞에 &를 붙인다.
- 실행문에서 포인터 변수에 *를 붙이면 해당 포인터 변수가 가리키는 곳의 값을 말한다.
- 예

```
int *a;        //a는 int 형 변수 혹은 상수를 가리키는 포인터 변수
char *b;       //b는 char 형 변수 혹은 상수를 가리키는 포인터 변수
double *c;     //c는 double 형 변수 혹은 상수를 가리키는 포인터 변수
```

➕ 더 알기 TIP

포인터 변수 선언
int* a;
int * a;
int *a;
→ 3가지 방법 모두 가능합니다.

① a는 변수, b는 포인터 변수라고 가정한 메모리와 주소

	주소	메모리
	0	
a	4	100
	8	
	12	

| b | 50 | 4 |

- 변수 a
  - a는 메모리의 4번지에 대한 이름이다.
  - a 변수에는 100이 기억되어 있다.
  - 4번지에는 100이 기억되어 있다.
  - &a는 a 변수의 주소를 말한다. 즉 &a는 4이다.
- 포인터 변수 b
  - 포인터 변수 b는 a 변수의 주소를 기억하고 있다.
  - 포인터 변수가 가리키는 곳의 값을 말할 때는 *를 붙인다.
  - *b는 b에 저장된 주소가 가리키는 곳에 저장된 값을 말하므로 100이다.

② 포인터 변수 예제

```
      #include<stdio.h>
      void main() {
①         int a = 20;
②         int *b;
③         b = &a;
④         *b = *b + 10;
⑤         printf("%d %x %d\n",a, b, *b);
      }
```

| 결과 | 30 62fe14 30 |

- 정수형 변수 a에 20을 넣는다.
- 주소를 기억하는 포인터 변수 b를 선언한다.
- a의 주소를 포인터 변수 b에 넣는다.
- b가 가리키는 곳(a의 주소)에 저장된 20과 10을 더한 값을 저장한다.
- a에 저장된 값 30을 출력, a의 메모리 주소를 16진수로 출력, b가 가리키는 곳(a의 주소)에 저장된 값 30을 출력한다.

더 알기 TIP

- 기억장소의 주소는 실제 운영체제가 메모리를 관리하는 것처럼 16진수로 출력하도록 했습니다. 표기된 16진수의 크기가 얼마인지는 계산할 필요가 없습니다.
- a 변수의 주소는 컴퓨터마다 다르므로, 외울 필요가 전혀 없습니다.

③ 포인터와 배열

```
int arr[3] = {10, 20, 30};
int *p = arr;              //arr은 &arr[0]와 같은 의미입니다.
printf("%d\n", *p);        //arr[0]에 있는 값을 출력
printf("%d\n", *(p+1));    //arr[1]에 있는 값을 출력
```

결과	10
	20

➕ 더 알기 TIP

```
int *p = arr;   //arr 배열의 첫 번째 칸(arr[0])의 주소를 포인터 변수 *p에 넣습니다.
                //int *p = &arr;는 잘못된 표현으로써 원칙적으로 배열명에는 &를 붙이면 안
                  됩니다.
```

2) 잘못된 포인터 변수 사용

- 포인터 변수를 선언만 하면 그 안에는 쓰레기 값(알 수 없는 주소)이 들어 있게 된다.
- 만약 이런 상태에서 *p처럼 값을 꺼내면, 엉뚱한 메모리를 건드려서 프로그램이 오류가 발생할 수 있다.

① 잘못된 포인터 변수 사용 예제
- 예제1

```
int main(void) {
    int *pA;         //pA는 쓰레기 값으로 초기화 됨
    *pA = 10;        //pA의 쓰레기 값을 메모리 주소로 판단하고 해당 위치의 값이 엉뚱한
                       값(10)으로 변경되어 프로그램이 오작동할 수 있다.
}
```

- 예제2

```
int main(void) {
    int* pA = 100;   //pA가 어디에 있는 줄 알고 100을 저장하나요?
    *pA = 10;
}
```

② 해결 방법

- int *p = NULL;이라고 해두면, "p는 지금 어떤 변수의 주소도 가리키고 있지 않아요!"라고 표시하는 것과 같다. 즉, 포인터가 아직 쓸 준비가 안 됐다는 걸 알 수 있다.

```
int *p = NULL;
if (p != NULL) {    //p가 NULL이 아니니?
    *p = 10;        //NULL이 아니면 안전한 주소라서 정상적으로 접근한다.
}
else {
    printf("p는 아직 아무것도 가리키지 않음!\n");
}
```

➕ 더 알기 TIP

- 포인터를 NULL로 초기화하는 이유는 '엉뚱한 주소(쓰레기 값)를 가리켜서 생길 수 있는 오류를 막기 위해서'입니다.
- NULL로 초기화 하면 '아직 주소 없음'이라고 빈칸으로 표시되어 안전합니다.

이론을 확인하는 기출문제

01 다음 C언어 포인터에 대한 설명으로 옳지 <u>않은</u> 것은?
① 포인터 변수는 기억장소의 번지를 기억하는 동적 변수이다.
② 포인터는 가리키는 자료형이 일치할 때 대입하는 규칙이 있다.
③ 보통 변수의 번지를 참조하려면 번지 연산자 #을 변수 앞에 쓴다.
④ 실행문에서 간접 연산자 *를 사용하여 포인터 변수가 지시하고 있는 내용을 참조한다.

> 번지 연산자는 &이다.

02 다음 C언어가 실행되었을 때의 결과는?

```
          #include <stdio.h>
          int main( ) {
㉠            int code = 65;
㉡            int *p = &code;
㉢            printf("%d ", (*p)++);
㉣            printf("%d", code);
          }
```

① 65 65
② 66 66
③ 65 66
④ 66 65

> ㉠ 정수형 변수 code에 65를 넣는다.
> ㉡ 포인터 변수 p에 code 변수의 주소를 넣는다.
> ㉢ 포인터 변수 p가 지정한 곳(code)에 있는 65를 출력한 후 1 증가한다.
> ㉣ 1 증가된 code에 저장된 66을 출력한다. printf("%d", *p);도 같은 결과가 출력된다.

03 다음 C언어 포인터에 대한 설명으로 옳은 것은?
① 포인터는 값만 저장할 수 있다.
② 포인터는 변수의 주소를 저장한다.
③ 포인터는 배열 크기를 저장한다.
④ 포인터는 항상 NULL을 저장한다.

> **오답 피하기**
> ① 값이 아니라 주소(메모리 위치)를 저장한다.
> ③ 배열의 크기를 저장하지 않는다(배열 크기는 sizeof 등으로 확인).
> ④ 포인터가 항상 NULL인 것은 아니다. 초기화하지 않으면 쓰레기 값을 가질 수도 있고, 특정 변수의 주소를 가질 수도 있다.

04 다음 C언어가 실행되었을 때의 결과는?

```
          #include <stdio.h>
          int main( ) {
㉠            int num1 = 200;
㉡            int num2 = 300;
㉢            int *a = &num1;
㉣            int *b = &num2;
㉤            *a += 40;
㉥            *b -= 50;
㉦            printf("%d %d", num1, num2);
          }
```

① 200 300   ② 240 300
③ 200 250   ④ 240 250

> ㉠ 정수형 변수 num1에 200을 넣는다.
> ㉡ 정수형 변수 num2에 300을 넣는다.
> ㉢ 포인터 변수 a에 num1 변수의 주소를 넣는다.
> ㉣ 포인터 변수 b에 num2 변수의 주소를 넣는다.
> ㉤ 포인터 변수 a가 지정한 곳(num1)에 있는 200과 40을 더한 결과를 num1에 넣는다.
> ㉥ 포인터 변수 b가 지정한 곳(num2)에 있는 300과 50을 뺀 결과를 num2에 넣는다.
> ㉦ num1과 num2에 저장된 값을 출력한다. printf("%d %d", *a, *b);도 같은 결과가 출력된다.

05 다음 C언어가 실행되었을 때의 결과는?

```
int arr[3] = {10, 20, 30};
int *p = arr;
printf("%d", *(p+2));
```

① 10
② 20
③ 30
④ 쓰레기 값

```
int *p = arr;            //arr[0]의 주소를 포인터 변수 *p에 저장
printf("%d", *(p+2));    //p+2는 배열의 세 번째 요소
```

06 다음 C언어 포인터 변수를 NULL로 초기화하는 이유로 옳은 것은?

① 포인터를 더 빨리 실행하기 위해
② 쓰레기 값을 방지하고 안전하게 사용하기 위해
③ 포인터 크기를 줄이기 위해
④ 배열 크기를 고정하기 위해

포인터를 NULL로 초기화하면 쓰레기 주소 역참조를 방지하고, 사용 전 NULL 체크로 안전성이 확보된다.

07 다음 C언어가 실행되었을 때의 결과는?

```
int a = 10, b = 20;
int *p = &a;
p = &b;
printf("%d", *p);
```

① 10
② 20
③ b변수의 주소
④ 오류 발생

```
int a = 10, b = 20;   //정수형 변수 a에 10, b에 20을 준다.
int *p = &a;          //a변수의 주소를 포인터 변수 p에 준다.
p = &b;               //b변수의 주소를 포인터 변수 p에 준다.
printf("%d", *p);     //b변수의 주소에 저장된 값(20)을 출력한다.
```

오답 피하기

printf("%d", p);라고 하면 b변수의 주소가 출력된다.

SECTION 09 함수

빈출태그 #사용자함수 #C언어함수

01 함수(Function)

- C언어는 함수 지향 언어로, 처음 시작할 때 입력하는 main( )도 함수이다.
- 함수에는 C언어에 내장되어 있는 내장 함수와 사용자가 만들어 사용하는 사용자 정의 함수가 있다.
- 함수는 주 프로그램(main program)과 부 프로그램(subprogram)으로 구성된다.

1) 사용자 정의 함수

- 사용자 정의 함수는 사용자가 필요한 기능을 직접 만들어 사용할 수 있는 함수이다.
- C언어에서는 사용자 정의 함수를 통해 필요한 기능을 독립적인 단위로 구현하여 사용할 수 있도록 정의한 후 호출하여 사용한다.

① 사용자 정의 함수를 사용하는 이유

- 프로그램의 구조가 간단해지고 이해하기가 쉬워진다.
- 동일한 코드를 반복 입력하는 수고를 줄일 수 있다.
- 모듈화에 의한 프로그램의 질 향상이 가능하다.
- 프로그램의 크기가 줄어들고, 유지보수 및 확장이 용이하다.

② 사용자 정의 함수의 특징

- 사용자 정의 함수를 사용하면 프로그램 수정이나 관리가 편해진다.
- 함수를 선언할 때 함수의 이름, 키워드, 인자, 반환값, 함수에서 수행하는 기능이 필요하다.
- 두 모듈이 같이 실행되면서 서로 호출하는 형태를 코루틴(Coroutine)이라고 한다.

③ 사용자 정의 함수 형식

```
①    ②    ③
int Add (int i, int j)      ① 반환 형
{                            ② 함수 이름
    int result = i+j;        ③ 매개 변수
④   return result;           ④ 값의 반환
}
```

2) C언어 코드로 보는 사용자 정의 함수

- 사용자 정의 함수

```
    #include <stdio.h>
①  int Add(int i, int j) {
②      int result = i + j;
③      return result;
    }
④  int main() {
⑤      int d;
⑥      d = Add(3, 4);
⑦      printf("%d", d);
⑧      return 0;
    }
```

| 결과 | 7 |

- 실행 순서

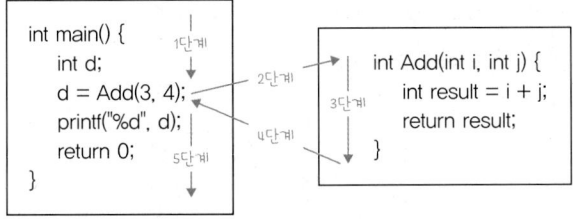

- ④번 : C언어는 main() 함수를 먼저 실행한다.
- ⑤번 : 정수형 변수 d를 선언한다.
- ⑥번 : 사용자 정의 함수 Add(3, 4)를 호출한다(정수 3과 4를 들려 보냄).
- ①번 : 3과 4를 정수형 변수 i, j에 각각 준다.
- ②번 : 3과 4를 더한 값 7을 정수형 변수 result에 넣는다.
- ③번 : result에 7을 ⑥에서 호출한 Add(3, 4)로 돌려보내면서 Add 함수를 종료한다.
- ⑥번 : 사용자 정의 함수의 결과(return) 값 7을 정수형 변수 d에 넣는다.
- ⑦번 : d에 저장된 7을 출력한다.
- ⑧번 : 함수를 정상적으로 종료한다(생략 가능).

더 알기 TIP

- 컴파일러의 특성상, 함수는 호출되기 전에 정의되어야 합니다.
- 위 C언어 소스처럼 Add 함수를 먼저 만들고, main 함수를 뒤에 오도록 해야 합니다.
- 왜냐하면 컴파일러는 위에서부터 아래 방향으로 컴파일을 하기 때문에, main 함수를 먼저 작성하면 Add 함수의 존재를 모르기(컴파일 전이라) 때문에 error가 발생합니다.
- main() 함수 위에 먼저 선언하면 해결할 수 있습니다.

• 예제

```
int Add(int a, int b);
int main() {
..
{
int Add(int a, int b) {
..
}
```

02 프로그램 간의 자료 전달 방법

① 전역 변수 사용 방법
- 전역 변수를 사용하여 부 프로그램 간 공유 변수를 사용한다.
- 전역 변수 사용 시 프로그램을 이해하기 상대적으로 어렵고 모든 프로그램 모듈에서 공유하므로 부작용으로 발생된 오류를 발견하거나 수정하기 어려워지기 때문에 매개 변수를 사용하는 방법을 주로 사용한다.

② 매개 변수 전달 방법
- 값 호출(Call by Value) : 실제 값이 전달된다. 부 프로그램의 가인수에 값이 전달된다.
- 참조 호출(Call by Address 또는 Call by Reference) : 매개 변수의 주소가 전달된다.

③ 매개 변수 전달 방법 예제
- main() 함수

```
#include<stdio.h>
int Add(int a, int b);
int Input(void);
void Result_Print(int val);
void Intro(void);

int main() {
  int a, b, result;
   Intro();                   //Intro 함수를 호출(참조 호출)
   a=Input();                 //Input 함수를 호출, 값을 입력받는다. 7로 가정한다.
   b=Input();                 //Input 함수를 호출, 값을 입력받는다. 8로 가정한다.
   result = Add(a, b);        //Add 함수를 호출, 7과 8을 보낸다. (값 호출)
   Result_Print(result);      //Result_Print 함수를 호출, 15를 보낸다.
   return 0;
}
```

- Intro( ) 함수

```c
void Intro(void) {
   printf("****** START ****** \n");
   printf("두 개의 정수 입력 : \n");    //출력하고 main() 함수의 Intro()로 돌아간다.
}
```

- Input( ) 함수

```c
int Input(void) {
   int input;
   scanf("%d", &input);    //첫 번째 호출에는 7 입력하고 두 번째는 8 입력한다.
   return input;           //입력한 값을 main() 함수의 Input()으로 보낸다.
}
```

- Add(int i, int j) 함수(Call by Value)

```c
int Add(int i, int j) {
   return i+j;    //7과 8을 더한 결과 15를 main() 함수의 Add(a, b)로 보낸다.
}
```

- Result_Print(int val) 함수(Call by Value)

```c
void Result_Print(int val) {
   printf("덧셈에 대한 결과 : %d \n", val);
   printf("****** END ******");
}
```

결과
```
****** START ******
두 개의 정수 입력 :
7
8
덧셈에 대한 결과 : 15
****** END ******
```

④ 사용자 정의 함수 예제
• 둘 중에 큰 수를 출력하는 프로그램

```
#include <stdio.h>
int Large_Num(int a, int b);
int main(void) {
    printf("3과 4 중에서 큰 수는 %d이다.\n", Large_Num(3, 4));
    printf("10과 4 중에서 큰 수는 %d이다.", Large_Num(10, 4));
}
//첫 번째 호출을 기준으로 설명
int Large_Num(int a, int b) {    //3을 a에, 4를 b에 준다.
    if(a>b)                      //3이 4보다 크니? 거짓으로 else 문을 실행한다.
    return a;
    else
    return b;                    //4를 main() 함수의 Large_Num(3,4)로 보낸다.
}
```

| 결과 | 3과 4 중에서 큰 수는 4이다.
10과 4 중에서 큰 수는 10이다. |

이론을 확인하는 기출문제

01 부 프로그램(Subprogram)의 특징에 해당하지 <u>않는</u> 것은?

① 시스템 설계 시 효율적이다.
② 가독성 및 유지, 보수가 편리하다.
③ 프로그램이 커지므로 기억장소를 많이 필요하게 된다.
④ 프로그래머는 동일한 프로그램을 한 번만 작성해서 필요시 호출하여 사용이 가능하다.

> 프로그래밍에 드는 시간과 프로그램이 차지하는 기억장소를 절약할 수 있다.

02 매개변수 전달 방법 중 실 매개변수의 주소를 대응되는 형식 매개변수들에게 보내어 기억장소를 공유시키는 전달 방식은?

① 값에 의한 전달
② 결과에 의한 전달
③ 참조에 의한 전달
④ 이름에 의한 전달

> 참조에 의한 전달(Call by Reference)은 실 매개변수의 값이 아니라 실 매개변수의 주소를 전달한다.

03 다음 C언어가 실행되었을 때의 결과는?

```
#include <stdio.h>
int square(int x) {
    return x * x;
}
int main() {
    printf("%d", square(5));
    return 0;
}
```

① 5
② 10
③ 25
④ 0

> printf("%d", square(5)); //5를 들고 square 함수에 가서 전해준다.
> return x * x; //5*5의 결과 25를 호출한 곳으로 가져간다.

04 다음 중 C언어에서 함수를 정의할 때 필수적으로 포함되어야 하는 것은?

① return문
② 함수 이름
③ 함수 호출문
④ 함수 매개변수

> 함수 정의에는 함수 이름과 반환형, 함수 본문이 반드시 필요하다.
>
> **오답 피하기**
> return 문은 void 함수일 경우 생략이 가능하다.

05 다음 C언어가 실행되었을 때의 결과는?

```
#include <stdio.h>
void test(int x) {
    x = x + 5;
    printf("%d ", x);
}
int main() {
    int a = 10;
    test(a);
    printf("%d", a);
    return 0;
}
```

① 15 10
② 15 15
③ 10 15
④ 10 10

> 순서 : main → test → main
>
> int a = 10; //a에 10을 준다.
> test(a); //test 함수를 호출한다. (a야 10을 들고 test로 가)
> void test(int x) //반환값이 없는 test 함수의 x한테 10을 건네준다.
> x = x + 5; //10인 x와 5를 더해 x는 15가 된다.
> printf("%d ", x); //15인 x를 출력하고, 호출한 곳으로 돌아간다.
> //void 함수이기도 하고, return 문도 없기 때문에 a 값은 그대로 10이다.
> printf("%d", a); //10인 a를 출력한다.

정답 01 ③ 02 ③ 03 ③ 04 ② 05 ①

06 다음 중 함수가 값을 반환하지 않을 때 사용하는 키워드는?

① return
② void
③ null
④ none

> 반환값이 없을 때는 함수 선언 시 void를 사용한다.

07 사용자 정의 함수와 라이브러리 함수의 차이로 옳은 것은?

① 라이브러리 함수는 사용자가 정의한다.
② 사용자 정의 함수는 표준 헤더파일에 포함된다.
③ 라이브러리 함수는 이미 정의되어 있으며, 사용자 정의 함수는 사용자가 직접 만든다.
④ 둘은 완전히 동일하다.

> 라이브러리 함수는 컴파일러에서 제공하는 함수이고, 사용자 정의 함수는 프로그래머가 직접 작성하는 함수이다.

08 다음 C언어가 실행되었을 때의 결과는?

```
#include <stdio.h>
void hello() {
    printf("Hello ");
}
int main() {
    hello();
    hello();
    return 0;
}
```

① Hello
② Hello Hello
③ HelloHello
④ Null

> hello() 함수가 두 번 호출되므로 "Hello Hello "가 출력된다.

09 다음 C언어가 실행되었을 때의 결과는?

```
#include <stdio.h>
void increase(int n){
    n=n+1;
}
int main(){
    int n=10;
    increase(n);
    printf("%d", n);
    return 0;
}
```

① 10
② 11
③ 12
④ 9

> 순서 : main → increase → main
>
> ```
> int n = 10;        //n에 10을 준다.
> increase(n);       //increase 함수를 호출하고 n 값을 전달한다.
> void increase(int n)  //n에게 10을 건네준다.
> n = n + 1;         //5인 n과 1을 더해 n은 11이 된다.
> //main 함수의 increase(n)으로 돌아간다.
> printf("%d", n);   //10인 n을 출력한다.
> ```
>
> **오답 피하기**
>
> n이 1 증가되었으니 return 값이 없어도 main 함수의 n도 11이 되는 거 아닌가요?
> • 변수 n은 지역 변수이다. n은 main 함수와 increase 함수에서 같은 이름으로 사용하지만 그냥 똑같은 이름을 가진 변수가 그 지역에서만 사용되는 독립된 변수이다. 서울에 김길동과 부산의 김길동은 같은 동명이인이지만 각자 독립된 인생을 사는 것과 같은 원리이다.
> • void increase(int n) { n=n+1; } //n이 1 증가되어 11이 되기는 합니다만 그건 여기에서만 증가된 것이고, main 함수의 n과는 전혀 관계가 없다. 게다가 void라는 것은 리턴값이 없다는 의미이므로 main으로 결과를 보내지 않는다.

CHAPTER 02

객체지향 프로그래밍

학습 방향

객체지향 프로그래밍 언어의 개념과 상속, 다형성, 추상화, 동적 바인딩의 개념을 학습하고 Java 언어의 소스를 분석하고 결과를 얻을 수 있도록 학습해야 합니다.

난이도

- 중 **SECTION 01** 객체지향 프로그래밍 기본
- 중 **SECTION 02** Java 언어 기본, 명령어
- 상 **SECTION 03** Java 배열과 문자처리
- 상 **SECTION 04** Java 오버로딩과 오버라이딩

SECTION 01 객체지향 프로그래밍 기본

난이도 상 중 하
반복학습 1 2 3

빈출 태그 #객체지향프로그래밍 #상속 #다형성 #추상화 #동적바인딩

01 객체지향 프로그래밍 언어

1) 객체지향 프로그래밍의 개요
- 객체지향 프로그래밍이란 현실 세계의 개체(Entity)를 부품처럼 하나의 객체로 모델링하고, 이 객체들을 조립하듯 구성해 소프트웨어를 만드는 프로그래밍 기법이다.
- 즉, 현실세계의 모든 대상, 개체(entity)를 하나의 객체(object)로 만들어 이 개념을 이용하여 현실세계를 표현 및 모델링하며, 객체와 객체들이 모여 프로그램을 구성한다.
- 객체지향 프로그램 기법의 주요 구성요소에는 객체, 클래스, 메시지가 있다.
- 프로시저보다는 명령과 데이터로 구성된 객체를 중심으로 하는 프로그래밍 기법으로, 한 프로그램을 다른 프로그램에서 이용할 수 있도록 한다.
- 객체지향 프로그래밍 언어의 종류에는 JAVA, C++, Smalltalk 등이 있다.

> **더 알기 TIP**
> - 객체란, 속성(데이터)과 기능(메서드)을 하나로 묶은 실체를 말합니다. 즉, "객체 = 속성 + 기능"이라고 정리할 수 있습니다.
>   - 속성(Attribute) : 객체가 가진 데이터
>   - 기능(Method, 연산) : 객체가 할 수 있는 동작
> - 예 현실세계의 "자동차"라는 객체가 있다고 하자. 자동차의 "색상, 모델명, 속도, 연료량" 등은 속성이고, "달린다, 멈춘다, 속도를 낸다, 연료를 넣는다"는 기능이 됩니다.

기적의 TIP
객체지향 프로그래밍 언어의 대표적인 언어인 JAVA는 다음 섹션에서 자세히 다루도록 하겠습니다. 여기에서는 객체지향 프로그래밍 언어의 정의와 특징, 구성요소를 학습하세요.

2) 객체지향 프로그래밍 언어의 종류

JAVA	• 분산 네트워크 환경에 적용이 가능하며, 멀티스레드 기능을 제공하므로 여러 작업을 동시에 처리할 수 있다. • 운영체제 및 하드웨어에 독립적이며, 이식성이 강하다. • 캡슐화가 가능하고 재사용성이 높다.
C++	• C언어에 객체지향 개념을 적용한 언어이다. • 모든 문제를 객체로 모델링하여 표현한다.
Smalltalk	• 1세대 객체지향 프로그래밍 언어 중 하나로 순수한 객체지향 프로그래밍 언어이다. • 최초로 GUI를 제공한 언어이다.

기적의 TIP
GUI는 그래픽 사용자 환경(Graphical User Interface)의 약자로 아이콘이나 메뉴를 마우스로 선택하여 작업을 수행하는 사용자 인터페이스를 말합니다.

3) 객체지향 프로그래밍 언어의 장단점

① 장점
- 상속을 통한 재사용과 시스템의 확장이 용이하다.
- 코드의 재활용성이 높다.
- 자연적인 모델링에 의해 분석과 설계를 쉽고 효율적으로 할 수 있다.
- 사용자와 개발자 사이의 이해를 쉽게 해준다.
- 대형 프로그램의 작성이 용이하다.
- 소프트웨어 개발 및 유지보수가 용이하다.

② 단점
- 프로그래밍 구현을 지원해 주는 정형화된 분석 및 설계 방법이 없다.
- 구현 시 처리 시간이 지연된다.

4) 객체지향 프로그래밍 언어의 구성요소

① 객체(Object)
- 데이터(속성)와 이를 처리하기 위한 동작(연산, 메서드)을 결합시킨 실체이다.
- 데이터 구조와 그 위에서 수행되는 연산들을 가지고 있는 소프트웨어 모듈이다.
- 행위에 대한 특징을 나타내며, 객체는 식별성을 갖는다.
- 각 객체를 구분하기 위한 이름을 갖는다.

속성(Attribute)	• 객체가 정의된 연산을 의미(명사)한다. • 한 클래스 내에 속한 객체들이 가지고 있는 데이터 값들을 단위별로 정의하는 것으로서 성질, 분류, 식별, 수량 또는 현재 상태 등을 표현한다.
메서드(Method)	• 객체에 정의된 연산을 의미(동사)한다. • 객체가 메시지를 받아 실행해야 할 때 구체적인 연산을 정의하는 것으로, 객체의 상태를 참조하거나 변경하는 수단이 된다.

② 클래스(Class)
- 공통된 속성의 객체들을 하나의 집합으로 묶은 단위이다.
- 두 개 이상의 유사한 객체들을 묶어서 하나의 공통된 특성을 표현하는 요소이다. 즉 공통된 특성과 행위를 갖는 객체의 집합이라고 할 수 있다.
- 객체의 유형 또는 타입(Object Type)을 의미한다.

➕ **더 알기 TIP**

인스턴스(Instance)는 하나의 클래스에 속한 각각의 객체를 의미하고, 슈퍼 클래스(Super class)는 특정 클래스의 상위 클래스를 의미(부모 클래스)합니다.

③ 메시지(Message)
- 객체들 간에 상호작용을 하는 데 사용되는 수단으로, 객체의 메서드(동작, 연산)를 일으키는 외부의 요구 사항이다.
- 메시지를 받은 객체는 대응하는 연산을 수행하여 예상된 결과를 반환하게 된다.

> **기적의 TIP**
>
> 객체는 실세계에 존재하는 것을 의미하고, 클래스는 객체들의 공통된 특성을 의미한다는 것을 기억하면 됩니다.

02 객체지향 프로그래밍 언어의 특징

1) 캡슐화(Encapsulation)
- 데이터(속성)와 데이터를 처리하는 함수를 하나로 묶는 것을 의미한다.
- 캡슐화된 객체의 세부 내용이 외부에 은폐(정보 은닉)되어, 변경이 발생할 때 오류의 파급 효과가 적다.
- 캡슐화된 객체들은 재사용이 용이하다.

2) 정보 은닉(Information Hiding)
- 캡슐화에서 가장 중요한 개념으로, 다른 객체에게 자신의 정보를 숨기고 자신의 연산만을 통하여 접근을 허용하는 것이다.

3) 추상화(Abstraction)
- 불필요한 부분을 생략하고 객체의 속성 중 가장 중요한 것에만 중점을 두어 개략화(모델화)하는 것이다.
- 데이터의 공통된 성질을 추출하여 슈퍼 클래스를 선정하는 개념이다.
- 종류

과정 추상화	자세한 수행 과정을 정의하지 않고, 전반적인 흐름만 파악할 수 있게 설계하는 방법이다.
데이터 추상화	데이터의 세부적인 속성이나 용도를 정의하지 않고, 데이터 구조를 대표할 수 있는 표현으로 대체하는 방법이다.
제어 추상화	이벤트 발생의 정확한 절차나 방법을 정의하지 않고, 대표할 수 있는 표현으로 대체하는 방법이다.

4) 상속성(Inheritance)
- 이미 정의된 상위 클래스(부모 클래스)의 모든 속성과 연산을 하위 클래스가 물려받는 것이다.
- 상속성을 이용하면 하위 클래스는 상위 클래스의 모든 속성과 연산을 자신의 클래스 내에서 다시 정의하지 않고서도 즉시 자신의 속성으로 사용할 수 있다.
- 종류

단일 상속	하나의 상위 클래스로부터 상속받는 것을 말한다.
다중 상속	여러 개의 상위 클래스로부터 상속받는 것을 말한다.

5) 다형성(Polymorphism)

- 메시지에 의해 객체(클래스)가 연산을 수행하게 될 때 하나의 메시지에 대해 각 객체(클래스)가 가지고 있는 고유한 방법(특성)으로 응답할 수 있는 능력을 의미한다.
- 객체(클래스)들은 동일한 메서드명을 사용하며 같은 의미의 응답을 한다.
- 같은 이름을 가진 기능이 상황에 따라 다르게 동작하는 성질을 말하는데, 똑같이 하나의 명령을 내렸지만 객체의 종류에 따라 다르게 실행되는 것을 의미한다.
- 코드를 유연하고 재사용성을 높게 만들어 준다.

> **더 알기 TIP**
>
> 동적 바인딩(Dynamic binding)이란 프로그램이 실행되는 시점(run-time)에 어떤 메서드나 함수가 호출될지 결정되는 방식입니다. 예 오버라이드(Override)

> **기적의 TIP**
>
> 예를 들어, "운전하다"라는 연산은 자동차가 운전하면 도로를 달리고, 비행기가 운전하면 하늘을 날죠? 이처럼 같은 "운전하다"이지만 객체에 따라 다르게 행동합니다. 이것이 다형성입니다.

이론을 확인하는 기출문제

01 다음 중 객체지향 언어에 속하는 것은?
① ALGOL
② COBOL
③ C
④ JAVA

객체지향 언어에는 JAVA, C++, Smalltalk이 있다.
오답 피하기
C, COBOL, ALGOL은 절차적 프로그래밍 언어이다.

02 객체지향 언어의 특징에서 이미 정의되어 있는 상위 클래스(슈퍼 클래스, 부모 클래스)의 메서드를 비롯한 모든 속성을 하위 클래스가 물려받는 것을 무엇이라고 하는가?
① 다형성(Polymorphism)
② 상속성(Inheritance)
③ 추상화(Abstraction)
④ 캡슐화(Encapsulation)

부모에게 물려받는 것을 상속이라고 하죠?

03 객체지향의 주요 개념에 대한 설명으로 틀린 것은?
① 캡슐화는 상위 클래스에서 속성이나 연산을 전달받아 새로운 형태의 클래스로 확장하여 사용하는 것을 의미한다.
② 객체는 실세계에 존재하거나 생각할 수 있는 것을 말한다.
③ 클래스는 하나 이상의 유사한 객체들을 묶어 공통된 특성을 표현한 것이다.
④ 다형성은 상속받은 여러 개의 하위 객체들이 다른 형태의 특성을 갖는 객체로 이용될 수 있는 성질이다.

캡슐화는 보이지 않도록 감싸는 것을 말하고, 상속은 하위 클래스가 상위 클래스에게 물려받는 것을 말한다.

04 다음 중 캡슐화, 추상화, 상속성 등의 특징을 갖는 객체지향 언어는?
① C++
② COBOL
③ C
④ FORTRAN

객체지향 언어에는 JAVA, C++, Smalltalk이 있다.
오답 피하기
C, COBOL, FORTRAN은 절차적 프로그래밍 언어이다.

05 객체지향의 기본 개념 중 객체가 메시지를 받아 실행해야 할 객체의 구체적인 연산을 정의한 것은?
① 메서드
② 추상화
③ 상속성
④ 캡슐화

연산, 동작, 함수는 메서드이다.

06 객체지향 분석에서 불필요한 부분을 생략하고 객체의 속성 중 가장 중요한 것에만 중점을 두어 개략화시킨 것을 무엇이라고 하는가?
① 클래스
② 추상화
③ 상속성
④ 메시지

불필요한 부분을 생략하고 개략화시키는 것을 추상화라고 한다.

07 하나 이상의 유사한 객체들을 묶어서 하나의 공통된 특성을 표현한 것으로 데이터 추상화의 개념으로 볼 수 있는 것은?
① 객체(Object)
② 클래스(Class)
③ 실체(Instance)
④ 메시지(Message)

클래스는 공통된 특성과 행위를 갖는 객체의 집합이다.

정답 01 ④ 02 ② 03 ① 04 ① 05 ① 06 ② 07 ②

SECTION 02 Java 언어 기본, 명령어

빈출 태그 #Java #객체지향프로그래밍 #클래스 #Java라이브러리

01 Java 언어 기본

- 객체지향형 프로그래밍 언어로서 클래스 안에 속성과 메서드를 만들어서 실행한다.

1) 객체지향 프로그램 기법

- 현실세계의 모든 대상, 개체(entity)를 하나의 객체(object)로 만들어 이 개념을 이용하여 현실세계를 표현 및 모델링하며, 객체와 객체들이 모여 프로그램을 구성한다.
- 객체지향 프로그램 기법의 주요 구성요소에는 객체, 클래스, 메시지 등이 있다.

① 객체(object)
- 속성과 이를 처리하기 위한 동작(연산, 메서드)을 결합시킨 실체이다.
- 행위에 대한 특징을 나타내며, 객체는 식별성을 갖는다.
- 각 객체를 구분하기 위한 이름을 갖는다.
- 속성(attribute) : 객체가 정의한 연산을 의미(명사)한다.
- 메서드(method) : 객체에 정의된 연산을 의미(동사)하며, 특정 기능을 수행하는 함수이다.

② 클래스(class)
- 공통된 속성의 객체들을 하나의 집합으로 묶은 단위이다.
- 인스턴스(instance) : 하나의 클래스에 속한 각각의 객체를 의미한다.
- 슈퍼클래스(super class) : 특정 클래스의 상위 클래스(부모 클래스)를 의미한다.

> **기적의 TIP**
>
> Java는 C언어와 문법적으로 동일한 부분이 많아서 코드를 분석하는 데 크게 어렵지 않습니다. Java 섹션은 C언어와 다른 점 위주로 설명할 예정이니 반드시 C언어를 공부하고 시작하시기 바랍니다.

➕ 더 알기 TIP

자바 클래스 이름 규칙
- 영문자, 숫자, 언더바(_) 등을 사용할 수 있다.
- 첫 글자는 대문자로 시작하고, 단어마다 첫 글자를 대문자로 쓴다.
- 특수문자(-, !, ? 등)와 공백을 사용할 수 없고, 숫자가 맨 앞에 올 수 없다.
- 예약어(class, int, public 등)를 사용할 수 없다.

2) Java의 표준 라이브러리와 패키지 종류

① Java의 표준 라이브러리
- Java는 라이브러리를 패키지에 포함하여 제공하고, 각 패키지에는 Java 응용 프로그램 개발에 필요한 메서드들이 클래스로 정리되어 있다.
- C언어에서 라이브러리는 include 명령을 이용하여 부르지만, 자바에서 패키지를 부를 때는 import 명령을 사용한다. **예** import java.util

② 자바 패키지 종류

java.lang	• 기본적으로 필요한 인터페이스, 자료형, 예외 처리 등에 관련된 기능을 제공 • import 문 없이도 사용 가능 • 클래스 : String, System, Process, Runtime, Math, Error 등
java.util	• 날짜 처리, 난수 발생, 복잡한 문자열 처리 등에 관련된 기능을 제공 • 주로 프로그램 내부 데이터 입력은 Scanner로 사용자가 입력 가능 • 클래스 : Scanner, Date, Calender, Random, StringTokenizer 등
java.io	• 파일 입/출력과 관련된 기능 및 프로토콜을 제공 • 파일, 스트림 기반의 콘솔 입력, 네트워크 등 외부 데이터 읽기/쓰기 • 클래스 : InputStream, OutputStream, Reader, Writer 등
java.net	• 네트워크와 관련된 기능을 제공 • 클래스 : Socket, URL, InetAddress 등
java.awt	• 사용자 인터페이스와 관련된 기능을 제공 • 클래스 : Frame, Panel, Dialog, Button, Checkbox 등

> **기적의 TIP**
> - 메서드란 C언어에서의 함수를 의미합니다.
> - import로 선언된 패키지 안에 있는 클래스의 메서드를 사용할 때는 클래스와 마침표(.)로 구분하여 사용합니다. **예** Math.abs()

3) Java의 기본 형식

```
public class Hello                              //클래스 이름 정의
{
    public static void main(String[] args)      //C언어의 main 함수
    {
        System.out.println("Hello Java!");      //화면상에 출력한 후, 줄 바꿈
        System.out.println("안녕 자바!");
    }
}
```

결과	Hello Java! 안녕 자바!

➕ **더 알기 TIP**
- class : 자바 프로그램의 기본 단위
- main 메서드 : 프로그램의 실행 시작 지점
- System.out.println("안녕 자바!");   //C언어의 printf("안녕 자바!\n");와 같습니다.

02 Java 언어 명령어

1) 제어문

① if 문

- 조건식은 boolean 타입 결과(true, false)가 나와야 한다.
- ==, !=, >, <, >=, <= 와 같은 관계 연산자와 &&, ||, ! 와 같은 논리 연산자도 사용할 수 있다.
- if 형식

```
if (조건식) {
    문장1;        //조건식이 참일 때 실행
}
```

- if ~ else 형식

```
if (조건식) {
    문장1;        //조건식이 참일 때 실행
}
else {
    문장2;        //조건식이 거짓일 때 실행
}
```

- if ~ else if ~ else 형식

```
if (조건식1) {
    문장1;                  //조건식1이 참일 때 실행
} else if (조건식2) {
    문장2;                  //조건식1은 거짓이고 조건식2가 참일 때 실행
} else {
    문장3;                  //조건식1, 조건식2가 모두 거짓일 때 실행
}
```

> **기적의 TIP**
> 위에서부터 순서대로 확인 후, 처음으로 true가 되는 블록만 실행됩니다.

- if 문 예제

```
class sample_if {
    public static void main(String[] args) {
        int a
        a = 25;
        if ((a%5) == 0) {    //25와 5를 나눈 나머지가 0이랑 같니?
            System.out.println("a의 값은 0입니다.");
        }
        else {
            System.out.println("a의 값은 0이 아닙니다.");
        }
    }
}
```

결과	a의 값은 0입니다.

② switch 문
- break를 쓰지 않으면 다음 case까지 연속 실행된다.
- default는 선택 사항이며, 모든 case와 일치하지 않을 때 실행된다.
- 형식

```
switch(변수) {
    case 값1:
        실행문;
        break;              //switch 문을 벗어남
    case 값2:
        실행문;
        break;
    default:
        실행문;              //case에 해당되는 값이 없을 때 실행
}
```

➕ 더 알기 TIP

- switch 문의 case 값은 유일해야 하며 중복되면 컴파일 오류가 발생합니다.
- switch 문에서 여러 case를 동시에 처리하고 싶은 경우에는 case 1: case 2:와 같이 연속 작성한 후, break 전에 실행하면 동시에 처리할 수 있습니다.

- switch 문 예제

```java
class sample_switch {
    public static void main(String[] args) {
        char bt;
        bt='A';
        switch(bt) {
            case 'A':
                System.out.println("혈액형 A형");
                break;
            case 'B':
                System.out.println("혈액형 B형");
                break;
            case 'O':
                System.out.println("혈액형 O형");
                break;
            default:
                System.out.println("혈액형 AB형");
        }
    }
}
```

결과 혈액형 A형

> **기적의 TIP**
> switch는 여러 조건을 비교할 때 사용됩니다. 조건이 많으면 if ~ else if보다 가독성이 좋습니다.

> **기적의 TIP**
> break를 반드시 써야 case 실행 후 탈출할 수 있습니다.

> **기적의 TIP**
> default는 선택 사항이지만, 보통 마지막에 작성합니다.

더 알기 TIP

위 프로그램 소스에서 각 case에 break 문이 없는 경우 결과

```
혈액형 A형
혈액형 B형
혈액형 O형
혈액형 AB형
```

2) 반복문

① for 문

- 형식

```
for (초기값; 최종값; 증가/감소값) {
    반복작업영역;
}
```

> **기적의 TIP**
>
> for 문의 작동 순서는 C언어와 동일합니다. 앞에서 배운 C언어 for 문을 참고해서 공부해 주세요.

- for 문 예제

```java
import java.util.Scanner;   //C언어의 scanf와 같다(입력받기 전에 먼저 선언해야 함).
class Sample_fortest
{
    public static void main(String[] args)
    {
        String str;              //문자열 변수 str 선언
        int i, sum=0;            //정수형 변수 i, sum=0 선언
        System.out.println("최종값을 입력하세요");
            Scanner scan=new Scanner(System.in);
            //키보드로 입력(System.in) 받은 내용을 scan 이름의 객체에 넣는다.
            str=scan.next();//scan에 입력받은 내용을 문자열로 변환하여 str에 넣는다.
            for(i=1; i<=Integer.parseInt(str); i++)
                sum+=i;
            System.out.printf("반복수행결과 ==> %d", sum);
            //Java도 C언어의 printf 명령을 사용할 수 있다.
    }
}
```

결과
```
최종값을 입력하세요
5
반복수행결과 ==> 15
```

➕ 더 알기 TIP

Integer.parseInt(str)

문자열 변수 str에 담긴 내용을 정수형 숫자로 변환(형 변환)하는 명령문입니다.

② while 문
- 조건식이 true일 때만 실행된다.
- 조건식이 처음부터 false라면 한 번도 실행되지 않을 수 있다.
- 형식

```
while(조건식) {
    반복작업영역;
}
```

- while 문 예제

```java
class Sample_whiletest {
    public static void main(String[] args) {
        boolean a=true;
        int cnt=0;
        while(a) {
            cnt+=1;
            System.out.println(cnt + "회 반복");
            if (cnt==5) {
                break;
            }
        }
        System.out.println("반복수행종료");
    }
}
```

결과	1회 반복 2회 반복 3회 반복 4회 반복 5회 반복 반복수행종료

+ 더 알기 TIP

System.out.println(cnt + "회 반복");
위 문장의 +는 문자를 결합하는 연산자입니다.

③ do~while 문
- 조건 검사 전에 반복작업영역이 먼저 실행된다.
- 따라서 조건의 true/false에 상관없이 최소 1회 실행된다.
- 형식

```
do {
    반복작업영역;
} while(조건식);
```

- do~while 문 예제

```java
import java.util.Scanner;                    //키보드로 입력받을 때 사용합니다.
public class Dowhilestudy {
    public static void main(String[] args) {
        int num;
        do {
        System.out.println("값 입력");
        Scanner i=new Scanner(System.in);   //키보드로 값을 입력받아 i에 준다.
        num=i.nextInt();                    //입력받은 값에서 정수만 num에 준다.
        System.out.println("50보다 큰 값 " + num);
        } while(num>50);
    }
}
```

결과	값 입력 101 50보다 큰 값 101 값 입력 57 50보다 큰 값 57 값 입력 11 //11을 입력했지만 아래 문장을 실행하여 출력한다. 50보다 큰 값 11 //조건 11>50은 거짓이라 반복문을 벗어난다.

➕ 더 알기 TIP

nextInt( )

정수(int) 입력만 받는 명령으로 사용자가 입력한 값에서 정수 부분만 읽고 Enter(개행 문자)는 버퍼에 남겨두는 명령입니다.

이론을 확인하는 기출문제

01 다음 중 Java 표준 라이브러리가 아닌 것은?

① java.lang
② java.util
③ java.awt
④ java.custom

> java.lang, java.util, java.awt 등은 Java 표준 패키지이며, java.custom이라는 것은 없다.

02 Scanner 클래스는 어느 패키지에 속하는가?

① java.io
② java.util
③ java.lang
④ java.net

> Scanner 클래스는 사용자 입력을 처리하는 java.util 패키지에 포함된다.

03 다음 중 import 구문이 올바른 것은?

① import java.util.Scanner;
② import Scanner.java.util;
③ include java.util.Scanner;
④ using java.util.Scanner;

> Java에서 외부 패키지 클래스를 사용할 때는 "import 패키지.클래스;" 형식을 사용한다.

04 switch 문에서 여러 case를 동시에 처리하고 싶은 경우 올바른 방법은?

① break 사용
② case 연속 작성 후 하나의 break 실행
③ default 사용
④ else if 사용

> case 1: case 2: 같이 연속 작성 후, break 전에 실행 블록을 작성한다.

05 switch 문에서 case 값이 중복될 수 있는가?

① 가능하다.
② 불가능하다.
③ 컴파일러 옵션에 따라 가능하다.
④ Java 버전에 따라 가능하다.

> switch 문의 case 값은 유일해야 하며 중복되면 컴파일 오류가 발생한다.

06 다음 Java 코드의 실행 결과는?

```
int num = 2;
switch(num) {
    case 1: System.out.print("One ");
    case 2: System.out.print("Two ");
    case 3: System.out.print("Three");
}
```

① One
② Two
③ Two Three
④ Two ThreeOne

> break가 없으므로 case 2에서 시작해 아래 case까지 연속 실행된다.
>
> **오답 피하기**
> switch에서 default 문은 생략 가능하다.

07 다음 Java 코드의 실행 결과는?

```
int i = 1;
while (i <= 3) {
    System.out.print(i + " ");
    i++;
}
System.out.print(i);
```

① 1 2
② 1 2 3
③ 1 2 3 4
④ 2 3 4

> i=1부터 시작 i<=3 조건 동안 반복, i++해서 4가 된 후 종료하고 출력한다.

SECTION 03 Java 배열과 문자처리

난이도 (상)중 하
반복학습 1 2 3

빈출 태그 #Java배열 #Java문자열배열

01 Java 배열

1) 자바에서 배열 생성
- 배열은 객체로 인식하므로 new 연산자에 의해서 객체를 생성한다.
- 배열을 생성하면서 메모리를 할당받을 때는 배열의 크기를 지정한다.

2) 배열 선언
- 배열 이름 : 연속된 값들을 참조하기 위한 값이다.
- 배열 자체가 객체이며 배열 선언과 동시에 배열명(참조변수)에 메모리가 할당된다.
- 형식

```
데이터타입[ ] 배열명 = new 데이터타입[첨자개수]
```

```
데이터타입 배열명[ ] = new 데이터타입[첨자개수]
```

- 예제

```
int[] arr = new int[5];
//첨자가 5개인 배열을 arr 이름의 정수형 배열로 생성하라.
```

3) 배열의 초기화 작업
- 예제1

```
int arr[] = new int[] {10,20,30,40,50};
int arr[] = {10,20,30,40,50};    //C언어와 같은 방식으로 사용 가능
```

- 예제2

```
String str_arr[] = {"한해수","오주안","이연중","김흥식"};
//배열 선언과 동시에 초기값 할당 가능
```

- 예제3

```
String str_arr[] = new String[4]
    str_arr[0] = "한해수";
    str_arr[1] = "오주안";
    str_arr[2] = "이연중";
    str_arr[3] = "김흥식";
    //배열 선언과 할당은 따로따로 설정
```

- 예제4

```
class sample_array
{
    public static void main(String[] args)
    {
        int[] arr = {10,20,30,40,50};
        int i;
        for(i=0; i<arr.length; i++)   //arr.length는 arr 배열의 크기 5이다.
            System.out.println(i + "번째 값 ==> " + arr[i]);
    }
}
```

결과	0번째 값 ==> 10 1번째 값 ==> 20 2번째 값 ==> 30 3번째 값 ==> 40 4번째 값 ==> 50

02 Java 문자 처리(문자열 관련 함수)

1) length() : 문자열 길이

- 문자열의 길이(문자 개수)를 반환한다.

```
String str = "Hello";
System.out.print(str.length());
```

결과	5

2) charAt(인수값) : 문자 접근

- 문자열에서 해당 인수 번째 문자를 가져온다.

```
String str = "Java";
System.out.println(str.charAt(0));    //str 문자열 객체의 0번째 "J"를 출력
System.out.println(str.charAt(2));    //str 문자열 객체의 2번째 "v"를 출력
```

> **기적의 TIP**
> 인덱스는 0부터 시작합니다.

> **기적의 TIP**
>
> - charAt(k) : 문자열에서 직접 문자를 꺼내옵니다. → 간단해서 자주 사용됨
> - toCharArray()[k] : 전체를 배열로 바꿔놓고 인덱스로 접근합니다.

3) toCharArray() : 문자 배열로 변환

- 문자열(String)을 문자 배열(char[])로 변환한다.

```
String str = "Java";
char[] arr = str.toCharArray();
System.out.println(arr[0]);      //'J'
System.out.println(arr[1]);      //'a'
```

➕ 더 알기 TIP

str.toCharArray()[k];
//문자열 str을 문자 배열로 바꾼 뒤, k번째 문자를 꺼내오는 코드입니다.

4) substring(시작, 끝-1) : 부분 문자열 추출

- substring(3, 5) : 인덱스(3)부터 인덱스(5-1)까지 가져온다.
- substring(4) : 인덱스 4부터 모두 가져온다.

```
String str = "HelloWorld";
System.out.println(str.substring(0, 5));    //0번부터 4번까지 "Hello"를 출력
System.out.println(str.substring(3, 5));    //3번부터 4번까지 "lo"를 출력
System.out.println(str.substring(5));       //5번부터 끝까지 "World"를 출력
```

➕ 더 알기 TIP

문자열 배열과 인덱스 예

str[10]	H	e	l	l	o	W	o	r	l	d
	0	1	2	3	4	5	6	7	8	9

5) equals(), equalsIgnoreCase()

- equals() : 문자열 내용이 같은지 비교한다(대소문자 구분).
- equalsIgnoreCase() : 대소문자 구분 없이 비교한다.

```
String a = "java";
String b = "Java";
System.out.println(a.equals(b));              //false
System.out.println(a.equalsIgnoreCase(b));    //true
```

6) replace(고칠 문자, 새 문자)

- 고칠 문자를 새 문자로 교체한다.

```
String str = "apple banana";
System.out.println(str.replace("apple", "orange"));   //"orange banana"
```

7) indexOf(찾는 문자) : 문자열의 인덱스 검색

- indexOf(문자) : 처음 나타나는 위치의 인덱스를 반환하고, 없으면 −1이 된다.
- lastIndexOf(문자) : 마지막으로 나타나는 위치의 인덱스를 반환한다.
- contains(문자) : 포함 여부(boolean, true/false)를 반환한다.

```
String str = "programming";
System.out.println(str.indexOf("g"));       //3 (첫 번째 'g')
System.out.println(str.lastIndexOf("g"));   //10 (마지막 'g')
System.out.println(str.contains("gram"));   //true
```

8) toUpper, toLower : 대소문자 변환

```
String str = "Java";
System.out.println(str.toUpperCase());   //"JAVA"
System.out.println(str.toLowerCase());   //"java"
```

9) trim : 공백 제거

- trim( ) : 앞뒤 공백을 제거한다(중간 공백은 제거 안 함).

```
String str = "   hello   ";
System.out.println(str.trim());   //"hello"
```

10) split : 문자열 분리

- split(구분자) : 문자열을 구분자로 잘라 배열로 반환한다.

```
String fruits = "apple,banana,orange";
String[] arr = fruits.split(",");
//fruits에 저장된 문자열을 ','을 기준으로 잘라 arr 배열에 저장한다.
for(String f : arr) {
//arr 배열 값을 순서대로 임시변수 f에 저장하고 반복문을 실행한다.
    System.out.println(f);
}
```

결과	apple banana orange

11) concat : 문자열 결합

- 문자열 결합은 concat( ) 또는 '+' 연산자를 사용한다.

```
String str1 = "Hello";
String str2 = "World";
System.out.println(str1.concat(str2));   //"HelloWorld"
System.out.println(str1 + str2);         //"HelloWorld"
```

이론을 확인하는 기출문제

01 배열의 길이를 구할 때 사용하는 것은?
① arr.length( )
② arr.size( )
③ arr.length
④ arr.count( )

> 배열의 길이는 arr.length, 문자열의 길이는 arr.length( ) 메서드를 사용한다.

02 다음 중 배열 선언과 생성이 올바른 것은?
① int arr = new int[5];
② int arr[ ] = new int[5];
③ int[5] arr = new int;
④ int arr( ) = new int[5];

> 배열 선언은 "자료형[ ] 배열명 = new 자료형[크기];" 또는 "자료형 배열명[ ] = new 자료형[크기]" 형태로 작성한다.

03 "Java".charAt(2)의 결과는?
① J
② a
③ v
④ va

> "Java"의 인덱스는 "0=J, 1=a, 2=v, 3=a"이다.

04 "HelloWorld".substring(0,5)의 결과는?
① Hello
② World
③ HelloW
④ elloW

> substring(시작, 끝)은 시작 인덱스부터 끝-1까지 추출한다. 인덱스 0번 문자부터 인덱스(5-1)번 문자까지 가져오면 Hello이다.

05 "java".equalsIgnoreCase("Java")의 결과는?
① true
② false
③ 컴파일 오류
④ 런타임 오류

> equalsIgnoreCase( )는 대소문자 구분 없이 문자열의 내용을 비교한다.
>
> **오답 피하기**
> "java".equals("Java")는 대소문자를 구분하여 문자열 내용을 비교하기 때문에 false의 결과가 나온다.

정답 01 ③ 02 ② 03 ③ 04 ① 05 ①

SECTION 04 Java 오버로딩와 오버라이딩

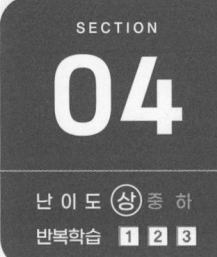

빈출태그 #오버로딩 #오버라이딩 #동적바인딩

01 Java 오버로딩(Overloading)

1) 오버로딩의 정의
- 같은 이름의 메서드를 매개변수(파라미터) 형태만 다르게 여러 개 정의하는 것이다.
- 즉, 메서드 이름은 같지만 매개변수 개수나 타입이 다르면 구분할 수 있다.

2) 오버로딩의 특징
- 메서드의 이름은 같아야 한다.
- 매개변수의 개수, 자료형, 순서가 달라야 한다.
- 리턴 타입만 다르다고 해서 오버로딩이 되지는 않는다.
- 예제

```java
class Calculator {
    int add(int a) {
        return a + 10;                     //1개 정수 덧셈
    }
    int add(int a, int b) {
        return a + b;                      //2개 정수 덧셈
    }
    double add(double a, double b) {
        return a + b;                      //2개의 실수 덧셈
    }
}
public class Main {
    public static void main(String[] args) {
        Calculator c = new Calculator();
        System.out.println(c.add(5));              //15 (int 버전)
        System.out.println(c.add(3, 7));           //10 (int, int 버전)
        System.out.println(c.add(2.5, 4.5));       //7.0 (double 버전)
    }
}
```

결과
```
15
10
7.0
```

> **➕ 더 알기** TIP
>
> **오버로딩 핵심 포인트!**
> - 오버로딩은 컴파일 시점에 결정되는 정적 바인딩(static binding)입니다.
> - 자바에서 다형성(polymorphism)의 한 형태입니다.
> - 메서드 이름을 재사용할 수 있어 코드의 가독성과 확장성이 좋아집니다.

02 Java 오버라이딩(Overriding)

1) 오버라이딩의 정의
- 상속 관계에서 부모 클래스의 메서드를 자식 클래스가 재정의(덮어쓰기)하는 것이다.
- 메서드 이름, 매개변수(파라미터), 리턴타입이 완전히 동일해야 한다.

2) 오버라이딩의 특징
- 반드시 상속 관계에서만 가능하며 extends 키워드가 필요하다.
- 메서드 이름, 매개변수, 리턴 타입이 모두 같아야 한다.
- 자식 클래스에서 부모 클래스 메서드를 오버라이딩할 때, 접근 범위를 더 좁게 만들 수 없다.

부모 메서드	자식 메서드에서 가능한 접근 제어자
public	public만 가능(protected, default, private 불가능)
protected	protected, public 가능
default (package-private)	default, protected, public 가능
private	상속 자체가 불가능, 오버라이딩 불가

- @Override를 붙이면 컴파일러가 검사해 준다.
- 실행 시점에 어떤 메서드가 호출될지 결정되는 동적 바인딩(Dynamic Binding)이다.

> **🚩 기적의 TIP**
>
> - @Override가 없고 메서드의 철자가 다른 경우 그냥 새로운 메서드로 인정되고 컴파일 시 에러가 없습니다.
> - @Override가 있으면 "부모 클래스에 그런 메서드가 없는데?"하고 컴파일 시 에러가 발생됩니다.

> **➕ 더 알기** TIP
>
> **접근 제어자(접근 가능 범위에 따른 구분)**
>
> public(전체) > protected(같은 클래스, 패키지, 상속(다른 패키지)) > default(같은 클래스, 패키지) > private(같은 클래스만 접근 가능)
>
> **@override를 하는 이유**
>
> @Override는 컴파일러에게 "이 메서드는 부모 클래스의 메서드를 재정의한 것이다"라고 알려 주는 역할을 하는데 만약 메서드 이름이 틀렸거나, 매개변수 타입/개수가 다르면 컴파일러가 에러를 발생시켜 알려줍니다.

• 예제

```java
class Parent {
    void greet() {
        System.out.println("Hello from Parent");
    }
}

class Child extends Parent {
    @Override
    void greet() {   //부모에게 greet 메서드를 상속받는다.
        System.out.println("Hello from Child");
    }
}

public class Main {
    public static void main(String[] args) {
        Parent p = new Child();
        p.greet();
    }
}
```

| 결과 | Hello from Child |

더 알기 TIP

오버로딩과 오버라이딩 비교

구분	오버로딩(Overloading)	오버라이딩(Overriding)
관계	같은 클래스 안에서 가능	상속 관계에서만 가능
메서드 이름	같음	같음
매개변수	다르게 정의	같아야 함
리턴 타입	매개변수가 다른 경우 달라도 됨	같아야 함
바인딩	컴파일 시 결정(정적 바인딩)	실행 시점에 결정(동적 바인딩)

이론을 확인하는 기출문제

01 다음 중 오버로딩(Overloading)의 특징으로 옳은 것은?
① 메서드 이름과 매개변수, 반환형까지 모두 같아야 한다.
② 같은 클래스 내에서 메서드 이름은 같지만 매개변수의 타입이나 개수가 달라야 한다.
③ 부모 클래스의 메서드를 자식 클래스에서 재정의하는 것이다.
④ @Override 애너테이션을 반드시 붙여야 한다.

> 오버로딩은 같은 클래스 안에서 메서드 이름은 같고 매개변수만 다르게 정의하는 것이다. 반환형은 달라도 상관없지만, 매개변수의 차이가 반드시 필요하다.

02 다음 중 오버라이딩(Overriding)의 특징으로 옳지 않은 것은?
① 부모 클래스의 메서드를 자식 클래스에서 재정의한다.
② 메서드의 이름, 매개변수, 반환형이 모두 같아야 한다.
③ 접근 제어자는 부모보다 더 넓게(private → protected) 만들 수 있다.
④ @Override를 붙이면 컴파일러가 재정의 여부를 검사해 준다.

> 오버라이딩에서는 부모보다 접근 범위를 좁게 할 수 없고, private는 상속 자체가 되지 않는다. 예를 들어 부모가 public이면 자식도 public이어야 한다.

03 다음 중 오버라이딩과 오버로딩의 차이로 옳은 것은?
① 오버로딩은 상속 필요, 오버라이딩은 상속이 필요 없다.
② 오버로딩은 매개변수 다르게, 오버라이딩은 부모 메서드를 재정의한다.
③ 오버로딩은 실행 시점에 결정, 오버라이딩은 컴파일 시점에 결정한다.
④ 둘 다 반드시 @Override가 필요하다.

> **오답 피하기**
> ① 오버라이딩은 상속이 필요하고, 오버로딩은 상속과 무관하다.
> ③ 오버로딩은 컴파일 시점, 오버라이딩은 실행 시점이다.
> ④ @Override는 오버라이딩에서 선택적으로 쓰는 애너테이션이며, 오버로딩에서는 쓰지 않는다.

04 오버라이딩 시 @Override 애너테이션의 역할은?
① 반드시 붙여야 오버라이딩 된다.
② 붙이면 컴파일러가 재정의 여부를 검사해 준다.
③ 반환형을 바꿀 수 있게 해준다.
④ 오버로딩과 혼동되지 않도록 한다.

> @Override는 컴파일러에게 '이 메서드는 부모 메서드를 재정의한 것'임을 알려주며 잘못되면 에러를 발생시키지만, 쓰지 않아도 상관은 없다.

정답 01 ② 02 ③ 03 ② 04 ②

05 다음 Java 코드의 실행 결과로 옳은 것은?

```java
class Parent {
    void show() {
        System.out.println("Parent");
    }
}

class Child extends Parent {
    @Override
    void show() {
        System.out.println("Child");
    }
}

public class Main {
    public static void main(String[] args) {
        Parent p = new Child();
        p.show();
    }
}
```

① Parent
② Child
③ 컴파일 오류
④ ParentChild

오버라이딩 된 메서드는 실행 시점의 객체 타입(런타임 바인딩)에 따라 동작한다. 따라서 Child 객체가 실행되어 "Child"가 출력된다.

06 다음 Java 코드의 실행 결과로 옳은 것은?

```java
public class Test {
    public static void main(String[] args){
        test ot = new test();
        ot.cat();
        ot.cat("4");
    }
    public void cat()
    {
        System.out.print("1234");
    }
    public void cat(int c)
    {
        System.out.print(++c);
    }
    public void cat(String c)
    {
        System.out.print("문자");
    }
}
```

① 1234
② 12345
③ 1234문자
④ 5문자

오버로드는 매개변수의 형식에 따라 같은 형식의 메서드를 찾아간다.
- ot.cat(); → "1234"를 출력
- ot.cat("4"); → "4"는 문자형으로 String c 메서드로 가서 "문자"를 출력

PART
02

응용 SW 기초 기술 활용

파트 소개

네트워크의 계층 구조와 프로토콜을 파악할 수 있어야 하고, 데이터베이스의 개념과 용어를 정확하게 이해하세요.

CHAPTER 01

네트워크 기초

> **학습 방향**
>
> 이번 CHAPTER 01의 네트워크 기초는 네트워크 프로토콜, OSI 모델, IP와 TCP/UDP를 구별할 수 있도록 학습해야 합니다.

> **난이도**
>
> 중 **SECTION 01** OSI 모델
> 중 **SECTION 02** 프로토콜
> 중 **SECTION 03** TCP/UDP, IP

SECTION 01 OSI 모델

난이도 상 **중** 하
반복학습 1 2 3

빈출 태그 #OSI7계층 #계층별전송단위 #계층순서 #계층별프로토콜

01 OSI 7계층

1) OSI 7계층의 개념
- 국제 표준화 기구인 ISO(International Standardization Organization)에서 개발한 네트워크 계층 표현 모델이다.
- 각 계층은 서로 독립적으로 구성되어 있고, 각 계층은 하위 계층의 기능을 이용하여 상위 계층에 기능을 제공한다.
- 1계층인 물리 계층부터 7계층인 응용 계층으로 정의되어 있다.

2) OSI 7계층 구성

① 계층 구성
- 데이터를 목적지에 정확하게 전달하는 것에 초점을 두는 하위 계층과 송수신 데이터의 가공 및 활용에 초점을 두는 상위 계층으로 구성되어 있다.
- 하위 계층 : 물리 계층 → 데이터 링크 계층 → 네트워크 계층
- 상위 계층 : 전송 계층 → 세션 계층 → 표현 계층 → 응용 계층

② OSI 7계층

> **암기 TIP**
> - 하위 → 상위 : 물데네전세표응
> - 전송 단위 : 비프패..그램세데 (비프를 패 그럼 세 대)

	계층	간단 설명	프로토콜	전송 단위
7	응용 계층	사용자 환경 제공(이메일,웹)	[응용] HTTP SMTP DNS Telnet FTP	데이터(Data)
6	표현 계층	데이터 형식 설정과 부호교환, 암/복호화		
5	세션 계층	송/수신 간 연결 접속 및 동기제어		
4	전송 계층	네트워크상에서 End to End 형태로 송수신 간 신뢰성 있는 통신을 보장	TCP	세그먼트 23년 2회
			UDP	데이터그램
3	네트워크 계층	단말 간 데이터 전송을 위한 최적화된 경로 제공	IP	패킷(Packet) 21년 3회
2	데이터 링크 계층	오류와 흐름을 제어하여 신뢰성 있는 데이터 전송	이더넷	프레임(Frame)
1	물리 계층	실제 장비들을 연결하기 위한 연결 장치, 0과 1의 비트 정보를 회선에 보내기 위한 전기적 신호 변환	RS-232C	비트(Bit) 21년 3회

02 OSI 7계층별 특징

1) 물리 계층(Physical Layer) 22년 2회, 22년 1회, 20년 3회
- 기계적, 전기적, 절차적 특성을 정의한 계층으로, 실제 장비들을 연결하기 위한 연결 장치이다.
- 전송매체의 기능을 제공하고 정의하는 계층이다.
- 물리적으로 실제 비트 정보가 흐르는 통로를 제공하는데, 장치 간의 물리적인 접속과 비트 정보를 다른 시스템으로 전송하는 데 필요한 규칙을 정의한다.
- 비트 단위의 정보를 장치들 사이의 전송매체를 통하여 전자기적 신호나 광신호로 전달한다.

2) 데이터 링크 계층(Data Link Layer) 21년 3회, 21년 1회, 20년 1회
- 물리적으로 연결된 시스템 양단에 신뢰성 있는 전송을 제공한다.
- 데이터 블록의 시작과 끝을 설정하고, 오류 검출과 흐름 제어를 하여 신뢰성 있는 데이터를 전송한다.
- 두 개의 인접한 개방 시스템들 간에 신뢰성 있고 효율적인 정보 전송을 할 수 있도록 하는 계층이다.

3) 네트워크 계층(Network Layer) 21년 1회, 20년 4회, 20년 3회, 20년 1회
- 다수의 중계 시스템 중 올바른 경로(최적의 경로)를 선택하도록 지원한다.
- 개방 시스템들 간의 네트워크 연결을 관리하는 기능과 데이터의 교환 및 중계 기능을 한다.
- 패킷에 발신지와 목적지의 논리 주소를 추가하여, 최종 목적지까지 전달하는 책임을 진다.

4) 전송 계층(Transport Layer) 21년 1회, 20년 3회, 20년 2회, 20년 1회
- 송신측과 수신측 사이를 실제적으로 연결한다.
- 논리적 안정과 균일한 데이터 전송 서비스를 제공함으로써 종단시스템(End to End) 간에 투명하고 신뢰성 있는 데이터 전송을 가능하게 한다.

5) 세션 계층(Session Layer)
- 세션이란 두 이용자 사이의 연결을 의미하는 것으로써 개체들 간의 관련성을 유지하고 대화 제어를 담당하는 계층이다.
- 송신, 수신 간의 논리적 연결 및 통신시스템 간의 상호작용, 동기화, 프로세스 간 동기제어 기능을 수행한다.

6) 표현 계층(Presentation Layer) 20년 3회

- 코드 문자 등을 번역하여 일관되게 전송하고, 압축, 해제, 보안 기능도 담당한다.
- 세션 계층에서 받은 데이터를 응용 계층에 적합한 형태로 변환하고, 응용 계층으로부터 받은 데이터를 세션 계층에 보내기 전에 통신에 적당한 형태로 변환한다.
- 암호화, 압축, 코드변환, 구문검색 기능을 수행한다.

7) 응용 계층(Application Layer)

- 사용자에게 편한 환경을 제공(이메일, 웹 등)하여 사용자(응용 프로그램)가 OSI 환경에 접근할 수 있도록 서비스를 제공한다.
- 전자 사서함(SMTP), 파일 전송(FTP), 원격 접속(TELNET) 등의 서비스를 제공한다.

03 OSI 7계층 – 계층별 장치

1) 물리 계층(1계층)

① 허브

- 여러 대의 컴퓨터를 연결하여 네트워크로 보내거나 하나의 네트워크로 수신된 정보를 여러 대의 컴퓨터로 송신하기 위한 장비로써 가까운 거리의 컴퓨터를 연결하는 장비이다.
- 종류
  - 더미 허브 : 네트워크에 흐르는 모든 데이터를 단순히 연결하는 기능만을 제공하는 것으로 LAN이 보유한 대역폭을 컴퓨터 수만큼 나누어 제공한다.
  - 스위칭 허브 : 네트워크상에 흐르는 데이터의 유무 및 흐름을 제어하여 각각의 노드가 허브의 최대 대역폭을 사용할 수 있는 지능형 허브이다.

② 리피터

- 디지털 신호를 증폭시켜주는 역할을 하여 신호가 약해지지 않고 컴퓨터로 수신되도록 하는 것으로써 증폭기 또는 재생기라고도 한다.

2) 데이터 링크 계층(2계층)

① 브리지

- 같은 프로토콜의 두 시스템을 연결하는 네트워킹 장치로서 두 개의 LAN을 연결하여 훨씬 더 큰 LAN을 만든다.
- 소프트웨어 방식으로 처리하기 때문에 느리고, 포트들이 제한적이지만 서로 다른 속도로 연결할 수 있다.

② 스위치
- 전송 중 패킷 충돌이 일어나지 않도록 MAC 주소 테이블을 이용해 목적지 MAC 주소를 가진 장비 측 포트로만 프레임을 전송하는 장비이다.
- 제공하는 포트수가 수십, 수백 개로 브리지보다 많다.
- 하드웨어를 기반으로 처리하기 때문에 속도가 빠르며, 각기 다른 속도를 지원하도록 제어할 수 있다.
- 브리지는 Store and Forwarding 전송 방식만 사용하지만, 스위치는 Cut Through와 Fragment Free 방식을 같이 사용한다.

더 알기 TIP
- Store and Forwarding : 데이터를 전부 받은 후 다음 처리를 하는 방식
- Cut Through : 데이터의 목적지 주소만 확인 후 바로 전송 처리하는 방식
- Fragment Free : 위 두 방식의 장점을 결합한 방식

3) 네트워크 계층(3계층)
① 라우터
- 라우터는 패킷의 위치를 추출하여, 그 위치에 대한 최적의 경로를 지정하며, 이 경로를 따라 데이터 패킷을 다음 장치로 전향시키는 장치이다.
- 최적의 경로를 설정하여 원하는 목적지까지 지정된 데이터가 안전하게 전달되도록 한다.

4) 전송 계층(4계층)
① 게이트웨이
- 서로 다른 네트워크로 이동하기 위한 관문으로, 프로토콜 구조가 전혀 다른 네트워크의 연결을 수행한다.
- 데이터 형식 변환, 주소 변환, 프로토콜 변환 등을 수행하며 라우터보다 포괄적인 개념이다.

기적의 TIP

게이트웨이는 1~7계층 모두에서 동작합니다.

이론을 확인하는 기출문제

01 OSI 참조 모델의 최하위 계층은?
① 물리 계층(Physical Layer)
② 전송 계층(Transport Layer)
③ 세션 계층(Session Layer)
④ 표현 계층(Presentation Layer)

하위 → 상위 : 물데네전세표응

02 OSI 7계층 중 아래에서 설명하는 기능은 어느 계층에서 수행하는가?

> 보안을 위해 데이터의 암호화와 해독을 수행하고 효율적인 전송을 위해 필요에 따라 압축과 전개를 수행한다.

① 전송 계층(Transport Layer)
② 표현 계층(Presentation Layer)
③ 응용 계층(Application Layer)
④ 데이터 링크 계층(Data Link Layer)

표현 계층은 데이터의 암호화, 압축, 코드변환, 구문검색 기능을 수행한다.

03 OSI 7계층 중 아래에서 설명하는 기능은 어느 계층에서 수행하는가?

> • 물리적으로 연결된 시스템 양단에 신뢰성 있는 전송을 제공한다.
> • 데이터 블록의 시작과 끝을 설정하고 오류 검출과 흐름 제어를 하여 신뢰성 있는 데이터를 전송한다.

① 전송 계층(Transport Layer)
② 데이터 링크 계층(Data Link Layer)
③ 응용 계층(Application Layer)
④ 물리 계층(Physical Layer)

물리적으로 연결된 시스템에 신뢰성 있는 전송을 제공하는 계층은 데이터 링크 계층이다.

오답 피하기
'물리'라는 말이 들어갔다고 물리 계층을 선택하면 안 됩니다.

04 OSI 7계층 중 아래에서 설명하는 기능은 어느 계층에서 수행하는가?

> • 비트 단위의 정보를 장치들 사이의 전송매체를 통하여 전자기적 신호나 광신호로 전달한다.
> • 실제 장비들을 연결하기 위한 연결 장치이다.
> • 기계적, 전기적, 절차적 특성을 정의한다.

① 전송 계층(Transport Layer)
② 데이터 링크 계층(Data Link Layer)
③ 응용 계층(Application Layer)
④ 물리 계층(Physical Layer)

물리 계층은 실제 장비들을 연결하기 위한 계층으로 비트 단위로 전송한다.

05 아래에서 설명하는 네트워크 장비는 무엇인가?

> 디지털 신호의 장거리 전송을 위해 전송 신호를 새로 재생시키거나 전압을 높여주는 기능을 수행하는 물리 계층의 네트워크 장비이다.

① 게이트웨이(Gateway)
② 라우터(Router)
③ 리피터(Repeater)
④ 허브(Hub)

리피터와 허브는 물리 계층, 라우터는 네트워크 계층, 게이트웨이는 전송 계층에 속하는 장치이다.

06 OSI 7계층에서 네트워크 계층의 전송되는 데이터 단위는 무엇인가?
① 비트
② 패킷
③ 세그먼트
④ 프레임

오답 피하기
① 물리, ③ 전송, ④ 데이터 링크

정답 01 ① 02 ② 03 ② 04 ④ 05 ③ 06 ②

07 아래에서 설명하는 네트워크 장비는 무엇인가?

> - 패킷으로 나누어진 데이터는 인터넷 주소를 가지게 되며 이 장치는 인터넷 주소를 참조하여 경로를 결정한다.
> - 최적의 경로를 설정하여 원하는 목적지까지 지정된 데이터가 안전하게 전달되도록 한다.

① 게이트웨이(Gateway)
② 라우터(Router)
③ 리피터(Repeater)
④ 허브(Hub)

라우터는 둘 이상의 서로 다른 네트워크에 접속하여 서로 간에 데이터를 주고받을 수 있도록 경로를 선택하는 기능을 수행한다.

08 한 사무실이나 가까운 거리의 컴퓨터를 연결하는 장치로, 각 회선을 통합적으로 관리하며, 신호 증폭 기능을 하는 리피터의 역할도 포함하는 네트워크 관련 장비는 무엇인가?

① 모뎀(Modem)
② 라우터(Router)
③ 게이트웨이(Gateway)
④ 허브(Hub)

공유기라고도 하며, 스위칭 허브와 더비 허브가 있다.

09 프로토콜이 다른 네트워크를 연결시켜 주는 장치로, 응용 계층을 연결하여 데이터 형식의 변환 및 프로토콜의 변환 등을 수행한다. 주로 LAN에서 다른 네트워크에 데이터를 보내거나 다른 네트워크로부터 데이터를 받아들이는 출입구 역할을 하는 것은?

① 모뎀(Modem)
② 브리지(Bridge)
③ 게이트웨이(Gateway)
④ 허브(Hub)

오답 피하기
① 디지털 ↔ 아날로그 변환 장치
② 같은 프로토콜을 사용하는 LAN 간 연결
④ 물리 계층 장치, 단순 신호 분배

SECTION 02 프로토콜

빈출 태그 #프로토콜 #프로토콜기본요소 #계층별프로토콜

01 프로토콜

1) 프로토콜의 정의
- 정보 전달 시에는 약속한 규칙에 따라야 하는데 이를 프로토콜이라고 한다.
- 컴퓨터와 컴퓨터, 정보통신망에서 원거리에 있는 통신 개체 사이의 정확한 데이터의 송수신을 위해 필요한 일련의 통신 규칙을 의미한다.

2) 프로토콜의 기본요소

구문(Syntax)	전송하고자 하는 데이터의 형식, 부호화, 신호레벨 등을 규정한다.
의미(Semantic)	전송 제어와 오류 관리를 위한 제어 정보를 포함한다.
순서(Timing)	두 개체 간의 통신 속도를 조정하거나 메시지의 전송 및 순서의 제어 정보를 나타낸다.

02 통신 용어 정리

1) 거리에 따른 통신망

LAN(Local Area Network)	• 근거리 통신망으로, 건물 내 또는 작은 규모의 네트워크를 연결한다. • 전송 속도가 빠르고, 에러 발생률이 낮다.
MAN(Metropolitan Area Network)	• 도시 규모의 통신망으로 수 km~수십 km 범위를 연결한다. • 여러 LAN을 연결하여 구축하며, 전송 속도와 신뢰성은 LAN보다 낮고 WAN보다 높다.
WAN(Wide Area Network)	• 국가와 국가, 지역과 지역을 연결한다. • 전송 거리가 가장 넓고, 라우팅 알고리즘이 필요하며 LAN 대비 에러율이 높고 전송 지연이 크다.

2) PING 22년 3회
- 네트워크로 연결된 두 호스트 사이에서 연결할 수 있는지 점검하는 진단 도구이다.
- PING 명령을 실행하면 ICMP Echo Request 패킷을 원격 IP 주소에 송신하고 ICMP 응답을 기다린다.

- PING의 원리

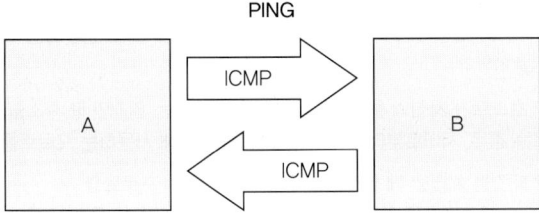

03 계층별 프로토콜

계층	프로토콜	설명
응용 계층	HTTP	• 클라이언트와 서버 사이에 이루어지는 요청/응답 프로토콜 • 하이퍼텍스트 문서 전송 규약, 포트번호 80 22년 2회, 21년 3회, 20년 2회
	HTTPS	• HTTP의 보안 강화 프로토콜로, SSL 기반 웹 페이지 전송 프로토콜 • HTTPS는 통신의 인증과 암호화를 위해 넷스케이프 커뮤니케이션즈 코퍼레이션이 개발한 넷스케이프 웹 프로토콜이며, 전자 상거래에서 널리 쓰임 21년 3회
	SMTP	• 이메일을 보내기 위한 프로토콜로, 포트번호 25 • 이메일을 가져오기 위한 프로토콜은 POP3(응용 계층)
	DNS	• 호스트의 도메인 이름을 호스트의 네트워크 주소로 바꾸거나 그 반대의 변환을 수행하는 서비스 • 도메인을 IP로 상호변환하는 서비스 22년 1회, 21년 3회
	Telnet	• 인터넷이나 로컬 영역에서 네트워크 연결에 사용되는 네트워크 프로토콜 • 원격지의 컴퓨터에 접속하기 위한 프로토콜
	FTP	• TCP/IP 프로토콜을 가지고 서버와 클라이언트 사이의 파일을 전송하기 위한 프로토콜 22년 2회
	DHCP	• TCP/IP 통신을 실행하기 위해서 호스트의 IP 주소와 각종 TCP/IP 프로토콜의 기본 설정을 클라이언트에게 동적으로 할당 21년 2회
전송 계층	TCP	• 연결형, 근거리 통신망이나 인트라넷, 인터넷에 연결된 컴퓨터에서 전송되는 데이터를 안정적이고 에러 없이 교환할 수 있게 해주는 프로토콜 • 전송 단위는 세그먼트 22년 3회
	UDP	• 비연결형 서비스를 지원하는 프로토콜 • TCP와 달리 정보를 주고받을 때 보내거나 받는다는 신호 절차를 거치지 않고, 보내는 쪽에서 데이터그램 단위로 데이터를 일방적으로 전달하는 방식 21년 2회

네트워크 계층	IP	• 송수신 간의 패킷 단위로 데이터를 교환하는 네트워크에서 정보를 주고받는 데 사용하는 통신 프로토콜 22년 3회
	ARP	• IP 네트워크상에서 IP 주소를 MAC 주소(물리주소)로 변환하는 프로토콜 22년 2회
	RARP	• IP 호스트가 자신의 물리 네트워크 주소(MAC)는 알지만 IP 주소를 모르는 경우, 서버로부터 IP 주소를 요청하기 위해 사용하는 프로토콜
	ICMP	• IP 패킷을 처리할 때 발생하는 문제를 알려주는 프로토콜 • ICMP 프로토콜을 사용해서 PING 유틸리티의 구현을 통해 오류가 발생했음을 알리는 기능 수행 22년 3회
데이터 링크 계층	이더넷	• 컴퓨터 네트워크 기술 중 하나로 LAN, WAN 환경에서 많이 사용하는 네트워크 프로토콜

04 응용 계층 프로토콜 및 포트 번호

> **기적의 TIP**
>
> FTP는 '데이터 연결'과 '제어 연결'을 따로 쓰는 고전 프로토콜이라 포트가 두 개입니다.

프로토콜	포트 번호	설명
FTP	20	• 파일 전송 프로토콜 • 데이터 포트
FTP	21	• 파일 전송 프로토콜 • 제어 포트
SSH 20년 3회	22	• 공개키 암호를 사용하여 원격지 시스템에 접근하여 암호화된 메시지를 전송하는 시스템 • LAN 상에서 다른 시스템에 로그인할 때 도청당하는 것을 막을 수 있음
TELNET	23	• 인터넷을 통해 원격지의 호스트 컴퓨터에 접속할 때 지원되는 프로토콜
SMTP	25	• 메일 송신 프로토콜
DNS	53	• 도메인 네임 시스템 • 문자로 된 도메인 주소를 숫자로 된 IP 주소로 변경
HTTP	80	• 웹 페이지 전송 프로토콜
HTTPS	443	• SSL 기반 웹 페이지 전송 프로토콜 • 전자상거래에서 널리 쓰임
SNMP	161	• Simple Network Management Protocol • 네트워크에 대한 트래픽, 세션 등의 네트워크 상태를 모니터링하고 정보를 전달할 때 사용되는 프로토콜 • 제한된 네트워크 자원을 효율적이고 경제적으로 운영하기 위한 프로토콜 • 네트워크에서 호스트나 라우터, 다른 컴퓨터나 장치들을 감시하고 관리하기 위한 목적으로 사용

05 기타 프로토콜

1) 라우팅 프로토콜

RIP 21년 1회	• Routing Information Path Protocol • 홉 카운트를 Metric으로 설정하여 최적의 경로를 설정하는 소규모용 프로토콜(15홉 제한) • 거리 벡터 알고리즘 사용, 30초 주기로 정보 갱신
OSPF	• Open Shortest Path First • RIP의 단점을 개선하기 위해 링크 상태 알고리즘 기반으로 최단 경로를 찾는 프로토콜 • 변경 정보가 전체 라우터에 동일하게 유지
BGP	• Border Gateway Protocol • 규모가 큰 네트워크의 상호 연결을 위해 사용하는 프로토콜 • 초기 연결 시 전체경로를 나타내는 라우팅 테이블을 교환하고 이후에는 변화된 정보만을 교환
IGRP	• Interior Gateway Routing Protocol • RIP와 동일한 거리 벡터 기반의 내부용 프로토콜

> **기적의 TIP**
> 홉 카운트는 데이터가 출발지와 목적지 사이에서 통과해야 하는 중간 장치들의 개수를 의미합니다.

2) 이메일 관련 프로토콜

SMTP	• SMTP(Simple Mail Transfer Protocop)는 메일을 보낼 때 사용 • 클라이언트 → 서버, 서버 → 서버 • 발신 전용, 주로 TCP 25번 포트 사용(보안 적용 시 587, 465) ⓪ Gmail에서 메일을 보낼 때 SMTP로 전송
POP3	• POP3 (Post Office Protocol v3)는 메일을 받을 때 사용 • 서버 → 클라이언트, 클라이언트가 메일을 다운로드 후, 서버에서 삭제하는 방식으로 오프라인 환경에서 메일 확인 가능 • TCP 110번 포트 사용(보안 시 995) • 단점 : 여러 기기에서 동일 메일 관리 불편
IMAP	• IMAP(Internet Message Access Protocol)는 메일을 받을 때 사용 • 서버 ↔ 클라이언트, 메일을 서버에 그대로 보관하여 여러 기기에서 동기화 가능하며 폴더 관리, 읽음/안 읽음 표시 등을 지원 • TCP 143번 포트 사용(보안 시 993) • 장점 : 스마트폰, PC, 태블릿에서 같은 메일함을 관리 가능

3) 이메일 보안 프로토콜

PGP	• 전자우편을 다른 사람이 받아 볼 수 없도록 암호화/복호화하는 프로그램이다. • 현재 가장 많이 사용되고 있다.
PEM	• PGP와 같은 기능을 하는 프로그램으로 보안성이 뛰어나다. • 인터넷 엔지니어링 태스크 포스(IETF)에서 표준으로 채택하였다.

이론을 확인하는 기출문제

01 FTP, Telnet, SMTP, HTTP 프로토콜에 해당하는 네트워크 계층은?

① 물리 계층(Physical Layer)
② 전송 계층(Transport Layer)
③ 세션 계층(Session Layer)
④ 응용 계층(Application Layer)

> FTP, Telnet, SMTP, HTTP 모두 사용자에게 직접 서비스를 제공하는 응용 계층 프로토콜이다.

02 네트워크에서 호스트나 라우터, 다른 컴퓨터나 장치들을 감시하고 관리하기 위한 목적으로 사용되는 응용 계층 프로토콜은?

① FTP
② SNMP
③ POP3
④ ICMP

> SNMP는 네트워크 관리 프로토콜이다.

03 인터넷에서 전자우편을 전송하는 응용 계층의 프로토콜은?

① SMTP
② SNMP
③ POP3
④ ICMP

> SMTP는 메일 송신 프로토콜, POP3는 메일 수신 프로토콜이다.

04 IP Address를 물리적 네트워크 주소(MAC)로 변환시켜주는 네트워크 계층 프로토콜은?

① RARP
② ARP
③ IP
④ ICMP

> **오답 피하기**
> ① RARP : MAC 주소 → IP 주소를 알아내는 프로토콜
> ③ IP : 네트워크 계층의 기본 프로토콜
> ④ ICMP : IP 보조 프로토콜

05 다음에서 설명하는 프로토콜은 무엇인가?

> • 네트워크 계층에 속하는 프로토콜로 IP 패킷을 처리할 때 발생하는 문제를 알려준다.
> • PING 유틸리티의 구현을 통해 오류가 발생했음을 알리는 기능을 수행한다.

① SNMP
② ARP
③ IP
④ ICMP

> **오답 피하기**
> ① SNMP : 네트워크 관리 프로토콜
> ② ARP : IP → MAC 주소 변환
> ③ IP : 데이터 전송 주소 지정 및 라우팅 담당

06 프로토콜의 기본요소에 해당하지 않는 것은?

① 구문(Syntax)
② 의미(Semantic)
③ 번역(Compile)
④ 순서(Timing)

> 프로토콜의 기본 3요소는 구문, 의미, 순서이다.

정답 01 ④ 02 ② 03 ① 04 ② 05 ④ 06 ③

07 다음에서 설명하는 네트워크 용어는 무엇인가?

> - 네트워크로 연결된 두 호스트 사이에서 연결할 수 있는지 점검하는 진단도구이다.
> - ( ) 명령을 실행하면 ICMP Echo Request 패킷을 원격 IP 주소에 송신하고 ICMP 응답을 기다린다.

① SNMP
② RARP
③ IP
④ PING

PING은 네트워크의 연결 상태와 정상 작동 여부를 확인하는 명령어이다.

08 프로토콜과 포트 번호(Well_known Port)의 연결이 옳지 않은 것은 무엇인가?

① 10번 포트 : FTP
② 23번 포트 : TELNET
③ 25번 포트 : SMTP
④ 80번 포트 : HTTP

FTP 서버에 접속하는 포트 번호는 20번(데이터), 21번(제어)이다.

09 컴퓨터 간이나 컴퓨터와 단말장치 사이에 효율적이며, 신뢰성 있는 정보를 주고받기 위해 미리 정보의 송/수신 측 사이에 일상 언어의 문법과 같이 설정한 법칙이나 규범은?

① 트렁크(Trunk)
② 네트워크(Network)
③ 프로토콜(Protocol)
④ 아키텍처(Architecture)

통신을 위한 약속과 규범을 프로토콜이라고 한다.

10 OSI 7계층 중 전송 계층(Transport Layer)에서 동작하는 프로토콜은?

① IP, ICMP
② TCP, UDP
③ HTTP, FTP
④ Ethernet, Wi-Fi

전송 계층은 TCP, UDP로 연결형/비연결형, 신뢰성이 있는/없는 데이터 전송을 담당한다.

오답 피하기
① 네트워크 계층
③ 응용 계층

11 HTTP, FTP, SMTP, POP3, IMAP은 OSI 7계층 중 어디에 속하는가?

① 네트워크 계층
② 전송 계층
③ 응용 계층
④ 물리 계층

웹, 파일 전송, 메일 서비스와 같이 사용자와 가까운 프로토콜은 응용 계층에 속한다.

SECTION 03 TCP/UDP, IP

난이도 상 중 하
반복학습 1 2 3

빈출 태그 #TCP #IP #UDP #TCP/IP계층

01 TCP/IP

1) TCP/IP의 개념
- 인터넷 통신을 위한 기본 통신 프로토콜이다.
- OSI 7 Layer를 실무에 활용하는 기능 중심으로 4계층으로 구조화하고, 각 그룹에서 활용되는 프로토콜군을 정리한 네트워크 통신 구조 모델이다.
- 인터넷에 연결된 서로 다른 기종의 컴퓨터들이 데이터를 주고받을 수 있도록 하는 표준 프로토콜이다.

> **기적의 TIP**
> OSI 7계층의 1, 2계층과 5, 6, 7계층이 통합되었습니다.

> **암기 TIP**
> 네트워크 인터페이스는 인터넷 전용!
> 네인전용? 네~인정!

2) OSI 7계층과 TCP/IP 계층

OSI 7계층	TCP/IP 계층	Protocol	
응용 계층	응용 계층	FTP, HTTP, Telnet 등	NFS, TFTP
표현 계층			
세션 계층			
전송 계층	전송 계층	TCP	UDP
네트워크 계층	인터넷 계층	IP	
데이터 링크 계층	네트워크 인터페이스 계층	Hardware	
물리 계층			

3) TCP/UDP

① TCP(Transmission Control Protocol)
- TCP는 전송 계층에 위치하면서 근거리 통신망이나 인트라넷, 인터넷에 연결된 컴퓨터에서 전송되는 데이터를 안정적이고 에러 없이 교환할 수 있게 해주는 연결형 프로토콜이다.
- TCP는 IP의 핵심 프로토콜 중 하나로, IP와 함께 TCP/IP라는 명칭으로 사용된다.

② UDP(User Datagram Protocol) 21년 2회
- UDP는 비연결형 서비스를 지원하는 전송 계층 프로토콜이다.
- TCP와 달리 정보를 주고받을 때 보내거나 받는다는 신호 절차를 거치지 않고 보내는 쪽에서 데이터그램 단위로 일방적으로 전달하는 통신 프로토콜이다.

> **기적의 TIP**
> 데이터그램은 송신지에서 수신지로 배달되는 충분한 정보를 갖는 독립적인 패킷입니다.

02 IP(Internet Protocol) 21년 4회

- 전 세계 컴퓨터에 부여되는 유일한 식별자이다.
- IPv4는 인터넷 초기부터 현재까지 쓰고 있는 주소 체계이지만 최근에는 디바이스의 증가로 IPv4의 주소가 부족하여 IPv6으로 대체되고 있다.

1) IPv4와 IPv6 비교

구분	IPv4	IPv6
주소 길이	32비트 20년 1회	128비트 21년 2회
표시 방법	8비트씩 4부분으로 10진수로 표현	16비트씩 8부분으로 16진수로 표현
주소 개수	약 43억 개	약 43억×43억×43억×43억 개
주소 할당	A, B, C 등 클래스 단위의 비순차적 할당	네트워크 규모 및 단말기 수에 따른 순차적 할당
보안 기능	IPsec 프로토콜 별도 설치	확장 기능에서 기본으로 제공
전송 방식	유니캐스트, 멀티캐스트, 브로드캐스트	유니캐스트, 멀티캐스트, 애니캐스트

더 알기 TIP

- 유니캐스트 : 단일 송신자와 단일 수신자 간의 통신(일대일 1:1)
- 멀티캐스트 : 하나 이상의 송신자들이 특정한 하나 이상의 수신자들에게 데이터를 전송하는 방식으로 인터넷 화상 회의 등의 응용에서 사용
- 브로드캐스트 : 하나의 송신자가 같은 서브 네트워크상의 모든 수신자에게 데이터를 전송하는 기술
- 애니캐스트 : 단일 송신자로부터의 데이터그램을 토폴로지 상의 잠재적인 수신자 그룹 안에서 가장 가까운 노드로 연결시키는 전송 기술

2) IPv4 주소 체계

- 8비트씩 .(점)으로 4개의 부분으로 구분하고, 총 32비트로 구성되며, 각 부분은 10진수 0~255까지 3자리의 수로 표현된다. 예 192.168.212.125
- IP 주소는 Network와 Host로 구성되어 있으며, 이를 구분하는 것을 서브넷 마스크라 한다. 예 C 클래스 서브넷 마스크 : 255.255.255.0 → N.N.N.H

더 알기 TIP

- 서브넷 : 하나의 네트워크를 여러 개의 작은 네트워크로 나눴을 때 작은 네트워크 하나하나를 의미한다.
- 서브넷 마스크 : 컴퓨터가 속한 네트워크를 나타내는 네트워크 식별자를 추출하는 것으로 네트워크 부분과 호스트 부분을 명시하는 역할을 한다.

클래스	설명	범위/서브넷 마스크
A Class	• 국가나 대형 통신망(0~127로 시작) • 0과 127로 시작되는 IP는 예약이 되어 있음	0.0.0.0~127.255.255.255 서브넷 마스크 : 255.0.0.0
B Class	• 중대형 통신망(128~191로 시작)	128.0.0.0~191.255.255.255 서브넷 마스크 : 255.255.0.0
C Class	• 소형 통신망(192~223로 시작) • 이론적으로 256개의 호스트 사용 가능하지만 2개는 예약이 되어 있어서 실제 사용 가능한 주소는 254개	192.0.0.0~223.255.255.255 서브넷 마스크 : 255.255.255.0
D Class	• 멀티캐스트용(224~239로 시작)	224.0.0.0~239.255.255.255
E Class	• 실험용, 연구를 위해 예약된 주소	240.0.0.0~255.255.255.255

더 알기 TIP

- C 클래스의 서브넷 마스크는? 255.255.255.0 21년 4회
- 255.255.255.0의 실제 사용 가능한 호스트의 개수는? 254 22년 1회

3) IPv6 주소 체계

- IPv4의 주소 자원 부족과 인터넷 보안의 강화를 위해 개발된 주소 체계이다.
- IPv6 주소는 128비트로, 16비트씩 8부분으로 구분한다.
- 각 필드는 :(콜론)으로 구분하고, 16진수를 이용하여 표현한다.
- IPv6는 주소 자동 설정(Auto Configuration) 기능을 통해 손쉽게 이용자의 단말을 네트워크에 접속시킬 수 있다.
- 데이터를 특성에 맞게 분류 및 처리해 향상된 서비스를 지원한다.
- 멀티미디어의 실시간 처리가 가능하다.
- 암호화와 인증 옵션 기능을 제공한다.
- 프로토콜의 확장을 허용하도록 설계되었다.
- 유니캐스트, 멀티캐스트, 애니캐스트를 지원한다.

암기 TIP

IPv6은 뭘해유? (멀티캐스트, 애니캐스트, 유니캐스트)

이론을 확인하는 기출문제

01 다음 〈보기〉 설명에서 괄호 안에 들어갈 알맞은 용어를 쓰시오.

〈보기〉

(①)은 회사, 학교, 연구소 등에서 비교적 가까운 거리에 있는 컴퓨터, 프린터, 저장장치 등과 같은 자원을 연결하여 구성한다. (②)은 국가와 국가 혹은 대륙과 대륙 등과 같이 멀리 떨어진 사이트들을 연결하여 구성한다.

- ① :
- ② :

통신망을 거리순으로 분류하면 LAN 〈 MAN 〈 WAN이다.

오답 피하기
WAN을 광역 통신망이라고도 한다.

02 인터넷 주소 부족 문제를 해결하기 위해 개발된 것으로, 128비트의 긴 주소를 사용하는 주소 지정 방식은?

① IPv4
② IPv5
③ IPv6
④ IPv7

IPv6은 16비트씩 8개 부분으로 :(콜론)으로 구분된다.

03 IPv6의 전송 방식이 아닌 것은?

① 유니캐스트
② 멀티캐스트
③ 브로드캐스트
④ 애니캐스트

오답 피하기
브로드캐스트는 IPv4이다.

04 IPv4의 C 클래스의 서브넷 마스크로 올바른 것을 고르시오.

① 0.0.0.0
② 255.0.0.0
③ 255.255.0.0
④ 255.255.255.0

C 클래스의 서브넷 마스크는 192~223이다.

오답 피하기
② A 클래스, ③ B 클래스

05 아래 TCP/IP 계층의 빈 곳에 해당하는 계층은?

OSI 7계층	TCP/IP 계층
응용 계층	응용 계층
표현 계층	
세션 계층	
전송 계층	전송 계층
네트워크 계층	인터넷 계층
데이터 링크 계층	( )
물리 계층	

① 네트워크 계층
② 네트워크 인터페이스 계층
③ 물리 계층
④ 데이터 링크 계층

TCP/IP 계층은 OSI 7계층의 1, 2계층과 5, 6, 7계층을 통합하여 구성된다.

정답 01 ① LAN ② WAN 02 ③ 03 ③ 04 ④ 05 ②

06 다음 〈보기〉의 설명에서 괄호 안에 들어갈 알맞은 답안을 쓰시오.

〈보기〉

> IPv4는 (①) 비트씩 (②) 개의 부분으로 나누어져 있으며 (③) Bit이다.

- ① :
- ② :
- ③ :

오답 피하기
IPv4는 8비트씩 4개 부분으로 .(점)으로 구분되며 10진수로 표현된다.

오답 피하기
IPv4는 32비트이고, IPv6은 128비트이다. IPv6가 64비트가 아님에 주의한다.

07 다음 〈보기〉 설명에서 설명하는 통신 용어는 무엇인가?

〈보기〉

> - 송수신 간의 패킷 단위로 데이터를 교환하는 네트워크에서 정보를 주고받는 데 사용하는 통신 프로토콜이다.
> - 네트워크 계층에 속하는 프로토콜이며 전 세계 컴퓨터에 부여되는 유일한 식별자이다.

① TCP
② UDP
③ FTP
④ IP

오답 피하기
①, ② 전송 계층, ③ 응용 계층

08 다음 〈보기〉 설명에서 설명하는 통신 용어는 무엇인가?

〈보기〉

> - IP를 사용하는 네트워크에서 한 컴퓨터에서 다른 컴퓨터로 데이터그램을 전송하기 위해 사용하는 프로토콜로, 데이터 전송 전에 연결을 설정하지 않는 비연결형 서비스를 제공한다.
> - TCP에 비해 상대적으로 단순한 헤더 구조를 가지므로 오버헤드가 적다.
> - 고속의 안전성 있는 전송 매체를 사용하여 빠른 속도를 필요로 하는 경우, 동시에 여러 사용자에게 데이터를 전달할 경우, 정기적으로 반복해서 전송할 경우에 사용한다.

① TCP
② UDP
③ FTP
④ IP

오답 피하기
① TCP : 연결형 서비스, 신뢰성 보장, 헤더 복잡
③ FTP : 파일 전송 프로토콜, 응용 계층
④ IP : 네트워크 계층 프로토콜, 주소 지정·라우팅 담당

CHAPTER 02

데이터베이스 기초

학습 방향

데이터베이스의 개념과 모델링의 종류, E-R 모델링의 특징을 알아보고, 데이터베이스의 유형과 무결성, 자료구조의 개념을 학습하세요.

난이도

- 하 **SECTION 01** 데이터베이스의 개요와 DBMS
- 중 **SECTION 02** E-R 모델, 데이터베이스 모델
- 중 **SECTION 03** 관계형 데이터베이스, 키(Key)
- 상 **SECTION 04** 무결성, 정규화
- 상 **SECTION 05** 자료구조 기본

SECTION 01 데이터베이스의 개요와 DBMS

빈출 태그 #데이터베이스특징 #데이터베이스설계 #데이터베이스종류

01 데이터베이스의 개요

1) 정보와 자료

① 자료(Data)
- 현실세계에 존재하는 가공하지 않은 그대로의 모습을 의미한다.

② 정보(Information)
- 관찰이나 측정 등을 통하여 수집된 자료를 가공하여 유용한 가치를 가지도록 한 것을 의미한다.
- 의사 결정을 위한 직접적인 역할을 가진다.

2) 데이터베이스의 정의

- 데이터들의 체계적인 집합체로서 스스로를 기술하는 통합 레코드들의 집합이다.
- 특정 조직의 응용 시스템들이 공유하여 사용할 목적으로 통합 조직되고 저장되어 관리되는 운영 데이터 집합이다.
- 특정 조직의 업무를 수행하는 데 필요한 상호 관련된 데이터들의 모임이다.

3) 데이터베이스의 특징

실시간 접근성	질의(Query)에 대하여 실시간 처리 및 응답이 가능하도록 지원해 준다.
계속적인 변화	삽입, 삭제, 갱신으로 항상 최신의 데이터를 유지한다.
동시 공유	다수의 사용자가 동시에 자기가 원하는 데이터를 이용할 수 있다.
내용에 의한 참조	데이터의 위치나 물리적 주소가 아닌 사용자가 요구하는 데이터의 내용으로 데이터를 찾는다.

4) 데이터베이스 시스템

- 데이터베이스를 이용하여 자료를 저장하고 관리하여 정보를 얻어내는 데 필요한 컴퓨터 중심의 시스템이다.
- 데이터베이스, 데이터 언어, 데이터베이스 사용자, 데이터베이스 관리 시스템(DBMS), 스키마, 컴퓨터 등으로 구성되어 있다.

5) 데이터베이스의 종류

① 계층형 DBMS(HDBMS)
- 관계를 트리 구조로 정의하고 데이터를 부모, 자식 간의 상하 종속적인 관계로 계층화하여 관리하는 데이터베이스이다.
- 데이터의 액세스 속도가 빠르나 상하 종속적인 관계로 구성된다.

② 네트워크형(망형) DBMS(NDBMS)
- 데이터의 구조를 네트워크의 노드 형태로 논리적으로 표현한 데이터 모델이다.
- HDBMS의 상하 종속적인 관계 문제를 해결했으나 구성과 설계가 복잡하다.
- 데이터의 종속성을 해결하지 못한다.

③ 관계형 DBMS(RDBMS) 22년 1회
- 가장 보편화된 DBMS로 데이터를 저장하는 테이블의 일부를 다른 테이블과 상하 관계로 표시하여 상관관계를 정리한다.

④ 분산형 데이터베이스
- 논리적으로는 같은 시스템에 속하지만 물리적으로는 컴퓨터 네트워크를 통해 분산되어 있는 데이터베이스이다.

6) 데이터베이스 설계 순서 20년 3회

① 개념적 설계
- 만들고자 하는 데이터베이스를 개념적으로 표현함으로써 구현할 데이터베이스를 정하고, 구성요소를 결정한 후 수행할 작업과 관계를 설계하는 과정이다.
- E-R 모델을 사용한다.

> **더 알기 TIP**
>
> **E-R 모델(Entity-Relationship Model, 개체-관계 모델)**
>
> 데이터베이스에서 사용되는 개체(Entity), 속성(Attribute), 개체 간의 관계(Relationship) 등을 약속된 기호를 이용하여 표현함으로써 데이터베이스의 전반적인 구조를 이해하기 쉽도록 표현한 모델을 말합니다.

② 논리적 설계 22년 1회
- 개념적 설계에서 만들어진 구조를 논리적으로 구현 가능한 데이터 모델로 변환하는 단계이다.
- 사용자가 알아볼 수 있는 형태로 변환하고, 스키마를 정의하는 과정이다.

③ 물리적 설계
- 논리적 데이터베이스 구조를 실제 기계가 처리하기에 알맞도록 내부 저장 장치 구조와 접근 경로 등을 설계한다.
- 효율적인 기계 처리에 맞도록 설계하는 과정이다.

> **기적의 TIP**
>
> 데이터베이스 설계는 데이터베이스의 스키마를 정의하고, 이에 따라 데이터베이스를 구현하기 위한 전반적인 과정을 의미합니다.

> **기적의 TIP**
>
> 스키마(Schema)란 데이터베이스의 전체적인 구조와 제약 조건에 관한 전반적인 명세를 기술한 것을 의미합니다.

암기 TIP

데이터베이스 설계는 '개논물'

> **더 알기 TIP**
>
> **데이터베이스 설계 순서**
>
> 요구 조건 분석 → 설계(개념적 설계 → 논리적 설계 → 물리적 설계) → 구현 → 운영 및 유지보수

02 데이터베이스 관리 시스템(DBMS)

1) DBMS의 개념 22년 3회, 20년 1회

- 파일 시스템에서 야기되는 데이터의 종속성과 중복성을 해결하기 위해 제안된 시스템으로, 모든 응용 프로그램들이 데이터베이스를 공유할 수 있도록 운영하고 관리해 주는 소프트웨어 시스템을 말한다.
- 사용자와 데이터베이스 사이에서 사용자의 요구에 따라 정보를 생성해 주고, 데이터베이스를 관리해 주는 소프트웨어이다.

2) DBMS의 특징

중복성 최소화	동일한 데이터를 여러 곳에 저장하지 않고 통합 관리하여 저장 공간을 절약하고 일관성을 유지한다.
데이터 종속성 최소화	데이터 구조 변경 시 응용 프로그램에 미치는 영향을 최소화하여 유지보수를 용이하게 한다.
동시성 제어	여러 사용자가 동시에 데이터에 접근해도 일관성을 유지한다.
무결성 보장	데이터 정확성과 일관성을 유지한다.
보안성	권한을 설정하여 접근 통제가 가능하다.
복구 기능	시스템 장애 시 데이터 복구가 가능하다.

> **더 알기 TIP**
>
> **데이터의 독립성**
>
> - 데이터의 종속성에 대비되는 개념으로, DBMS의 궁극적인 목표이다.
> - 종류
>
> | 논리적 데이터 독립성 | 응용 프로그램과 데이터베이스를 독립시킴으로써, 데이터의 논리적 구조를 변경시키더라도 응용 프로그램은 변경되지 않는다. |
> |---|---|
> | 물리적 데이터 독립성 | 응용 프로그램과 물리적 장치(저장장치)를 독립시킴으로써, 데이터베이스 시스템의 성능 향상을 위해 새로운 디스크를 도입하더라도 응용 프로그램에는 영향을 주지 않고 데이터의 물리적 구조만을 변경한다. |

3) DBMS의 필수 기능

정의(Definition)	데이터베이스에 저장될 데이터의 형(Type)과 구조에 대한 정의, 이용 방식, 제약조건 등을 명시하는 기능이다.
조작(Manipulation)	데이터 검색, 갱신, 삽입, 삭제 등을 체계적으로 처리하기 위해 데이터 접근 수단 등을 정하는 기능이다.
제어(Control)	데이터의 정확성과 안전성을 유지하기 위한 무결성, 보안 및 권한 검사, 병행 수행 제어 등의 기능을 정하는 기능이다.

4) DBMS의 장단점

장점	실시간 접근, 동시 공유, 중복의 최소화, 데이터의 독립성, 데이터 보안 유지, 무결성 유지, 항상 최신의 데이터 유지, 데이터의 표준화 구현 가능 등이 있다.
단점	데이터베이스 전문가 부족, 전산화 비용과 운영 비용의 증가, 파일의 백업과 회복이 어렵고 시스템이 복잡하다.

03 스키마(Schema)

- 데이터베이스의 전체적인 구조와 제약조건에 관한 전반적인 명세를 기술한 것이다.
- 데이터베이스의 구조와 관련된 전반적인 정의로서 데이터베이스 설계단계를 의미하는 것으로 데이터베이스를 구성하는 데이터 개체, 이들 사이의 속성(필드), 이들 간에 존재하는 관계, 데이터 구조와 데이터 값들이 갖는 제약조건에 관한 정의를 총칭하는 것이다.

1) 외부 스키마

- 사용자나 응용 프로그래머가 각 개인의 입장에서 필요로 하는 데이터베이스의 논리적 구조를 정의한 것이다.
- 전체 데이터베이스 중 일부 논리적인 부분으로 볼 수 있으므로 서브 스키마, 또는 사용자 뷰(View)의 정의라고도 한다.

> **기적의 TIP**
>
> 외부 스키마는 사용자에게 보여지는 데이터 구조입니다.

+ 더 알기 TIP

뷰(View)
- 하나 이상의 테이블로부터 유도되어 만들어진 가상의 테이블이다.
- 실제 물리적으로 기억공간을 차지하지 않으며, 논리적 독립성을 제공한다.

2) 개념 스키마

- 개체 간의 관계와 제약조건을 나타내고 데이터베이스의 접근 권한, 보안 및 무결성 규칙을 정의한다.
- 각 응용 시스템이나 사용자가 필요로 하는 데이터를 통합한 조직 전체의 데이터베이스로, 하나만 존재한다. 기관이나 조직체의 관점에서 본 데이터베이스의 정의를 기술한 것이다.

> **기적의 TIP**
> 개념 스키마는 데이터의 논리적 구조입니다.

3) 내부 스키마 21년 1회

- 데이터의 실제 저장 방법을 기술한 것으로 물리적 스키마라고도 한다.
- 시스템 프로그래머나 시스템 설계자의 관점에서 보는 스키마다.

> **기적의 TIP**
> 내부 스키마는 데이터의 물리적 구조입니다.

> **암기 TIP**
> 외내개 : 왜 내게만 이런 일이..

04 데이터베이스 사용자

1) 데이터베이스 관리자(DBA) 22년 2회, 20년 1회

- 데이터 정의 언어를 사용하여 데이터베이스를 DBMS에 표현하고 관리하는 목적으로 데이터베이스에 접근하여, 데이터베이스 시스템의 관리 운영에 대한 책임을 지고 있는 사람이나 집단을 말한다.
- DBA의 역할
  - 데이터베이스 구성요소 결정, 개념 스키마와 내부 스키마 정의
  - 저장 구조 및 접근방법 정의, 보안 및 데이터베이스의 접근 권한 부여 정책 수립
  - 백업과 복원에 대한 전략 수립, 무결성을 위한 제약조건 지정

2) 응용 프로그래머

- 일반 호스트 언어로 프로그램을 작성할 때 데이터 조작어를 삽입해서 일반 사용자가 응용 프로그램을 사용할 수 있게 인터페이스를 제공할 목적으로 데이터베이스 프로그램을 개발하는 사람들을 말한다.

3) 일반 사용자

- 보통 터미널을 이용하여 데이터베이스에 있는 자원을 활용할 목적으로 질의어나 응용 프로그램을 사용하여 데이터베이스에 접근하는 사람들을 말한다.

이론을 확인하는 기출문제

01 다음에서 설명하는 용어로 올바른 것은?

> 특정 조직의 응용 시스템들이 공유하여 사용할 목적으로 통합/저장되어 관리되는 운영 데이터의 집합이다. 특정 조직의 업무를 수행하는 데 필요한 상호 관련된 데이터들의 모임으로 통합/저장된 데이터이며 공용, 운영 데이터를 말한다.

① 데이터(Data)
② 정보(Information)
③ 데이터베이스(Database)
④ 스키마(Schema)

데이터베이스는 관련된 데이터들의 모임을 말한다.

오답 피하기
① 현실세계에 존재하는 가공하지 않은 그대로의 모습을 의미한다.
② 자료를 가공하여 유용한 가치를 가지도록 한 것이다.
④ 데이터베이스의 전체적인 구조와 제약조건에 관한 전반적인 명세를 기술한 것이다.

02 다음에서 설명하는 용어로 올바른 것은?

> 데이터베이스의 내용을 정의하고, 조작, 제어(관리)할 수 있도록 함으로써 모든 사용자나 응용 프로그램들이 데이터베이스를 공유할 수 있도록 관리·운영해 주는 소프트웨어 시스템을 말한다.

① 데이터베이스 관리 시스템
② 데이터베이스 언어
③ 데이터베이스 스키마
④ 데이터베이스 관리자

종래 파일 시스템의 문제점인 데이터의 중복성과 종속성 등의 문제를 최소화 하기 위해 등장하였으며, 사용자와 데이터베이스 간의 중계 역할을 한다.

오답 피하기
④ 데이터베이스 언어를 이용해 DBMS를 거쳐 전체적인 관리 운영에 책임을 지는 사람이나 집단을 말한다.

03 DBMS의 필수 기능 중 모든 응용 프로그램들이 요구하는 데이터 구조를 지원하기 위해 데이터베이스에 저장될 데이터 타입과 구조에 대한 정의, 이용 방식, 제약조건 등을 정의하는 것은?

① 정의 기능
② 조작 기능
③ 제어 기능
④ 관리 기능

오답 피하기
② 데이터 검색, 갱신, 삽입, 삭제 등을 체계적으로 처리하기 위해 데이터 접근 수단 등을 정하는 기능이다.
③ 데이터의 정확성과 안전성을 유지하기 위한 무결성, 보안 및 권한 검사, 병행 수행 제어 등의 기능을 정하는 기능이다.

04 다음 중 데이터베이스 관리 시스템(DBMS)의 장점에 해당하지 <u>않는</u> 것은?

① 데이터의 일관성 유지
② 데이터 중복의 최소화
③ 데이터의 무결성 유지
④ 데이터 간의 종속성 유지

DBMS는 데이터의 중복과 종속성을 최소화 한다.

05 다음 중 데이터베이스의 특성으로 옳지 <u>않은</u> 것은?

① 실시간 접근성
② 변하지 않는 항상성
③ 동시 공유
④ 내용에 의한 참조

데이터베이스는 계속적으로 변화되는 특성을 가진다.

정답 01 ③ 02 ① 03 ① 04 ④ 05 ②

06 다음 중 DBA의 역할이 아닌 것은?

① 응용 프로그램의 작성
② 스키마 정의
③ 무결성 제약조건의 지정
④ 저장 구조와 액세스 방법 정의

응용 프로그램 작성은 프로그래머(개발자)의 역할이다.

07 다음에서 설명하는 스키마(Schema)는?

> 데이터베이스 전체를 정의한 것으로 데이터 개체, 관계, 제약조건, 접근 권한, 무결성 규칙 등을 명세한 스키마이다.

① 외부 스키마
② 내부 스키마
③ 개념 스키마
④ 가상 스키마

개념 스키마는 모든 응용 시스템들이나 사용자들이 필요로 하는 데이터를 통합한 조직 전체의 데이터베이스를 정의한다.

오답 피하기
① 전체 데이터 중 사용자가 사용하는 한 부분에서 본 논리적 구조를 말하며 서브 스키마라고도 한다.
② 물리적 저장 장치의 관점에서 본 데이터베이스의 물리적 구조를 말한다.

08 다음에서 설명하는 데이터베이스 사용자는?

> 데이터베이스 시스템과 관련된 모든 자원들에 대해 DBMS를 거쳐 표현하고, 관리 목적으로 데이터베이스에 접근하여 데이터베이스 시스템의 관리 운영에 책임을 지는 사람 또는 집단이다.

① 응용 프로그래머
② 일반 사용자
③ 데이터베이스 관리자
④ 시스템 개발자

책임을 지는 사람 = 관리하는 사람

09 데이터베이스 설계 순서가 올바른 것은?

① 논리적 설계 → 개념적 설계 → 물리적 설계
② 물리적 설계 → 개념적 설계 → 논리적 설계
③ 개념적 설계 → 물리적 설계 → 논리적 설계
④ 개념적 설계 → 논리적 설계 → 물리적 설계

요구 분석 → 개념적 설계 → 논리적 설계 → 물리적 설계 → 구현 → 운영 및 유지보수

정답 06 ① 07 ③ 08 ③ 09 ④

SECTION 02 E-R 모델, 데이터베이스 모델

빈출 태그 #E-R모델 #속성 #데이터베이스모델 #데이터베이스종류 #관계형

01 개체-관계 모델(E-R Model)

1) 데이터 모델

개념적 모델링	현실세계의 개체를 인간이 이해할 수 있는 정보 구조로 표현하는 과정이므로, 정보 모델링이라고도 한다. ⓔ E-R 모델
논리적 모델링	개념적 모델링 과정에서 얻은 개념적 구조를 컴퓨터가 이해하고 처리할 수 있는 컴퓨터 세계의 환경에 맞도록 변환하는 과정이다. ⓔ 관계형, 계층형, 네트워크형 모델로 구분

2) 개체-관계 모델(E-R Model)

- 피터첸(P.Chen) 박사에 의해 최초로 제안된 것으로 개념적 설계 단계에서 사용되는 설계 기법이다.
- 데이터베이스를 구성하는 개체(Entity) 타입과 관계(Relationship) 타입 간의 구조 또는 개체를 구성하는 속성(Attribute) 등을 약속된 기호를 이용하여 표현함으로써 데이터베이스의 전반적인 구조를 쉽게 이해할 수 있고, 현실세계에 대한 인식을 사람이 이해하기 쉽도록 추상화시킬 수 있다.

3) E-R Model 기호

기호	기호 이름	의미
□	사각형	개체 타입(Entity Type)
◇	마름모	관계 타입(Relationship Type)
○	타원	속성(Attribute)
⊖	밑줄 타원	기본키 속성
—	선	개체 타입과 속성의 연결, 개체 타입 간의 연결
□—◇—□	관계	1:1, 1:n, n:m 등의 관계 유형

> 기적의 TIP
>
> 관계의 표시
>
> | | |
> |---|---|
> | ──┼──┼── | 1:1 관계 |
> | ──┼──⋇── | 1:n 관계 |
> | ──⋇──⋇── | n:m 관계 |

- E-R Model의 예

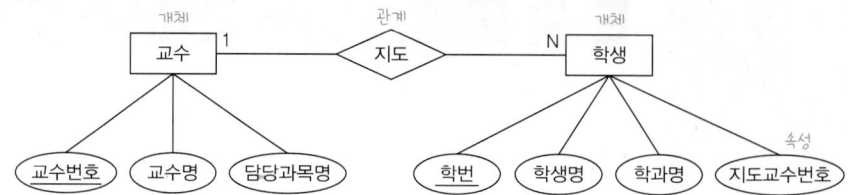

- E-R Model을 참조하여 표를 작업하면 아래와 같다.

교수

교수번호	교수명	담당과목명
A01	김흥식	프로그래밍
A02	이서영	정보통신
A03	한회수	건축

학생

학번	학생명	학과명	지도교수번호
243377	오주완	컴퓨터	A01
252266	안복남	건축	A03
241144	김태린	컴퓨터	A02
231234	유삼백	컴퓨터	A01

① 개체(Entity)
- 대상이 되는 정보세계에 존재하는 사물로서, 유형, 무형의 정보로 서로 연관된 몇 개의 속성으로 구성된다.
- 데이터베이스에 표현하려는 것으로, 사람이 생각하는 개념이나 정보단위 같은 현실세계의 대상체를 말한다.
- 파일 시스템의 레코드에 대응하는 것으로 어떤 정보를 제공하는 역할을 수행한다.
- 독립적으로 존재하거나 그 자체로서도 구별 가능하다.
- 예 개체는 교수와 학생이다.

② 속성(Attribute)
- 데이터의 가장 작은 논리적 단위로서 파일 구조상의 데이터 항목 또는 필드에 해당한다.
- 어떤 데이터 개체의 구성요소로서 그 개체의 성질이나 상태를 기술해 주는 역할을 하며, 그 자체로는 중요한 의미를 가지지 못한다.
- 개체를 구성하는 항목으로서 관계형 데이터베이스(RDBMS)에서는 필드를 속성이라고 한다.
- 예 교수 테이블의 속성은 "교수번호, 교수명, 담당과목명"이고, 학생 테이블의 속성은 "학번, 학생명, 학과명, 지도교수번호"이다.

③ 관계(Relationship)
- 두 개 이상의 개체 간의 연관성을 결정짓는 의미 있는 연결을 의미한다.
- 데이터 테이블에 존재하는 인스턴스의 상태에 따라 차수가 결정된다.
- 1:1, 1:n, n:m으로 표현되며 n:m은 교차 테이블을 이용한 교차 관계로 표현한다.
- 예 교수 쪽에 1, 학생 쪽에 N 표시는 1명의 교수가 여러 학생을 지도한다는 의미이다.

> **더 알기 TIP**
>
> **E-R 모델과 데이터베이스 모델**
> - E-R 모델이란 데이터베이스를 만들기 전에, 현실 세계의 데이터를 그림으로 표현한 설계도입니다. 즉, '무엇(개체)'이 있고 '무슨 특징(속성)'이 있으며 '어떻게 연결(관계)'되는지를 한눈에 보이게 하는 모델이라고 생각하면 됩니다.
> - 즉, E-R 모델은 개체(Entity), 속성(Attribute), 관계(Relationship)를 표현하는 그림이며, 이것을 테이블로 바꾸면 데이터베이스가 됩니다.

02 데이터베이스 모델

1) 데이터베이스 모델의 개념

- 현실세계에 있는 내용을 컴퓨터에 맞도록 단순화, 추상화 시키는 것을 말한다.
- 현실세계를 데이터베이스에 표현하는 중간 과정, 즉 데이터베이스 설계 과정에서 데이터의 구조를 표현하기 위해 사용되는 도구이다.
- 데이터베이스 모델은 개념적 설계 이후 논리적 설계 단계에서 사용되는 모델이다.
- 논리적으로 구현 가능한 데이터 모델로 변환하기 위해 사용되며, 관계 데이터 모델, 네트워크 데이터 모델, 계층 데이터 모델 등이 있다.
- 데이터 모델은 데이터 구조(Structure), 연산(Operation), 제약조건(Constraint)으로 구성된다.

구조	논리적으로 표현된 개체들 간의 관계를 표시
연산	데이터베이스에 저장된 실제 데이터를 처리하는 방법을 표시
제약조건	데이터베이스에 저장될 실제 데이터의 논리적인 제약조건을 표시

2) 데이터 모델의 종류

① 관계 데이터 모델 22년 1회

- 관계 데이터 모델은 표 데이터 모델이라고도 하며, 구조가 단순하고 사용이 편리하여 가장 많이 사용되고 있는 모델이다.
- 계층형 모델과 네트워크형(망형) 모델의 복잡한 구조를 단순화시킨 모델이다.
- 표를 이용해서 데이터 상호관계를 정의하는 DB구조를 말한다.

학생

학번	학년	학생명	학과명
243377	2	오주완	컴퓨터
252266	1	안복남	건축
241144	2	김태린	컴퓨터
231234	3	유삼백	컴퓨터

- 기본키와 이를 참조하는 외래키로 데이터 간의 관계를 표현한다.
- 관계 데이터 모델의 대표적인 언어는 SQL이다.
- 1:1, 1:n, n:m 관계를 자유롭게 표현할 수 있다.

> **기적의 TIP**
> - 데이터베이스 모델 중에 가장 많이 사용되는 모델은 관계 데이터 모델입니다.
> - 관계 데이터 모델과 기본키, 외래키 등은 뒤에서 자세히 다루겠습니다.

② 네트워크(망) 데이터 모델
- 그래프 형태로 표현하며 망 데이터 모델이라고도 하며 레코드 타입 간 관계를 도형으로 표현한다.
- 데이터 상호관계를 상위와 하위 레코드로 이루어져 있고 다대다(N:M)의 대응 관계로 이루어진 구조이다.
- 개체 간의 관계를 오너(Owner)와 멤버(Member)의 관계로 표현한다.

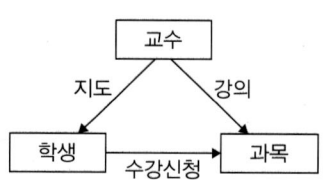

> **기적의 TIP**
> 그림은 교수 개체와 학생 개체, 과목 개체 간에 관계를 나타내는 것으로 교수와 학생 사이에는 '지도' 관계가 있고, 교수와 과목 사이에는 '강의' 관계가 있으며, 학생과 과목 사이에는 '수강신청' 관계가 있음을 나타냅니다.

③ 계층 데이터 모델 21년 1회
- 트리구조를 이용해서 데이터 상호관계를 계층적으로 정의한 구조이다.
- 상위와 하위 레코드가 부모-자식 관계, 즉 일대다(1:n)의 대응 관계로 이루어진 구조이다.

> **기적의 TIP**
> 개체(Entity) = 세그먼트(Segment) : Tree를 구성하는 노드, 정보가 전달되는 단위

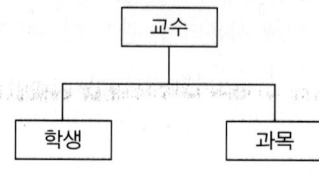

- 개체 간의 관계를 부모와 자식의 관계로 표현한다.

이론을 확인하는 기출문제

01 개체-관계 모델(E-R Model)의 기호 설명으로 옳지 <u>않은</u> 것은?

① 사각형 - 개체 타입
② 타원 - 속성
③ 마름모 - 관계 타입
④ 삼각형 - 연결

> 선 - 연결

02 데이터 모델의 구성요소 중 데이터 구조에 따라 개념 세계 또는 컴퓨터 세계에서 실제로 표현된 데이터들을 처리하는 작업을 무엇이라 하는가?

① 관계(Relation)
② 연산(Operation)
③ 제약조건(Constraints)
④ 구조(Structure)

구조	논리적으로 표현된 개체들 간의 관계를 표시
연산	데이터베이스에 저장된 실제 데이터를 처리하는 방법을 표시
제약조건	데이터베이스에 저장될 실제 데이터의 논리적인 조건을 표시

03 데이터베이스의 논리적 설계 단계에서 사용되는 데이터베이스 모델 중에서 2차원 구조의 표(테이블) 형태로 표현하는 방법으로 구조가 단순하며 사용이 편리하여 가장 많이 사용되고 있는 모델은?

① 관계 데이터 모델
② 객체 데이터 모델
③ 네트워크 데이터 모델
④ 계층 데이터 모델

> 가장 많이 사용되는 데이터 모델은 관계 데이터 모델이다.
>
> **오답 피하기**
> ③ 그래프로 표현하며 다대다(n:m) 관계를 가진다.
> ④ 계층적으로 표현하며 부모-자식 관계, 일대다(1:n) 관계를 가진다.

04 개체-관계 모델(E-R Model)에서 속성과 개체 집합과의 관계를 연결시키는 도형은?

① 사각형
② 타원
③ 마름모
④ 선

> **오답 피하기**
> ① 개체, ② 속성, ③ 관계

05 아래 설명하는 데이터베이스 용어는 무엇인가?

> - 데이터 개체(Entity)의 성질, 분류, 식별, 수량, 상태, 특성 등을 기술하는 세부 정보의 관리요소로서 관계형 데이터베이스에서 사용되는 데이터의 가장 작은 논리적 단위를 의미한다.
> - 개체를 구성하는 항목이다.
> - 릴레이션(테이블)에서 사용하는 하나의 열(Column)로서 어트리뷰트(Attribute)라고 하며 파일 시스템의 항목(Field)으로 표현할 수 있다.

① 레코드
② 인스턴스
③ 속성
④ 관계

> 속성은 데이터의 가장 작은 논리적 단위로서 파일 구조상의 데이터 항목 또는 필드에 해당한다.

정답 01 ④ 02 ② 03 ① 04 ④ 05 ③

06 아래 설명하는 데이터베이스 용어는 무엇인가?

> - 데이터베이스에 표현하려는 것으로, 사람이 생각하는 개념이나 정보단위 같은 현실세계의 대상체이다.
> - 유형, 무형의 정보로서 서로 연관된 몇 개의 속성으로 구성된다.
> - 파일 시스템의 레코드에 해당되며 정보를 표현하는 논리적인 단위이다.

① 개체(Entity)
② 레코드(Record)
③ 속성(Attribute)
④ 관계(Relationship)

개체는 데이터베이스에 표현되는 현실 세계의 논리적 단위로, 여러 속성(Attribute)으로 구성된다. 파일 시스템의 레코드(Record)에 대응되며, ERD 작성 시 사각형으로 표현된다.

07 데이터베이스의 논리적 설계 단계에서 사용되는 데이터베이스 모델 중에서 망 데이터 모델이라고도 하며, 레코드 타입 간의 관계에 대해 도형적(그래프 형태)으로 표현한 모델은 무엇인가?

① 관계 데이터 모델
② 객체 데이터 모델
③ 네트워크 데이터 모델
④ 계층 데이터 모델

네트워크 데이터 모델은 그래프로 표현하며 다대다(n:m) 관계를 가진다.

오답 피하기
① 가장 많이 사용되는 데이터 모델이다.
④ 계층적으로 표현하며 부모-자식 관계, 일대다(1:n) 관계를 가진다.

08 개체-관계 모델의 기본 아이디어를 시각적으로 표현하기 위한 그림으로, 사각형, 다이아몬드, 타원, 밑줄타원, 복수타원, 관계, 선, 링크 기호를 이용하는 것은?

① RDBMS
② Entity
③ E-R Model
④ DBMS

E-R Model은 피터첸(P.Chen) 박사에 의해 최초로 제안된 것으로 개념적 설계 단계에서 사용되는 설계 기법이다.

SECTION 03 관계형 데이터베이스, 키(Key)

난이도 상 **중** 하
반복학습 1 2 3

빈출 태그 #튜플 #속성 #도메인 #카디널리티 #디그리 #키 #기본키 #외래키 #후보키 #대체키

01 관계형 데이터베이스

1) 관계형 데이터베이스의 특징 22년 1회

- 관계형 데이터베이스를 구성하는 개체(Entity)나 관계(Relationship)를 릴레이션이라는 표로 표현한다.
- 다른 데이터베이스로의 변환이 용이하며 간결하고 보기 편리하다는 장점이 있지만, 성능이 다소 떨어진다는 단점도 있다.

> **기적의 TIP**
> 테이블=릴레이션=표

2) 관계형 데이터베이스의 구조 및 용어

① 릴레이션(Relation)
- 데이터들을 표(Table)의 형태로 표현한 것으로 2차원 구조를 나타낸다.
- 릴레이션 스키마와 실제 값들인 릴레이션 인스턴스로 구성된다.

+ **더 알기 TIP**

- 릴레이션 스키마 : 릴레이션(표)의 이름과 속성 이름의 집합(학생, 학번, 이름, 성별, 컴퓨터성적, 학과)
- 릴레이션 인스턴스 : 릴레이션에서 어느 시점까지 입력된 튜플들의 집합

260103	한해수	남	90	건축과
250205	오주안	남	88	전자과
260301	이연주	여	87	수학과
240101	김대인	여	100	철학과

② 속성(Attribute) 20년 3회

- 데이터베이스를 구성하는 가장 작은 논리적 단위이다(속성=필드=열).
- 학생 릴레이션에서 속성은 (학번, 이름, 성별, 컴퓨터성적, 학과)이다.
- 디그리(Degree, 차수)란, 속성의 수를 말한다. 22년 2회, 21년 2회, 20년 4회, 20년 1회
- ❹ 학생 릴레이션에서 디그리는 5개이다.

> **암기 TIP**
> 속디차=속기사, 속성의 개수는 디그리, 차수

③ 튜플(Tuple) 21년 4회

- 릴레이션을 구성하는 속성의 모임으로 구성되며 각각의 행을 의미한다(튜플=레코드=행).
- 카디널리티(Cardinality, 기수)란, 튜플의 수를 말한다. 22년 2회, 21년 2회, 20년 4회, 20년 1회
- ❹ 학생 릴레이션에서 카디널리티는 4개이다.

> **암기 TIP**
> 튜카기=알까기, 튜플의 개수는 카디널리티, 기수

④ 도메인(Domain) 21년 3회

- 하나의 속성이 취할 수 있는 같은 타입의 원자값들의 집합, 속성의 범위를 말한다.
- ❹ 컴퓨터성적은 0~100, 성별은 '남', '여'이다.

02 키(Key)의 개념과 종류

1) 키(Key)의 개념

- 릴레이션에 존재하는 튜플을 식별하기 위한 속성이나 속성의 집합이다.
- 튜플을 유일하게 식별할 수 있는 속성 집합을 그 릴레이션의 키라고 한다.

2) 키(Key)의 종류

교수

교수번호	교수명	담당과목명
A01	김흥식	프로그래밍
A02	이서영	정보통신
A03	한회수	건축

학생

학번	학생명	주민번호	학과명	교수번호
243377	오주완	960129-1234567	컴퓨터	A01
252266	안복남	010505-3456789	건축	A03
241144	김태린	030918-4567890	컴퓨터	A02
231234	유삼백	990909-1345678	컴퓨터	A01

① 후보키(Candidate Key)

- 튜플을 유일하게 구분할 수 있는 속성 또는 속성들의 집합으로, 기본키로 사용할 수 있는 속성들을 말한다.
- 한 릴레이션에서 유일성과 최소성을 모두 만족시켜야 한다.
- ❹ 학생 릴레이션에서 학번이나 주민번호는 다른 레코드를 유일하게 구별할 수 있는 기본키로 사용할 수 있으므로 후보키이다.

➕ **더 알기** TIP

유일성(Uniqueness)
하나의 키 값으로 하나의 튜플만을 유일하게 식별할 수 있는 것이다.

최소성(Minimality)
키를 구성하는 속성 하나만 제외시켜도 유일성이 깨지도록 꼭 필요한 최소의 속성으로 구성되는 것이다.

② **기본키(Primary Key)** 21년 4회, 21년 1회
- 후보키 중에서 대표로 지정된 키이다.
- 한 릴레이션에서 특정 튜플을 유일하게 구별할 수 있는 속성이다.
- 널 값(Null Value)이나 중복 값을 가질 수 없다.
- 유일성과 최소성을 만족해야 한다.
- 예 학생 릴레이션에서 학번, 주민번호 그리고 교수 릴레이션에서는 교수번호가 기본키가 될 수 있다.

➕ **더 알기** TIP

널 값(Null Value)
데이터베이스에서 정보 부재를 명시적으로 표현하기 위해 사용하는 특수한 데이터 값으로 알려지지 않은 값, 아무 의미가 없거나 모르는 값을 의미한다.

③ **대체키(Alternate Key)** 22년 4회
- 하나의 릴레이션에 존재하는 후보키들 중에서 기본키를 제외한 나머지 후보키들을 의미한다.
- 예 학생 릴레이션에서 '학번'을 기본키로 사용했다면 '주민번호'는 대체키가 된다.

④ **외래키(Foreign Key)** 21년 4회
- 어떤 릴레이션 R1의 기본키의 값들과 일치함을 요구하는 다른 릴레이션 R2의 한 속성을 말한다.
- 외래키로 지정되면 참조 릴레이션의 기본키에 없는 값은 입력할 수 없다.
- 예 학생 릴레이션이 교수 릴레이션을 참조하고 있으므로 교수 릴레이션의 교수번호는 기본키이고 학생 릴레이션의 교수번호는 외래키이다. 그러므로 학생 릴레이션의 교수번호에는 교수 릴레이션의 교수번호에 없는 값은 입력할 수 없다.

⑤ **슈퍼키(Super Key)** 21년 3회
- 한 릴레이션 내에 있는 속성들의 집합으로 구성된 키로서 릴레이션을 구성하는 모든 튜플 중 슈퍼키로 구성된 속성의 집합과 동일한 값은 나타나지 않는다.
- 슈퍼키는 릴레이션을 구성하는 모든 튜플에 대해 유일성은 만족시키지만, 최소성은 만족시키지 못한다.
- 예 학생 릴레이션에서 학번, 주민번호, (학번, 주민번호), (주민번호, 성명), (학번, 성명), (학번, 주민번호, 성명) 등으로 슈퍼키를 구성할 수 있다.

📝 **기적의 TIP**

대체키는 '보조키'라고도 합니다.

이론을 확인하는 기출문제

01 다음에서 설명하는 데이터베이스 용어는 무엇인가?

> 어떤 릴레이션 R1의 기본키의 값들과 일치함을 요구하는 다른 릴레이션 R2의 한 속성을 말한다.

① 슈퍼키
② 기본키
③ 외래키
④ 대체키

외래키는 다른 릴레이션의 기본키를 참조하는 키이다.

오답 피하기
① 속성의 집합으로 이루어진 키로 릴레이션을 구성하는 모든 튜플에 대해 유일성은 만족시키지만, 최소성은 만족시키지 못한다.
② 후보키 중에서 선택된 유일무이한 키이다.
④ 후보키 중에서 기본키를 제외한 나머지 키를 말한다.

02 키의 종류 중 유일성과 최소성을 만족하는 속성 또는 속성들의 집합으로 기본키로 사용할 수 있는 키는?

① 대체키(Alternate Key)
② 슈퍼키(Super Key)
③ 외래키(Foreign Key)
④ 후보키(Candidate Key)

기본키의 후보들을 후보키라고 한다.

03 릴레이션에 대한 설명으로 틀린 것은?

① 데이터들을 표(Table)의 형태로 표현한 것으로 2차원 구조를 나타낸다.
② 하나의 릴레이션에서 튜플은 특정한 순서를 가진다.
③ 각 속성은 릴레이션 내에서 유일한 이름을 가지며 필드라고도 한다.
④ 모든 속성 값은 원자 값(Atomic Value)을 가진다.

하나의 릴레이션에서 튜플의 순서는 따로 정해진 것이 없다.

04 다음에서 설명하는 데이터베이스 용어는 무엇인가?

> • 관계 데이터 모델에서 하나의 속성이 취할 수 있는 같은 데이터 타입의 모든 원자 값들의 집합, 속성의 범위를 말한다.
> • 데이터베이스에 저장되는 데이터 속성들의 데이터 유형, 데이터의 길이, 데이터 허용 범위, 데이터의 기본 값, 데이터의 생성규칙 등이 정의되어 있다.

① 도메인
② 튜플
③ 카디널리티
④ 차수

도메인(Domain)은 관계형 데이터 모델에서 특정 속성(Attribute)이 취할 수 있는 동일한 데이터 유형의 모든 원자 값들의 집합이다.

05 릴레이션(테이블)에서 하나의 행(Low)에 해당하며, 파일 시스템의 레코드(Record)라고도 하는 것은?

① 도메인(Domain)
② 튜플(Tuple)
③ 속성(Attribute)
④ 차수(Degree)

튜플은 릴레이션을 구성하는 속성의 모임으로 구성되며 각각의 행을 의미한다(튜플=레코드=행).

06 아래 학생 릴레이션에서 카디널리티와 디그리의 수를 올바르게 적은 것은?

이름	중간고사	기말고사	학과
유재석	90	92	연영과
박명수	88	89	국문과
정준하	87	88	수학과
정형돈	89	90	철학과
노홍철	86	85	영어과

① 카디널리티 : 5, 디그리 : 4
② 카디널리티 : 4, 디그리 : 5
③ 카디널리티 : 5, 디그리 : 5
④ 카디널리티 : 4, 디그리 : 4

• 카디널리티(기수) : 유재석, 박명수, 정준하, 정형돈, 노홍철
• 디그리(차수) : 이름, 중간고사, 기말고사, 학과

정답 01 ③ 02 ④ 03 ② 04 ① 05 ② 06 ①

SECTION 04 무결성, 정규화

난이도 상중하
반복학습 1 2 3

빈출 태그 #무결성 #참조무결성 #개체무결성 #정규화 #아노말리 #정규화단계

01 무결성(Integrity)

1) 무결성의 정의
- 데이터베이스에 저장되는 데이터 값들이 항상 일관성을 갖고 유효한 데이터가 존재하도록 하는 제약조건을 두어 안정적이며 결함이 없도록 하기 위한 데이터베이스의 특징이다.
- 데이터베이스에 저장된 데이터 값과 그것이 표현하는 현실세계의 실제 값이 일치하는 정확성을 의미한다.
- 무결성의 제약조건이란 데이터베이스에 들어 있는 데이터의 정확성, 일관성, 유효성, 안정성을 보장하기 위해 부정확한 자료가 데이터베이스 내에 저장되는 것을 방지하기 위한 제약조건을 말한다.

> **기적의 TIP**
> 무결(無缺) = 無(없을 무), 缺(흠결 결) = 결함이 없음

02 무결성의 종류

1) 개체 무결성
- 기본키가 널(NULL)일 수 없다.
- 한 릴레이션의 기본키를 구성하는 어떠한 속성값도 널 값이나 중복 값을 가질 수 없다.
- 예) 아래 테이블에서 기본키인 교수번호는 중복되거나 NULL 값이 올 수 없다.

교수

교수번호	교수명	담당과목
A01	김흥식	프로그래밍
A02	이서영	정보통신
A03	한회수	건축
A04	한회수	토목

> **기적의 TIP**
> 기본키와 관련된 무결성은 개체 무결성 = 개기냐?

> **기적의 TIP**
> 주변에 똑같은 이름, 즉 동명이인이 많지요? 그래서 교수명은 기본키가 될 수 없고, 중복 값을 가질 수 있습니다.

> **기적의 TIP**
>
> 외래키와 관련된 무결성은
> 참조 무결성 = 참외가 다네

2) 참조 무결성 25년 1회, 21년 4회

- 개체들 간의 관계와 관련된 제약조건이며 데이터베이스에 존재하는 릴레이션들은 서로 참조할 수 없는 외래키 값을 가질 수 없다.
- 릴레이션 R1에 저장된 튜플이 릴레이션 R2에 있는 튜플을 참조하려면 참조되는 튜플이 반드시 R2에 존재해야 한다.
- 예 학생 테이블의 '교수번호'에서 참조하는 교수 테이블의 '교수번호'는 반드시 존재해야 한다.

교수

교수번호	교수명	담당과목
A01	김흥식	프로그래밍
A02	이서영	정보통신
A03	한회수	건축

학생

학번	학생명	주민번호	학과	교수번호
243377	오주완	960129-1234567	컴퓨터	A01
252266	안복남	010505-3456789	건축	A03
241144	김태린	030918-4567890	컴퓨터	A02
231234	유삼백	990909-1345678	컴퓨터	A01

3) 도메인 무결성 21년 2회

- 특정 속성의 값들은 도메인에 속한 값이어야 한다. 21년 2회
- 릴레이션(테이블)에서 속성값의 범위가 정의된 경우 그 속성값은 정해진 범위 이내의 값으로 구성해야 하는 제약조건이며, 동일한 속성에 대해 데이터 타입과 데이터 길이가 동일해야 한다.
- 예 학생 테이블의 중간고사, 기말고사 속성 범위는 0~100까지 숫자(정수) 데이터가 입력되도록 도메인을 정의했다면 그 외의 값이 입력될 수 없다.

학생

이름	중간고사	기말고사	학과
유재석	90	92	연영과
박명수	88	89	국문과
정준하	87	88	수학과

4) 기타 무결성

- 널(NULL) 무결성 : 릴레이션의 특정 속성 값이 NULL이 될 수 없도록 하는 규정
- 키 무결성 : 하나의 테이블에는 적어도 하나의 키가 존재해야 한다는 규정
- 관계 무결성 : 릴레이션에 어느 한 튜플의 삽입 가능 여부 또는 한 릴레이션과 다른 릴레이션의 튜플들 사이의 관계에 대한 적설성 여부를 지정하는 규정
- 데이터 무결성 : 데이터베이스에 저장된 값과 현실세계의 실제 값이 일치하도록 정확성을 보장하는 규정

03 정규화와 이상 현상

1) 정규화(Normalization) 22년 1회, 20년 1회

① 정규화의 개념
- 정규화란 함수적 종속성 등의 종속성 이론을 이용하여 잘못 설계된 관계형 스키마를 더 작은 속성의 세트로 쪼개어 바람직한 스키마로 만들어 가는 과정이다.
- 개체들에 존재하는 데이터 속성의 중복을 최소화하여 일치성을 보장하며 데이터 모델을 단순하게 구성한다.
- 개체에 존재하는 함수적 종속 관계를 이용하여 데이터베이스 구조를 안정화 시키는 작업이다.

> **더 알기 TIP**
>
> **함수 종속(Functional Dependency)**
> - 어떤 릴레이션 R에서 X와 Y를 각각 R의 속성 집합의 부분 집합이라고 할 경우 속성 X의 값 각각에 대해 시간에 관계없이 항상 속성 Y의 값이 오직 하나만 연관되어 있을 때 Y는 X에 함수 종속이라고 합니다.
> - 기호로는 X → Y로 표기하며, X를 결정자(Determinant), Y를 종속자(Dependent)라고 합니다.

② 정규화의 목적
- 자료저장 공간의 최소화 및 데이터 구조의 안정성을 극대화한다.
- 데이터베이스 내부 자료의 무결성 유지를 극대화한다.
- 데이터베이스 사용자의 의도하지 않은 삽입, 삭제, 갱신이 발생하는 아노말리(이상) 현상을 최소화한다.

③ 정규형의 종류
- 제1정규형, 제2정규형, 제3정규형, BCNF, 제4정규형, 제5정규형이 있다.
- 정규형이 되는 과정을 정규화라고 한다.

> **기적의 TIP**
> 정규형의 종류는 뒤에서 자세히 다루겠습니다.

2) 이상(Anomaly, 아노말리) 현상
- 데이터를 부적절하게 구조화했을 때 발생하는 일련의 문제들을 말한다.
- 데이터의 중복, 불필요한 데이터 의존성, 불일치 등을 초래하여 데이터베이스의 무결성을 해칠 수 있다.
- 주로 세 가지 유형의 이상 현상이 존재하며, 이는 데이터베이스 설계, 특히 정규화 과정에서 중요한 고려사항이다.

> **기적의 TIP**
> 이상 현상의 종류가 아닌 것을 찾는 문제와 특징이 출제될 것으로 예상됩니다.

① 삽입 이상
- 새로운 데이터를 추가할 때, 필요 이상의 정보를 제공해야 하거나 원하지 않는 정보까지 입력해야 하는 경우 발생한다.
- 관계 데이터베이스에서 삽입은 튜플 단위로 이루어지는데, 삽입하는 과정에서 원하지 않는 자료가 삽입된다든지 또는 삽입하는 데 자료가 부족해 삽입이 되지 않는 문제점을 말한다.

② 삭제 이상
- 관계 데이터베이스에서 삭제는 튜플 단위로 이루어지는데, 하나의 자료를 삭제할 때 관련된 유용한 데이터, 즉 원하지 않는 데이터까지 함께 삭제될 수 있는 경우 발생한다.

③ 갱신 이상 25년 1회
- 관계 데이터베이스의 자료를 갱신하는 과정에서 정확하지 않거나 일부의 튜플만 갱신됨으로 인해 일관성이 없어져 정확한 정보가 파악이 안 되는 현상을 말한다.
- 데이터 중복으로 인해 데이터의 일부만 수정되어 데이터 간 불일치가 생기는 경우에 발생한다.

> **기적의 TIP**
>
> 정규화란 이상 현상(Anomaly)이 있는 릴레이션을 분해하여 이상 현상을 없애는 과정입니다. 이상 현상이 존재하는 릴레이션을 분해하여 여러 개의 릴레이션을 생성하게 되는데 이를 단계별로 구분하여 정규형이 높아질수록 이상 현상은 줄어들게 됩니다.

04 정규형의 종류

1) 제1정규형(1NF, First Normal Form)

① 규칙
- 각 컬럼이 하나의 속성만을 가져야 한다.
- 하나의 컬럼은 같은 종류나 타입(type)의 값을 가져야 한다.
- 각 컬럼이 유일한(unique) 이름을 가져야 한다.
- 칼럼의 순서가 상관없어야 한다.

② 잘못된 예

학생번호	이름	과목
101	한다맨	C, C++
102	이서현	자바, 운영체제
103	장희정	DB, SQL

- 하나의 컬럼에 2개의 값을 갖고 있어서 '각 컬럼이 하나의 속성만을 가져야 한다.'는 규칙을 만족하지 않는다.
- 나머지 규칙은 만족한다.

③ 해결

학생번호	이름	과목
101	한다맨	C
101	한다맨	C++
102	이서현	자바
102	이서현	운영체제
103	장희정	DB
103	장희정	SQL

2) 제2정규형(2NF, Second Normal Form)

① 규칙
- 제1정규형을 만족해야 한다.
- 모든 컬럼은 부분적 종속(Partial Dependency)이 없어야 한다. 즉 모든 칼럼은 완전 함수 종속을 만족해야 한다.

> **더 알기 TIP**
> - 부분적 종속이란 기본키 중에 특정 컬럼에만 종속되는 것이다.
> - 완전 함수 종속이란 기본키의 부분집합이 결정자가 되어선 안 된다는 것이다.

② 잘못된 예

학생번호	과목	지도교수	성적
101	운영체제	한회수	100
101	DB	이서영	60
102	자바	장효정	70
103	C	김흥식	80
103	C++	김태린	90

- 위 테이블의 기본키는 "학생번호+과목"으로 설정되어 있다고 가정한다.
- 성적을 알기 위해서는 "학생번호+과목"이 있어야 한다.
- 하지만 특정 과목의 지도교수는 과목만 알면 누군지 알 수 있다.
- 즉, 지도교수 컬럼은 기본키에 종속되지 않고 '과목'에 종속되는 부분적 종속이다.

③ 해결

학생번호	과목	성적
101	운영체제	100
101	DB	60
102	자바	70
103	C	80
103	C++	90

기본키(학생번호+과목) → 성적

과목	지도교수
운영체제	한회수
DB	이서영
자바	장효정
C	김흥식
C++	김태린

기본키(과목) → 지도교수

3) 제3정규형(3NF, Third Normal Form)

① 규칙
- 제2정규형을 만족해야 한다.
- 기본키를 제외한 속성들 간의 이행 종속성(Transitive Dependency)이 없어야 한다.

> **더 알기 TIP**
> A → B, B → C일 때 A → C가 성립되는 것을 이행 종속이라고 합니다.

② 잘못된 예

ID	등급	할인율
101	VIP	40%
102	GOLD	20%
103	BRONZE	10%

- 기본키를 ID라고 가정한다.
- ID를 알면 등급을 알 수 있다.
- 등급을 알면 할인율을 알 수 있다.
- ID를 알면 할인율을 알 수 있다.
- 따라서 이행 종속성이 존재하므로 제3정규형을 만족하지 않는다.

③ 해결

ID	등급
101	VIP
102	GOLD
103	BRONZE

등급	할인율
VIP	40%
GOLD	20%
BRONZE	10%

4) 보이스-코드 정규형(BCNF, Boyce-Codd Normal Form) 22년 4회

① 규칙
- 3정규형을 만족해야 한다.
- 모든 결정자가 후보키 집합에 속해야 한다.

② 잘못된 예

학생번호	과목	지도교수
101	자바	김흥식
101	C++	이서영
102	자바	장효정
103	C#	한다맨
104	자바	김흥식

- 기본키를 (학생번호+과목)라고 가정한다.
- 기본키로 지도교수를 알 수 있다.
- 같은 과목을 다른 교수가 가르칠 수도 있어서 '과목 → 지도교수'가 성립되지 않는다.
- 하지만 '지도교수 → 과목' 종속은 성립된다.
- 이처럼 후보키 집합이 아닌 칼럼이 결정자가 되어버린 상황을 BCNF를 만족하지 않는다고 한다.

> **기적의 TIP**
> 보이스-코드 정규형(BCNF)은 제3정규형을 좀 더 강화한 버전입니다.

> **기적의 TIP**
> 모든 결정자가 후보키 집합에 속해야 한다는 뜻은, 후보키 집합에 없는 칼럼이 결정자가 되어서는 안 된다는 뜻입니다.

③ 해결

학생번호	지도교수
101	김흥식
101	이서영
102	장효정
103	한다맨
104	김흥식

학생번호 → 지도교수

지도교수	과목
김흥식	자바
이서영	C++
장효정	자바
한다맨	C#

지도교수 → 과목

5) 제4정규형(4NF, Fourth Normal Form)

① 규칙
- BCNF를 만족해야 한다.
- 다치 종속(Multi-valued Dependency)이 없어야 한다.
- 다치 종속 관계가 성립되는 경우 분해하는 정규형이다.

더 알기 TIP

다치 종속(Multi-valued Dependency)
- A → B일 때 하나의 A값에 여러 개의 B값이 존재하면 다치 종속성을 가진다고 하고 A ↠ B라고 표시합니다.
- 최소 3개의 칼럼(속성, 열)이 존재합니다.

② 다치 종속 발생된 경우

학생번호	과목	취미
101	자바	노래
101	C++	게임
102	운영체제	노래
102	DB	게임

학생번호 ↠ 과목
학생번호 ↠ 취미

- 101번 학생은 자바와 C++ 과목을 수강하고, 노래와 게임을 취미로 가진다.
- 이렇게 되면 학생 번호 하나에 과목 여러 개와 취미 여러 개가 종속된다.
- 이런 경우 학생 번호를 토대로 값을 조회하면 아래와 같이 중복이 발생하게 된다.

학생번호	과목	취미
101	자바	노래
101	자바	게임
101	C++	노래
101	C++	게임

- 과목과 취미는 관계가 없는 독립적인 관계이다. 하지만 같은 테이블의 학생 번호라는 칼럼에 다치 종속되어버려 중복이 발생하는 문제가 생긴다.

> **기적의 TIP**
>
> 좀 어렵지요? 조금만 더 힘내세요! 제4정규형과 다음에 나오는 제5정규형은 일반적으로 사용하지 않는 정규형입니다. 개념만 알고 넘어가도 됩니다.

③ 해결

학생번호	과목
101	자바
101	C++
102	운영체제
102	DB

학생번호 → 과목

학생번호	취미
101	노래
101	게임
102	노래
102	게임

학생번호 → 취미

- 위 2개의 테이블은 여전히 다치 종속성을 가지지만, 2개 이상의 칼럼이 하나의 칼럼에 다치 종속되지는 않기 때문에 제4정규형을 만족한다.

6) 제5정규형(5NF, Fifth Normal Form)
- 제5정규형은 중복을 제거하기 위해 분해할 수 있을 만큼 전부 분해하는 것이다.
- Project Join Normal Form(PJNF)라고도 불린다.
- 제5정규형은 다음과 같은 규칙을 만족해야 한다.
  - 4NF를 만족해야 한다.
  - 조인 종속(Join dependency)이 없어야 한다.
  - 다시 원래대로 조인 연산을 했을 때 손실이 없어야 한다.

> **암기 TIP**
>
> **도부이결다조!**
> - 도 : 도메인이 원자값(1정규형 만들기)
> - 부 : 부분적 함수 종속 제거 (1에서 2정규형)
> - 이 : 이행적 함수 종속 제거 (2에서 3정규형)
> - 결 : 결정자이면서 후보키가 아닌 것 제거(3에서 BCNF)
> - 다 : 다치 종속 제거(BCNF에서 4정규형)
> - 조 : 조인 종속성 이용(4에서 5정규형)

> **더 알기 TIP**
>
> - 조인 종속은 다치 종속의 좀 더 일반화된 형태입니다. 만약 하나의 릴레이션을 여러 개의 릴레이션으로 무손실 분해했다가 다시 결합할 수 있다면 조인 종속이라고 합니다.
> - 예를 들어 A라는 릴레이션을 B와 C로 분해했다가 다시 조인했을 때 그대로 A가 된다면, A는 조인 종속성이 있다고 합니다.

이론을 확인하는 기출문제

01 릴레이션의 기본키를 구성하는 어떤 속성도 널(Null) 값이나 중복 값을 가질 수 없음을 의미하는 것은?
① 참조 무결성 제약조건
② 도메인 무결성 제약조건
③ 개체 무결성 제약조건
④ 주소 무결성 제약조건

> 개체 무결성은 기본키, 참조 무결성은 외래키와 관계가 있다.

02 참조 무결성 제약조건에 관한 다음 설명의 괄호 안에 들어갈 내용으로 옳은 것은?

> 참조 무결성 제약조건이란 릴레이션은 참조할 수 없는 ( ) 값을 가질 수 없다는 것을 말한다.

① 기본키
② 슈퍼키
③ 후보키
④ 외래키

> 참조 무결성은 참조할 수 없는 외래키 값을 가질 수 없다는 제약조건이다.

03 다음 설명에서 ( )의 내용으로 옳은 것은?

> 개체 무결성 제약조건은 한 릴레이션의 기본키를 구성하는 어떠한 속성 값도 ( ) 값이나 중복 값을 가질 수 없다.

① 널(Null)
② 튜플(Tuple)
③ 개체(Entity)
④ 도메인(Domain)

> 개체 무결성에서는 Null 값이나 중복 값을 가질 수 없다.

04 다음 중 무결성 제약조건에 대한 설명으로 옳지 않은 것은?
① 참조 무결성 – 외래키 값은 Null이거나 참조 릴레이션의 기본키 값과 동일해야 한다.
② 개체 무결성 – 기본키를 구성하는 어떤 속성도 Null 값이나 중복값을 가질 수 없다.
③ 도메인 무결성 – 주어진 튜플 값이 정의된 도메인에 속한 값이어야 한다.
④ 키 무결성 – 하나의 테이블에는 적어도 하나의 키가 존재해야 한다.

> 도메인 무결성은 각 속성에 저장되는 값은 미리 정의된 도메인에 속한 값이어야 한다는 규칙이다.

05 정규화의 목적으로 옳지 않은 것은?
① 데이터 중복을 배제하여 삽입 이상, 삭제 이상, 갱신 이상의 발생을 방지할 수 있다.
② 주어진 릴레이션을 더 작은 릴레이션 스키마들로 분할하는 과정이다.
③ 어떠한 릴레이션이라도 데이터베이스 내에서 표현 가능하도록 한다.
④ 릴레이션에 새로운 형태의 데이터가 삽입될 때 릴레이션을 재구성할 필요성을 증가시킨다.

> 정규화의 목적은 새로운 형태의 데이터가 삽입될 때 릴레이션을 재구성할 필요성을 줄이는 것이다.

정답 01 ③ 02 ④ 03 ① 04 ③ 05 ④

06 다음 설명에서 ( )의 용어로 옳은 것은?

> - 개체들에 존재하는 데이터 속성의 중복을 최소화하여 일치성을 보장하며 데이터 모델을 단순하게 구성
> - 개체에 존재하는 함수적 종속 관계를 이용하여 데이터베이스 구조를 안정화 시키는 작업
> - ( )의 목적
>   - 자료저장 공간의 최소화 및 데이터 구조의 안정성 최대화
>   - 데이터베이스 내부 자료의 무결성 유지 극대화
>   - 데이터베이스 사용자의 의도하지 않은 삽입, 삭제, 갱신이 발생하는 아노말리(이상) 현상을 최소화

① 무결성
② 정규화
③ 도메인
④ 개체

> 사용자의 의도치 않은 삽입, 삭제, 갱신으로 발생하는 이상 현상을 최소화 시키는 것이 정규화의 목적이다.

07 릴레이션을 조작할 때 데이터의 중복으로 인하여 발생하는 이상(Anomaly) 현상이 아닌 것은?

① 검색 이상
② 삽입 이상
③ 삭제 이상
④ 갱신 이상

> Anomaly 현상의 종류 : 삽입, 삭제, 갱신

08 다음의 조건을 모두 만족하는 정규형은 무엇인가?

> 모든 도메인은 원자 값이고, 기본키가 아닌 모든 속성들이 기본키에 대해 완전 함수 종속이며, 이행적 함수 종속 관계는 제거되었다.

① 제1정규형
② 제2정규형
③ 제3정규형
④ 비정규 릴레이션

> 제1정규형은 모든 도메인은 원자 값이고, 제2정규형은 기본키가 아닌 모든 속성들이 기본키에 대해 완전 함수 종속이다. 그리고 이행적 함수 종속 관계가 제거되면 제3정규형을 만족하게 된다.

09 어떤 릴레이션 R에서 X와 Y를 각각 R의 애트리뷰트 집합의 부분 집합이라고 할 경우 애트리뷰트 X의 값 각각에 대해 시간에 관계없이 항상 애트리뷰트 Y의 값이 오직 하나만 연관되어 있을 때 Y는 X에 함수 종속이라고 한다. 이 함수 종속의 표기로 옳은 것은?

① $Y \rightarrow X$
② $X \rightarrow Y$
③ $Y \subset X$
④ $X \subset Y$

> - 항상 X에 따라 Y가 결정될 때 Y를 X에 함수 종속이라고 한다.
> - Y는 X에 종속이라는 말은 Y는 X의 부하(종)이며, X가 Y를 지적(→)한다고 생각하면 된다.

SECTION 05 자료구조 기본

난이도 상중하
반복학습 1 2 3

빈출 태그 #자료구조 #스택 #큐 #데크 #선형리스트 #트리 #그래프 #비선형리스트

01 자료구조

1) 자료구조의 정의
- 효율적인 프로그램을 작성할 때 가장 우선적인 고려사항은 저장 공간의 효율성과 실행시간의 신속성이다. 자료구조는 프로그램에서 사용하기 위한 자료를 기억장치의 공간 내에 저장하는 방법과 저장된 그룹 내에 존재하는 자료 간의 관계, 처리 방법 등을 연구 분석하는 것을 말한다.

2) 자료구조의 분류

선형 구조(Linear Structure)	• 배열(Array) • 선형 리스트(Linear List) • 스택(Stack) • 큐(Queue) • 데크(Deque)
비선형 구조(Non-Linear Structure)	• 트리(Tree) • 그래프(Graph)

> **기적의 TIP**
> - 자료구조의 분류에서 선형 구조를 찾는 문제가 출제되고 있습니다.
> - 선형과 비선형을 구분하고 다음에 설명하는 자료구조의 특징들을 숙지해 주세요.

02 선형 구조(Linear Structure)

1) 배열(Array)
① 정의
- 동일한 자료형의 데이터들이 같은 크기로 나열되어 순서를 가지고 있는 집합이다.

② 특징
- 정적인 자료구조로 기억장소의 추가가 어렵고, 데이터 삭제 시 데이터가 저장되어 있던 기억장소는 빈 공간으로 남아있어 메모리의 낭비가 발생한다.
- 첨자(인덱스)를 이용하여 데이터에 접근한다.
- 반복적인 데이터 처리 작업에 적합한 구조이다.
- 데이터마다 동일한 이름의 변수를 사용하여 처리가 간편하다.
- 사용한 첨자의 개수에 따라 n차원 배열이라고 부른다.

2) 선형 리스트(Linear List)

① 정의
- 일정한 순서에 의해 나열된 자료구조이다.
- 배열을 이용하는 연속 리스트와 포인터를 이용하는 연결 리스트로 구분된다.

② 연속 리스트(Contiguous List)
- 배열과 같이 기억장소를 연속적으로 배정받기 때문에 기억장소 이용 효율이 밀도1로써 가장 좋다.
- 중간에 데이터를 삽입하기 위해서는 연속된 빈 공간이 있어야 하며, 삽입/삭제 시 자료의 이동이 필요하다.

> **기적의 TIP**
> 밀도가 1이라는 것은 빈 공간 없이 빽빽하게 저장된 것을 의미합니다.

+ 더 알기 TIP

연속 리스트 삽입/삭제 예제

- 초기 자료

월	화	수	목	금	일		
a[0]	a[1]	a[2]	a[3]	a[4]	a[5]	a[6]	a[7]

- '금'과 '일' 사이에 '토'를 삽입 : 일(a[5])을 오른쪽으로 밀어 빈 공간을 만들고 삽입한다.

월	화	수	목	금	토	일	
a[0]	a[1]	a[2]	a[3]	a[4]	a[5]	a[6]	a[7]

- '수'를 제거 : 수(a[2])를 제거하고 오른쪽 자료를 왼쪽으로 붙여서 빈 공간을 없앤다.

월	화	목	금	토	일		
a[0]	a[1]	a[2]	a[3]	a[4]	a[5]	a[6]	a[7]

③ 연결 리스트(Linked List)
- 자료들을 반드시 연속적으로 배열시키지는 않고 임의의 기억공간에 기억시키되, 자료 항목의 순서에 따라 노드의 포인터 부분을 이용하여 서로 연결시킨 자료구조이다.
- 노드의 삽입/삭제 작업이 쉽다.
- 기억 공간이 연속적으로 놓여 있지 않아도 저장할 수 있다.
- 연결을 위한 링크(포인터) 부분이 필요하기 때문에 순차 리스트에 비해 기억 공간의 이용 효율이 좋지 않다.
- 연결을 위한 포인터를 찾는 시간이 필요하기 때문에 접근 속도가 느리다.
- 중간 노드 연결이 끊어지면 그 다음 노드를 찾기 힘들다.

+ 더 알기 TIP

- 노드는 자료를 저장하는 데이터 부분과 다음 노드를 가리키는 포인터(링크) 부분으로 구성되는 기억 공간이다.
- 포인터는 현재의 위치에서 다음 노드의 위치를 알려주는 요소이다.

3) 스택(Stack)

① 정의
- 리스트의 한쪽 끝으로만 자료의 삽입, 삭제 작업이 이루어지는 자료구조이다.

② 특징
- 가장 나중에 삽입된 자료가 가장 먼저 삭제되는 후입선출(LIFO, Last In First Out) 방식으로 자료를 처리한다.
- 스택의 모든 기억 공간이 꽉 채워져 있는 상태에서 데이터가 삽입되면 오버플로(Overflow)가 발생하며, 더 이상 삭제할 데이터가 없는 상태에서 데이터를 삭제하면 언더플로(Underflow)가 발생한다.
- 스택의 응용 분야 : 함수 호출의 순서 제어, 인터럽트 처리, 수식 계산 및 수식 표기법, 컴파일러를 이용한 언어 번역, 부 프로그램 호출 시 복귀 주소 저장

③ 구조

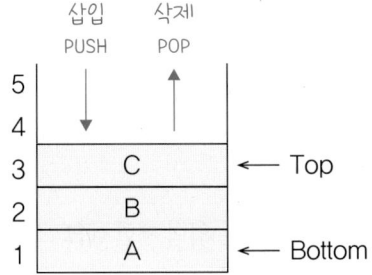

- Top : 스택으로 할당된 기억 공간의 가장 마지막으로 삽입된 자료가 기억된 위치이다.
- Bottom : 스택으로 가장 밑바닥이다.

4) 큐(Queue)

① 정의
- 리스트의 한쪽에서는 삽입 작업, 다른 한쪽에서는 삭제 작업이 이루어지도록 구성한 자료구조이다.

② 특징
- 가장 먼저 삽입된 자료가 가장 먼저 삭제되는 선입선출(FIFO, First In First Out) 방식으로 처리한다.
- 시작과 끝을 표시하는 두 개의 포인터가 있다.
- 큐의 응용 분야 : 운영체제의 작업 스케줄링

③ 구조

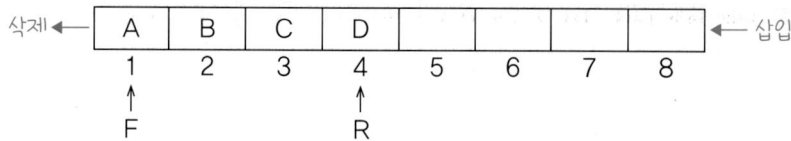

- 프론트(F, Front) 포인터 : 가장 먼저 삽입된 자료가 위치한 기억 공간을 가리키는 포인터로, 삭제 작업을 할 때 사용한다.
- 리어(R, Rear) 포인터 : 가장 마지막에 삽입된 자료가 위치한 기억 공간을 가리키는 포인터로, 삽입 작업을 할 때 사용한다.

5) 데크(Deque, Double Ended Queue)
① 정의
- 삽입과 삭제가 리스트의 양쪽 끝에서 모두 발생할 수 있는 자료구조이다.
- 스택과 큐의 장점만을 이용하여 구성한 것이다.

② 구조

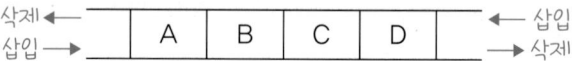

- 입력이 한쪽에서만 발생하고 출력은 양쪽에서 일어날 수 있는 입력 제한 데크 : Scroll

- 입력은 양쪽에서 일어나고 출력은 한 곳에서만 이루어지는 출력 제한 데크 : Shelf

03 비선형 구조(Non-Linear Structure)

1) 트리(Tree)
① 정의
- 정점(Node, 노드)과 선분(Branch, 가지)을 이용하여 사이클을 이루지 않도록 구성한 그래프(Graph)의 특수한 형태이다.
- 하나의 기억 공간을 노드(Node)라고 하며, 노드와 노드를 연결하는 선을 링크(Link)라고 한다.
- 트리의 활용 예 : 가족의 계보(족보), 조직도 등

> **기적의 TIP**
> 트리(Tree)는 사이클이 없는 그래프입니다.

② 구조

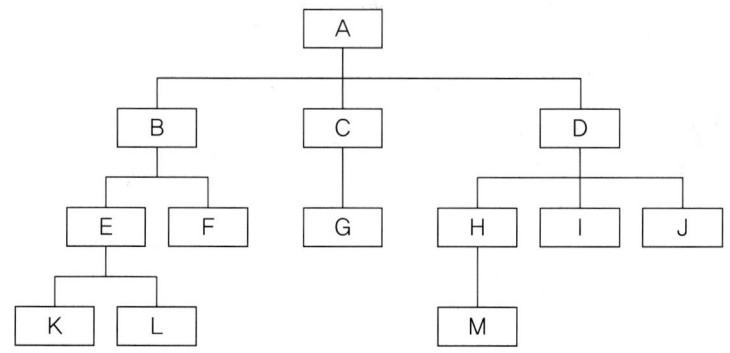

③ 트리 관련 용어

- 노드(Node) : 트리의 기본 요소로서 자료 항목과 다른 항목에 대한 가지(Branch)를 합친 것이다.
  - 예 A, B, C, D, E, F, G, H, I, J, K, L, M
- 근 노드(Root Node) : 트리의 맨 위에 있는 노드이다.
  - 예 A
- 디그리(Degree, 차수) : 각 노드에서 뻗어 나온 가지의 수이며 각 노드에서 파생된 직계 노드의 수를 의미한다.
  - 예 A = 3, B = 2, C = 1, D = 3
- 단말 노드(Terminal Node) = 잎 노드(Leaf Node) : 자식이 하나도 없는 노드, 즉 디그리(Degree, 차수)가 0인 노드를 말한다.
  - 예 K, L, F, G, M, I, J
- 자식 노드(Son Node) : 어떤 노드에 연결된 다음 레벨의 노드들이다.
  - 예 B의 자식 노드는 E, F이다.
- 부모 노드(Parent Node) : 어떤 노드에 연결된 이전 레벨의 노드이다.
  - 예 H, I, J의 부모 노드는 D이다.
- 형제 노드(Brother Node, Sibling) : 동일한 부모를 갖는 노드들이다.
  - 예 H의 형제 노드는 I, J이다.

> 기적의 TIP
>
> '근 노드'는 '뿌리 근(根)'이라는 의미입니다.

2) 그래프(Graph)

① 정의
- 정점 V(Vertex)와 간선 E(Edge)의 두 집합으로 이루어진다.
- 간선의 방향성 유무에 따라 방향 그래프와 무방향 그래프로 구분된다.
- 그래프의 활용 예 : 통신망(Network), 교통망, 이항관계, 연립방정식, 유기화학 구조식 등

② 방향 그래프와 무방향 그래프

구분	구조	최대 간선 수
방향 그래프(Directed Graph)	(A, B, C, D 정점이 서로 양방향 화살표로 연결된 그래프)	$n(n-1)$
무방향 그래프(Undirected Graph)	(A, B, C, D 정점이 서로 선으로 연결된 그래프)	$n(n-1)/2$

➕ 더 알기 TIP

정점이 4개인 경우 최대 간선 수
- 방향 그래프의 최대 간선 수 : $4(4-1) = 12$
- 무방향 그래프의 최대 간선 수 : $4(4-1)/2 = 6$

이론을 확인하는 기출문제

01 선형 자료구조에 해당하지 않는 것은?
① 리스트(List)
② 큐(Queue)
③ 데크(Deque)
④ 그래프(Graph)

그래프는 비선형 자료구조이다.

02 다음 설명이 의미하는 것은?

- 삽입과 삭제가 리스트의 양쪽 끝에서 발생할 수 있는 형태이다.
- 입력이 한쪽에서만 발생하고 출력은 양쪽에서 일어날 수 있는 입력 제한과 입력은 양쪽에서 일어나고 출력은 한 곳에서만 이루어지는 출력 제한이 있다.

① 스택
② 큐
③ 그래프
④ 데크

데크는 양쪽 끝에서 삽입·삭제가 모두 가능한 선형 자료구조이다.

오답 피하기
삽입과 삭제가 한쪽 끝에서만 이루어지면 스택, 한쪽은 삽입, 다른 한쪽에서는 삭제가 이루어지면 큐이다.

03 가장 나중에 삽입된 자료가 가장 먼저 삭제되는 후입선출(LIFO) 방식으로 자료를 처리하는 자료구조는?
① 큐(Queue)
② 그래프(Graph)
③ 스택(Stack)
④ 트리(Tree)

나중에(Last) 입력된 자료가 먼저(First) 출력되는 것은 컵 모양으로 생긴 스택이다.

04 스택의 응용 분야로 거리가 먼 것은?
① 서브루틴 호출
② 인터럽트 처리
③ 운영체제의 작업 스케줄링
④ 수식 계산 및 수식 표기법

운영체제의 작업 스케줄링은 큐의 응용 분야이다.

05 n개의 정점으로 구성된 무방향 그래프의 최대 간선 수는?
① $n(n+1)$
② $n(n-1)$
③ $\dfrac{n(n+1)}{2}$
④ $\dfrac{n(n+1)}{2}$

오답 피하기
방향 그래프의 최대 간선 수는 $n(n-1)$이다.

06 트리 구조에서 각 노드에서 파생된 직계 노드의 수를 의미하는 것은?
① Terminal Node
② Cadinality
③ Degree
④ Attribute

각 노드에서 파생된 직계 노드의 수는 디그리(차수)이다.

정답 01 ④ 02 ④ 03 ③ 04 ③ 05 ④ 06 ③

PART

03

SQL 작성 및 활용

파트 소개

트랜잭션과 DML, DDL, DCL은 자격증 시험에서 자주 출제가 되었던 부분입니다. 각 용어의 특징을 암기하고 SQL문을 해석할 수 있도록 학습하세요.

CHAPTER

01

데이터 조회

학습 방향

이번 CHAPTER는 Section 01 시스템 카탈로그와 트랜잭션과 Section 02 집합 연산자로 구성했습니다. SELECT 구문은 CHAPTER 02에서 상세히 다룰 것이니 여기에서는 트랜잭션과 집합 연산자를 확실하게 이해하도록 학습하세요.

난이도

- 중 **SECTION 01** 시스템 카탈로그, 트랜잭션
- 중 **SECTION 02** SQL, 집합 연산자

SECTION 01 시스템 카탈로그, 트랜잭션

난이도 상 중 하
반복학습 1 2 3

빈출 태그 #카탈로그 #뷰 #인덱스 #트랜잭션 #트랙잭션특징

합격 강의

01 시스템 카탈로그(System Catalog)

1) 시스템 카탈로그의 개요
- 시스템 그 자체에 관련이 있는 다양한 객체에 관한 정보를 포함하는 시스템 데이터베이스이다.
- 데이터베이스에 포함되는 모든 데이터 객체에 대한 정의나 명세에 관한 정보를 유지 관리하는 시스템 테이블이다.

2) 시스템 카탈로그의 특징
- 데이터 정의어의 결과로 구성되는 기본 테이블, 뷰, 인덱스, 패키지, 접근 권한 등의 데이터베이스 구조 및 통계 정보를 저장한다.
- 카탈로그들이 생성되면 자료 사전(Data Dictionary)에 저장되기 때문에 좁은 의미로는 카탈로그를 자료 사전(데이터 사전)이라고도 한다.
- 카탈로그에 저장된 정보를 메타 데이터(Meta-Data)라고 한다.

> **더 알기 TIP**
>
> **메타 데이터(Meta-Data)**
> - 데이터 관리를 위한 데이터, 즉 데이터를 위한 데이터를 말한다.
> - 데이터의 전체적인 구조와 제약조건에 대한 명세를 기술한 스키마를 메타 데이터라고도 한다.

- 카탈로그 자체도 시스템 테이블로 구성되어 있어 일반 이용자도 SQL을 이용하여 내용을 검색해 볼 수 있다.
- 일반 사용자의 경우 검색은 가능하지만 삽입(INSERT), 삭제(DELETE), 갱신(UPDATE)은 허용되지 않는다.
- 데이터베이스 시스템에 따라 상이한 구조를 갖는다.
- 카탈로그는 DBMS가 스스로 생성하고, 유지한다. 즉, 사용자가 SQL문을 실행시켜 기본 테이블, 뷰, 인덱스 등에 변화를 주면 시스템이 자동으로 갱신한다.

> **기적의 TIP**
>
> 시스템 카탈로그의 특징을 묻는 문제가 출제될 수 있습니다. 시스템 카탈로그는 사용자가 검색은 할 수 있지만 직접 삽입, 삭제, 갱신은 할 수 없다는 점을 반드시 알아두세요.

> **더 알기** TIP

뷰(View) 22년 3회, 21년 1회
- 실제로 존재하는 테이블의 내용을 사용자에게 보여주기 위한 가상의 테이블로서 뷰는 객체의 이름과 그 뷰에서 사용되는 모든 속성의 리스트로 구성됩니다.
- 뷰는 저장장치 내에 물리적으로 존재하지 않지만, 사용자에게는 있는 것처럼 간주됩니다.
  ⓔ 이메일 주소록은 실제로 데이터베이스 속성(필드)들이 많은데 주소록에는 이름과 전화번호만 표시됨

> **더 알기** TIP

인덱스(Index) 21년 2회
- 데이터베이스는 대량의 데이터를 보조기억장치에 저장해 두고 관리하기 때문에 데이터들을 보다 효율적으로 관리하고 빠르게 검색할 수 있도록 데이터의 위치 정보와 관련지어 유지하는 정보를 의미합니다.
- 탐색의 수를 줄이기 위하여 특정 속성이나 필드에 지정합니다. 단, 갱신 속도는 떨어질 수 있습니다.

02 트랜잭션(Transaction)

1) 트랜잭션의 개요 22년 2회
- 데이터베이스에서 하나의 논리적 기능을 수행하기 위한 작업의 단위로, 데이터베이스 관련 연산의 가장 기본적인 단위이다.
- 데이터베이스 시스템에서 복구 및 병행 수행 시 처리되는 작업의 논리적 단위이다.
- 데이터베이스에 접근하고 갱신하는 하나의 질의문 또는 여러 질의문으로 구성된다.

2) 트랜잭션의 특성

① 원자성(Atomicity)
- 트랜잭션의 연산은 데이터베이스에 모두 반영되든지 아니면 전혀 반영되지 않아야 한다는 성질이다.
- 트랜잭션 내의 모든 명령은 반드시 완벽히 수행되어야 하며, 모두가 완벽히 수행되지 않고 어느 하나라도 오류가 발생하면 트랜잭션 전부가 취소되어야 한다.

② 일관성(Consistency)
- 트랜잭션이 성공적으로 완료되면 언제나 일관성 있는 데이터베이스 상태로 변환한다는 성질이다.
- 시스템이 가지고 있는 고정 요소는 트랜잭션 수행 전과 트랜잭션 수행 완료 후의 상태가 같아야 한다.

> **기적의** TIP
>
> **트랜잭션은 ACID(액시드)**
> - 원자성 : All or Nothing
> - 일관성 : 무결성 유지
> - 고립성 : 동시에 실행돼도 독립적
> - 지속성 : Commit 후 결과 보존

> **기적의 TIP**
>
> 격리성은 '독립성' 또는 '고립성'이라고도 합니다.

③ 격리성(Isolation)
- 둘 이상의 트랜잭션이 병행 실행되는 경우 어느 하나의 트랜잭션 실행 중에 다른 트랜잭션의 연산이 끼어들 수 없다는 성질이다.
- 수행 중인 트랜잭션은 완전히 완료될 때까지 다른 트랜잭션에서 수행 결과를 참조할 수 없다.

➕ 더 알기 TIP

격리성을 위반할 때 발생되는 문제
- Dirty Read : 다른 트랜잭션의 임시값을 읽음(아직 확정 안 된 값)
- Non-Repeatable Read : 같은 데이터를 두 번 읽었는데 값이 달라짐
- Phantom Read : 행이 새로 생겨서(또는 사라져서) 조회 결과가 달라짐

④ 지속성(Durability) = 영속성
- 성공적으로 완료된 트랜잭션의 결과는 영구적으로 반영되어야 한다는 성질이다. 22년 3회

이론을 확인하는 기출문제

01 시스템 카탈로그(System Catalog)의 주요 목적은 무엇인가?
① 데이터베이스의 백업 파일을 저장한다.
② 데이터베이스 객체에 대한 메타 데이터를 저장한다.
③ 트랜잭션 실행 순서를 저장한다.
④ 사용자의 비밀번호를 암호화 없이 저장한다.

시스템 카탈로그는 데이터베이스 내부 객체(테이블, 뷰, 인덱스, 권한 등)에 대한 정보를 관리하는 메타 데이터 저장소이다.

02 시스템 카탈로그에 저장되는 정보로 적절하지 않은 것은?
① 테이블 구조
② 인덱스 정보
③ 사용자 권한 정보
④ 실제 데이터 튜플

실제 데이터는 데이터 파일에 저장되고, 시스템 카탈로그에는 메타 데이터(데이터에 대한 데이터)만 저장된다.

03 다음 중 시스템 카탈로그를 가장 잘 설명한 것은?
① 데이터베이스에서 SQL 실행을 위해 필요한 데이터 사전(Data Dictionary)이다.
② 데이터베이스 로그 파일이다.
③ 운영체제 커널에 해당하는 파일이다.
④ 사용자가 직접 수정할 수 있는 데이터 파일이다.

시스템 카탈로그는 데이터 사전(Data Dictionary)으로 불리며, DBMS가 SQL 처리 시 참조한다.

04 트랜잭션(Transaction)의 4대 특성(ACID) 중 'Atomicity(원자성)'이 의미하는 것은?

① 여러 사용자가 동시에 접근해도 결과가 일관됨을 보장한다.
② 트랜잭션은 전부 실행되거나 전혀 실행되지 않아야 한다.
③ 트랜잭션 완료 후 변경은 영구적으로 반영된다.
④ 하나의 트랜잭션 실행 결과는 다른 트랜잭션에 영향을 주지 않는다.

원자성은 모두 반영되든지 아니면 전혀 반영되지 않아야 한다는 성질이다.

05 트랜잭션의 일관성(Consistency)을 가장 잘 설명한 것은?

① 트랜잭션은 시스템 고장에도 불구하고 보존된다.
② 트랜잭션 수행 전후로 데이터베이스는 무결성을 유지해야 한다.
③ 여러 트랜잭션은 동시에 실행될 수 있다.
④ 트랜잭션은 반드시 commit 또는 rollback으로 끝나야 한다.

일관성은 트랜잭션 수행 전후로 데이터 무결성이 항상 유지되어야 한다는 원칙이다.

06 트랜잭션의 지속성(Durability)을 설명한 것 중 옳은 것은?

① 트랜잭션은 실행 중 언제든 취소될 수 있다.
② Commit된 결과는 장애가 발생하더라도 보존되어야 한다.
③ 트랜잭션 간에는 상호 간섭이 없어야 한다.
④ 트랜잭션은 항상 시스템 카탈로그에 저장된다.

지속성은 트랜잭션이 성공적으로 끝나면 그 결과가 영구히 반영되는 성질을 말한다.

07 트랜잭션의 고립성(Isolation)을 위반할 때 발생할 수 있는 문제와 거리가 먼 것은?

① Dirty Read
② Phantom Read
③ Lost Update
④ Deadlock

고립성(격리성)은 여러 트랜잭션이 동시에 실행되더라도, 서로의 중간 작업 결과에 간섭받지 않아야 한다는 성질이다.

오답 피하기

Deadlock은 고립성 위반이 아니라 자원 경쟁에서 서로에게 필요한 자원을 무한정 점유/대기로 발생되는 교착상태를 의미한다.

정답 04 ② 05 ② 06 ② 07 ④

SECTION 02 SQL, 집합 연산자

빈출 태그 #SQL #관계대수 #관계해석 #집합연산자

01 SQL(Structured Query Language, 구조화 질의어)

- 데이터베이스를 조작하여 원하는 자료를 추출하거나 필요한 데이터를 추가, 삭제, 수정하기 위한 비절차적 프로그래밍 언어이다.
- 관계형 데이터베이스를 조작하는 프로그래밍 언어이다.
- 관계 대수와 관계 해석을 기초로 한 혼합 데이터 언어이다.
- 독자적이고 상호작용 형태로 터미널에서 많이 사용하고 있는 비절차적 언어이다.
- DDL, DML, DCL을 포함한 데이터베이스용 질의어이다.

02 관계대수와 관계해석

1) 관계대수(Relational Algebra)

- 관계형 데이터베이스에서 사용자가 원하는 정보가 무엇인지를 정의하고 그러한 정보를 얻기 위한 방법을 기술하는 절차적 언어 종류이다.
- 질의에 대한 답을 구하기 위해 수행해야 할 연산의 순서를 명시한다.
- 순수 관계 연산자와 일반 집합 연산자로 나뉜다.

① 순수 관계 연산자
- 관계 데이터베이스에 적용할 수 있도록 특별히 개발한 관계 연산자를 말한다.
- 종류

연산자	설명
Select (σ)	• 릴레이션에 있는 튜플 중에서 조건을 만족하는 튜플의 부분집합을 구하여 새로운 릴레이션을 만드는 연산이다. • 릴레이션의 행에 해당하는 튜플을 구하는 것이므로 수평 연산이라고도 한다.
Projec (π)	• 속성 리스트에 제시된 속성 값만을 추출하여 새로운 릴레이션을 만드는 연산이다. 중복이 발생되면 제거된다. • 릴레이션의 열에 해당하는 속성을 추출하는 것이므로 수직 연산이라고 한다.
Join ($\bowtie$)	• 공통 속성을 중심으로 두 개의 릴레이션을 하나로 합쳐서 새로운 릴레이션을 만드는 연산이다.
Division ($\div$)	• 관계 대수에서 모든 값을 만족하는 튜플을 찾는 연산이다. • 보통 "모든 조건을 만족하는 객체를 구하라"할 때 사용된다.

> 암기 TIP
> 셀프하는 조디비는 순수해 :
> 셀렉트, 프로젝트, 조인, 디비전은 순수 관계 연산자

② 일반 집합 연산자
- 수학적 집합 이론에서 사용하는 연산자로서, 릴레이션 연산에도 그대로 적용할 수 있다.
- 일반 집합 연산자 중 합집합(UNION), 교집합(INTERSECTION), 차집합(DIFFERENCE)을 처리하기 위해서는 합병 조건을 만족해야 한다.
- 종류

합집합 (∪)	• 두 릴레이션에 존재하는 튜플의 합집합을 구하되, 중복되는 튜플은 제거되는 연산이다. • 합집합의 카디널리티는 두 릴레이션 카디널리티의 합보다 크지 않다. $\|A \cup B\| \le \|A\| + \|B\|$
교집합 (∩)	• 두 릴레이션에 존재하는 튜플의 교집합을 구하는 연산이다. • 교집합의 결과는 두 릴레이션 중에 가장 적은 카디널리티보다 크지 않다.
차집합 (−)	• 두 릴레이션에 존재하는 튜플의 차집합을 구하는 연산이다. • 차집합의 카디널리티는 A의 카디널리티 보다 크지 않다. $\|A-B\| \le A$
교차곱 (×)	• 두 릴레이션에 있는 튜플의 순서쌍을 구하는 연산이다. • 교차곱의 디그리는 두 릴레이션의 디그리(차수)를 더한 것과 같고, 카디널리티는 두 릴레이션의 카디널리티(기수)를 곱한 것과 같다. ⓓ R1의 튜플의 수가 5이고 R2가 6이면 두 릴레이션의 교차곱은 30이다. $\|A \times B\| = \|A\| \times \|B\|$

> **기적의 TIP**
>
> 합병 조건이란 합병하려는 두 릴레이션 간에 속성의 수가 같고, 대응되는 속성별로 도메인이 같아야 한다는 것을 말합니다.

2) 관계해석(Relational Calculus)

- E.F.Codd 박사가 수학의 술어해석(predicate Calculus)에 기반을 두는 데이터베이스 모델링 방식 제안이다.
- 관계형 데이터베이스에서 사용자가 원하는 정보가 무엇인지만 정의하는 비절차적 특성을 지닌 언어이다.
- SQL이 어떻게 동작하는지 이론적으로 설명해 주는 개념이며, SQL을 만든 밑바탕의 원리라고 할 수 있다.
- 관계대수는 연산 중심, 관계해석은 조건 중심이지만 둘 다 표현할 수 있는 질의의 범위는 동일하다.
- 관계해석은 SQL의 이론적 바탕이며, 관계대수와 같은 능력을 가지고 실제 DB에서 안전하게 실행될 수 있는 질의만 표현한다.
- 종류 : 튜플 관계해석, 도메인 관계해석

➕ **더 알기 TIP**

안전한 질의란 무한히 값이 나와버리는 질의를 허용하지 않는 것입니다.
ⓓ 모든 숫자 중 조건에 만족하는 값 → 무한대의 결과(위험)
  학생 테이블에서 조건에 만족하는 값 → 유한한 결과(안전)

이론을 확인하는 기출문제

01 관계대수와 관계해석에 대한 설명으로 옳지 않은 것은?

① 기본적으로 관계대수와 관계해석은 관계 데이터베이스를 처리하는 기능과 능력면에서 동등하다.
② 관계대수는 질의에 대한 해를 생성하기 위해 수행해야 할 연산의 순서를 명시해야 하므로, 비절차적 특징을 가진다.
③ 관계해석은 원하는 정보가 무엇이라는 것만 정의하는 비절차적 특징을 가지고 있다.
④ 관계해석은 수학의 프레디킷 해석(Predicate Calculus)에 기반을 두고 있다.

> 관계대수는 절차적 특성을 갖는 언어이다.

02 릴레이션 R의 튜플의 개수가 4, 릴레이션 S의 튜플의 개수가 5일 때, 두 릴레이션을 교차곱한 결과 릴레이션의 카디널리티는?

① 1　　　　② 9
③ 20　　　 ④ 41

> 교차곱은 두 릴레이션의 카디널리티를 곱하면 된다.

03 관계해석에 관한 설명으로 옳은 내용을 모두 고르시오.

　㉠ 프레디키트 해석으로 질의어를 표현한다.
　㉡ 튜플 관계해석과 도메인 관계해석이 있다.
　㉢ 관계대수로 표현한 식은 관계해석으로 표현할 수 있다.
　㉣ 원하는 정보와 그 정보를 어떻게 유도하는가를 기술하는 절차적인 언어이다.

① ㉠, ㉡, ㉢　　② ㉡, ㉢, ㉣
③ ㉠, ㉣　　　　④ ㉣

> ㉣은 관계대수에 대한 설명이다.

04 다음 중 교집합을 의미하는 기호는?

① ∪　　　　② ∩
③ −　　　　④ ⋈

> **오답 피하기**
> ∪(합집합), −(차집합), ⋈(조인)

05 다음 중 집합 연산자의 기호가 아닌 것은?

① ∪　　　　② ∩
③ π　　　　④ ×

> π는 순수 관계 연산자에서 Project 기호이다.
> **오답 피하기**
> ∪(합집합), ∩(교집합), ×(교차곱)

06 두 릴레이션에 존재하는 튜플의 합집합을 구하되, 결과로 생성된 릴레이션에서 중복되는 튜플은 제거되는 연산은?

① UNION
② DIFFERENCE
③ INTERSECTION
④ CARTESIAN PRODUCT

> **오답 피하기**
> ② 차집합, ③ 교집합, ④ 교차곱

07 SQL은 무엇의 약자인가?

① Stored Quick Language
② Strict Query Language
③ Structured Quick Language
④ Structured Query Language

> SQL : Structured Query Language(구조적 질의 언어)

정답　01 ②　02 ③　03 ①　04 ②　05 ④　06 ①　07 ④

CHAPTER

02

데이터 수정

학습 방향

SQL문을 해석하는 문제와 명령어를 묻는 문제가 기존에도 다수 출제되었습니다. DDL, DCL, DML 명령어의 종류와 특징, SQL문 형식 등을 학습하세요.

난이도

- 중 **SECTION 01** DDL 기본
- 중 **SECTION 02** DDL 작성하기
- 중 **SECTION 03** DML 기본
- 중 **SECTION 04** DML 작성하기
- 중 **SECTION 05** DCL 기본 및 작성하기
- 중 **SECTION 06** SELECT 문
- 상 **SECTION 07** DML – JOIN

SECTION 01 DDL 기본

빈출 태그 #DDL #CREATE #DROP #ALTER #CASCADE

01 DDL(Data Definition Language, 데이터 정의어)

- 스키마, 도메인, 테이블, 뷰, 인덱스를 정의, 변경 및 삭제 시에 사용되는 언어이다.
- DDL의 종류에는 CREATE, ALTER, DROP이 있다.

CREATE	데이터베이스, 도메인, 테이블, 뷰, 인덱스 생성
ALTER	데이터베이스, 테이블 구조 변경
DROP	스키마, 도메인, 테이블, 뷰, 인덱스 삭제

02 종류

1) CREATE 문

① 스키마 정의/설정 형식

- 스키마의 식별을 위한 스키마 이름과 해당 스키마의 소유권자 혹은 허가권자를 정의한다.

```
CREATE SCHEMA 스키마명 AUTHORIZATION 사용자_ID;
```

② 도메인 정의 형식

```
CREATE DOMAIN 도메인명 데이터타입
    [DEFAULT 기본값]        //데이터 입력 시 자동 표시되는 값
    [CONSTRAINT 제약조건명 CHECK (범위값)];
```

- 예 CREATE DOMAIN 지역 CHAR(2) DEFAULT '서울';
  //2byte 크기의 '지역' 도메인을 생성하고 초기 값은 '서울'이 입력된 상태가 된다.

③ 테이블 정의 형식

```
CREATE TABLE 대여정보
    대여번호 INT NOT NULL,      //대여번호 속성은 정수로 Null 값을 갖지 않는다.
    대여일자 DATE,              //대여일자는 현재 날짜를 표시한다.
    대여자번호 CHAR(6),         //대여자번호는 6자리로 Null 값을 갖지 않는다.
    도서번호 VARCHAR(6),        //도서번호는 최대 6자리를 갖는다.
    PRIMARY KEY(대여번호),      //'대여번호' 속성을 기본키로 지정한다.
    FOREIGN KEY(대여자번호) REFERENCES 고객(고객번호)
        //'대여자번호'가 고객 테이블의 '고객번호'를 참조하도록 외래키 지정
    ON UPDATE CASCADE,
        //고객의 '고객번호' 변경 시 대여자번호도 함께 변경되도록 설정
    CHECK (대여일자 )= '2012-10-1');
        //대여일자는 2012년 10월 1일 이후 값만 저장할 수 있다.
```

2) ALTER 형식 21년 3회

- 테이블에 대한 정의를 변경한다.

```
ALTER TABLE 테이블명 ADD|ALTER|DROP 속성이름
```

- ADD : 새로운 속성 추가
- ALTER : 속성의 기본값 변경
- DROP : 속성 삭제
- 예 Alter Table 학생 Add 학년 VarChar(3);
  //〈학생〉 테이블에 최대 3문자로 구성되는 '학년' 속성을 추가

> **기적의 TIP**
> Var은 Variable(가변적인)의 약자로써 학년 속성을 문자형으로 최대 3글자까지 작성(1~3글자까지 가능)할 수 있다는 뜻입니다.

3) DROP 형식 22년 2회

- 스키마, 도메인, 테이블, 뷰, 인덱스를 제거한다.

```
DROP SCHEMA 스키마이름              //스키마 삭제
DROP TABLE 테이블명 [CASCADE | RESTRICT]   //테이블 삭제
DROP VIEW 뷰이름                    //뷰 삭제
```

- CASCADE : 삭제할 요소를 참조하고 있는 모든 개체를 연쇄적으로 삭제
- RESTRICT : 삭제할 요소를 다른 개체에서 참조하고 있으면 삭제하지 못함

> **기적의 TIP**
> CASCADE, RESTRICT는 기존 기출문제에서 자주 출제된 명령어이니 꼭 외워두세요.

SECTION 02 DDL 작성하기

빈출태그 #CREATE #INDEX #VIEW #UNIQUE #MODIFY #TRUNCATE

01 CREATE TABLE : 테이블 정의

1) 형식 22년 3회

```
CREATE TABLE 테이블명
    (속성명 데이터_타입 [NOT NULL],
    //NOT NULL은 해당 속성값은 NULL이 올 수 없다(생략 가능함).
    PRIMARY KEY (속성명)    //기본키 지정
    UNIQUE (속성명)         //UNIQUE로 지정한 속성은 중복된 값을 가질 수 없다.
    FOREIGN KEY (외래키_속성명) REFERENCES 참조테이블(기본키_속성명)
    //외래키 속성과 참조 테이블에 관한 정보를 지정한다.
        ON DELETE
        //참조 테이블의 속성을 삭제했을 때 기본 테이블에 취해야 할 상황
        ON UPDATE
        //참조 테이블의 속성을 변경했을 때 기본 테이블에 취해야 할 상황
    CONSTRAINT 제약조건명 CHECK (조건식));
```

➕ 더 알기 TIP

ON DELETE와 ON UPDATE의 옵션 종류
- NO ACTION : 참조 테이블에 변화가 있어도 기본 테이블에는 아무런 조치를 취하지 않는다.
- CASCADE : 참조 테이블의 튜플이 삭제되면 기본 테이블의 관련 튜플도 모두 삭제되고, 속성이 변경되면 관련 튜플의 속성 값도 모두 변경된다.
- SET NULL : 참조 테이블에 변화가 있으면 기본 테이블의 관련 튜플의 속성 값을 NULL로 변경한다.
- SET DEFAULT : 참조 테이블에 변화가 있으면 기본 테이블의 관련 튜플의 속성 값을 기본값으로 변경한다.

➕ 더 알기 TIP

CONSTRAINT와 CHECK
- CONSTRAINT : 제약조건의 이름을 지정한다. 이름을 지정할 필요가 없으면 CHECK 절만 사용하여 속성 값에 대한 제약조건을 명시한다.
- CHECK : 속성 값에 대한 제약조건을 지정한다.

2) 예제

```
CREATE TABLE 학생        //〈학생〉 테이블을 생성한다.
 (이름 VARCHAR(15) NOT NULL,
     //이름 속성은 최대 15자리 문자 속성으로, NULL 값을 갖지 않는다.
  학번 CHAR(8),         //학번 속성은 8자리 문자 속성
  전공 CHAR(5),         //전공 속성은 5자리 문자 속성
  성별 SEX,             //성별 속성은 'SEX' 도메인을 자료형으로 사용한다.
  생년월일 DATE,         //생년월일 속성은 DATE 속성
  PRIMARY KEY(학번),    //학번 속성을 기본키로 정의한다.
  FOREIGN KEY(전공) REFERENCES 학과(학과코드)
     //전공 속성은 〈학과〉 테이블의 학과코드 속성을 참조하는 외래키이다.
  ON DELETE SET NULL
     //〈학과〉 테이블에서 튜플이 삭제되면 관련된 모든 튜플의 전공 속성의 값을 NULL로 변경
       한다.
  ON UPDATE CASCADE,
     //〈학과〉 테이블에서 학과코드가 변경되면 관련된 모든 튜플의 전공 속성 값도 같은 값으로
       변경한다.
  CONSTRAINT 생년월일제약 CHECK(생년월일 >= '2005-01-01'));
     //생년월일 속성에는 2005-01-01 이후의 값만을 저장할 수 있으며, 이 제약조건의 이름은
       '생년월일제약'이다.
```

> **기적의 TIP**
> CHAR는 고정된 크기만큼 기억장소를 할당하며, VAR-CHAR은 필드에 저장된 데이터만큼 기억장소가 할당됩니다. 즉 가변적으로 크기가 배정되며 기출문제로 출제된 적이 있습니다.

> **기적의 TIP**
> 제약조건의 이름 지정할 필요가 없는 경우 CONSTRAINT 문은 생략이 가능합니다.

02 인덱스(INDEX)

1) CREATE INDEX(인덱스 생성) 22년 2회, 20년 4회

```
CREATE [UNIQUE] INDEX 〈인덱스명〉
ON 테이블명({속성명 [ASC | DESC] [,속성명 [ASC | DESC]]}) [CLUSTER];
```

> **기적의 TIP**
> 인덱스는 검색을 빠르게 하기 위해 만든 보조적인 데이터 구조입니다.

① UNIQUE
- 사용된 경우 : 중복 값이 없는 속성으로 인덱스를 생성한다.
- 생략된 경우 : 중복 값을 허용하는 속성으로 인덱스를 생성한다.

② 정렬 여부 지정
- ASC : 오름차순 정렬한다.
- DESC : 내림차순 정렬한다.
- 생략된 경우 : 오름차순 정렬한다.

③ CLUSTER
- 지정된 키에 따라 튜플들을 그룹으로 지정하기 위해 사용한다.

> **더 알기 TIP**
>
> **클러스터 인덱스와 넌클러스터 인덱스**
>
> | 클러스터 인덱스 | • 인덱스 키의 순서에 따라 데이터가 정렬되어 저장되는 방식이다.
• 실제 데이터가 순서대로 저장되어 있어 인덱스를 검색하지 않아도 데이터를 빠르게 찾을 수 있다.
• 데이터 삽입, 삭제 발생 시 순서를 유지하기 위해 데이터를 재정렬해야 한다.
• 한 개의 릴레이션에 하나의 인덱스만 생성할 수 있다. |
> |---|---|
> | 넌클러스터 인덱스 | • 인덱스의 키 값만 정렬되어 있을 뿐 실제 데이터는 정렬되지 않는 방식이다.
• 데이터를 검색하기 위해서는 먼저 인덱스를 검색하여 실제 데이터의 위치를 확인해야 하므로 클러스터 인덱스에 비해 검색 속도가 떨어진다.
• 한 개의 릴레이션에 여러 개의 인덱스를 만들 수 있다. |

2) 예제

〈고객〉 테이블에서 UNIQUE한 특성을 갖는 고객번호 속성에 대해 내림차순으로 정렬하여 '고객번호_idx'라는 이름으로 인덱스를 정의하시오.

```
CREATE UNIQUE INDEX 고객번호_idx ON 고객(고객번호 DESC);
```

03 뷰(VIEW)

- 뷰는 하나 이상의 기본 테이블에서 유도되는 가상의 테이블이다. 즉 저장장치 내에 물리적으로는 존재하지 않지만 사용자에게는 있는 것처럼 보이게 하는 것이다.
- 뷰를 생성하면 뷰 정의가 시스템 내에 저장되었다가 생성된 뷰 이름을 질의어(SQL)에서 사용할 경우 질의어가 실행될 때 뷰에 정의된 기본 테이블로 대체되어 기본 테이블에 대해 실행된다.
- 필요한 데이터만을 뷰로 정의해서 처리할 수 있기 때문에 관리가 용이하고 명령문이 간단하다.
- 뷰를 통해서만 데이터에 접근함으로써 뷰에 나타나지 않는 데이터를 안전하게 보호할 수 있다.
- 기본 테이블의 기본키를 포함한 속성의 집합으로 뷰를 구성해야만 삽입, 삭제, 갱신 연산이 가능하다.
- 정의된 뷰는 다른 뷰의 정의에 기초가 될 수 있다.

1) CREATE VIEW(뷰 정의) 20년 1회

① 형식

```
CREATE VIEW 뷰이름[(속성명[,속성명,....])]
AS SELECT 문
[WITH CHECK OPTION];
```

- AS SELECT : 일반 SELECT 문과 같으며, UNION이나 ORDER BY를 사용할 수 없다. 22년 2회
- WITH CHECK OPTION : 뷰에 대한 갱신이나 삽입 연산이 실행될 때 뷰의 정의 조건을 위배하면 실행을 거부한다.
- 속성명을 기술하지 않으면, SELECT 문의 속성명이 자동으로 뷰의 속성명이 된다.

② 예제 20년 1회

〈학생〉 테이블에서 학과가 '컴퓨터공학과'인 학생의 학번, 이름, 학과 속성을 갖는 뷰를 〈DB_학생〉이라는 이름으로 정의하시오.

```
CREATE VIEW DB_학생 AS SELECT 학번, 이름, 학과 FROM 학생
WHERE 학과 = '컴퓨터공학과' WITH CHECK OPTION;
```

- WITH CHECK OPTION 절은 뷰의 갱신이나 삽입 연산이 실행될 때 뷰의 정의 조건(학과 = '컴퓨터공학과')이 위배될 경우 갱신이나 삽입 연산의 실행을 거부하도록 지정하기 위한 것이다.

2) DROP VIEW(뷰 삭제)

① 형식

```
DROP VIEW 뷰이름 [RESTRICT | CASCADE];
```

- RESTRICT : 뷰를 다른 곳에서 참조하고 있으면 제거가 취소된다.
- CASCADE : 뷰를 참조하는 다른 뷰나 제약조건까지 모두 제거한다.

② 예제

```
DROP VIEW DB_학생 RESTRICT;    //〈DB_학생〉 뷰를 제거하는 명령으로, 다른 곳에서 참조하
                              고 있으면 제거하지 않는다.
```

04 ALTER TABLE : 테이블에 대한 정의를 변경하는 명령문

1) ALTER TABLE 형식

> ALTER TABLE 테이블명 ADD 속성명 데이터_타입 [DEFAULT '기본값'];
> ALTER TABLE 테이블명 MODIFY 속성명 데이터타입 [DEFAULT 값];
> ALTER TABLE 테이블명 DROP COLUMN 속성명 [CASCADE];

- ADD : 새로운 속성을 추가한다. 20년 3회
- MODIFY : 기존의 속성에 데이터 타입이나 사이즈, 기본값 등의 성질을 수정할 때 사용한다. 20년 2회
- DROP COLUMN : 속성을 제거한다.

➕ 더 알기 TIP

기본값 삭제를 하는 경우 MODIFY 명령을 사용합니다.

> ALTER TABLE 테이블명 MODIFY 컬럼명 DEFAULT NULL;

기적의 TIP
- Oracle에서 기본값의 변경과 제거는 MODIFY를 사용하고, MySQL에서 기본값 변경은 ALTER와 MODIFY가 모두 가능하며 제거는 ALTER를 사용합니다.
- 시험에서는 Oracle 기준으로 ALTER는 테이블의 구조를 변경하는 명령이고 MODIFY는 그 중에서도 테이블의 속성을 수정하는 명령이라고 암기하면 됩니다.

2) ALTER 문 예제 22년 3회

아래 SQL문은 〈학생〉 테이블에 최대 3문자로 구성되는 학년 속성을 추가하는 SQL문이다. 괄호 안에 알맞은 답안을 작성하시오.

> ALTER TABLE 학생 (①) 학년 (②);

① ADD
② VARCHAR(3)

05 DROP/TRUNCATE TABLE : 테이블을 제거하는 명령문 20년 1회

1) DROP TABLE

> DROP TABLE 테이블명 [CASCADE | RESTRICT];

- CASCADE : 제거할 개체를 참조하는 다른 모든 개체를 함께 제거한다. 즉, 주 테이블의 데이터 제거 시, 각각의 외래키와 관계를 맺고 있는 모든 데이터를 함께 제거하는 참조 무결성 제약조건을 설정하기 위해 사용된다.
- RESTRICT : 다른 개체가 제거할 개체를 참조 중일 경우 제거가 취소된다. 22년 1회

2) TRUNCATE

- 테이블의 모든 데이터(행)을 한 번에 삭제하는 DDL 명령이다.
- 테이블의 구조(스키마, 제약조건, 인덱스)는 그대로 유지된다.

더 알기 TIP

DROP과 TRUNCATE 비교

연산자	DROP	TRUNCATE
목적	테이블 자체(구조+데이터) 삭제	테이블 데이터만 삭제(구조는 유지)
영향	테이블 정의, 데이터, 제약조건, 인덱스까지 모두 삭제	테이블 구조(컬럼, 제약조건, 인덱스)는 남고, 행 데이터만 삭제
특징	테이블 자체가 사라져서 다시 사용하려면 CREATE 필요	빈 테이블이 남고 데이터만 0건으로 초기화 됨

> **기적의 TIP**
>
> DROP과 TRUNCATE는 실행하는 순간 자동으로 COMMIT이 발생되어 ROLLBACK으로 취소할 수 없습니다.

이론을 확인하는 기출문제

01 SQL의 데이터 정의어(DDL)에 속하지 않는 것은?
① CREATE
② DROP
③ INSERT
④ ALTER

INSERT는 데이터 조작어(DML)이다.

02 SQL 언어의 CREATE TABLE 문에 포함될 수 없는 것은?
① 속성의 NOT NULL 제약조건
② 속성의 타입 변경
③ 속성의 초기값 지정
④ CHECK 제약조건의 정의

속성의 타입 변경은 ALTER TABLE의 MODIFY이다.

03 SQL 구문의 의미가 잘못된 것은?
① CTEATE – 테이블 생성
② DROP – 레코드 삭제
③ UPDATE – 자료 갱신
④ DESC – 내림차순 정렬

DROP은 테이블을 삭제하는 명령어이다.
오답 피하기
레코드(튜플) 삭제는 DELETE이다.

04 데이터베이스에서 생성된 테이블을 삭제할 때 사용하는 SQL 명령문은?
① CTEATE
② DROP
③ CLEAR
④ DELETE

DROP은 테이블을 삭제하는 명령어이다.

05 테이블 구조를 변경하는 SQL 명령문은?
① ALTER TABLE
② CREATE TABLE
③ DROP TABLE
④ CREATE INDEX

테이블의 구조를 변경하는 명령어는 ALTER이다.

06 학생 테이블에서 데이터를 입력한 후, 주소 필드가 누락되어 이를 추가하려고 할 때 적합한 SQL 명령문은?
① ALTER TABLE 학생 ADD 주소;
② ALTER TABLE 학생 DROP COLUMN 주소;
③ ALTER TABLE 학생 MODIFY 주소;
④ ALTER TABLE 학생 PLUS 주소;

누락된 필드를 추가할 때 ADD를 사용한다.
오답 피하기
② DROP COLUMN은 필드를 삭제합니다.
③ MODIFY는 데이터 타입과 길이, 기본값 등을 변경합니다.

정답 01 ③ 02 ② 03 ② 04 ② 05 ① 06 ①

07 SQL 명령문 중 'DROP TABLE 학생 RESTRICT'의 의미로 가장 적절한 것은?

① 학생 테이블만을 제거한다.
② 학생 테이블이 다른 테이블에 의해 참조 중이면 제거하지 않는다.
③ 학생 테이블과 이 테이블을 참조하는 다른 테이블도 함께 제거한다.
④ 학생 테이블을 제거할지 여부를 사용자에게 다시 물어본다.

RESTRICT는 참조 중이면 제거하지 않는 명령어이다.

08 SQL 명령문 중 'DROP TABLE 성적 CASCADE'의 의미로 가장 적절한 것은?

① 성적 테이블과 이 테이블을 참조하는 다른 테이블도 함께 제거하시오.
② 성적 테이블이 다른 테이블에 의해 참조 중이면 제거하지 마시오.
③ 성적 테이블만 제거하시오.
④ 성적 테이블의 인덱스만 제거하시오.

CASCADE는 참조하는 모든 개체를 한꺼번에 제거하는 명령어이다.

09 다음에서 설명하고 있는 SQL의 기능으로 적당한 것은?

> 하나 이상의 기본 테이블로부터 유도되어 만들어진 가상의 테이블을 말한다. 즉 기본 테이블은 데이터가 실제로 저장되지만, 이 가상 테이블은 물리적으로 구현되지 않는다.

① CASCADE
② VIEW
③ DROP
④ UPDATE

가상의 테이블은 뷰(VIEW)이다.

10 TRUNCATE TABLE 학생; 명령의 특징으로 옳지 않은 것은?

① 테이블의 모든 행 데이터를 삭제한다.
② 테이블 구조는 남는다.
③ DELETE보다 빠르게 수행된다.
④ ROLLBACK으로 취소할 수 있다.

TRUNCATE는 로그를 남기지 않아 ROLLBACK으로 되돌릴 수 없다.

11 아래 SQL문은 〈학생〉 테이블을 참조하는 모든 데이터도 함께 제거하는 SQL문이다. 괄호 안에 알맞은 답안은?

> DROP TABLE 학생 (   );

① RESTRICT
② CASCADE
③ DELETE
④ ROLLBACK

CASCADE는 참조하는 모든 개체를 한꺼번에 제거하는 명령어이다.

정답 07 ② 08 ① 09 ② 10 ④ 11 ②

SECTION 03 DML 기본

난이도 상 중 하
반복학습 1 2 3

빈출태그 #DML #SELECT #LIKE #통합질의 #UNION #집단함수

01 DML(Data Manipulation Language, 데이터 조작어) 20년 3회

- 사용자로 하여금 데이터를 처리할 수 있게 하는 도구로서, 사용자나 응용 프로그램과 DBMS 간의 인터페이스를 제공하는 언어이다.
- DML의 종류에는 SELECT, INSERT, DELETE, UPDATE가 있다.

SELECT	레코드 조회
INSERT	레코드 추가
DELETE	레코드 삭제
UPDATE	레코드 내 데이터 수정

02 종류

1) SELECT 문

- 데이터베이스에서 사용자가 원하는 조건을 만족하는 자료를 검색한다.

① 형식 1

```
SELECT [DISTINCT | DISTINCTROW] 필드이름 [AS 별칭]
    //검색하고자 하는 열(필드)이름 기술
FROM 테이블이름    //대상 테이블 명(어느 테이블에서 필드를 가져올 것인지 결정)
[WHERE 조건식];    //조건문 기술(조건이 없는 경우 생략)
```

- SQL문에서는 대/소문자를 구분하지 않으며, 마지막에 ';'를 입력해 SQL문의 끝을 알린다.
- DISTINCT SELECT 문에 'DISTINCT'를 입력하면 검색의 결과가 중복되는 레코드는 검색 시 한 번만 표시된다.
- 필드이름 : 테이블의 모든 필드를 검색할 경우에는 필드 이름 대신 '*'를 입력하고, 특정 필드를 검색할 경우 필드이름과 필드이름은 쉼표(,)로 구분하여 표시한다.
- WHERE 조건문 : 조건을 입력하여 특정 조건에 맞는 레코드만 검색할 때 사용한다.

- **예** SELECT * FROM 고객; //고객 테이블의 모든 필드를 검색한다.
  SELECT 고객명, 전화번호, 주소 FROM 고객 WHERE 성별 = "여";
  //고객 테이블에서 성별이 "여"인 고객명, 전화번호, 주소를 검색한다.
  SELECT * FROM 고객 WHERE 이름 LIKE '김%';
  //고객 테이블에서 이름이 '김'으로 시작하는 모든 고객을 검색한다.

> **더 알기 TIP**
>
> **Like와 사용되는 와일드카드(기호)**
>
> | 기호 | 설명 | 예제 |
> |---|---|---|
> | % | 모든 것을 대신하는 문자 | 김% → 김으로 시작하는 모든 글자 |
> | _ | 한 글자를 대신하는 문자 | 한_맨 → 한으로 시작하고 맨으로 끝나는 세 글자 |
> | [] | 괄호 안의 문자 중 하나 | a[bc]d → abd 또는 acd |
> | [^] | 괄호 안의 문자를 제외 | a[^b]d → abd를 제외한 세 글자 |

② 형식 2

```
ORDER BY 학번 ASC, 과목번호 DESC;
//학번 기준 오름차순, 같은 학번에 대해서는 과목번호 기준 내림차순 정렬하시오.
```

- **예** SELECT 고객명, 전화번호, 주소, 성별 FROM 고객등록 WHERE 성별="여" ORDER BY 고객명;
  //고객등록 테이블에서 성별이 "여"인 데이터의 고객명, 전화번호, 주소, 성별을 검색하여 고객명을 오름차순으로 정렬하여 검색한다.

③ 형식 3 20년 2회

```
GROUP BY 필드 이름    //특정 필드를 기준으로 그룹화하여 검색할 때 사용
HAVING 그룹 조건식    //그룹에 대한 조건을 지정할 때 사용(GROUP BY~와 함께 사용)
```

- **예** SELECT 출신지, COUNT(*) AS 인원수 FROM 고객등록 GROUP BY 출신지 HAVING COUNT(*) >= 5;
  //고객등록 테이블에서 출신지별 인원수를 계산하여 표시하는 질의로서, 출신지 인원이 5명 이상인 데이터에 대해서만 표시하라는 의미이다.

④ 형식 4

```
Between 1 And 100    //1에서 100까지의 숫자만 검색
```

- **예** SELECT * FROM 사원 Where 컴퓨터 Between 90 And 100;
  //〈사원〉 테이블에서 컴퓨터가 90 에서 100 사이인 튜플을 검색하시오.

기적의 TIP

- '%' 기호는 모든 글자를 대신하는 SQL 표준 와일드카드입니다.
- '*' 기호는 액세스에서 사용되는 모든 글자를 대신하는 기호이나 시험에서는 %를 골라야 합니다.

기적의 TIP

not like '이%'는 '이'로 시작하지 않는 문자를 의미합니다.

기적의 TIP

정렬 방식을 지정하지 않으면 기본적으로 오름차순 정렬이 수행됩니다.

⑤ 형식 5

```
In (..)      //OR와 같은 기능을 하는 명령어로 포함하는 데이터를 의미한다.
Not In (..)  //포함되지 않는 데이터를 의미한다.
```

- **예** SELECT * FROM 사원 Where 이름 Not In (Select 이름 From 여가활동);
  //〈사원〉 테이블에서 모든 자료를 검색하는데, 〈여가활동〉 테이블에 이름이 있는 자료는 제외하고 검색합니다. 불일치 쿼리문이라고도 한다.

⑥ 형식 6 22년 3회, 20년 1회

> **기적의 TIP**
> 여섯 번째 형식은 두 테이블을 합치는 통합(Union) 질의 형식입니다.

```
SELECT 열목록 FROM T1
[UNION | UNION ALL | INTERSECT | MINUS(EXCEPT)]
SELECT 열목록 FROM T2;
```

- UNION : 두 SELECT 결과의 합집합(중복 제거)
- UNION ALL : 합집합 + 중복 포함
- INTERSECT : 교집합(두 결과에 모두 존재하는 행)
- MINUS/EXCEPT : 차집합(앞의 결과에서 뒤 결과를 뺌)
- **예** SELECT * FROM 사원 Union SELECT * FROM 직원;
  //사원들의 명단이 〈사원〉 테이블과 〈직원〉 테이블에 저장되어 있다. 두 테이블을 통합하는 질의를 작성하시오. 단, 같은 레코드가 두 번 나오지 않게 하시오.

➕ **더 알기 TIP**

주요 함수

- 조건1 AND 조건2 : 조건1과 조건2를 모두 만족하는 튜플을 검색한다. 22년 1회, 21년 4회
- 조건1 OR 조건2 : 조건1 또는 조건2 중에 한 개 이상 만족하는 튜플 검색하는 함수로써 "In(조건1, 조건2)"과 같다. 21년 2회
- LEN(문자열) : 문자열의 길이를 구한다.
- UPPER(문자열) : 영문을 모두 대문자로 변환한다.
- LOWER(문자열) : 영문을 모두 소문자로 변환한다.

➕ **더 알기 TIP**

집단 함수

- SUM(속성명) : 속성의 합계를 구한다.
- AVG(속성명) : 속성의 평균을 구한다.
- COUNT(*) : 그룹별 튜플의 개수를 계산한다.
- MAX(속성명) : 속성의 최대값을 구한다.
- MIN(속성명) : 속성의 최소값을 구한다.

2) INSERT 문 21년 3회

- 테이블에 레코드를 추가할 때 사용한다.
- 값을 직접 지정하여 추가할 수도 있고, 다른 테이블의 레코드를 검색하여 추가할 수도 있다.
- 레코드의 전체 필드를 추가할 경우에는 필드명을 생략할 수 있다.

① 형식 1 : 현재 테이블에 직접 추가하는 경우

> INSERT INTO 테이블 이름(필드이름1, 필드이름2, ..) VALUES(필드값1, 필드값2,...);

- 예 INSERT INTO 도서등록(도서번호,도서명,도서구분) VALUES('0001','유관순','위인전');
  //도서등록 테이블에 도서번호 0001, 도서명 유관순, 도서구분 위인전을 추가하라.

② 형식 2 : 다른 테이블에서 추가하는 경우

> INSERT INTO 테이블 이름(필드이름1, 필드이름2, ..)
> SELECT 필드이름
> FROM 테이블이름
> WHERE 조건;

- 예 INSERT INTO 도서목록(도서번호,도서명,도서구분) SELECT 도서번호, 도서명, 도서구분 FROM 도서등록 WHERE 도서구분='소설';
  //도서등록 테이블에서 도서구분이 '소설'인 도서번호, 도서명, 도서구분을 찾아 '도서목록' 테이블에 추가하는 작업

3) DELETE 문 21년 1회

- 테이블에서 조건에 맞는 행(튜플)을 삭제하거나 전체 행을 삭제한다.
- 형식

> DELETE * FROM 테이블 이름 WHERE 조건

- 예 DELETE * FROM 도서등록 WHERE 도서구분='소설';
  //도서등록 테이블에서 도서구분이 소설인 레코드를 삭제하라.

4) UPDATE 문 22년 1회, 21년 3회

- 테이블의 필드 값을 변경할 때 사용한다.
- 조건을 지정하여 한 번에 여러 레코드의 필드값을 변경할 수 있다.
- 형식

> UPDATE 테이블이름 SET 필드이름1=값1, 필드이름2=값2 WHERE 조건

- 예 UPDATE 도서등록 SET 도서구분='에세이' WHERE 도서구분='수필';
  //도서등록 테이블에서 도서구분이 수필인 것을 찾아 모두 에세이로 변경하라.

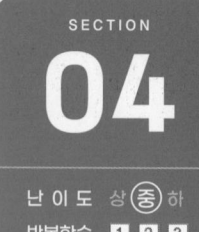

DML 작성하기

빈출 태그 #DML작성 #INSERT #DELETE #UPDATE

01 INSERT : 테이블에 새로운 튜플을 삽입

1) 형식

```
INSERT INTO 테이블명[(속성명1, 속성명2,....)]
VALUES (데이터1, 데이터2, ...);
```

- 대응하는 속성과 데이터는 개수와 데이터 타입이 일치해야 한다.
- 테이블의 모든 속성을 삽입할 때는 속성명을 생략할 수 있다. 단, 이때에는 CRE-ATE TABLE 문에서 기술된 속성 순으로 속성 값들을 지정해야 한다.
- SELECT 문을 사용하여 다른 테이블의 검색 결과를 삽입할 수 있다.

> **기적의 TIP**
> DML 문의 SELECT는 뒤에서 더욱 자세하게 공부할 예정입니다.

2) 예제

- 〈사원〉 테이블에 이름이 '이순신'이고, 부서가 '기획'인 사원을 삽입하는 SQL문을 작성하시오.

```
INSERT INTO 사원(이름, 부서) VALUES ('이순신', '기획');
```

- 〈사원〉 테이블에 ('장보고', '기획', '05/03/73', '구의동', 90)을 삽입하는 SQL문을 작성하시오.

```
INSERT INTO 사원 VALUES ('장보고', '기획', '05/03/73', '구의동', 90);
```

- 〈사원〉 테이블에 있는 편집 부서의 모든 튜플을 〈편집부원(이름, 생일, 주소, 기본급)〉 테이블에 삽입하는 SQL문을 작성하시오.

```
INSERT INTO 편집부원(이름, 생일, 주소, 기본급)
SELECT 이름, 생일, 주소, 기본급 FROM 사원 WHERE 부서 = '편집';
```

02 DELETE : 테이블의 새로운 튜플들 중에서 특정 튜플을 삭제

1) 형식

```
DELETE FROM 테이블명 WHERE 조건;
```

- WHERE을 생략하면 전체 행이 삭제된다.
- 조건에는 비교·논리 연산자, IN/NOT IN/BETWEEN/LIKE/IS NULL, 서브쿼리 등을 사용할 수 있다.
- 참조 무결성 제약(FOREIGN KEY) 때문에 삭제가 제한될 수 있다.

2) 예제

- 〈사원〉 테이블에서 이름이 '임꺽정'인 튜플을 삭제하는 SQL문을 작성하시오.

```
DELETE FROM 사원 WHERE 이름 = '임꺽정';
```

- 〈사원〉 테이블의 모든 튜플을 삭제하는 SQL문을 작성하시오.

```
DELETE FROM 사원;
```

> **기적의 TIP**
> 모든 튜플을 삭제할 때는 WHERE 절을 생략합니다.

03 UPDATE : 튜플의 내용을 갱신

1) 형식

```
UPDATE 테이블명 SET 속성명=데이터 [, 속성명=데이터, ...] WHERE 조건;
```

- 한 번에 여러 열을 갱신할 수 있다.
- WHERE을 생략하면 전체 행이 갱신된다.
- 우변에는 상수, 표현식, 다른 열 참조, 서브쿼리 등을 쓸 수 있다.
- 데이터 타입은 해당 열의 타입과 호환되어야 하며, NOT NULL/UNIQUE/CHK/PK/FK 등 제약을 위반하면 실패한다.

2) 예제

- 〈사원〉 테이블에서 홍길동의 주소를 '퇴계동'으로 갱신하는 SQL문을 작성하시오.

```
UPDATE 사원 SET 주소 = '퇴계동' WHERE 이름 = '홍길동';
```

- 〈사원〉 테이블에서 황진이의 부서를 '기획'으로 변경하고 기본급을 5 인상하는 SQL문을 작성하시오.

```
UPDATE 사원 SET 부서 = '기획', 기본급 = 기본급+5 WHERE 이름 = '황진이';
```

이론을 확인하는 기출문제

01 다음 SQL문의 의미를 올바르게 적은 것은?

> SELECT 성명 FROM 학급;

① 성명 테이블에서 학급을 검색하시오.
② 학급 테이블에서 성명을 검색하시오.
③ 성명 테이블과 학급 테이블을 선택하시오.
④ 학급 테이블에서 성명을 입력하시오.

SELECT는 검색 명령어이며 SELECT 옆에 필드(속성)명, FROM 옆에 테이블명이 나온다.

02 다음 SQL 검색문의 의미로 가장 적절한 것은?

> SELECT DISTINCT 학과명 FROM 학생;

① 학생 테이블에서 학과명을 모두 검색하시오.
② 학생 테이블의 학과명을 중복되지 않게 모두 검색하시오.
③ 학생 테이블의 학과명 중에서 중복된 학과명을 모두 검색하시오.
④ 학생 테이블을 학과명 구별하지 말고 모두 검색하시오.

DISTINCT는 중복되지 않게 검색하는 명령어이다.

03 다음 SQL문의 의미를 올바르게 적은 것은?

> SELECT * FROM 학생;

① 학생 테이블에서 첫 번째 레코드의 모든 필드를 검색하시오.
② 학생 테이블에서 마지막 레코드의 모든 필드를 검색하시오.
③ 학생 테이블에서 전체 레코드의 모든 필드를 검색하시오.
④ 학생 테이블에서 "*" 값이 포함된 레코드의 모든 필드를 검색하시오.

"*"는 모든 값을 대신하기 때문에 모든 필드를 검색하고, 위 SQL문은 조건문인 WHERE 절이 없기 때문에 전체 레코드를 가져온다.

04 SQL문에서 검색 결과에 대한 레코드의 중복을 제거하기 위해 사용하는 명령어는?

① SELECT
② DESC
③ DISTINCT
④ DELETE

SELECT 문에서 중복 제거는 DISTINCT이다.

오답 피하기
② 내림차순 정렬
④ 레코드(튜플) 삭제

05 다음 SQL문은 학생 테이블에서 과목이 컴퓨터인 열 전체를 검색하는 문장이다. 빈칸의 내용으로 알맞게 짝지어진 것은?

> SELECT (㉠) FROM 학생 (㉡) 과목 = "컴퓨터";

① ㉠ : TABLE ㉡ : CONDITION
② ㉠ : ALL   ㉡ : WHERE
③ ㉠ : *   ㉡ : CONDITION
④ ㉠ : *   ㉡ : WHERE

"*"는 모든 값을 대신하기 때문에 열 전체를 검색하고, 조건문에는 WHERE 절이 필요하다.

06 다음 질의를 SQL문으로 옳게 표현한 것은?

> 상품 테이블에서 단가가 50000 이상인 자료의 상품명, 단가, 수량을 검색하시오.

① SELECT 상품명, 단가, 수량 FROM 상품 WHERE 단가 >= 50000;
② SELECT 상품 FROM 상품명, 단가, 수량 WHERE 단가 >= 50000;
③ SELECT 상품명, 단가, 수량 FROM 상품 WHERE 수량 >= 50000;
④ SELECT 상품명, 단가, 수량 FROM 상품 IF 단가 >= 50000;

SELECT 필드명 FROM 테이블명 WHERE 조건;

정답 01 ② 02 ② 03 ③ 04 ③ 05 ④ 06 ①

07 SQL문의 SELECT에서 특정 열의 값을 기준으로 정렬할 때 사용하는 명령은?

① SORT BY
② ORDER BY
③ ORDER TO
④ SORT

정렬은 ORDER BY이다. ASC는 오름차순, DESC는 내림차순이고 생략하면 기본적으로 오름차순 정렬이다.

08 다음 SQL문을 실행한 결과 검색되지 않는 주문수량은 얼마인가?

SELECT 종목명, 주문수량 FROM 주문내역 WHERE 주문수량 >= 150 AND 주문수량 <= 300;

① 150
② 200
③ 350
④ 300

주문내역 테이블에서 주문수량이 150 이상이고 300 이하인 종목명, 주문수량을 검색하는 SQL문이다.

09 다음 SQL문에서 ORDER BY 절의 의미를 옳게 설명한 것은?

ORDER BY 가산점 DESC, 사원번호 ASC;

① 가산점은 오름차순으로, 사원번호는 내림차순으로 정렬
② 가산점은 내림차순으로, 사원번호는 오름차순으로 정렬
③ 가산점은 사원번호를 하나의 그룹으로 묶어 내림차순으로 정렬
④ 가산점은 사원번호를 하나의 그룹으로 묶어 오름차순으로 정렬

ASC는 오름차순, DESC는 내림차순 정렬이다.

10 다음 SQL문에서 COUNT(*)의 기능은 무엇인가?

SELECT COUNT(*) FROM 영업부;

① 열들의 개수를 계산한다.
② 행들의 개수를 계산한다.
③ 영업부 테이블을 삭제한다.
④ 영업부 테이블을 생성한다.

COUNT(*)는 그룹별 튜플의 개수를 계산하는 함수이다.

11 액세스로 만든 "주소록.mdb" 자료에서 부산시, 청주시, 대구시에 사는 사람만 검색하고 싶다. 다음 추출 조건 입력 형식에서 [ ]에 적합한 명령은?

[ ] (*부산시, *청주시, *대구시);

① IN
② OR
③ AND
④ NOT

IN (..)은 괄호 안에 있는 내용을 검색한다. 참고로 NOT IN (..)은 괄호 안의 내용이 아닌 것을 검색한다.

12 하나의 테이블에 한 행의 데이터를 등록하는 방법으로 옳은 것은?

① INSERT INTO 고객(계좌번호, 이름, 금액) VALUES('111', '홍길동', 5000);
② UPDATE 고객 SET 금액=10000 WHERE 이름='홍길동';
③ SELECT * FROM 고객;
④ CREATE TABLE 고객(계좌번호 NUMBER (3,0), 이름 VARCHAR (8), 금액 NUMBER (5,0)

레코드 추가 : INSERT~INTO~VALUES

오답 피하기

② 갱신 : UPDATE~SET~WHERE
③ 검색 : SELECT~FROM~WHERE
④ 테이블 생성 : CREATE TABLE

13 SQL문에서 GROUP BY 절에 의해 선택된 그룹의 탐색 조건을 지정하는 명령은?

① HAVING
② ORDER BY
③ UNION
④ JOIN

GROUP BY 절에서 조건은 HAVING을 사용한다.

오답 피하기

UNION은 두 테이블을 중복되지 않게 합치는 명령어이다. 단, 중복된 자료까지 모두 병합할 때는 UNION ALL을 사용한다.

14 INSA(SNO, NAME) 테이블에서 SNO가 100인 튜플을 삭제하는 SQL문은?

① DELETE FROM INSA WHERE SNO=100;
② REMOVE FROM INSA WHERE SNO=100;
③ DROP FROM INSA WHERE SNO=100;
④ DESTROY FROM INSA WHERE SNO=100;

튜플 삭제는 DELETE, 테이블 삭제는 DROP이다.

15 학생 테이블에서 나이가 18세에서 21세까지의 학생을 조회하는 질의로 옳지 <u>않은</u> 것은?

① SELECT * FROM 학생 WHERE 나이 BETWEEN 18 AND 21;
② SELECT * FROM 학생 WHERE 나이 IN(18, 19, 20, 21);
③ SELECT * FROM 학생 WHERE 나이 = 18 OR 19 OR 20 OR 21;
④ SELECT * FROM 학생 WHERE 나이 >= 18 AND 나이 <= 21;

OR문을 이용하려면 아래 문장처럼 하나씩 모두 질문을 해야 한다.

SELECT * FROM 학생 WHERE 나이 = 18 OR 나이 = 19 OR 나이 = 20 OR 나이 = 21;

SECTION 05 DCL 기본 및 작성하기

빈출 태그 #DCL #GRANT #COMMIT #ROLLBACK #REVOKE

01 DCL(Data Control Language, 데이터 제어어)

- 데이터베이스의 무결성 유지, 보안과 권한 검사, 회복 절차 이행, 병행 수행 제어 등을 관리하기 위한 언어이다.
- DCL의 종류에는 GRANT, REVOKE, COMMIT, ROLLBACK이 있다.

GRANT	생성된 데이터베이스의 사용 권한 부여 22년 3회, 21년 4회
REVOKE	부여된 사용 권한 제거 23년 4회
COMMIT	• 데이터베이스 관련 연산 작업 실행 결과를 저장하도록 하는 명령어 • 명령 실행 결과를 DB에 적용 • 명령에 의해 수행된 결과를 실제 물리적 디스크로 저장하고, 데이터베이스 조작 작업이 정상적으로 완료되었음을 관리자에게 알려줌
ROLLBACK	• 실행 중인 데이터베이스 연산 작업을 실행 이전의 원래 상태로 되돌리도록 하는 명령어 21년 1회 • 데이터베이스 조작 작업이 비정상적으로 종료되었을 때 원래의 상태로 복구

02 GRANT와 REVOKE

1) GRANT의 사용자 등급

- DBA : 데이터베이스 관리자
- RESOURCE : 데이터베이스 및 테이블 생성 가능자
- CONNECT : 단순 사용자

2) 테이블 속성에 대한 권한 부여 및 취소 22년 3회

① 권한 부여

```
GRANT 권한_리스트 ON 개체 TO 사용자 [WITH GRANT OPTION];
```

- 권한 종류 : ALL, SELECT, INSERT, DELETE, UPDATE, ALTER 등이 있다.
- WITH GRANT OPTION : 부여받은 권한을 다른 사용자에게 다시 부여할 수 있는 권한을 부여한다.

② 권한 취소

> REVOKE [GRANT OPTION FOR] 권한_리스트 ON 개체 FROM 사용자 [CASCADE];

- GRANT OPTION FOR : 다른 사용자에게 권한을 부여할 수 있는 권한을 취소한다. 22년 3회
- CASCADE : 권한 취소 시 권한을 부여받았던 사용자가 다른 사용자에게 부여한 권한도 연쇄적으로 취소한다.

3) 예제

- 사용자 ID가 'NABI'인 사람에게 데이터베이스 및 테이블을 생성할 수 있는 권한을 부여하는 SQL문을 작성하시오.

> GRANT RESOURCE TO NABI;

- 사용자 ID가 'STAR'인 사람에게 단순히 데이터베이스에 있는 정보를 검색할 수 있는 권한을 부여하는 SQL문을 작성하시오.

> GRANT CONNECT TO STAR;

- 사용자 ID가 'NABI'인 사람에게 〈고객〉 테이블에 대한 모든 권한과 다른 사람에게 권한을 부여할 수 있는 권한까지 부여하는 SQL문을 작성하시오.

> GRANT ALL ON 고객 TO NABI WITH GRANT OPTION;

- 사용자 ID가 'STAR'인 사람에게 부여한 〈고객〉 테이블에 대한 권한 중 UPDATE 권한을 다른 사람에게 부여할 수 있는 권한만 취소하는 SQL문을 작성하시오.

> REVOKE GRANT OPTION FOR UPDATE ON 고객 FROM STAR;

이론을 확인하는 기출문제

01 SQL에서 변경된 내용을 데이터베이스에 저장할 때 사용되는 명령문은?
① ROLLBACK
② COMMIT
③ CROSS
④ CASCADE

> 명령어에 의해 수행된 결과를 실제 물리적 디스크에 저장하는 처리문은 COMMIT이다.
>
> **오답 피하기**
> ROLLBACK은 비정상적으로 종료되었을 때 원래 상태로 복구하는 명령문이다.

02 데이터베이스 제어어(DCL) 중에서 사용자에게 권한을 부여하는 명령어는?
① OPTION
② REVOKE
③ GRANT
④ VALUES

> 사용자에게 권한을 부여하는 명령문은 GRANT이다.

03 DCL의 GRANT 옵션의 사용자 중에서 데이터베이스 및 테이블 생성이 가능한 사람은 무엇인가?
① DBA
② RESOURCE
③ CONNECT
④ USER

> **오답 피하기**
> ① 데이터베이스 관리자
> ③ 단순 사용자

04 트랜잭션의 연산이 성공적으로 끝났음을 선언하는 연산은?
① ROLLBACK
② COMMIT
③ REVOKE
④ CASCADE

> 트랜잭션 연산이 성공적으로 끝났음을 선언하는 연산은 COMMIT이다.

05 사용자 'PARK'에게 테이블을 생성할 수 있는 권한을 부여하기 위한 SQL문 구성으로 빈칸에 적합한 내용은?

GRANT (   ) PARK;

① CREATE TABLE TO
② CREATE TO
③ CREATE FROM
④ CREATE TABLE FROM

> GRANT CREATE TABLE TO A;는 A에게 테이블 생성 권한을 주는 문장이다.

06 사용자 'HAN'에게 학생 테이블에 대한 검색 연산을 회수하는 명령은?
① DELETE SELECT ON 학생 TO HAN;
② REMOVE SELECT ON 학생 TO HAN;
③ REVOKE SELECT ON 학생 TO HAN;
④ GRANT SELECT ON 학생 TO HAN;

> 권한 부여는 GRANT, 권한 해제(취소)는 REVOKE이다.

정답 01 ② 02 ③ 03 ② 04 ② 05 ① 06 ③

SECTION 06 SELECT 문

빈출 태그 #DML #SELECT #GROUP BY #HAVING #DISTINCT

01 SELECT 문

1) SELECT 문 형식

```
SELECT [PREDICATE] [테이블명.]속성명[ AS 별칭][,[테이블명.]속성명,...]
FROM 테이블명[, 테이블명, ...]
[WHERE 조건]
[GROUP BY 속성명[, 속성명, ...]]
[HAVING 조건]
[ORDER BY 속성명 [ASC|DESC][, 속성명 [ASC|DESC],...]];
```

① SELECT 절
- PREDICATE : 검색할 튜플을 제한할 목적으로 사용(ALL, DISTINCT 등)한다.
  - ALL : 모든 튜플을 검색할 때 지정하는 것(주로 생략)
  - DISTINCT : 중복된 튜플이 있으면 그 중 첫 번째 한 개만 검색
- 속성명 : 검색하여 불러올 속성 또는 수식으로서, 2개 이상의 테이블을 대상으로 검색할 때는 '테이블명.속성명'으로 사용된다.
- SELECT 문을 사용하여 다른 테이블의 검색 결과를 삽입할 수 있다.
- AS : 속성 및 연산의 이름을 다른 제목으로 표시하기 위해 사용된다.

② FROM절 : 검색할 데이터가 들어 있는 테이블명을 기술한다.
③ WHERE절 : 검색할 조건을 기술한다.
④ GROUP BY절 : 특정 속성을 기준으로 그룹화하여 검색할 때 사용한다.
⑤ HAVING절 : 그룹에 대한 조건을 기술한다(GROUP BY절의 조건문).
⑥ ORDER BY절 : 특정 속성을 기준으로 정렬하여 검색할 때 사용한다.
- [ASC|DESC] : ASC는 기본값으로 오름차순, DESC는 내림차순이다.

2) SELECT – 기본 검색

① 예제 1

〈사원〉 테이블의 모든 튜플들을 검색하는 SQL문을 작성하시오.

```
SELECT * FROM 사원;
```

② 예제 2 20년 1회

〈사원〉 테이블에서 부서만 검색하되, 같은 부서는 한 번만 검색하는 SQL문을 작성하시오.

```
SELECT DISTINCT 부서 FROM 사원;
```

③ 예제 3

〈사원〉 테이블에서 이름에 문자열 "월급은", 기본급에 10을 더한 값을 검색하는 SQL문을 작성하시오. 단, '이름' 속성에 있을지 모르는 좌우 공백을 모두 제거하시오.

```
SELECT TRIM(이름)+"월급은" AS 이름, 기본급+10 AS 기본급 FROM 사원;
```

3) SELECT – 조건 지정 검색

① 예제 1

〈사원〉 테이블에서 부서가 '기획'인 튜플을 검색하는 SQL문을 작성하시오. 20년 4회

```
SELECT * FROM 사원 WHERE 부서 = '기획';
```

② 예제 2 22년 1회, 21년 4회

〈사원〉 테이블에서 부서가 '기획'이고, 기본급이 110보다 큰 튜플을 검색하는 SQL문을 작성하시오.

```
SELECT * FROM 사원 WHERE 부서 = '기획' AND 기본급 > 110;
```

③ 예제 3

〈사원〉 테이블에서 부서가 '기획'이거나, '인터넷'인 튜플을 검색하는 SQL문을 작성하시오.

```
SELECT * FROM 사원 WHERE 부서 = '기획' OR 부서 = '인터넷';
또는
SELECT * FROM 사원 WHERE 부서 IN('기획', '인터넷');
```

④ 예제 4

〈사원〉 테이블에서 이름의 첫 번째 글자가 '김'인 모든 튜플을 검색하는 SQL문을 작성하시오.

```
SELECT * FROM 사원 WHERE 이름 LIKE '김%';
```

⑤ 예제 5

〈사원〉 테이블에서 기본급이 85에서 95 사이인 튜플을 검색하는 SQL문을 작성하시오.

```
SELECT * FROM 사원 WHERE 기본급 BETWEEN 85 AND 95;
```

⑥ 예제 6

〈사원〉 테이블에서 주소가 NULL인 튜플을 검색하는 SQL문을 작성하시오.

```
SELECT * FROM 사원 WHERE 주소 IS NULL;
```

4) SELECT - 정렬

① 예제 1

〈사원〉 테이블에서 부서가 '기획'인 튜플을 검색하되, 이름을 기준으로 오름차순 정렬하는 SQL문을 작성하시오.

```
SELECT * FROM 사원 WHERE 부서 = '기획' ORDER BY 이름;
```

② 예제 2

〈사원〉 테이블의 모든 튜플들을 검색하되, 부서를 기준으로 오름차순 정렬하고 같은 수버에 대해서는 이름을 기준으로 내림차순 정렬하는 SQL문을 작성하시오.

```
SELECT * FROM 사원 ORDER BY 부서 ASC, 이름 DESC;
```

5) SELECT - 그룹 검색

① 예제 1

〈사원〉 테이블에서 부서별로 기본급의 평균을 구하여 부서를 기준으로 오름차순 정렬하는 SQL문을 작성하시오.

```
SELECT 부서, AVG(기본급) AS 평균 FROM 사원 GROUP BY 부서 ORDER BY 부서 ASC;
```

부서	평균
기획	110
인터넷	85
편집	105.3

② 예제 2

〈사원〉 테이블에서 기본급이 100 이상인 사원이 2명 이상인 부서의 부서명과 사원수를 검색하는 SQL문을 작성하시오.

```
SELECT 부서, COUNT(*) AS 사원수 FROM 사원 WHERE 기본급 >= 100
GROUP BY 부서 HAVING COUNT(*) >= 2;
```

부서	사원수
기획	3
편집	2

> **기적의 TIP**
>
> 그룹 연산의 순서(WHERE → GROUP BY → HAVING)를 묻는 문제가 자주 출제되었습니다.

02 SELECT – 다중 검색

〈사원〉

이름	부서	생일	주소	기본급
홍길동	기획	04/05/61	효자동	120
임꺽정	인터넷	01/09/69	석사동	80
황진이	편집	07/21/75	후평동	100
김선달	편집	10/22/73	효자동	90
성춘향	기획	02/20/64	후평동	100
장길산	편집	03/11/67	고잔동	120
일지매	기획	04/29/78	원곡동	110
강호동	인터넷	12/11/80		90

〈여가활동〉

이름	취미	경력
김선달	당구	10
성춘향	나이트댄스	5
일지매	택견	15
임꺽정	씨름	8

1) SELECT – 다중 검색, 하위 질의

① 예제 1 20년 2회

〈여가활동〉 테이블에서 취미가 '나이트댄스'인 사원에 대해 〈사원〉 테이블에서 해당 사원의 이름과 주소를 검색하는 SQL문을 작성하시오.

```
SELECT 이름, 주소 FROM 사원 WHERE 이름 IN (SELECT 이름 FROM 여가활동
WHERE 취미 = '나이트댄스');
```

〈결과〉

이름	주소
성춘향	후평동

+ 더 알기 TIP

- IN (..) : 여가활동 테이블에서 검색한 이름과 사원테이블의 이름을 비교해서 있는(일치하는) 사람의 이름, 주소를 가져오라는 의미입니다.

② 예제 2

여가활동을 하지 않는 사원들을 검색하는 SQL문을 작성하시오.

```
SELECT * FROM 사원 WHERE 이름 NOT IN (SELECT 이름 FROM 여가활동);
```

〈결과〉

이름
홍길동
황진이
장길산
강호동

+ 더 알기 TIP

NOT IN (..) : 여가활동 테이블에서 검색한 이름과 사원테이블의 이름을 비교해서 일치하지 않는(없는) 사람의 이름을 가져오라는 의미입니다.

2) SELECT - 복수 테이블 검색

① 예제 1

경력이 10년 이상인 사원의 이름, 부서, 취미, 경력을 검색하는 SQL문을 작성하시오.

```
SELECT 사원.이름, 사원.부서, 여가활동.취미, 여가활동.경력 FROM 사원, 여가활동
WHERE 여가활동.경력 >= 10 AND 사원.이름 = 여가활동.이름;
```

〈결과〉

이름	부서	취미	경력
김선달	편집	당구	10
일지매	기획	택견	15

> **기적의 TIP**
>
> 여가활동.경력 : 여가활동 테이블에서 경력 속성을 의미한다는 게! 이제는 알겠죠?

> **기적의 TIP**
>
> '사원테이블과 여가활동 테이블에서 여가활동 테이블의 경력이 10 이상이고, 사원 테이블의 이름과 여가활동 테이블의 이름이 일치하는 자료의 사원테이블의 이름과 부서, 여가활동 테이블의 취미와 경력을 가져오세요.'라는 의미입니다.

3) SELECT - 다중 검색, 통합(UNION) 질의 20년 1회

〈임원〉

이름	부서
이순신	기획
김선달	인터넷
아무개	편집
임꺽정	편집

〈직원〉

이름	부서
이순신	기획
고길동	인터넷
박치민	편집
황비홍	편집

① 예제 1

사원들의 명단이 〈임원〉 테이블과 〈직원〉 테이블에 저장되어 있다. 두 테이블을 통합하는 SQL문을 작성하시오. 단, 같은 레코드가 중복되어 나오지 않게 하시오.

```
SELECT * FROM 임원 UNION SELECT * FROM 직원;
```

〈임원〉

이름	부서
이순신	기획
김선달	인터넷
아무개	편집
임꺽정	편집
고길동	인터넷
박치민	편집
황비홍	편집

> **기적의 TIP**
>
> UNION은 테이블을 병합할 때 사용하는 명령어로 중복되는 자료가 있는 경우 한 번만 나오도록 하는 명령어입니다. 반면에 UNION ALL은 중복된 자료까지 모두 병합하는 명령어입니다.

이론을 확인하는 기출문제

01 아래 SQL문에서 WHERE 절의 조건이 의미하는 것은?

> SELECT 이름, 과목, 점수 FROM 학생 WHERE 이름 NOT LIKE '박_ _';

① '박'으로 시작되는 모든 문자 이름을 검색한다.
② '박'으로 시작하지 않는 모든 문자 이름을 검색한다.
③ '박'으로 시작하는 3글자의 문자 이름을 검색한다.
④ '박'으로 시작하지 않는 3글자의 문자 이름을 검색한다.

- NOT은 '반대(아니다)'라는 의미이고 LIKE는 '지정된 문자를 포함한다'는 의미이므로, NOT LIKE는 '포함하지 않는'이라는 의미가 된다.
- '박_ _'은 '_'이 한 글자를 뜻하기 때문에 '박'으로 시작하는 세 글자라는 뜻이다.

02 다음 SQL문의 실행 결과는?

> SELECT 가격 FROM 도서가격 WHERE 책번호 = (SELECT 책번호 FROM 도서 WHERE 책명 = '운영체제');

〈도서〉

책번호	책명
1111	운영체제
2222	세계지도
3333	생활영어

〈도서가격〉

책번호	가격
1111	15000
2222	23000
3333	7000
4444	5000

① 5000
② 7000
③ 23000
④ 15000

- (SELECT 책번호 FROM 도서 WHERE 책명 = '운영체제') : 도서 테이블에서 책명이 '운영체제'인 책번호 1111을 가져온다.
- 그러면 (SELECT 가격 FROM 도서가격 WHERE 책번호 = 1111) 문장이 되는데, 해석하면 도서가격 테이블에서 책번호가 1111에 해당하는 가격 15000을 가져오라는 의미이다.

03 학생 테이블에서 학년이 3학년이고 학과가 컴퓨터공학인 학생의 이름을 조회하는 SQL문으로 옳은 것은?

① SELECT 이름 FROM 학생 WHERE 학년 = 3 AND 학과 = '컴퓨터공학';
② SELECT 이름 FROM 학생 WHERE 학년 = 3 OR 학과 = '컴퓨터공학';
③ SELECT 이름 FROM 학생 WHEN 학년 = 3 AND 학과 = '컴퓨터공학';
④ SELECT 이름 FROM 학생 WHEN 학년 = 3 OR 학과 = '컴퓨터공학';

SELECT 문에서 조건은 WHERE, 조건1과 조건2가 모두 만족하는 명령은 AND이다.

04 다음 SQL문을 올바르게 설명한 것은?

> SELECT * FROM 학생 WHERE 이름 LIKE '한%';

① 이름이 '한'으로 시작하면 삭제한다.
② 이름이 '한'으로 시작하는 튜플을 찾는다.
③ 이름이 '한'으로 끝나는 튜플을 찾는다.
④ 이름이 '한'으로 끝나면 삭제한다.

%는 모든 문자를 나타내는 특수 기호이다.

05 다음 SQL문에서 사용된 BETWEEN 연산의 의미와 동일한 것은?

> SELECT * FROM 성적 WHERE 점수 BETWEEN 90 AND 95;

① 점수 >= 90 AND 점수 <= 95
② 점수 > 90 AND 점수 < 95
③ 점수 >= 90 OR 점수 <= 95
④ 점수 > 90 OR 점수 < 95

"BETWEEN 90 AND 95"는 "90 이상, 95 이하"를 뜻한다.

정답 01 ④ 02 ④ 03 ① 04 ② 05 ①

06 데이터베이스에서 두 릴레이션을 합병할 때 사용하는 연산자는?

① 집합 연산자
② 관계 연산자
③ 비교 연산자
④ 논리 연산자

두 릴레이션을 합병하는 연산자는 집합 연산자이다.

07 SQL문에서 HAVING을 사용할 수 있는 절은?

① LIKE
② WHERE
③ GROUP BY
④ ORDER BY

HAVING은 GROUP BY 절에서 사용되는 조건문이다.

08 [상반기진급] 테이블과 [하반기진급] 테이블은 모두 '사번', '이름', '부서' 필드로 구성되어 있다. 다음 중 두 테이블의 레코드를 통합하려고 할 때 쿼리문으로 올바른 것은?

① SELECT 사번, 이름, 부서 FROM 상반기진급, 하반기진급 WHERE 상반기진급.사번 = 하반기 진급.사번;
② SELECT 사번, 이름, 부서 FROM 상반기진급 JOIN SELECT 사번, 이름, 부서 FROM 하반기진급 ;
③ SELECT 사번, 이름, 부서 FROM 상반기진급 OR SELECT 사번, 이름, 부서 FROM 하반기진급 ;
④ SELECT 사번, 이름, 부서 FROM 상반기진급 UNION SELECT 사번, 이름, 부서 FROM 하반기진급 ;

레코드를 통합할 때에는 UNION을 사용한다.

09 아래 SQL문은 〈사원〉 테이블에서 기본급이 100 이상인 사원이 2명 이상인 부서의 부서명과 사원수를 검색하는 SQL문이다. 괄호의 명령을 순서대로 적은 것은?

> SELECT 부서, COUNT(*) AS 사원수 FROM 사원
> (①) 기본급 >= 100
> (②) 부서 (③) COUNT(*) >= 2;

① WHERE, GROUP BY, HAVING
② GROUP BY, HAVING, WHERE
③ HAVING, WHERE, GROUP BY
④ WHERE, HAVING, GROUP BY

• WHERE는 그룹화 이전에 행(사원)을 필터링하여, 기본급이 100 이상인 행만 남긴다.
• GROUP BY 부서는 남은 행을 부서별로 그룹화한다.
• HAVING COUNT(*) >= 2는 그룹(부서) 단위에서 집계 결과로 조건을 걸어, 사원이 2명 이상인 부서만 남긴다.

SECTION 07 DML - JOIN

빈출 태그 #JOIN #INNER JOIN #EQUI JOIN #OUTER JOIN

01 다중 검색 JOIN(조인)

- JOIN은 2개의 테이블에 대해 연관된 튜플들을 결합하여, 하나의 새로운 테이블(릴레이션)을 만든다.
- JOIN은 INNER JOIN과 OUTER JOIN으로 구분한다.
- JOIN은 일반적으로 FROM 절에 기술하지만, 어느 곳에서나 사용할 수 있다.

02 INNER JOIN

1) EQUI 조인

- EQUI 조인은 조인 대상 테이블에서 공통 속성을 기준으로 비교 연산자인 '= (같니?)'에 의해 같은 값을 가지는 행을 연결하여 결과를 생성하는 JOIN이다.

① 형식 1 : WHERE 절을 이용한 EQUI JOIN의 표기 형식

```
SELECT [테이블명1.]속성명, [테이블명2.]속성명,...
FROM 테이블명1, 테이블명2, ...
WHERE 테이블명1.속성명 = 테이블명2.속성명;
```

> **기적의 TIP**
> EQUI 조인은 중복된 속성을 제거하여 같은 속성을 한 번만 표기하는 것으로 NATURAL JOIN이라고도 합니다.

② 형식 2 : NATURAL JOIN을 이용한 EQUI JOIN의 표기 형식

```
SELECT [테이블명1.]속성명, [테이블명2.]속성명,...
FROM 테이블명1 NATURAL JOIN 테이블명2;
```

> **기적의 TIP**
> NATURAL JOIN은 조인할 속성을 지정하지 않기 때문에 조인하려는 두 테이블에는 이름과 도메인이 같은 속성으로 반드시 존재해야 합니다.

③ 형식 3 : JOIN~USING 절을 이용한 EQUI JOIN의 표기 형식

```
SELECT [테이블명1.]속성명, [테이블명2.]속성명,...
FROM 테이블명1 JOIN 테이블명2 USING(속성명);
```

2) NON-EQUI 조인

- NON-EQUI 조인은 조건에 '= (같니?)'가 아닌 나머지 비교 연산자, 〉, 〈, 〉=, 〈= 등의 연산자와 BETWEEN~AND~와 같은 명령을 조건으로 사용하는 것을 말한다.

03 INNER JOIN 예제

〈학생〉

학번	이름	학과코드	선배	성적
15	한다맨	com		83
16	이서영	han		96
17	장효정	com	15	95
19	추연국	han	16	75
37	신동진		17	55

〈학과〉

학과코드	학과명
com	컴퓨터
han	국어
eng	영어

〈성적등급〉

등급	최저	최고
A	90	100
B	80	89
C	60	79
D	0	59

1) 예제 1 : EQUI 조인

〈학생〉 테이블과 〈학과〉 테이블에서 학과코드 값이 같은 튜플을 JOIN하여 학번, 이름, 학과코드, 학과명을 출력하는 SQL문을 작성하시오.

```
SELECT 학번, 이름, 학생.학과코드, 학과명 FROM 학생, 학과
WHERE 학생.학과코드 = 학과.학과코드
```

또는

```
SELECT 학번, 이름, 학생.학과코드, 학과명 FROM 학생 NATURAL JOIN 학과;
```

또는

```
SELECT 학번, 이름, 학생.학과코드, 학과명 FROM 학생 JOIN 학과 USING(학과코드);
```

〈결과〉

학번	이름	학과코드	학과명
15	한다맨	com	컴퓨터
16	이서영	han	국어
17	장효정	com	컴퓨터
19	추연국	han	국어

2) 예제 2 : NON-EQUI 조인

〈학생〉 테이블과 〈성적등급〉 테이블을 JOIN하여 각 학생의 '학번', '이름', '성적', '등급'을 출력하는 SQL문을 작성하시오.

```
SELECT 학번, 이름, 성적, 등급 FROM 학생,성적등급
WHERE 학생.성적 BETWEEN 성적등급.최저 AND 성적등급.최고;
```

〈결과〉

학번	이름	성적	등급
15	한다맨	83	B
16	이서영	96	A
17	장효정	95	A
19	추연국	75	C
37	신동진	55	D

➕ 더 알기 TIP

- BETWEEN A AND B : A와 B 사이에 있는 값을 말합니다.
- 한다맨의 성적 83은 성적등급 B의 80 이상 89 이하에 속하므로 B가 됩니다.

04 OUTER JOIN

> 기적의 TIP
>
> OUTER JOIN은 릴레이션에서 JOIN 조건에 만족하지 않는 튜플도 결과로 출력하는 JOIN입니다.

1) LEFT OUTER JOIN

- 좌측 릴레이션에 있는 튜플은 모두 표시하고 우측 릴레이션은 관련이 있는 튜플만 표시한다. 20년 2회
- LEFT OUTER JOIN 형식

```
SELECT [테이블명1.]속성명, [테이블명2.]속성명,...
FROM 테이블명1 LEFT OUTER JOIN 테이블명2
ON 테이블명1.속성명 = 테이블명2.속성명;

SELECT [테이블명1.]속성명, [테이블명2.]속성명,...
FROM 테이블명1, 테이블명2
WHERE 테이블명1.속성명 = 테이블명2.속성명(+);
```

2) RIGHT OUTER JOIN

- 우측 릴레이션에 있는 튜플은 모두 표시하고 좌측 릴레이션은 관련이 있는 튜플만 표시한다.
- RIGHT OUTER JOIN 형식

```
SELECT [테이블명1.]속성명, [테이블명2.]속성명,...
FROM 테이블명1 RIGHT OUTER JOIN 테이블명2
ON 테이블명1.속성명 = 테이블명2.속성명;


SELECT [테이블명1.]속성명, [테이블명2.]속성명,...
FROM 테이블명1, 테이블명2
WHERE 테이블명1.속성명(+) = 테이블명2.속성명;
```

더 알기 TIP

- ~ WHERE 테이블명1.속성명 = 테이블명2.속성명(+); : 오른쪽에 더하기가 있죠? 오른쪽에 추가하라는 거에요. 왼쪽은 다 나오고요. 그래서 LEFT는 오른쪽 끝에 +가 있습니다.
- ~ WHERE 테이블명1.속성명(+) = 테이블명2.속성명; : 왼쪽에 더하기가 있죠? 오른쪽이 다 나오고 왼쪽에 추가하라는 거에요. 그래서 RIGHT는 왼쪽 끝에 +가 있습니다.

더 알기 TIP

- INNER JOIN은 조건에 만족하는 튜플만 표시합니다.
- LEFT OUTER JOIN의 LEFT는 왼쪽이라는 단어입니다. 그래서 왼쪽의 자료는 다 나오고 오른쪽은 조건에 만족하는 자료가 나옵니다.
- RIGHT OUTER JOIN의 RIGHT는 오른쪽이라는 단어입니다. 그래서 오른쪽의 자료는 다 나오고 왼쪽은 조건에 만족하는 자료가 나옵니다.

3) FULL OUTER JOIN

- INNER JOIN(조건에 맞는 자료)의 결과를 구한 후, 왼쪽과 오른쪽 자료를 모두 가져오는 방식의 조인을 말한다.

```
SELECT [테이블명1.]속성명, [테이블명2.]속성명,...
FROM 테이블명1 FULL OUTER JOIN 테이블명2
ON 테이블명1.속성명 = 테이블명2.속성명;
```

05 OUTER JOIN 예제

〈학생〉

학번	이름	학과코드	선배	성적
15	한다맨	com		83
16	이서영	han		96
17	장효정	com	15	95
19	추연국	han	16	75
37	신동진		17	55

〈학과〉

학과코드	학과명
com	컴퓨터
han	국어
eng	영어

1) 예제 1 : LEFT/RIGHT OUTER JOIN

〈학생〉 테이블과 〈학과〉 테이블에서 학과코드 값이 같은 튜플을 JOIN하여 학번, 이름, 학과코드, 학과명을 출력하는 SQL문을 작성하시오. 이때, 학과코드가 입력되지 않은 학생도 출력하는 SQL문을 작성하시오.

① LEFT OUTER JOIN

```
SELECT 학번, 이름, 학생.학과코드, 학과명 FROM 학생 LEFT OUTER JOIN 학과
ON 학생.학과코드 = 학과.학과코드;
//왼쪽(학생.학과코드)는 무조건 나온다.
```

```
SELECT 학번, 이름, 학생.학과코드, 학과명 FROM 학생, 학과
WHERE 학생.학과코드 = 학과.학과코드(+);
```

➕ 더 알기 TIP

- 왼쪽에 있는 학생 테이블은 모두 나오고 관련 있는 테이블(조건에 만족하는)이 다음에 나옵니다.
- 두 번째 문장에서 RIGHT OUTER JOIN을 할 때 (학생.학과코드)를 오른쪽에 위치하면 첫 번째와 똑같은 결과가 나옵니다.

② RIGHT OUTER JOIN

```
SELECT 학번, 이름, 학생.학과코드, 학과명 FROM 학생 RIGHT OUTER JOIN 학과
ON 학과.학과코드 = 학생.학과코드;
//오른쪽(학생.학과코드)는 무조건 나온다.
```

```
SELECT 학번, 이름, 학생.학과코드, 학과명 FROM 학생, 학과
WHERE 학과.학과코드(+) = 학생.학과코드;
```

⟨결과⟩

학번	이름	학과코드	학과명
15	한다맨	com	컴퓨터
16	이서영	han	국어
17	장효정	com	컴퓨터
19	추연국	han	국어
37	신동진		

2) 예제 2 : FULL OUTER JOIN

⟨학생⟩ 테이블과 ⟨학과⟩ 테이블에서 학과코드 값이 같은 튜플을 JOIN하여 학번, 이름, 학과코드, 학과명을 출력하는 SQL문을 작성하시오. 이때, 학과코드가 입력이 안 된 학생이나 학생이 없는 학과코드도 모두 출력하시오.

```
SELECT 학번, 이름, 학생.학과코드, 학과명 FROM 학생 FULL OUTER JOIN 학과
ON 학생.학과코드 = 학과.학과코드;
//FULL OUTER JOIN은 JOIN 구문으로 연결되지 않은 자료도 모두 출력된다.
```

⟨결과⟩

학번	이름	학과코드	학과명
15	한다맨	com	컴퓨터
16	이서영	han	국어
17	장효정	com	컴퓨터
19	추연국	han	국어
37	신동진		
		eng	영어

➕ 더 알기 TIP

- FULL OUTER JOIN을 하면 JOIN 구문으로 연결되지 않는 자료도 모두 출력됩니다.
- 신동진은 학과코드가 없고, eng는 ⟨학생⟩ 테이블에 등록되지 않아서 연결고리가 없지만 FULL OUTER JOIN을 했으므로 모두 출력됩니다.

이론을 확인하는 기출문제

01 다음 중 조인(join)에 대한 설명으로 옳지 <u>못한</u> 것은?
① 두 개 이상의 테이블로부터 원하는 데이터를 검색하는 방법이다.
② 조인에 사용되는 기준 필드는 동일하거나 호환되는 데이터 형식을 가져야 한다.
③ 조인되는 두 테이블의 필드 수가 동일할 필요는 없다.
④ INNER JOIN의 결과를 구한 후, 왼쪽과 오른쪽 자료를 모두 가져오는 방식의 조인을 LEFT OUTER JOIN이라고 한다.

> FULL OUTER JOIN은 조건에 일치하는 자료를 검색한 후, 왼쪽과 오른쪽 자료를 모두 가져오는 방식의 조인을 말한다.

02 다음 쿼리에서 두 테이블의 필드 값이 일치하는 레코드만 조인하기 위해 괄호 안에 넣어야 할 것으로 옳은 것은?

```
SELECT 필드목록 FROM 테이블1, 테이블2
WHERE 테이블1.필드 (     ) 테이블2.필드;
```

① JOIN
② =
③ +
④ −

> 조인된 필드의 값이 일치하는 행을 연결하여 결과를 생성하는 JOIN을 EQUI JOIN이라고 한다.

03 동일 조인의 결과 릴레이션에서 중복되는 조인 애트리뷰트를 제거한 연산은?
① NATURAL JOIN
② UNION JOIN
③ INTERSECT JOIN
④ DIFFERENCE JOIN

> 중복되는 속성을 한 번만 표기하는 조인을 NATURAL JOIN 또는 EQUI JOIN이라고 한다.

04 다음은 〈학생〉 테이블과 〈학과〉 테이블에서 '학과코드' 속성의 값이 같은 자료 중 '이름'과 '학과명'을 검색하는 SQL문이다. 괄호 안에 적합한 명령어는?

〈학생〉

학번	이름	학과코드	선배
15	고길동	han	73
16	이순신	com	96
37	전산오		83

〈학과〉

학과코드	학과명
com	컴퓨터
han	국문
eng	영어

```
SELECT 이름, 학과명 AS 학과 FROM 학생 JOIN 학과 (     )(학과코드);
```

① NATURAL JOIN
② UNION JOIN
③ INTERSECT JOIN
④ USING

> 위 SQL문과 동일한 SQL문
> • SELECT 이름, 학과명 AS 학과 FROM 학생 NATURAL JOIN 학과;
> • SELECT 이름, 학과명 AS 학과 FROM 학생, 학과
>   WHERE 학생.학과코드 = 학과.학과코드;

05

다음은 〈학생〉 테이블과 〈학과〉 테이블에서 '학과코드' 속성의 값이 같은 자료 중 '학번', '학과코드', '학과명'을 검색하는데, 〈학생〉 테이블에서 '학과코드'가 입력이 안 된 학생도 포함해서 검색하는 SQL문이다. 괄호 안에 적합한 명령어는?

〈학생〉

학번	이름	학과코드	선배
15	고길동	han	73
16	이순신	com	96
37	전산오		83

〈학과〉

학과코드	학과명
com	컴퓨터
han	국문
eng	영어

SELECT 학번, 학생.학과코드, 학과명 FROM (①)
ON 학생.학과코드 = 학과.학과코드;

① RIGHT OUTER JOIN
② LEFT OUTER JOIN
③ NATURAL JOIN
④ FULL OUTER JOIN

위 SQL문과 동일한 SQL문
SELECT 학번, 학생.학과코드, 학과명 FROM 학생, 학과
WHERE 학생.학과코드 = 학과.학과코드(+);

06

다음은 〈t1〉 테이블과 〈t2〉 테이블을 INNER JOIN 한 문장이다. 실행 결과를 위에서부터 순서대로 적은 것은?

SELECT t1.c1, t1.c2 + t2.c2 AS ans t1 INNER JOIN t2 on t1.c1 = t2.c1;

t1

c1	c2
A	1
B	2
C	2
D	5

t2

c1	c2
A	4
C	8
E	6
F	4

[결과]

c1	(㉠)
A	5
C	(㉡)

① c2, 2
② c2, 10
③ ans, 2
④ ans, 10

- INNER JOIN은 조건에 만족하는 튜플만 표시한다.
- t1.c2 + t2.c2 AS ans
  //t1의 c2와 t2의 c2 값을 더하고 필드명은 ans로 한다.
- t1 INNER JOIN t2 on t1.c1 = t2.c1;
  //t1의 c1와 t2의 c1이 같은 자료를 INNER JOIN 한다.

PART 04

화면 구현 및 UI 테스트

파트 소개

UI, UX의 개념과 UI 테스트 기법을 개념 정리 위주로 학습하면 됩니다. HTML, CSS는 비슷한 언어로 명령어 위주로, javascript는 소스를 분석하고 결과를 얻을 수 있도록 학습하세요.

CHAPTER

01

UI 테스트

학습 방향

UI/UX의 개념과 UI 테스트 기법에 중점을 두고 학습하세요.

난이도

- 하 **SECTION 01** UI/UX 개념
- 하 **SECTION 02** UI 테스트 기법

SECTION 01 UI/UX 개념

빈출 태그 #UI #사용자인터페이스 #UX #UI종류 #UI특징 #UX개념

01 UI(User Interface) 사용자 인터페이스

1) UI의 개념

① UI의 정의
- UI는 사용자와 시스템 간의 상호작용이 원활하게 이뤄지도록 도와주는 장치나 소프트웨어를 의미한다.
- 인간과 디지털 기기 소프트웨어 사이에서 의사소통할 수 있도록 만들어진 화상, 문자, 수단(장치) 등의 매개체를 의미한다.
- 초기의 사용자 인터페이스는 단순히 사용자와 컴퓨터 간의 상호작용에만 국한되었지만 점차 사용자가 수행할 작업을 구체화시키는 기능 위주로 변경되었고, 최근에는 정보 내용을 전달하기 위한 표현 방법으로 변경되었다.

> **기적의 TIP**
> 인터페이스(Interface)는 서로 다른 시스템이나 소프트웨어 사이에서 중계자 역할을 하는 것을 의미합니다.

② UI의 특징
- 실사용자의 만족도에 직접적인 영향을 주는 요소로, 소프트웨어 영역 중 변경이 가장 많이 발생한다.
- 적절한 UI 구성으로 사용자의 편리성, 가독성, 동선의 축약 등으로 작업시간을 줄일 수 있고 업무에 대한 이해도를 높여준다.
- 사용자 중심으로 설계되어 사용자 중심의 상호작용이 되도록 한다.
- 정보 제공자와 공급자 간의 매개 역할을 수행하며, 실사용자가 수행해야 할 기능을 구체적으로 제시한다.
- 수행 결과의 오류를 줄인다.
- UI 설계하기 위해서는 소프트웨어 아키텍처를 반드시 숙지하고 있어야 한다.

> **기적의 TIP**
> UI의 특징을 묻는 문제가 출제될 수 있습니다. UI는 사용자 중심에서 생각하면 됩니다.

③ UI의 세 가지 분야

정보 제공과 전달	물리적 제어를 통한 정보 제공과 전달을 위한 분야
표현	콘텐츠의 상세적인 표현과 전체적인 구성에 관한 분야
기능	모든 사용자가 편리하고 쉽게 사용할 수 있도록 하는 기능에 관한 분야

2) UI의 종류

① GUI(Graphical User Interface)
- 그래픽(아이콘, 버튼, 문자)을 통하여 작업할 수 있는 환경을 말한다.
- 아이콘이나 메뉴를 마우스로 선택하여 작업을 수행하는 그래픽 사용자 환경이다.

② CLI(Command Line Interface)
- 명령과 출력이 텍스트 형태로 이뤄지는 인터페이스로 키보드 등을 통하여 작업할 수 있는 환경을 말한다.

③ NUI(Natural User Interface)
- 멀티 터치, 동작 인식 등 사용자의 말이나 자연스러운 행동을 인식하여 기기를 조작하는 인터페이스이다.

④ MUI(Menu User Interface)
- 메뉴를 기반으로 작업할 수 있는 환경을 말한다.

⑤ VUI(Voice User Interface)
- 사람의 음성으로 기기를 조작하는 인터페이스이다.

⑥ OUI(Organic User Inteface)
- 모든 사물과 사용자 간의 상호작용을 위한 인터페이스로, 소프트웨어가 아닌 하드웨어 분야에서 사물 인터넷(IoT, Internet of Things), 가상현실(VR, Virtual Reality), 증강현실(AI, Augmented Reality), 혼합현실(MR, Mixed Reality) 등과 함께 대두되고 있다.

> **기적의 TIP**
> 주로 GUI와 CLI가 출제되었지만 UI의 종류를 구분할 수 있을 정도로 정리하는 것이 좋습니다.

3) UI의 기본 원칙

직관성	누구나 쉽게 이해하고 사용할 수 있어야 한다.
유효성	사용자의 목적을 정확하고 완벽하게 달성해야 한다.
학습성	누구나 쉽게 배우고 익힐 수 있어야 한다.
유연성	사용자의 요구사항을 최대한 수용하고 실수를 최소화해야 한다.

4) UI의 설계 지침

사용자 중심	사용자가 쉽게 이해하고 편리하게 사용할 수 있는 환경을 제공한다.
사용성	사용자가 얼마나 빠르고 쉽게 이해할 수 있는지, 얼마나 편리하고 효율적으로 사용할 수 있는지를 말한다.
일관성	버튼이나 조작 방법 등을 일관성 있게 제공하여 사용자가 쉽게 기억하고 습득할 수 있도록 한다.
단순성	조작 방법을 단순화시킨다.
결과 예측성	작동시킬 기능만 보고도 결과를 미리 예측할 수 있도록 한다.
가시성	메인 화면에 주요 기능을 노출시켜 최대한 조작이 쉽도록 한다.
심미성	디자인적으로 완성도 높은 글꼴, 색상을 적용하고 그래픽 요소를 배치하여 가독성을 높일 수 있도록 설계한다.
표준화	기능 구조와 디자인을 표준화하여 한 번 학습한 이후에는 쉽게 사용할 수 있도록 설계한다.
접근성	사용자의 연령, 성별, 인종 등 다양한 계층이 사용할 수 있도록 한다.
명확성	사용자가 개념적으로 쉽게 인지할 수 있도록 한다.
오류 발생 해결	사용자가 오류 발생을 쉽게 인지할 수 있도록 설계한다.

> **기적의 TIP**
> UI의 설계 지침이란 사용자 인터페이스를 설계할 때 어떤 것을 고려해야 하는지에 대한 내용입니다.

5) UI 개발 시스템의 기능

- 사용자의 입력을 검증할 수 있어야 한다.
- 에러 처리와 그와 관련된 에러 메시지를 표시할 수 있어야 한다.
- 도움과 프롬프트(Prompt)를 제공해야 한다.

6) UI 설계 도구

- 사용자의 요구사항에 맞게 UI의 화면 구조나 배치 등을 설계할 때 사용하는 도구이다.
- UI 설계 도구로 작성된 결과물은 사용자의 요구사항이 실제 구현되었을 때 화면은 어떻게 구성되는지, 어떤 방식으로 수행되는지 등을 기획 단계에서 미리 보여주기 위한 용도로 사용된다.
- UI 설계 도구에는 와이어프레임, 목업, 스토리보드, 프로토타입, 유스케이스 등이 있다.

① 와이어프레임(Wireframe)

- 기획 단계 초기에 제작하는 것으로 개략적인 레이아웃이나 UI 요소 등에 대한 뼈대를 설계하는 단계이다.
- 개발자와 디자이너 등이 레이아웃을 협의하거나 현재 진행 상태 등을 공유하기 위해 와이어 프레임을 사용한다.
- 와이어프레임 툴 : 손그림, 파워포인트, 키노트, 스케치, 일러스트, 포토샵 등

> **기적의 TIP**
> 와이어프레임을 제작할 때는 각 페이지의 영역 구분, 콘텐츠, 텍스트 배치 등을 화면 단위로 설계합니다.

② 목업(Mockup)

- 디자인, 사용 방법 설명, 평가 등을 위해 와이어프레임보다 좀 더 실제 화면과 유사하게 만든 정적인 형태의 모형으로, 실제로 구현되지는 않는다.
- 목업 툴 : 파워 목업, 발사믹 목업 등

③ 스토리보드(Story Board)

- 와이어프레임에 콘텐츠에 대한 설명, 페이지 간 이동 흐름 등을 추가한 문서로써 디자이너와 개발자가 최종적으로 참고하는 작업 지침서이다.
- 정책, 프로세스, 콘텐츠 구성, 와이어프레임, 기능 정의 등 서비스 구축을 위한 모든 정보가 들어 있다.
- 스토리보드는 상단이나 우측에 제목, 작성자 등을 입력하고, 좌측에는 UI 화면, 우측에는 디스크립션(Description)을 기입한다.
- 스토리보드 툴 : 파워포인트, 키노트, 스케치, 액슈어(Axure) 등

> **기적의 TIP**
> 디스크립션(Description)은 화면에 대한 설명, 전반적인 로직, 분기처리, 예외처리 등을 작성하는 부분으로, 명확하고 세부적으로 작성해야 한다.

④ 프로토타입(Prototype)
- 와이어프레임이나 스토리보드 등에 인터렉션을 적용함으로써 실제 구현된 것처럼 테스트가 가능한 동적인 형태의 모형이다.
- 사용성 테스트나 작업자 간 서비스 이해를 위해 작성하는 샘플이다.
- 작성 방법에 따라 페이퍼 프로토타입과 디지털 프로토타입으로 나뉜다.
- 프로토타입 툴 : HTML/CSS, Axure, Flinto, 네이버 프로토나우, 카카오 오븐 등

⑤ 유스케이스(Use Case)
- 사용자 측면에서의 요구사항으로, 사용자가 원하는 목표를 달성하기 위해 수행할 내용을 기술한다.
- 사용자의 요구사항을 빠르게 파악함으로써 프로젝트의 초기에 시스템의 기능적인 요구를 결정하고 그 결과를 문서화할 수 있다.
- 자연어로 작성된 사용자 요구사항을 구조적으로 표현한 것으로, 일반적으로 다이어그램 형태로 묘사된다.
- 유스케이스 다이어그램이 완성되면, 각각의 유스케이스에 대해 유스케이스 명세서를 작성한다.

> **기적의 TIP**
> 인터렉션(Interaction)이란 UI를 통해 시스템을 사용하는 일련의 상호작용을 말합니다.

> **기적의 TIP**
> 다이어그램은 2차원 기하학 심볼(도형 등)을 이용해 정보를 시각화하는 기술로써 흐름도, 순서도 등이 있습니다.

02 UX(User Experience)

1) UX의 정의
- 사용자가 시스템이나 서비스를 이용하면서 느끼고 생각하게 되는 총체적인 경험을 말한다. 단순히 기능이나 절차상의 만족뿐만 아니라 사용자가 참여, 사용, 관찰하고 상호 교감을 통해서 알 수 있는 가치 있는 경험을 말한다.
- 기술을 효용성 측면에서만 보는 것이 아니라 사용자의 삶의 질을 향상시키는 하나의 방향으로 보는 새로운 개념이다.
- UI는 사용성, 접근성, 편의성을 중시하지만, UX는 UI를 통해 사용자가 느끼는 만족이나 감정을 중시한다.

2) UX의 특징
- 주관성 : 사람들은 개인적, 신체적, 인지적 특성에 따라 다르므로 UX는 주관적이다.
- 정황성 : 경험이 일어나는 상황 또는 주변 환경에 영향을 받는다.
- 총체성 : 개인이 느끼는 총체적인 심리적, 감성적인 결과이다.

이론을 확인하는 기출문제

01 UI의 한 종류로 멀티 터치, 동작 인식 등 사용자의 자연스러운 움직임을 인식하여 서로 정보를 주고받는 사용자 인터페이스는?

① GUI(Graphical User Interface)
② OUI(Organic User Interface)
③ NUI(Natural User Interface)
④ CLI(Command Line Interface)

> NUI는 멀티 터치, 제스처/동작 인식, 음성 등 자연스러운 사용자 행동을 입력으로 인식하는 인터페이스이다.
>
> **오답 피하기**
> GUI는 아이콘·창·마우스 클릭 중심, CLI는 명령어 텍스트 입력 중심이다.

02 키보드로 명령어를 직접 입력하지 않고 마우스로 아이콘이나 메뉴를 선택하여 모든 작업을 수행하는 방식은?

① GUI(Graphical User Interface)
② OUI(Organic User Interface)
③ NUI(Natural User Interface)
④ CLI(Command Line Interface)

> GUI란 그래픽 사용자 환경 즉, 그림을 보면서 사용자가 마우스 등의 입력 장치를 이용하여 기기를 조작할 수 있도록 하는 환경을 말한다.

03 프롬프트 상에서 명령어를 직접 입력하여 작업을 수행하는 사용자 인터페이스 방식은?

① GUI(Graphical User Interface)
② OUI(Organic User Interface)
③ NUI(Natural User Interface)
④ CLI(Command Line Interface)

> Command는 '명령어'를 의미한다.

04 사용자가 시스템이나 서비스를 이용하면서 느끼고 생각하게 되는 총체적인 경험을 의미하는 것은?

① UI
② UX
③ Use Case
④ Gesture

> 사용자가 참여, 사용, 관찰하고 상호 교감을 통해서 알 수 있는 가치 있는 경험을 UX라고 한다.

05 사용자 인터페이스(UI)의 특징으로 틀린 것은?

① 구현하고자 하는 결과의 오류를 최소화한다.
② 사용자의 편의성을 높임으로써 작업 시간을 증가시킨다.
③ 막연한 작업 기능에 대해 구체적인 방법을 제시하여 준다.
④ 사용자 중심의 상호작용이 되도록 한다.

> 편의성이 높으면 작업 시간이 단축된다.

06 소프트웨어의 사용자 인터페이스 개발 시스템이 가져야 할 기능이 아닌 것은?

① 사용자 입력의 검증
② 에러 처리와 에러 메시지 처리
③ 도움과 프롬프트(prompt) 제공
④ 소스코드 분석 및 오류 복구

> UI 개발 시스템은 입력 검증, 에러 처리·메시지 표시, 도움말/프롬프트 제공 등을 포함한다.
>
> **오답 피하기**
> 소스코드 분석 및 오류 복구는 컴파일러/IDE 영역의 기능으로, 사용자 인터페이스 개발 시스템의 필수 기능이 아니다.

정답 01 ③ 02 ① 03 ④ 04 ② 05 ② 06 ④

07 사용자 인터페이스 설계를 위한 인간공학적 원리에 포함되지 않는 것은?

① 지름길을 제공한다.
② 작업의 진행 상황을 알려준다.
③ 일관된 인터페이스를 가진다.
④ 사용자의 비전문성을 인정하지 않는다.

비전문가도 쉽게 배울 수 있도록 설계해야 한다.

08 UI의 기본 원칙 중 누구나 쉽게 이해하고 사용할 수 있어야 한다는 원칙은?

① 희소성 ② 유연성
③ 직관성 ④ 멀티운용성

UI의 기본 원칙 : 직관성, 유효성, 학습성, 유연성 등

오답 피하기
• 유효성 : 사용자의 목적을 정확하고 완벽하게 달성해야 한다.
• 학습성 : 누구나 쉽게 배우고 익힐 수 있어야 한다.
• 유연성 : 사용자의 요구사항을 최대한 수용하고 실수를 최소화해야 한다.

09 사용자 인터페이스에 대한 설명으로 틀린 것은?

① 사용자와 시스템이 정보를 주고받는 상호작용이 잘 이루어지도록 하는 장치나 소프트웨어를 의미한다.
② 배우기가 용이하고 쉽게 사용할 수 있도록 만들어져야 한다.
③ 편리한 유지보수를 위해 개발자 중심으로 설계되어야 한다.
④ 사용자 요구사항이 UI에 반영될 수 있도록 구성해야 한다.

UI는 사용자 인터페이스로 사용자 중심(User Centered)으로 설계되어야 한다.

10 UI를 설계할 때 화면 단위로 전개될 가상 경로를 예상하여 기획하는 것으로, 화면 설계도이며 구체적인 작업 지침서 역할을 하는 것은 무엇인가?

① 유스케이스 ② 레이아웃
③ 내비게이션 ④ 스토리보드

스토리보드는 와이어프레임에 콘텐츠에 대한 설명, 페이지 간 이동 흐름 등을 추가한 문서로써 디자이너와 개발자가 최종적으로 참고하는 작업 지침서이다.

11 유스케이스에 관한 설명으로 잘못된 것은?

① 사용자의 요구사항을 정리하고 기록하기 위한 도구이다.
② 와이어프레임에 인터렉션을 적용한 모형이다.
③ 유스케이스는 일반적으로 다이어그램 형식으로 작성된다.
④ 완성된 유스케이스에 대해 유스케이스 명세서를 작성한다.

와이어프레임이나 스토리보드 등에 인터렉션을 적용한 동적인 형태의 모형은 프로토타입이다.

12 다음 내용이 설명하는 UI 설계 도구는?

• 디자인, 사용 방법 설명, 평가를 위해 실제 화면과 유사하게 만든 정적인 형태의 모형
• 시각적으로만 구성요소를 배치하는 것으로 일반적으로 실제 구현되지는 않음

① 스토리보드 ② 목업
③ 프로토타입 ④ 유스케이스

목업은 와이어프레임보다 좀 더 실제 화면과 유사하게 만든 정적인 형태의 모형으로 실제로 구현되지는 않는다.

13 다음 중 사용자 인터페이스의 설계 도구에 대한 설명으로 틀린 것은?

① 화면 설계 도구에는 파워포인트, 스토리보드, 와이어프레임, 목업 등이 있다.
② 와이어프레임은 기획 단계에서 페이지 레이아웃이나 구성요소 등 뼈대를 설계하는 단계이다.
③ 목업은 와이어프레임의 내용에 디스크립션을 추가한 문서이다.
④ 프로토타입은 테스트가 가능하도록 만든 일종의 샘플이다.

와이어프레임에 디스크립션을 추가한 것은 스토리보드이다.

정답 07 ④ 08 ③ 09 ③ 10 ④ 11 ② 12 ② 13 ③

SECTION 02 UI 테스트 기법

난이도 상 중 **하**
반복학습 1 2 3

빈출 태그 #UI테스트 #휴리스틱 #페이퍼프로토타입 #성능평가 #선호도평가

합격 강의

01 UI 테스트

- 구현된 UI의 사용성을 검증하기 위해 테스트를 수행하고, 결과에 따라 개선 및 결과 보고서를 작성하는 행위 또는 그 절차이다.
- 사용자가 미리 작성된 시나리오에 따라 사용자가 직접 제품을 사용하면서 진행하는 사용자 중심 테스트이다.
- 현 제품에 대한 사용자의 요구사항과 행동을 관찰할 수 있는 유용한 진단 방법이다.
- UI 테스트 중에 발생되는 산출물은 사용자 매뉴얼 작성 시 중요한 참고 자료가 된다.
- 종류

소프트웨어 테스트	• 요구사항 검증/확인(V&V), 결함 발견 및 품질 위험 감소 • 기능 테스트(단위/통합/시스템), 비기능(성능·보안·호환성 등) • 대표 산출물 : 테스트 케이스/결과, 결함 리포트, 커버리지, 성능지표(RPS, 응답시간 등)
사용성 테스트	• 실제 사용자 태스크 수행의 효과성·효율성·만족도 평가 및 개선 • 대표 사용자에게 시나리오/과업 수행, 관찰·생각소리법, 인터뷰 • 대표 산출물 : 이슈 목록/심각도, 개선안, 정량(성공률·시간·오류율·SUS)/정성 인사이트

➕ 더 알기 TIP

UI 사용성(Usability)
사용자와 컴퓨터 사이에 발생하는 어떠한 행위에 대하여 사용자가 쉽게 배우고 사용할 수 있으며, 향후 다시 사용하고 싶은 정도를 나타냅니다.

02 UI 테스트 기법의 종류

1) 휴리스틱 평가

- 최소 3명 이상의 디자인 전문가가 사전에 작성한 원칙에 따라 제품을 평가하는 기법이다.
- 사용성에 대한 문제를 찾아내기 위한 사용성 공학 방법으로, 전문가에 의해 이론과 경험을 근거로 하여 일련의 규칙들을 만들어 놓고 평가 대상이 그러한 규칙들을 얼마나 잘 지키고 있는가를 확인하는 평가 방법이다.

- 장단점

장점	• UI의 구현 정도에 관계없이 평가가 가능하다. • 상대적으로 적은 비용이 소모되며 짧은 시간 내에 시스템의 중요한 문제점들을 발견할 수 있다. • 프로젝트 수행 과정의 전반에 테스트가 가능하여 초기에 문제점을 발견할 수 있다.
단점	• 구체적이고 계량적인 평가 자료를 만들기 어렵다. • 전문가와 실제 사용자가 바라보는 시각 차이가 발생할 수 있다. • 전문가의 능력에 따라 평가 시간이나 수준이 달라진다.

2) 페이퍼 프로토타입

- 종이로 해당 서비스를 간단하게 만들어 실제 구현되는 것처럼 표현하고, 이를 이용하여 테스트하는 평가 방법이다.
- 프로토타입 작성 시 포함되어야 할 중요한 내용을 체크리스트로 작성한다.
- 테스트 기법 중 가장 빠른 방법으로, 제품의 전반적인 콘셉트와 흐름을 보여준다.
- 테스트 참가자들이 최종 제품에 대한 기대를 갖지 않고 더 자유롭게 의견을 내는 경향이 있다.

3) 선호도 평가

- "A가 B보다 더 좋다"와 같이 선호도에 영향을 주는 속성들을 파악하고 예측하기 위한 기법이다.
- 사용자의 감성을 분석하기 위해 과학적인 시점에서 객관적으로 해석한다.
- 자료의 특성에 따라 점수, 순위, 태도 기반 선호도, 속성 기반 선호도 중 알맞은 추정법을 적용하여 분석한다.

4) 성능 평가

- 개발의 마지막 단계에서 제품의 학습성, 효율성, 기억용이성, 오류, 만족도 등을 평가한 결과를 바탕으로 성능을 개선하는 방법이다.
- 제품이나 서비스를 개발하는 단계에 맞춰 평가를 진행한다.
- 개발 마지막 단계에서 각 제품이나 서비스의 테스크들이 지닌 장단점을 파악하기 위해 실행한다.

➕ 더 알기 TIP

성능 평가의 평가 항목
- 학습성 : 쉽게 배울 수 있는가?
- 효율성 : 이용에 필요 이상의 노력이 필요하지는 않은가?
- 기억용이성 : 사용했던 기능을 다시 사용하는데 어렵지는 않은가?
- 오류 : 오류가 발생하거나, 발생했을 때 극복이 가능한가?
- 만족도 : 사용에 불만족스러운 부분은 없었는가?

이론을 확인하는 기출문제

01 다음 설명에 해당하는 UI 테스트 기법은?

- 최소 3명 이상의 디자인 전문가가 사전에 작성한 원칙에 따라 제품을 평가하는 기법이다.
- UI의 구현 정도에 관계없이 평가가 가능하다.
- 전문가의 능력에 따라 평가 시간이나 수준이 달라진다.

① 휴리스틱 평가
② 페이퍼 프로토타입
③ 선호도 평가
④ 성능 평가

디자인 전문가에 의해 수행되는 테스트 기법은 휴리스틱 평가이다.

오답 피하기
② 종이로 해당 서비스를 만들어 실제 구현되는 것처럼 표현한다.
③ 사용자의 감성을 분석하기 위해 과학적인 시점에서 객관적으로 해석한다.
④ 개발의 마지막 단계에서 학습성, 효율성, 기억용이성, 오류, 만족도 등을 평가하여 성능을 개선한다.

02 UI 테스트 기법 중 성능 평가 기법에서 사용하는 평가 항목이 아닌 것은?

① 학습성　　② 기억용이성
③ 오류　　　④ 이식성

성능 평가 기법의 평가 항목 : 학습성, 효율성, 기억용이성, 오류, 만족도 등

오답 피하기
이식성(Portability)은 소프트웨어가 다른 환경(운영체제, 하드웨어, 브라우저, DB 등)에서도 큰 수정 없이 실행될 수 있는 능력을 말한다.

03 다음 UI 테스트 기법 중 휴리스틱 평가의 장점에 해당하지 않는 것은?

① 전문가에 의해 테스트를 하기 때문에 많은 비용이 소모된다.
② 짧은 시간 내에 시스템의 중요한 문제점들을 발견할 수 있다.
③ 프로젝트 수행 과정의 전반에 걸쳐서 테스트가 가능하다.
④ 초기에 문제점을 발견할 수 있다.

휴리스틱 평가는 전문가에 의해 이론과 경험을 근거로 하여 평가하므로 상대적으로 짧은 시간 안에 문제를 발견할 수 있고 적은 비용이 든다.

04 UI 테스트 중에서 사용자가 실제로 제품이나 서비스와 연관된 것을 사용해 보고 태스크(Task)별 학습성, 효율성, 기억용이성, 오류, 만족도 등에 대해 평가하는 기법은 무엇인가?

① 파일럿 테스트
② 선호도(Preference) 평가
③ 페이퍼 프로토타입(Paper Prototype) 평가
④ 성능(Performance) 평가

성능 평가는 제품이나 서비스를 개발하는 단계에 맞춰 평가를 진행한다.

05 UI 테스트 기법의 종류가 아닌 것은?

① 휴리스틱 평가
② 페이퍼 프로토타입
③ 비교 검사
④ 선호도 평가

비교 검사는 프로그램을 실행하여 오류를 찾는 동적 테스트이다.

06 사용자 인터페이스(UI) 테스트에 대한 설명으로 옳지 않은 것은?

① 테스트 결과는 사용자 매뉴얼 작성에 도움을 준다.
② 개발자가 직접 테스트를 수행하는 개발자 중심의 테스트이다.
③ 미리 작성된 시나리오에 따라 직접 제품을 사용하며 테스트를 진행한다.
④ 사용자의 요구사항과 행동을 관찰할 수 있는 유용한 진단 방법이다.

사용자 인터페이스 테스트는 사용자가 직접 제품을 사용하면서 진행하는 사용자 중심의 테스트이다.

정답 01 ① 02 ④ 03 ① 04 ④ 05 ③ 06 ②

CHAPTER 02

화면 구현

학습 방향

HTML, CSS의 특징과 연산자와 Javascript 연산자를 학습합니다.

난이도

- ⑤ **SECTION 01** HTML
- ⑥ **SECTION 02** CSS
- ⑥ **SECTION 03** 자바스크립트(JavaScript) 기초

SECTION 01 HTML

빈출 태그 #HTML #태그 #목록태그 #폼

01 HTML의 기본 구조와 태그

- HTML(HyperText Markup Language)은 인터넷 표준 문서인 하이퍼텍스트 문서를 만들 때 사용하는 마크업 언어이며 웹브라우저에 표시되는 화면이 바로 HTML로 작성된 문서이다.
- HTML은 태그로 구성되며 상위 태그 아래에 여러 개의 하위 태그가 있는 트리 구조이다.
- 태그는 속성(Attribute)을 사용하여 기능을 구체화할 수 있으며, 대/소문자를 구분하지 않고 속성에 값을 지정할 때는 일반적으로 큰따옴표(" ")로 묶는다.

1) HTML의 기본 구조

```
<!DOCTYPE html>              //html5 문서 선언
<html>                       //문서의 루트(root)
<head>
  <title>영진출판사</title>    //title은 창의 제목
  <meta charset="utf-8">     //문서의 문자 인코딩 방식 지정
</head>
<body>                       //실제 화면에 보이는 내용
  안녕하세요.<br>              //br은 줄 바꿈 태그
  HTML을 연습하고 있습니다.<br>
</body>
</html>
```

> **기적의 TIP**
>
> HTML에서 주석은 "<!-- 내용 -->"입니다. 예제에서는 편의상 '//'로 표시했습니다.

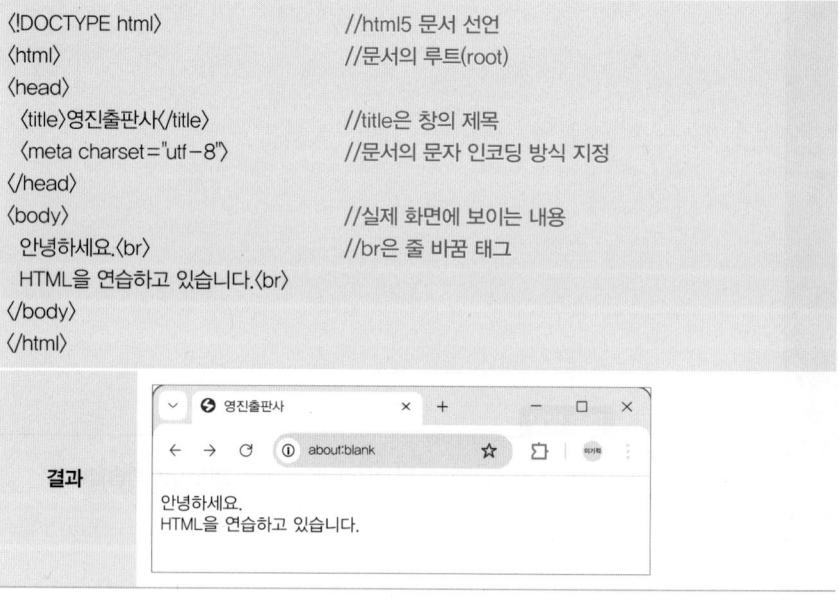

결과

> **➕ 더 알기 TIP**
>
> - 태그란 웹 브라우저에서 각 개체가 화면에 어떻게 나타내야 하는지를 알려주는 역할을 수행하는 예약어입니다.
> - 태그는 보통 쌍으로 열림(<)과 닫힘(/) 태그로 구성됩니다.
> - 닫힘 태그가 없는 태그 : <br>, <hr>, <img>, <input>

2) HTML 태그

① HTML 기본 태그

태그	설명
⟨br⟩	• 커서를 다음 줄로 이동, 키보드의 [Enter]와 같은 의미이다.
⟨p⟩	• 입력된 내용을 하나의 문단(Paragraph, 단락)으로 지정한다. • 문단으로 지정되면 출력된 내용의 위와 아래에 여백이 삽입된다.
⟨hr⟩	• 주제의 전환을 나타내는 시맨틱 구분자이다. • 화면상에는 수평선으로 표시된다.

⟨a⟩	• 텍스트나 이미지를 클릭했을 때 연결할 URL을 설정한다.
	• 예 ⟨a href="https://license.youngjin.com" title="youngjin" target="_blank"⟩이기적 영진닷컴 수험서⟨/a⟩
	  – href : 연결할 인터넷 주소를 입력한다. (임시주소 "#"을 입력해도 된다.)
	  – target : 웹페이지가 열리는 방식을 지정한다. 생략하거나 "_self"를 입력하면 현재 페이지에 열리고, "_blank"를 입력하면 새로운 창에 연결된 웹페이지가 열린다.

⟨h1⟩~⟨h6⟩	• 입력된 제목 스타일을 적용한다. • ⟨h1⟩이 가장 크고 ⟨h6⟩이 가장 작다.

⟨img⟩	• 이미지 파일을 표시한다.
	• 예 ⟨img src="minians.jpg" width="100", height="100" title="미니언스"⟩
	  – src : 이미지 파일이 저장된 경로와 파일 이름을 지정하는 것으로, 경로 구분자로 "/"를 사용한다.
	  – width, height : 이미지의 너비(가로), 높이(세로)를 지정한다. 정수를 입력하면 pixel 단위, %를 입력하면 입력한 비율로 너비와 높이가 지정된다.

⟨b⟩	• 글자를 굵게 표시한다.
⟨i⟩	• 글자를 기울임꼴로 표시한다.

> **더 알기 TIP**
> - HTML 문서에서 ⟨, ⟩, ", ' 등의 특수 문자는 태그나 속성을 구분하는 문자로 사용됩니다. 이러한 특수 문자가 포함된 문자열을 표시하려면 다음의 예약어를 사용해야 합니다.
> - 특수 문자 예약어 : 공백( ), ⟨(<), ⟩(>), &(&), "("), '(')

② HTML 목록 태그

- HTML 문서에서 글 목록을 작성할 때 사용하는 태그의 종류는 다음과 같다.

태그	설명
⟨ul⟩	• 순서 없는 목록을 표시한다. • ⟨li⟩ 태그를 이용해 목록을 작성한다.
⟨ol⟩	• 순서 있는 목록을 표시한다. • 항목 앞에 일련번호를 붙여 표시한다. • ⟨li⟩ 태그를 이용해 목록을 작성한다.
⟨dl⟩	• 제목 있는 목록을 표시한다. • ⟨dt⟩ 태그를 이용해 제목을 작성한다. • ⟨dd⟩ 태그를 이용해 제목의 하위 내용을 작성한다.

3) 예제

① 순서가 있는 목록 태그(ordered list)

```html
<html>
<body>
<ol>                        //순서있는 목록
   <li>list</li>            //li는 list 약자입니다.
   <li>list</li>
   <li>list</li>
</ol>

<ol type="I">               //일련번호 종류 : a, A, 1, I, i
   <li>list</li>
   <li>list</li>
   <li>list</li>
</ol>

<ol start="2">              //일련번호의 시작번호를 2로 합니다.
   <li>list</li>
   <li>list</li>
   <li>list</li>
</ol>
</body>
</html>
```

결과	1. list 2. list 3. list I . list II . list III . list 2. list 3. list 4. list

➕ 더 알기 TIP

- type는 일련번호의 종류를 말하며, 생략하면 아라비아 숫자입니다.
- start는 일련번호의 시작번호를 지정할 수 있습니다.

② 순서가 없는 목록 태그(unordered list)

```html
<html>
<body>
<ul>
  <li>list</li>                //순서 없는 목록
  <li>list</li>
  <li>list</li>
</ul>
<ul type="square">             //목록 스타일
  <li>list</li>
  <li>list</li>
  <li>list</li>
</ul>
<ul type="circle">
  <li>list</li>
  <li>list</li>
  <li>list</li>
</ul>
</body>
</html>
```

결과	• list • list • list ▪ list ▪ list ▪ list ◦ list ◦ list ◦ list

+ 더 알기 TIP

type은 목록 스타일을 말하며, disc(●), square(■), circle(○)입니다.

③ 제목 있는 목록

```
<html>
<body>
  <h3>프로그래밍기능사</h3>
  <dl>
    <dt>이기적</dt>
    <dd>이렇게 기막힌 적중률</dd>
  </dl>
</body>
</html>
```

결과	프로그래밍기능사 이기적 　　　이렇게 기막힌 적중률

02 HTML 프레임, 테이블, 폼

1) 프레임(Frame)
- 화면을 몇 개의 영역으로 분할했을 때 분할된 각각의 영역을 말한다.
- 주요 태그 및 속성

〈frameset〉	• 〈frameset〉은 화면을 분할하는 태그이다. • 〈frameset〉과 〈/frameset〉 사이에 분할한 프레임의 개수만큼 〈frame〉 태그를 사용한다.
〈frame〉	• 분할한 각각의 프레임에 표시할 HTML 문서를 지정한다. • 〈frameset〉으로 분할한 영역에 〈frame〉 태그가 적용되는 순서 　– 화면을 가로로 분할 : 위쪽 → 아래쪽 　– 화면을 세로로 분할 : 왼쪽 → 오른쪽 • 분할한 프레임의 개수는 〈frameset〉의 rows(행) 또는 cols(열) 속성으로 알 수 있다. ⓓ rows = "20%, *" → 2개

➕ **더 알기 TIP**

rows와 cols의 크기 단위는 "정수, %, *"를 사용할 수 있습니다.
- 정수 : 입력된 값을 픽셀로 인식하여 프레임의 크기가 결정된다.
- 백분율(%) : 입력된 값이 창의 비율로 인식하여 프레임의 크기가 결정된다.
- * : 다른 영역의 크기를 제외한 나머지 크기로 프레임의 크기가 결정된다.

- 예제

```
<frameset rows="100, *">
    <frame src = "위.html">
    <frameset cols="25%, *, 25%">
        <frame src = "좌.html">
        <frame src = "중앙.html">
        <frame src = "우.html">
    </frameset>
</frameset>
```

> **기적의 TIP**
> - frame src의 웹문서는 같은 위치에 있다고 가정하고 파일 이름만 작성했습니다.
> - 다른 위치에 있는 파일은 경로 지정(/)을 하여 작성해야 합니다.

결과: 100 / 25% / 50% / 25% / *

2) 테이블(Table)

- HTML에서 테이블은 행(row)과 열(column)로 이루어진 표를 말한다.
- 주요 태그 및 속성

태그	설명
\<table\>	• 표를 만든다. • 테이블에 관한 세부사항을 설정한다. • \<caption\> 태그를 이용해서 표제목을 삽입할 수 있다.
\<thead\>	• 테이블의 머리글 부분을 정의한다.
\<tbody\>	• 테이블의 본문 부분을 정의한다.
\<tfoot\>	• 테이블의 바닥글 부분을 정의한다.
\<tr\>	• 행을 만든다.
\<td\>	• 셀을 만든다. • colspan : 가로 방향으로 셀을 병합한다. • rowspan : 세로 방향으로 셀을 병합한다.
\<th\>	• 셀을 만들면서 제목 스타일을 적용한다.

> **더 알기 TIP**
> \<th\> 태그가 적용되면 글꼴이 굵게 표시되고 셀의 가운데로 정렬됩니다.

- 예제

```html
<html>
<body>
<table>
   <caption>표만들기 태그 예제</caption>   //표의 제목입니다.
   <thead>                 //thead : table head(표의 머리글을 만든다.)
      <tr>                 //tr : table row(표의 첫 번째 행을 만든다.)
         <th>번호</th>      //th : table header(필드명을 각각 입력한다.)
         <th>분류</th>
         <th>제목</th>
         <th>첨부파일</th>
         <th>작성일</th>
      </tr>
   </thead>
   <tbody>                 //tbody : table body(표 안에 내용을 채운다.)
      <tr>
         <td>1</td>         //td : table data
         <td>Book</td>
         <td>이기적인영진출판<td>
         <td></td>
         <td>26/09/12</td>
      </tr>
      <tr>
         <td>2</td>
         <td colspan="2">Book - 열병합 프로그래밍<td>    //열 2개 병합
         <td></td>
         <td rowspan="2">행병합</td>                //행 2개 병합
      </tr>
      <tr>
         <td>3</td>
         <td>Book</td>
         <td>기능사필기<td>
         <td></td>
      </tr>
   </tbody>
</table>
</body>
</html>
```

결과

표만들기 태그 예제				
번호	분류	제목	첨부파일	작성일
1	Book	이기적인영진출판		26/09/12
2	Book - 열병합 프로그래밍			행병합
3	Book	기능사필기		

- 위의 결과는 브라우저상에서 실행된 결과이고, 아래 표는 태그를 설명하기 위한 표이다.

표만들기 태그 예제

번호	분류	제목	첨부파일	작성일
1	Book	이기적인영진출판		26/09/12
2	Book – 열병합 프로그래밍			행병합
3	Book	기능사필기		

> **기적의 TIP**
> 테이블의 속성(스타일)을 주려면 〈head〉와 〈/head〉 사이에 〈style〉 태그에서 설정할 수 있는데 다음 섹션의 CSS에서 자세히 다루겠습니다.

더 알기 TIP

CSS는 HTML 문서에 적용할 수 있는 다양한 스타일을 미리 정의해 둔 스타일 시트로, CSS에 정의된 속성들을 이용해 HTML 문서에 레이아웃이나 서식 등을 쉽게 지정할 수 있습니다.

3) 폼(Form)

- 폼은 사용자로부터 정보를 입력받고 입력받은 데이터를 서버로 전송하기 위해 사용하는 틀을 의미한다.

① 〈form〉 기본 구조

```
〈form action="서버주소" method="전송방식"〉
    〈!-- 입력 요소들 --〉
〈/form〉
```

- action : 입력된 데이터를 보낼 서버 주소
- method : 데이터 전송 방식
  - get : 입력받은 데이터를 주소(URL)에 첨부하여 전송한다. → 빠름, 보안 낮음 (검색창 등)
  - post : 입력받은 데이터를 메시지 형식으로 전송한다. → 보안 상대적으로 높음 (회원가입, 로그인 등)

더 알기 TIP

- get : 입력된 데이터가 URL에 노출되기 때문에 검색이나 조회 등 노출되어도 상관없는 데이터 전송에 주로 사용됩니다.
- post : 데이터가 메시지 형태로 전송되어 외부로 노출되지 않으므로 로그인이나 회원가입 등 보안이 필요한 데이터의 전송에 주로 사용됩니다.

② input 태그
- 예 〈input type="text" name="username" placeholder="아이디 입력"〉
- type의 종류

type="text"	텍스트 상자, 한 줄 텍스트 입력
type="password"	암호 입력용 텍스트 상자, 비밀번호 입력(●●● 처리)
type="email"	이메일 형식 확인
type="number"	숫자 입력(범위 설정 가능)
type="checkbox"	확인란, 다중 선택 가능
type="radio"	라디오 버튼, 여러 개 중 하나만 선택
type="file"	파일 업로드
type="submit"	폼에 입력된 데이터를 서버로 전송
type="reset"	입력값 초기화

- name : 데이터를 참조할 때 사용할 이름을 지정
- value : 기본값을 지정
- checked : type이 radio 또는 checkbox일 때 기본으로 선택되어야 할 항목을 지정
- required : 반드시 입력되어야 하는 요소를 지정

③ 기타 태그

〈mark〉	태그 안의 내용을 형광펜으로 칠한 것처럼 표시한다. 예 〈p〉프로그래밍기능사는 〈mark〉이기적으로〈/mark〉 공부합니다.〈/p〉 프로그래밍기능사는 이기적으로 공부합니다.
〈small〉	태그 안의 내용을 일반 텍스트 크기보다 작은 크기로 표시한다. 예 〈p〉일반 텍스트 크기보다 〈small〉작은 텍스트〈/small〉입니다.〈/p〉 일반 텍스트 크기보다 작은 텍스트입니다.
〈sub〉	태그 사이에 입력된 내용을 아래첨자로 표시한다. 예 〈p〉sub는 아래〈sub〉첨자〈/sub〉로 표시합니다.〈/p〉 sub는 아래첨자로 표시합니다.
〈cite〉	태그 안의 내용을 기울임꼴로 표시하는 것으로, 책이나 음악, 영화, 그림 등 창작물의 제목 표시에 사용한다. 예 〈p〉한다맨, 영진 저자의 도서는〈/p〉 〈p〉〈cite〉이기적입니다.〈/cite〉〈/p〉 한다맨, 영진 저자의 도서는 *이기적입니다.*
〈link〉	외부 스타일 시트 파일을 연결할 때 사용한다. 〈link ref="stylesheet" type="text/css" href="test/test_style.css"〉

`<nav>`	다른 페이지나 현재 페이지의 다른 부분과 연결되는 링크의 집합을 정의하는 것으로, 메뉴나 목차, 인덱스 작성에 사용한다.
	예
	`<nav>`
	　`<a href="test/com1">컴활1급</a>`
	　`<a href="test/com2">컴활2급</a>`
	　`<a href="test/info1">프로그래밍기능사</a>`
	`</nav>`
	`<p> 원하는 종목을 선택하세요.</p>`
	
	--- 	
	컴활1급 컴활2급 프로그래밍기능사
	
	원하는 종목을 선택하세요.
	--- 	

이론을 확인하는 기출문제

01 HTML에서 웹 페이지의 제목(브라우저 탭에 표시되는 글자)을 설정하는 태그는?

① ⟨meta⟩
② ⟨title⟩
③ ⟨head⟩
④ ⟨h1⟩

⟨title⟩은 브라우저의 탭, 즐겨찾기 제목에 표시된다.

오답 피하기
① 문서 정보, ④ 본문 제목 중에 가장 큰 글자 태그

02 HTML에서 하이퍼링크를 만들 때 사용하는 태그는?

① ⟨a⟩   ② ⟨link⟩
③ ⟨href⟩ ④ ⟨nav⟩

⟨a href="URL"⟩텍스트⟨/a⟩ 형태로 사용한다.

오답 피하기
href는 속성, ⟨link⟩는 보통 외부 CSS를 연결할 때 사용된다.

03 HTML에서 웹 문서의 최상위 루트(root) 태그는?

① ⟨html⟩
② ⟨head⟩
③ ⟨body⟩
④ ⟨root⟩

모든 HTML 문서는 ⟨html⟩ 태그로 시작하여 전체 문서를 감싼다.

04 HTML에서 주석을 다는 방법으로 올바른 것은?

① /* 주석 */
② //주석
③ ⟨!-- 주석 --⟩
④ {# 주석 #}

HTML에서 주석은 ⟨!-- 주석 --⟩으로 표시한다.

오답 피하기
① CSS, ② JavaScript

05 이미지 삽입 시 사용되는 태그는?

① ⟨src⟩
② ⟨image⟩
③ ⟨img⟩
④ ⟨pic⟩

⟨img src="경로" alt="설명"⟩ 형태로 사용되며, 종료 태그가 필요 없는 빈 요소(empty element)의 태그이다.

06 HTML에서 표(table)의 행(row)을 나타내는 태그는?

① ⟨th⟩   ② ⟨td⟩
③ ⟨tr⟩   ④ ⟨table⟩

⟨tr⟩ : table row(행)

오답 피하기
- ⟨th⟩ : 제목 셀
- ⟨td⟩ : table data(셀)
- ⟨table⟩ : 테이블에 관한 세부 사항 설정, 표 생성

07 HTML에서 줄 바꿈을 할 때 사용하는 태그는?

① ⟨lb⟩   ② ⟨br⟩
③ ⟨enter⟩ ④ ⟨line⟩

⟨br⟩은 줄 바꿈 태그이며, 종료 태그가 필요 없는 빈 요소이다.

08 ⟨ol⟩ 태그와 ⟨ul⟩ 태그의 차이는?

① ⟨ol⟩은 순서 없는 목록, ⟨ul⟩은 순서 있는 목록
② ⟨ol⟩은 순서 있는 목록, ⟨ul⟩은 순서 없는 목록
③ 둘 다 순서 있는 목록
④ 둘 다 순서 없는 목록

⟨ol⟩은 번호가 붙는 순서 목록(Ordered List), ⟨ul⟩은 점 표시가 붙는 순서 없는 목록(Unordered List)이다.

정답 01 ② 02 ① 03 ① 04 ③ 05 ③ 06 ③ 07 ② 08 ②

09 ⟨form⟩ 태그의 method="post"와 method="get" 차이로 올바른 것은?

① get은 보안성이 높고, post는 주소창에 노출된다.
② get은 주소창에 데이터 노출, post는 노출되지 않는다.
③ 둘 다 동일하게 작동한다.
④ get은 파일 업로드, post는 텍스트 입력 시 사용한다.

> GET은 주소(URL)에 데이터가 노출되므로 속도가 빨라 검색/조회에 적합하지만 보안성은 낮고, POST는 데이터가 숨겨져 전송되므로 보안성이 더 높아서 아이디, 패스워드에 사용된다.

10 ⟨input type="password"⟩의 특징은?

① 숫자만 입력 가능하다.
② 입력한 문자가 ●●●로 표시된다.
③ 여러 줄 입력이 가능하다.
④ 파일 업로드를 한다.

> type="password"는 보안 입력창을 만들며, 실제 문자가 아닌 특수기호로 표시된다.

11 ⟨meta charset="UTF-8"⟩의 역할은?

① 웹 페이지의 제목을 설정한다.
② 글꼴을 지정한다.
③ 문서의 문자 인코딩 방식을 지정한다.
④ CSS 파일을 연결한다.

> UTF-8은 전 세계 대부분 언어를 표현할 수 있는 인코딩 방식으로 웹 페이지에서 한글 깨짐 현상을 방지한다.

12 HTML의 태그 중 책이나 음악, 영화 등의 제목을 정의할 때 사용하는 태그는?

① ⟨mark⟩
② ⟨small⟩
③ ⟨sub⟩
④ ⟨cite⟩

> ⟨cite⟩은 태그 안의 내용을 기울임꼴로 표시하는 것으로, 책이나 음악, 영화, 그림 등 창작물의 제목 표시에 사용하는 태그이다.

13 HTML5에서 메뉴, 목차, 인덱스와 같이 내부 페이지 및 외부 페이지에 대한 탐색 링크들을 정의할 때 사용하는 태그는?

① ⟨lib⟩
② ⟨link⟩
③ ⟨nav⟩
④ ⟨index⟩

> ⟨nav⟩는 다른 페이지나 현재 페이지의 다른 부분과 연결되는 링크의 집합을 정의하는 것으로, 메뉴나 목차, 인덱스 작성에 사용하는 태그이다.

14 다음 HTML 코드로 구현한 표에서 2번째 행에 만들어지는 셀을 3개 공간을 차지하는 병합된 셀로 만들고자 할 때 괄호에 들어갈 알맞은 속성은?

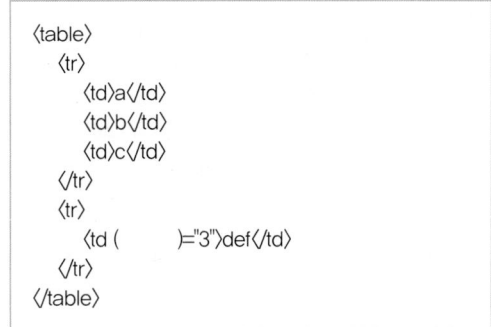

① rows
② rowspan
③ cols
④ colspan

> 가로 방향의 셀을 병합할 때 사용하는 속성은 colspan이다.
> ⟨결과⟩

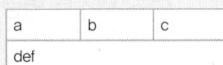

> (웹에서는 테두리가 없지만 구분의 용이성을 위해 테두리 추가)

SECTION 02 CSS

빈출 태그 #CSS #CSS박스모델 #선택자

기적의 TIP
HTML은 웹 페이지의 뼈대(구조)를 정의하는 언어이고, 디자인은 CSS, 동작은 JavaScript가 담당합니다.

01 CSS(Cascading Style Sheet)

- 1996년 w3c에서 html의 제한된 기능을 추가적으로 처리하기 위해 개발되었다.
- 기존 Html 태그에 추가적 스타일을 설정하여 보기 좋은 웹 페이지 구현을 가능하게 한다.

1) CSS 기본

- CSS는 HTML 요소의 스타일(색상, 글꼴, 배치 등)을 지정한다.
- 종류

인라인 스타일	예) ⟨h1 style="color: red;"⟩

내부 스타일	⟨head⟩
	  ⟨style⟩
	    css 블록
	  ⟨/style⟩
	⟨/head⟩
	
	css 블록 : 선택자{속성:값;}
	예) body{background:black}

외부 스타일	예) ⟨link rel="stylesheet" href="style.css"⟩

2) CSS 명령어

① CSS 텍스트 명령어

기적의 TIP
한 문단 전체에 지정하지 않고 일부에만 색상을 지정하려면, ⟨span⟩ 태그를 사용하여 지정하면 됩니다. 링크의 색상을 지정할 수도 있습니다.

기적의 TIP
색상 지정
- 이름 : red, blue
- HEX : #ff0000
- RGB : rgb(255,0,0)
- RGBA : rgba(255,0,0,0.5) : 투명도 포함

color	텍스트의 색상 지정 예) color: red | #8ac007 | rgb(0,0,0) | rgba(0,0,0,1);
direction	글자의 방향 지정 예) direction: ltr | rtl; //ltr은 왼쪽부터 오른쪽, rtl은 오른쪽부터 왼쪽
background-color	글자의 배경색 지정 예) background-color: red | #8ac007 | rgb(0,0,0) | rgba(0,0,0,1); //color 속성과 같이 문단의 일부에만 배경색을 지정하려면 ⟨span⟩ 태그 사용
line-height	행간(줄 간격) 지정 예) line-height: 1.5 | 150% | 24px; //글꼴의 1.5배, 150%, 24px

letter-spacing	글자 사이의 간격(자간) 지정 예 letter-spacing: normal | -2px | 2px; //기본 간격, 좁아짐, 넓어짐
text-align	텍스트의 정렬 지정 예 text-align: left | center | right | justify; //왼쪽, 가운데, 오른쪽, 양쪽 정렬
word-spacing	단어와 단어 사이의 간격 지정 예 word-spacing: normal | -5px | 24px;
font-family	글꼴 지정 예 font-family: Arial, sans-serif;
font-size	글꼴 크기 지정 예 font-size: 16px;
font-weight	글꼴 굵기 지정 예 font-weight: bold;
font-style	글꼴의 기울임(스타일) 지정 예 font-style: normal | italic | oblique;

② CSS 배경 명령어

background-color	배경색 지정 예 background-color: red | #8ac007 | rgb(0,0,0) / rgba(0,0,0,1);
background-image	배경 이미지 지정 예 background-image: url(images/round.png);
background-repeat	배경 이미지의 반복 지정 예 background-repeat: repeat | repeat-x | repeat-y | no-repeat
background-position	배경 이미지의 위치 지정 예 background-position: center center | left top | left bottom | right top | right bottom;
background-attachment	문서가 스크롤될 때 배경 이미지의 스크롤 여부 지정 예 background-attachment: scroll | fixed;

➕ 더 알기 TIP

- background-attachment 속성을 사용하지 않으면 기본적으로 문서와 함께 배경 이미지가 스크롤됩니다.
- background-attachment: fixed;로 지정하면 문서는 스크롤되지만 배경 이미지는 스크롤되지 않아서 배경 위에 텍스트가 떠 있는 느낌을 표현할 수 있습니다.

🏆 기적의 TIP

- repeat : 배경 이미지가 반복적으로 적용(기본 값)
- repeat-x : 배경 이미지가 가로 방향으로만 반복적으로 적용
- repeat-y : 배경 이미지가 세로 방향으로만 반복적으로 적용
- no-repeat : 배경 이미지가 반복적으로 적용되지 않고 한 번만 적용(왼쪽 상단)

🏆 기적의 TIP

background-position: x y;
- x : 가로 방향(left, center, right, px, %, 단위 등)
- y : 세로 방향(top, center, bottom, px, %, 단위 등)

> **암기 TIP**
>
> 코파덜마 : 코(co) 파(pa) 덜(der) 마(ma)

02 CSS 박스 모델

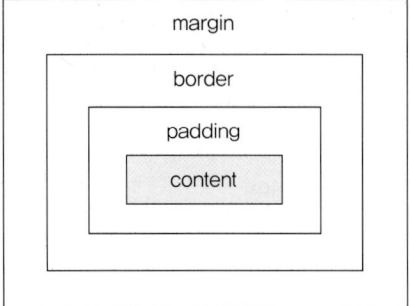

① content(콘텐츠 영역)
- 실제 내용(텍스트, 이미지, 동영상 등)이 들어가는 부분이다.
- 순수한 콘텐츠로 내용이 들어가는 공간이다.

② padding(안쪽 여백)
- 콘텐츠와 테두리(경계선, border) 사이의 공간이다.
- 배경색과 배경 이미지가 padding 영역까지 채워진다.

③ border(테두리, 경계선)
- 콘텐츠와 패딩을 둘러싼 테두리이다.
- 예) border: 2px solid black; (굵기, 스타일, 색)

④ margin(바깥 여백)
- 경계선 밖에서 박스 모델의 최종 경계선까지의 여백이다.
- 배경색이 적용되지 않으며 투명하다.

> **더 알기 TIP**
>
> **CSS 박스 모델(Box Model)의 예**
>
> ```
> .box {
>     width: 200px;          //콘텐츠 영역 200px
>     padding: 20px;         //패딩 영역 40px (좌우 20px)
>     border: 10px solid black;  //보더 20px (좌우 10px)
>     margin: 30px;          //마진 60px (좌우 30px)
> }
> ```
>
> 실제 너비 : 200+(20*2)+(10*2) = 260px

> **기적의 TIP**
>
> margin은 요소의 바깥 여백으로, 실제 너비 계산에는 포함하지 않고 필요하면(문제 조건에 있으면) 마지막에 추가합니다.

03 CSS 선택자

범용 선택자(*)	• html 페이지의 모든 태그에 지정한 속성의 값이 적용된다.
	• 형식
	`*{ 스타일속성:값; }`
	• 예) `*{color:orange;}`
	　　//현재 페이지의 글자색을 오렌지색으로 표시

id 선택자(#)	• 지정한 id에 해당하는 영역에 대해서만 속성의 값이 적용된다. • 형식 `#id{ 스타일속성:값; }` //id 이름은 문자만 사용할 것 • 예) `#aa{color:orange;}` 　　//id가 aa인 영역의 글자색만 오렌지색으로 표시

클래스 선택자(.)	• 지정한 클래스명에 대해서만 속성의 값이 적용된다.
	• 형식
	`.클래스명{ 스타일속성:값; }`
	• 예) `.header{background:black;}`
	　　//클래스 header 영역의 배경만 검정으로 표시

명시적 선택자	• 지정한 태그에 대해서만 속성의 값이 적용된다.
	• 형식
	`태그{ 스타일속성:값; }`
	• 예) `h1{color:red;}`
	　　//h1 태그가 적용된 영역의 글자색을 빨강으로 표시

반응 선택자	• 사용자 반응으로 생성되는 특정한 상태를 선택하는 선택자이다. • 예) 　a:link　　//한 번도 방문하지 않은 링크입니다. 　a:visited　//방문한 링크입니다. 　a:hover　//해당 요소에 마우스를 올린 상태입니다. 　a:active　//해당 요소에 마우스를 클릭한 상태입니다.

> **기적의 TIP**
> 선택자란 스타일 효과를 페이지의 어느 부분에 어떻게 적용할 것인지 대상 범위를 선택하는 것입니다.

> **기적의 TIP**
> **순서에 대한 규칙**
> • hover는 반드시 link나 visited보다 뒤에 배치되어야 합니다.
> • active는 반드시 hover보다 뒤에 배치되어야 합니다.

이론을 확인하는 기출문제

01 CSS의 기본 목적은 무엇인가?
① 데이터베이스 관리
② 웹 문서의 구조 정의
③ 웹 문서의 디자인과 스타일 지정
④ 서버 보안 강화

> CSS(Cascading Style Sheets)는 HTML 구조에 디자인(색상, 레이아웃, 글꼴 등)을 적용하는 언어이다.

02 CSS에서 주석을 작성하는 올바른 방법은?
① ⟨!-- 주석 --⟩
② /* 주석 */
③ //주석
④ ** 주석 **

> CSS에서 주석은 /* */을 사용한다.
> **오답 피하기**
> HTML은 ⟨!----⟩, JavaScript는 //또는 /* */를 사용한다.

03 HTML 요소에 CSS를 적용하는 방법이 <u>아닌</u> 것은?
① 인라인 스타일
② 내부 스타일 시트
③ 외부 스타일 시트
④ SQL 스타일 시트

> CSS 적용 방식은 인라인 스타일(style 속성), 내부 스타일 시트(⟨style⟩ 태그), 외부 스타일 시트(.css 파일)가 있다.

04 다음 중 CSS에서 전체 선택자(universal selector)를 의미하는 것은?
① ?
② *
③ .
④ #

> *은 범용(전체) 선택자이다.
> **오답 피하기**
> .은 class 선택자, #은 id 선택자이다.

05 다음 중 CSS 선택자가 id를 선택하는 방법은?
① .id
② #id
③ id { }
④ *id

> #은 id 선택자이다.
> **오답 피하기**
> .은 class 선택자, *은 범용 선택자, id { }는 명시적 선택자이다.

06 CSS에서 background-color:red;의 의미는?
① 글자색을 빨강으로 지정
② 테두리를 빨강으로 지정
③ 배경색을 빨강으로 지정
④ 링크 색을 빨강으로 지정

> background-color:red;는 배경색을 빨강으로 지정한다.
> **오답 피하기**
> color:red;는 글자색을 빨강으로 하는 태그이다.

07 CSS 속성 중 글자의 크기를 지정하는 속성은?
① font-size
② text-size
③ word-size
④ letter-size

> CSS에서 글자 크기는 font-size에서 설정한다.

08 외부 스타일 시트를 HTML에 적용할 때 사용하는 태그는?
① ⟨script⟩
② ⟨style⟩
③ ⟨link⟩
④ ⟨css⟩

> 외부 CSS는 ⟨link rel="stylesheet" href="style.css"⟩로 불러올 수 있다.

정답 01 ③ 02 ② 03 ④ 04 ② 05 ② 06 ③ 07 ① 08 ③

SECTION 03 자바스크립트(JavaScript) 기초

빈출 태그 #자바스크립트 #자바스크립트기본 #메서드 #자바스크립트배열

01 자바스크립트 기본 문법

- 객체지향의 스크립트 언어로 주로 웹페이지의 동작을 구현한다.
- 변수는 자료형에 관계없이 var, let 예약어를 사용하여 선언한다.
  - 예 var i = 5 또는 let i = 5   //i라는 이름을 가진 변수에 5를 넣어라.

var	• 오래된 방식이다. • 의도치 않은 오류가 생길 수 있다.
let	• 최신 방식으로 블록 단위 스코프({ } 안에서만 유효) 방식이다. • 같은 이름으로 중복 선언이 불가하기 때문에 안전하다.

> **기적의 TIP**
> 자바스크립트는 C언어 문법을 기반으로 제작된 언어이므로 C언어의 제어문, 반복문 등의 함수 사용 방법이 C언어와 동일합니다.

1) 코드 입력

① 코드 입력 방법
- ⟨script⟩와 ⟨/script⟩ 태그 사이에 코드를 직접 입력한다.
- ⟨script⟩ 태그 내부에 코드가 저장된 파일명(.js)을 입력한다.

② 예제 1 : 코드 직접 입력

```
⟨html⟩
 ⟨head⟩
  ⟨script⟩
   var sum = 0;              //sum에 0을 넣는다.
   for (var i = 1; i ⟨=10; i++)   //i는 1부터 10 이하일 때까지 1씩 증가하며 반복한다.
    sum = sum + i;           //1씩 증가하는 i를 sum에 누적한다.
   document.write(sum);      //반복이 끝나면 sum을 출력한다.
  ⟨/script⟩
 ⟨/head⟩
 ⟨body⟩ ⟨/body⟩
⟨/html⟩
```

> **기적의 TIP**
> document.write()는 괄호 안의 값을 출력하는 메서드입니다.

③ 예제 2 : 파일 호출

```
⟨html⟩
 ⟨head⟩
  ⟨script src=test.js⟩ ⟨/script⟩   //test.js에 저장된 코드를 호출하여 실행한다.
 ⟨/head⟩
 ⟨body⟩ ⟨/body⟩
⟨/html⟩
```

02 자바스크립트의 입출력

1) 대화상자

- 대화상자는 화면에서 데이터를 입력받거나 내용을 표시/확인하는 용도로 사용된다.
- 관련된 메서드는 window 객체에 정의되어 있으며 객체명은 생략할 수 있다.
- 대화상자가 표시되면 대화상자를 종료할 때까지 웹 페이지를 조작할 수 없다.

> **더 알기 TIP**
>
> **window 객체**
> - 웹브라우저에 관련된 모든 요소를 정의하는 최상위 객체로, 어디서든 접근할 수 있는 '전역 객체'라고 불립니다.
> - 원칙적으로 window.alert()와 같이 객체명과 메서드를 함께 적지만 window 객체는 생략이 가능합니다.

① 알림 대화상자

- 형식

```
alert(내용);
//대화상자 본문에 '내용'이 표시되고, 오른쪽 하단에 [확인] 단추가 나온다.
//'내용'만 표시되는 대화상자로 반환값이 없다.
```

- 예제

```
<html>
  <body>
    <script>
      alert("안녕하세요. 한다맨입니다.");
    </script>
  </body>
</html>
```

| 결과 | 이 페이지 내용:
안녕하세요. 한다맨입니다.　　　　　　[확인] |

② 확인 대화상자

- 형식

```
confirm(내용);
//대화상자 본문에 '내용'이 표시되고, 오른쪽 하단에 [확인], [취소] 단추가 나온다.
//[확인] 단추를 클릭하면 true를 반환하고, [취소] 단추를 클릭하면 false를 반환한다.
```

- 예제

```
<script>
  confirm("시험은 잘 보셨어요?");
</script>
```

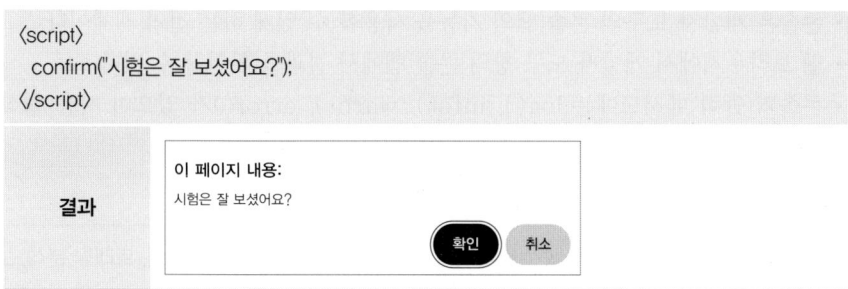

결과

③ 입력 대화상자
- 형식

```
prompt(내용, 기본값);
//대화상자 본문에 '내용'이 표시되고, '내용' 아래에 '기본값'이 텍스트 상자가 표시된다.
//대화상자 아래 쪽에 [확인], [취소] 단추가 표시된다.
//[확인] 단추를 클릭하면 텍스트 상자에 입력된 데이터를 반환하고, [취소] 단추를 클릭하면 null
  을 반환한다.
```

- 예제

```
<script>
  let name = prompt("당신의 이름을 입력하세요:", "한다맨");
  if (name !== null) {   //사용자가 "취소"를 누르면 null을 반환한다.
    alert("안녕하세요, " + name + "님!");
  } else {
    alert("이름을 입력하지 않았습니다.");
  }
</script>
```

결과

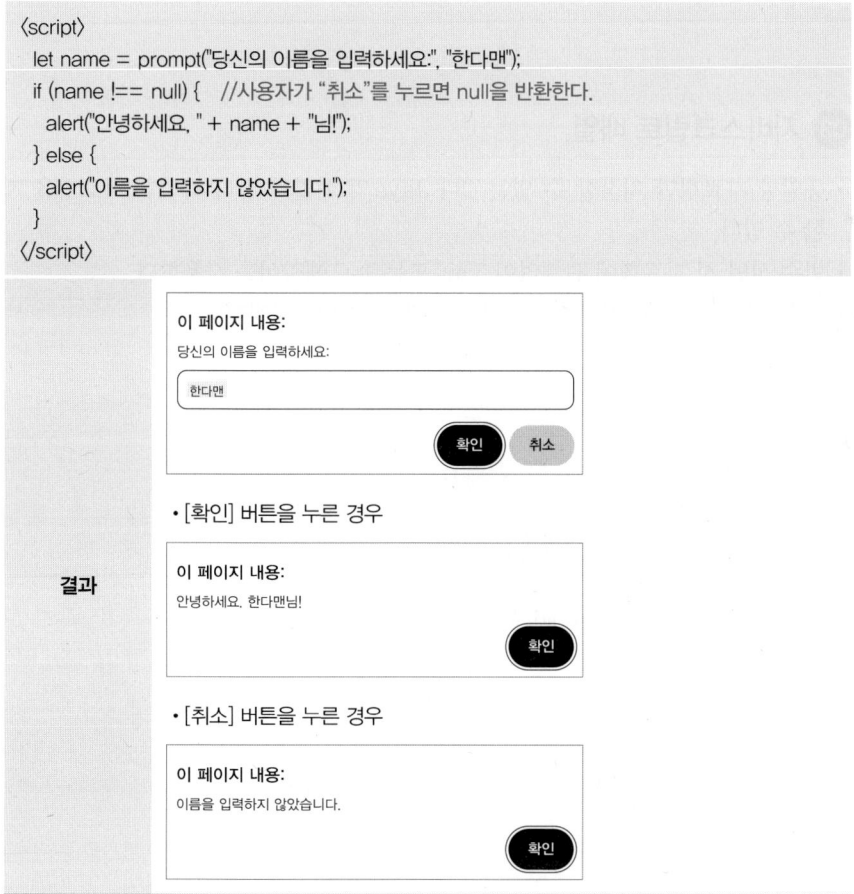

2) 콘솔

- 콘솔은 개발자 도구의 콘솔 탭의 기능을 사용할 수 있게 하는 전역 객체이다.
- 웹 브라우저에서 개발자 도구 창의 콘솔 탭에서 결과를 확인할 수 있다.
- 콘솔의 출력 메서드에는 log( ), info( ), warn( ), error( )가 있으며 사용 형식은 모두 같다.

> **기적의 TIP**
> 웹 브라우저를 실행시킨 후 개발자 도구의 콘솔 탭에서 결과를 확인할 수 있는데, 몰라도 상관없습니다. 개발도구의 뜻 정도만 학습하셔도 됩니다.

+ 더 알기 TIP

- 개발자 도구는 개발자들이 웹 브라우저에서 코드 분석, 디버깅, 성능 확인, 트래픽 분석, 보안 등의 기능을 구현할 수 있도록 제공하는 툴입니다.
- 단축키 : F12 , Ctrl + Shift + I

- 형식

```
console.log(내용);
//개발자 도구 창의 콘솔 탭에 '내용'을 표시한다.
```

- 예제

```
console.log("프로그래밍기능사");
```

03 자바스크립트 배열

- 동일한 자료형만 저장할 수 있는 C나 Java의 배열과 달리 다양한 자료형을 저장할 수 있다.
- 변수 선언 시 자료형에 관계없이 'var' 또는 'let' 예약어를 사용한다.
- 변수명은 사용할 배열의 이름으로 사용자가 임의로 지정한다.
- 초기값으로 지정한 개수대로 배열의 요소가 생성된다.

> **기적의 TIP**
> 배열은 여러 개의 데이터를 하나의 이름으로 정의하여 사용하는 데이터의 집합입니다.

1) 배열 선언

① 형식

```
• var 변수명 = [ 값1, 값2, 값3, ... ];
• var 변수명 = Array( 값1, 값2, 값3, ... );
• var 변수명 = new Array( 값1, 값2, 값3, ... );
```

② 예제

```
var a = ['h', 918, "김댕이"];
var a = Array('h', 918, "김댕이");
var a = new Array('h', 918, "김댕이");
```

결과	배열a	'h'	918	"김댕이"
		a[0]	a[1]	a[2]

2) 배열 요소의 삽입

① 형식

- 배열명.unshift(값);   //배열의 맨 앞에 '값'을 추가한다.
- 배열명.push(값);   //배열의 맨 뒤에 '값'을 추가한다.
- 배열명[위치] = 값;   //배열의 위치에 '값'을 추가한다.

> **더 알기 TIP**
>
> C와 Java는 초기에 만들어진 배열의 크기만큼 저장할 수 있지만, 자바스크립트에서는 배열의 크기를 벗어난 요소를 지정하면 해당 요소만큼 배열의 크기가 자동으로 커지면서 값이 저장됩니다.

② 예제 1

```
a.unshift('a');
```

결과	배열a	'a'	'h'	918	"김댕이"
		a[0]	a[1]	a[2]	a[3]

③ 예제 2

```
a.push(true);
```

결과	배열a	'a'	'h'	918	"김댕이"	true
		a[0]	a[1]	a[2]	a[3]	a[4]

④ 예제 3

```
a[6] = 7;
```

결과	배열a	'a'	'h'	918	"김댕이"	true		7
		a[0]	a[1]	a[2]	a[3]	a[4]	a[5]	a[6]

> **기적의 TIP**
>
> a[5] 요소를 출력하면 undefined가 표시됩니다.

3) 배열 요소의 삭제

① 형식

- 배열명.shift();   //배열의 첫 번째 요소를 삭제한다.
- 배열명.pop(값);   //배열의 마지막 요소를 반환한 후 삭제한다.
- 배열명.splice(위치, 개수, 값1, 값2, ...)
  //배열의 위치에서 개수만큼 요소를 삭제한 후 '값1', '값2'.. 를 저장한다.

② 예제 1

a.shift;

결과	배열a	'h'	918	"김댕이"	true		7
		a[0]	a[1]	a[2]	a[3]	a[4]	a[5]

③ 예제 2

a.pop( );

결과	배열a	'h'	918	"김댕이"	true	
		a[0]	a[1]	a[2]	a[3]	a[4]

④ 예제 3

a.splice(1, 2, 123, "한다맨");

결과	배열a	'h'	123	"한다맨"	true	
		a[0]	a[1]	a[2]	a[3]	a[4]

암기 TIP

삭제는 쉬팝 = shift, pop
- shift는 왼쪽으로 한 칸 이동(밀기), pop은 꺼낸다는 뜻으로 외우세요.
  → 방(배열)이 좁으니까 왼쪽 끝에 있는 사람을 한 칸 밀어(shift) 쫓아내고(삭제), 오른쪽 끝에 있는 사람을 방(배열)에서 꺼내(pop)와라.
- unshift는 shift(밀기)의 반대이고 push는 민다는 뜻입니다.
  → 빈방에 있기가 무서우니까 왼쪽 끝에 있던 친구 데려오고(unshift), 오른쪽 끝에 쫓아낸 친구를 다시 방으로 밀어넣어(push, 데려와)!

기적의 TIP

a.splice(1, 2, 123, "한다맨");
→ a[1]부터 2개의 값을 삭제한 후, 거기에 123, "한다맨"을 넣습니다.

4) 배열의 일부 요소 추출

① 형식

- 배열명.slice(초기위치:최종위치);
  //배열의 '초기 위치'부터 '최종위치-1'까지의 요소들을 추출한다.
- 배열명.slice(최종위치);
  //배열의 첫 번째 위치부터 '최종위치-1'까지의 요소들을 추출한다.

② 예제

```
var b = a.slice(2, 4);
```

결과	배열a	'h'	123	"한다맨"	true	"김댕이"
		a[0]	a[1]	a[2]	a[3]	a[4]
	배열b	"한다맨"	true			
		b[0]	b[1]			

> **기적의 TIP**
> a[2]부터 a[3]까지의 요소인 "한다맨"과 true를 추출한 후, b 배열에 저장되므로 2개의 요소를 갖는 새로운 배열이 생성됩니다.

5) 배열 요소를 문자열로 변환

① 형식

배열명.join(구분자);
//배열의 요소들을 '구분자'로 결합하여 하나의 문자열로 변환한다.

② 예제

```
console.log(a.join('-');
```

결과	배열a	'h'	123	"한다맨"	true	
		a[0]	a[1]	a[2]	a[3]	a[4]

> **더 알기 TIP**
> - a 배열의 요소들을 '-'으로 구분한 h-123-한다맨-true-를 콘솔탭에 출력합니다.
> - 정의되지 않은(undefined) 요소를 단독으로 지정하여 console.log(a[4])와 같이 작성하면 화면에 undefined가 표시됩니다.

이론을 확인하는 기출문제

01 자바스크립트의 window 객체에서 사용자로부터 데이터를 입력받을 수 있는 메서드는?

① prompt
② alert
③ confirm
④ messagebox

prompt(내용, 기본값)는 입력받을 수 있는 메서드이다.

오답 피하기
② 알림, ③ 확인

02 자바스크립트에서 화면에 숫자 100을 출력하는 명령문으로 올바른 것은?

① wirte(100)
② document.write(100)
③ print(100)
④ console.print(100)

자바스크립트에서 화면 출력하는 명령은 write이고 document 객체의 메서드이다. 그러므로 객체명.메서드 형식으로 작성해야 한다.

03 자바스크립트에서 배열의 속성과 메서드에 대한 설명으로 옳지 않은 것은?

① pop( ) : 배열의 맨 끝의 값을 삭제한다.
② join( ) : 배열의 요소들을 구분자로 구분하는 하나의 문자열로 반환한다.
③ splice( ) : 배열에서 지정한 범위의 데이터를 가져온다.
④ length( ) : 배열의 길이를 반환한다.

splice()는 지정한 부분에 새로운 값을 입력한다.

오답 피하기
배열에서 지정한 범위의 데이터를 가져오는 메서드는 slice()이다.
⑨ a.slice(2,4) → a배열의 a[2], a[3]의 값을 가져옴

04 HTML이 호출될 때 자바스크립트를 이용하여 안내 문구를 전달하고 싶은 경우 사용할 수 있는 메서드는?

① alert
② prompt
③ input
④ scan

안내 문구를 전달할 때는 alert(알림) 메서드를 사용한다.

오답 피하기
prompt는 입력 대화상자 메서드이다.

05 자바스크립트에서 배열에 데이터를 입력할 때 사용하는 메서드는?

① add
② pop
③ shift
④ push

• 배열에 값을 추가하는 메서드 : unshift(맨 앞에), push(맨 뒤에)
• 배열에 값을 삭제하는 메서드 : shift(맨 앞에), pop(맨 뒤에), splice(지정한 위치의 값을 삭제 후 교체)

06 자바스크립트에서 변수를 선언할 때 사용하는 예약어는?

① dim
② int
③ var
④ scr

자바스크립트에서 자료형에 상관없이 변수를 선언할 때 사용하는 예약어는 var이다.

07 자바스크립트에서 배열의 맨 끝에 데이터를 추가하는 데 사용하는 메서드는?

① push( )　　② pop( )
③ shift( )　　④ unshift( )

맨 끝에 추가하면 push( ), 맨 왼쪽에 추가하면 unshift( )이다.

08 자바스크립트에서 다음 그림과 같은 창을 띄우기 위해 사용한 명령으로 옳은 것은?

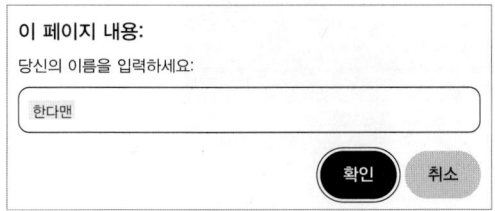

① alert("당신의 이름을 입력하세요:", "한다맨");
② prompt("한다맨", "당신의 이름을 입력하세요:");
③ alert("한다맨", "당신의 이름을 입력하세요:");
④ prompt("당신의 이름을 입력하세요:", "한다맨");

prompt(내용, 초기값)

09 다음 자바스크립트 프로그램이 실행되었을 때, 실행 결과는?

```
<script>
  var sum = 0;
  for (var i = 1; i <=5; i++)
    sum = sum + i;
  document.write(sum);
</script>
```

① 10　　② 15
③ 20　　④ 25

· i는 1부터 5까지 1씩 증가한다. 그 증가되는 값을 sum에 누적한다.
· 1+2+3+4+5 = 15

10 다음 자바스크립트 프로그램이 실행되었을 때, 실행 결과는?

```
var a = [ "사과", "포도", "자두", "배" ];
a.shift();
a.unshift("레몬");
a.push("수박");
document.write(a);
```

① 사과, 포도, 자두, 레몬, 수박
② 레몬, 포도, 자두, 배, 수박
③ 사과, 포도, 자두, 배, 레몬, 수박
④ 레몬, 사과, 포도, 자두, 수박

```
var a = [ "사과", "포도", "자두", "배" ];
a.shift();
//맨 왼쪽 "사과"를 삭제한다. → 포도,자두,배
a.unshift("레몬");
//맨 왼쪽에 "레몬"을 삽입한다. → 레몬,포도,자두,배
a.push("수박");
//맨 오른쪽에 "수박"을 삽입한다. → 레몬,포도,자두,배,수박
document.write(a);
```

11 HTML에 JavaScript를 삽입하는 방법으로 옳지 않은 것은?

① HTML에 직접 입력 – ⟨script⟩ document.write(100) ⟨/script⟩
② 외부 파일 호출 – ⟨script src = "abc.js"⟩ ⟨/script⟩
③ 내부 코드 삽입 – ⟨input type="button" value="click" onclick="msg(100)"⟩
④ HTML에 직접 입력 – ⟨javascript⟩ document.write(100) ⟨/javascript⟩

HTML에 JavaScript를 직접 삽입할 때는 ⟨script⟩와 ⟨/script⟩ 태그 사이에 코드를 직접 입력한다.

오답 피하기
① 내부 스크립트
② 외부 파일 참조
③ 이벤트 핸들러 속성

정답 07 ①　08 ④　09 ②　10 ②　11 ④

PART 05

테스트 및 배포

파트 소개

애플리케이션의 기능·성능·안정성을 검증하기 위한 단위/통합/시스템 테스트와 자동화 도구에 대해서 정확하게 알아 두어야 합니다.

CHAPTER 01

애플리케이션 테스트 수행

학습 방향

애플리케이션 테스트 개념과 테스트 종류인 단위/통합 테스트, 블랙박스/화이트박스 테스트의 특징을 충분히 숙지해야 합니다.

난이도

- ⓒ SECTION 01 애플리케이션 테스트 개요
- ⓒ SECTION 02 화이트박스 테스트, 블랙박스 테스트
- ⓒ SECTION 03 단위 테스트
- ⓒ SECTION 04 통합 테스트
- ⓢ SECTION 05 프로그램 디버깅

SECTION 01 애플리케이션 테스트 개요

빈출 태그 #애플리케이션테스트 #디버깅 #테스트종류

합격 강의

01 애플리케이션 테스트

1) 애플리케이션 테스트 개념
- 애플리케이션에 잠재되어 있는 결함을 찾아내는 일련의 행위 또는 절차이다.
- 개발된 소프트웨어가 고객의 요구사항을 만족시키는지 확인(Validation)하고 소프트웨어가 기능을 정확히 수행하는지 검증(Verification)한다.

확인 테스트	사용자의 입장에서 개발된 소프트웨어가 고객의 요구사항에 맞게 구현되는지를 확인하는 것이다.
검증 테스트	개발자의 입장에서 개발한 소프트웨어가 명세서에 맞게 만들어졌는지를 점검하는 것이다.

> **암기 TIP**
> 검개확사 = 검은개를 확사버려?
> → 검증은 개발자, 확인은 사용자입니다.

2) 애플리케이션 테스트의 필요성
- 프로그램 실행 전에 오류를 발견하여 예방할 수 있다.
- 사용자의 요구사항을 만족시키는지 반복적으로 테스트하여 제품의 신뢰도를 향상시킨다.
- 개발 초기부터 애플리케이션 테스트를 계획하고 시작하면 단순한 오류 발견뿐만 아니라 새로운 오류의 유입도 예방할 수 있다.
- 테스트를 효과적으로 수행하면 최소한의 시간과 노력으로 만족스러운 결과를 얻을 수 있다.

> **기적의 TIP**
> 디버깅(Debugging)이란, 프로그램의 오류를 발견한 후 결함을 없애는 작업을 의미합니다.

3) 애플리케이션 테스트 기본 원리
- 소프트웨어의 잠재적인 결함을 줄일 수 있지만, 결함이 없다고 증명할 수는 없다. 따라서 완벽한 소프트웨어 테스팅은 불가능하다.
- 애플리케이션의 결함은 대부분 특정 모듈에 집중되어 있는데 애플리케이션의 20%에 해당하는 코드에서 전체 80%의 결함이 발견된다고 하여 파레토 법칙을 적용하기도 한다.

> **➕ 더 알기 TIP**
>
> **결함 집중(Defect Clustering)**
> 대부분의 결함이 소수의 특정 모듈에 집중해서 발생하는 것을 결함 집중이라고 하며, 파레토 법칙을 적용합니다.

➕ 더 알기 TIP

파레토 법칙(Pareto Principle)
상위 20% 사람들이 전체 부의 80%를 가지고 있다거나, 상위 20% 고객이 매출의 80%를 창출한다는 의미입니다. 즉, 80%의 오류는 20%의 모듈에서 발견되므로 20%의 모듈을 집중적으로 테스트하여 효율적으로 오류를 찾자는 법칙입니다.

- 동일한 테스트 케이스로 동일한 테스트를 반복하면 더 이상 결함이 발견되지 않는 살충제 패러독스(Presticide Paradox) 현상이 발생하기 때문에 테스트 케이스를 지속적으로 보완 및 개선해야 한다.

➕ 더 알기 TIP

살충제 패러독스
살충제를 지속적으로 뿌리면 벌레가 내성이 생겨서 죽지 않는 현상을 의미합니다.

➕ 더 알기 TIP

테스트 케이스
- 구현된 소프트웨어가 사용자의 요구사항을 정확하게 준수했는지를 확인하기 위해 설계된 입력 값, 실행 조건, 기대 결과 등으로 구성된 테스트 항목에 대한 명세서로, 명세 기반 테스트의 설계 산출물에 해당됩니다.
- 테스트 케이스를 미리 설계하면 테스트 오류를 방지할 수 있고 테스트 수행에 필요한 인력, 시간 등의 낭비를 줄일 수 있습니다.
- 가장 이상적인 테스트 케이스를 설계하려면 시스템 설계 시 작성해야 합니다.

- 소프트웨어 결함을 모두 제거해도 사용자의 요구사항을 만족시키지 못하면 해당 소프트웨어는 품질이 높다고 말할 수 없다. 이것을 오류-부재의 궤변(Absence of Errors Fallacy)이라고 한다.
- 테스트와 위험은 반비례하기 때문에 테스트를 많이 하면 할수록 미래에 발생할 위험을 줄일 수 있다.
- 테스트는 작은 부분에서 시작하여 점점 확대하며 진행해야 한다.
- 테스트는 개발자와 관계없는 별도의 팀에서 수행해야 한다.

02 애플리케이션 테스트의 분류

1) 프로그램 실행 여부에 따른 테스트

정적 테스트	• 프로그램 실행하지 않고 명세서나 소스코드를 분석하는 테스트이다. • 소프트웨어 개발 초기에 결함을 발견할 수 있어 비용을 절감할 수 있다. • 종류 : 워크스루, 인스펙션, 코드 검사 등
동적 테스트	• 프로그램을 실행하여 오류를 찾는 테스트이다. • SW 개발 모든 단계에서 테스트를 수행할 수 있다. • 종류 : 블랙박스 테스트, 화이트박스 테스트

> ➕ 더 알기 TIP
>
> **워크스루(Walkthrough, 검토회의)**
> - 소프트웨어 개발자의 작업 내역을 개발자가 모집한 전문가들이 검토하는 것을 말합니다.
> - 소프트웨어 검토를 위해 미리 준비된 자료를 바탕으로 정해진 절차에 따라 평가합니다.
> - 오류의 조기 검출이 목적이며, 발견한 오류는 문서화 합니다.

> ➕ 더 알기 TIP
>
> **인스펙션(Inspection)**
> 워크스루를 발전시킨 형태로, SW 개발 단계에서 산출된 결과물의 품질을 평가하며 이를 개선하기 위한 방법 등을 제시합니다.

2) 테스트 기반(Test Bases)에 따른 테스트

> 🏆 기적의 TIP
>
> 테스트 기반에 따른 테스트의 종류와 특징만 알고 넘어가도 됩니다.

명세 기반 테스트	• 사용자의 요구사항에 대한 명세를 빠짐없이 테스트 케이스를 만들어 구현하고 있는지 확인하는 테스트이다. • 종류 : 동등 분할, 경계값 분석 등
구조 기반 테스트	• SW 내부의 논리 흐름에 따라 테스트 케이스를 작성하고 확인하는 테스트이다. • 종류 : 구문 기반, 결정 기반, 조건 기반 등
경험 기반 테스트	• 유사 SW나 기술 등에 대한 테스터의 경험을 기반으로 수행하는 테스트이다. • 사용자 요구사항에 대한 명세가 불충분하거나 테스트 시간에 제약이 있는 경우 수행하면 효과적이다. • 종류 : 에러 추정, 체크리스트, 탐색적 테스팅

3) 목적에 따른 테스트

> 🏆 기적의 TIP
>
> 소프트웨어를 테스트할 때 무엇을 목적으로 테스트하느냐에 따라 나눌 수 있습니다.

회복 테스트	시스템에 여러 가지 결함을 주어 실패하도록 한 후 올바르게 복구하는지 확인하는 테스트이다.
안전 테스트	시스템의 불법적인 침입으로부터 시스템을 보호할 수 있는지를 확인하는 테스트이다.
강도 테스트	시스템에 과도한 정보량이나 빈도 등을 부과하여 과부하 시에도 소프트웨어가 정상적으로 실행되는지를 확인하는 테스트이다.
성능 테스트	소프트웨어의 실시간 성능이나 전체적인 효율성을 진단하는 테스트로 응답시간, 처리량 등을 확인하는 테스트이다.
구조 테스트	소프트웨어 내부의 논리적인 경로, 소스코드의 복잡도 등을 평가하는 테스트이다.
회귀 테스트	소프트웨어의 변경 또는 수정된 코드에 새로운 결함이 없음을 확인하는 테스트이다.
병행 테스트	변경된 소프트웨어와 기존 소프트웨어에 동일한 데이터를 입력하여 결과를 비교하는 테스트이다.

이론을 확인하는 기출문제

01 다음 설명의 소프트웨어 테스트의 기본 원칙은?

> - 파레토 법칙이 좌우된다.
> - 애플리케이션 결함의 대부분은 소수의 특정한 모듈에 집중되어 존재한다.
> - 결함은 발생한 모듈에서 계속 추가로 발생할 가능성이 높다.

① 살충제 패러독스
② 결함 집중
③ 오류 부재의 궤변
④ 완벽한 테스팅 불가능

소수의 특정한 모듈에 결함이 집중되어 있으니 결함 집중을 의미한다.

오답 피하기
③ 사용자의 요구사항을 만족하지 못하는 오류를 발견하고 그 오류를 제거하였다고 하더라도 해당 애플리케이션의 품질이 높다고 말할 수 없다.

02 소프트웨어 테스트에서 검증(Verification)과 확인(Validation)에 대한 설명으로 틀린 것은?

① 소프트웨어 테스트에서 검증과 확인을 구별하면 찾고자 하는 결함 유형을 명확하게 하는 데 도움이 된다.
② 검증은 소프트웨어 개발 과정을 테스트하는 것이고, 확인은 소프트웨어 결과를 테스트하는 것이다.
③ 검증은 작업 제품이 요구 명세의 기능, 비기능 요구사항을 얼마나 잘 준수하는지 측정하는 작업이다.
④ 검증은 작업 제품이 사용자의 요구에 적합한지 측정하며, 확인은 작업 제품이 개발자의 기대를 충족시키는지를 측정한다.

검증은 개발자가 측정하고, 확인은 사용자가 측정한다.

03 소프트웨어 테스트에서 오류의 80%는 전체 모듈의 20% 내에서 발견된다는 법칙은?

① Brooks의 법칙
② Boehm의 법칙
③ Pareto의 법칙
④ Jackson의 법칙

오류의 80%는 전체의 20%에서 발견된다는 법칙은 파레토의 법칙이다.

04 다음 설명의 소프트웨어 테스트의 기본 원칙은?

> 소프트웨어의 결함은 모두 제거해도 사용자의 요구사항을 만족시키지 못하면 해당 소프트웨어는 품질이 높다고 말할 수 없다. 이것을 (   )(이)라고 한다.

① 살충제 패러독스
② 결함 집중
③ 오류 부재의 궤변
④ 완벽한 테스팅 불가능

오류 부재의 궤변은 사용자의 요구사항을 만족하지 못하는 오류를 발견하고 그 오류를 제거하였다고 하더라도 해당 애플리케이션의 품질이 높다고 말할 수 없다는 의미이다.

05 테스트를 목적에 따라 분류했을 때, 강도(Stress) 테스트에 대한 설명으로 옳은 것은?

① 시스템에 고의로 실패를 유도하고 시스템이 정상적으로 복귀하는지 테스트한다.
② 시스템에 과다 정보량을 부과하여 과부하 시에도 시스템이 정상적으로 작동되는지를 테스트한다.
③ 사용자의 이벤트에 시스템이 응답하는 시간, 특정 시간 내에 처리하는 업무량, 사용자 요구에 시스템이 반응하는 속도 등을 테스트한다.
④ 부당하고 불법적인 침입을 시도하여 보안 시스템이 불법적인 침투를 잘 막아내는지 테스트한다.

> 강도는 강한 정도라고 생각하고, 과다한 정보량과 과부하 시에도 이겨내는 강함을 뜻한다고 이해하면 된다.
>
> **오답 피하기**
> ① 회복 테스트
> ③ 성능 테스트
> ④ 안전 테스트

06 프로그램 실행 여부에 따라 정적 테스트와 동적 테스트로 나뉜다. 다음 설명으로 틀린 것은?

① 정적 테스트는 개발한 프로그램을 실행하지 않고 명세서나 소스코드를 대상으로 분석하는 테스트이다.
② 동적 테스트는 개발한 프로그램을 실행하여 오류를 찾는 테스트로 소프트웨어 개발의 모든 단계에서 테스트할 수 있다.
③ 동적 테스트에는 워크스루, 인스펙션, 코드 검사 등이 있다.
④ 정적 테스트는 개발 초기에 결함을 발견함으로써 개발 비용을 낮추는 데 도움이 된다.

> 워크스루, 인스펙션, 코드 검사는 정적 테이스이다.

07 시스템에 여러 가지 결함을 주어 실패하도록 한 후 올바르게 복구되는지를 확인하는 테스트는 무엇인가?

① 성능 테스트
② 회복 테스트
③ 강도 테스트
④ 안전 테스트

> 일부러 실패하도록 한 후에 잘 회복하는지 확인하는 테스트이다.

08 테스트를 목적에 따라 분류했을 때, 소프트웨어의 실시간 성능이나 전체적인 효율성을 테스트하며 모든 단계에서 수행되는 테스트는 무엇인가?

① 성능 테스트
② 회복 테스트
③ 강도 테스트
④ 안전 테스트

> 성능 테스트는 응답시간, 처리량, 자원 사용률 등 실시간 성능과 전체 효율성을 점검하며, 개발 전 단계에 걸쳐 반복 수행된다.
>
> **오답 피하기**
> ② 장애 후 복구 능력 검증
> ③ 극한 부하에서의 한계/붕괴점 확인
> ④ 취약점 및 침투 가능성 검증

09 다음 중 확인(Validation) 테스트에 대한 설명으로 옳은 것은?

① 개발자의 시작에서 테스트를 진행한다.
② 제품이 올바르게 생산되고 있는가를 확인한다.
③ 소프트웨어가 명세서대로 만들어졌는지를 중점에 두고 테스트한다.
④ 소프트웨어가 사용자의 요구사항을 충족시키는가에 중점을 두고 테스트한다.

> **오답 피하기**
> ①, ②, ③ 검증(Verification) 테스트

SECTION 02 화이트박스 테스트, 블랙박스 테스트

난이도 상 중 하
반복학습 1 2 3

빈출 태그 #화이트박스테스트 #블랙박스테스트

01 화이트박스 테스트

1) 화이트박스 테스트 개념
- 투명한 박스라는 의미로 모듈 안의 내용을 볼 수 있어서 내부의 논리적인 경로를 테스트한다.
- 모듈의 원시 코드를 오픈시킨 상태에서 원시 코드의 논리적인 모든 경로를 테스트하여 테스트 케이스를 설계하는 방법이다.
- 모듈 안의 작동을 직접 관찰하고, 모든 문장을 한 번 이상 실행함으로써 수행된다.
- 설계된 절차에 초점을 둔 구조적 테스트로, 테스트 과정의 초기에 적용된다.

> **기적의 TIP**
> 소프트웨어 내부 구조의 참조 여부에 따라 화이트박스 테스트와 블랙박스 테스트로 나뉩니다. 두 테스트의 개념, 차이점, 종류를 모두 숙지하세요.

2) 화이트박스 테스트 종류 20년 1회

기초 경로 검사 (Base Path Testing)	• 대표적인 화이트박스 테스트 기법이다. • 설계자가 논리적 복잡성을 측정할 수 있게 해주는 테스트 기법으로, 테스트 측정 결과는 실행 경로의 기초를 정의하는 데 지침으로 사용된다.
제어 구조 검사 (Control Struction Testing)	• 조건 검사 : 모듈 내에 있는 논리적 조건을 테스트하는 기법이다. • 루프 검사 : 프로그램의 반복 구조에 초점을 맞춰 테스트하는 설계 기법으로 단순 루프, 중첩 루프, 연결 루프, 비구조적 루프가 있다. • 데이터 흐름 검사 : 프로그램의 변수 정의와 변수 사용 위치에 초점을 맞춰 테스트하는 기법이다.

> **기적의 TIP**
> 기초 경로란 수행 가능한 모든 경로를 말합니다.

> **기적의 TIP**
> 산업기사 시험에서 루프 검사의 4가지 반복 구조에 해당하지 않는 것을 고르는 문제가 출제되었습니다. 기능사 시험에도 출제될 수 있으므로 종류를 잘 알아 두세요.

3) 화이트박스 테스트의 검증 기준

문장 검증 기준	소스코드의 모든 구문이 한 번 이상 수행되도록 테스트 케이스를 설계하는 검증 기준이다.
분기 검증 기준 (결정 검증 기준)	소스코드의 모든 조건문에 대해 조건이 참(True)인 경우와 거짓(False)인 경우가 한 번 이상 수행되도록 테스트 케이스를 설계하는 검증 기준이다.
조건 검증 기준	소스코드의 조건문에 포함된 개별 조건식의 결과가 참(True)인 경우와 거짓(False)인 경우가 한 번 이상 수행되도록 테스트 케이스를 설계하는 검증 기준이다.
분기/조건 검증 기준	분기 검증과 조건 검증 기준을 모두 만족하는 설계로, 조건문이 참(True)인 경우와 거짓(False)인 경우에 따라 조건 검증 기준의 입력 데이터를 구분하는 테스트 케이스를 설계하는 검증 기준이다.

> **기적의 TIP**
> 화이트박스 테스트의 검증 기준은 테스트 케이스들이 테스트에 얼마나 적절한지를 판단하는 기준입니다.

02 블랙박스 테스트

1) 블랙박스 테스트 개념

- 블랙박스는 안을 들여다볼 수 없는 상자를 말하는데 즉, 박스 안에서는 어떤 일이 일어나는지 알 수 없지만 입력된 데이터가 블랙박스를 통과할 때 그 결과물이 정확한지를 검사하는 테스트이다.
- 소프트웨어가 수행할 특정 기능을 알기 위해서 각 기능이 완전히 작동되는 것을 입증하는 테스트로, 기능 테스트라고도 한다.
- 사용자의 요구사항 명세를 보면서 테스트하는 것으로, 주로 구현된 기능을 테스트한다.
- 부정확하거나 누락된 기능, 인터페이스 오류, 자료구조나 외부 데이터베이스 접근에 따른 오류, 행위나 성능 오류, 초기화와 종료 오류 등을 발견하기 위해 사용되며, 테스트 과정의 후반부에 적용된다.

> **기적의 TIP**
> 앞에서 배운 테스트 기반에 따른 테스트의 종류 중 명세 기반 테스트와 경험 기반 테스트는 블랙박스 테스트, 구조 기반 테스트는 화이트박스 테스트에 해당합니다.

> **암기 TIP**
> 동경원오비 : 워너비의 뜻은 동경한다는 의미입니다.

2) 블랙박스 테스트의 종류

동치 분할 검사 (동등 분할 기법)	• 입력 자료에 초점을 맞춰 테스트 케이스(동치 클래스)를 만들고 검사하는 방법이다. • 타당한 입력 자료와 타당하지 않은 입력 자료의 개수를 균등하게 하여 테스트 케이스를 정하고, 해당 입력 자료에 맞는 결과가 출력되는지 확인하는 기법이다.
경계값 분석	• 입력 자료에만 의존하는 동치 분할 기법을 보완하기 위한 기법이다. • 입력 조건의 중간값보다 경계값에서 오류가 발생될 확률이 높다는 점을 이용하여 입력 조건에 경계값을 테스트 케이스로 선정하여 검사하는 기법이다.
원인-효과 그래프 검사	• 입력 데이터 간의 관계와 출력에 영향을 미치는 상황을 체계적으로 분석한 다음 효용성이 높은 테스트 케이스를 선정하여 검사하는 기법이다.
오류 예측 검사	• 과거의 경험이나 확인자의 감각으로 테스트하는 기법이다. • 다른 블랙박스 테스트로는 찾을 수 없는 오류를 찾아내는 일련의 보충 검사 기법이며, 데이터 확인 검사라고도 한다.
비교 검사	• 여러 버전의 프로그램에 동일한 자료를 제공하여 동일한 결과가 출력되는지 비교하여 테스트하는 기법이다.

+ 더 알기 TIP

동치 분할 검사와 경계값 분석의 예

C언어 점수에 따른 성적을 평가하는 기준이 다음과 같을 때, 동치 분할 검사와 경계값 분석의 테스트 케이스를 작성하시오.

〈평가표〉

C언어	평가
90~100	A
80~89	B
70~79	C
0~69	D

• 동치 분할 검사

테스트 케이스	1	2	3	4
입력값	60	75	82	96
예상 결과값	D	C	B	A
실제 결과값	D	C	B	A

동치 분할 검사는 입력 자료에 초점을 맞춰 테스트 케이스를 만들어 검사하므로 평가점수를 입력한 후 점수에 맞는 성적이 출력되는지 확인합니다.

• 경계값 분석

테스트 케이스	1	2	3	4	5	6	7	8	9	10
입력값	−1	0	69	70	79	80	89	90	100	101
예상 결과값	오류	D	D	C	C	B	B	A	A	오류
실제 결과값	오류	D	D	C	C	B	B	A	A	오류

경계값 분석은 입력 조건의 경계값을 테스트 케이스로 선정하여 검사하므로 평가점수의 경계값에 해당하는 점수를 입력한 후 올바른 성적이 출력되는지 확인합니다.

이론을 확인하는 기출문제

01 다음 설명의 소프트웨어 테스트의 기법은?

> 모듈 안의 작동을 자세히 관찰할 수 있고, 프로그램 원시 코드의 논리적인 구조를 커버하도록 테스트 케이스를 설계하는 프로그램 테스트 방법이다.

① 블랙박스 테스트
② 회복 테스트
③ 성능 테스트
④ 화이트박스 테스트

> 투명한 박스라는 의미로, 모듈 안의 내용을 볼 수 있어서 내부의 논리적인 경로를 테스트하는 것을 화이트박스 테스트라고 한다.
>
> **오답 피하기**
> ① 소프트웨어가 수행할 특정 기능을 알기 위해서 각 기능이 완전히 작동되는 것을 입증하는 테스트로, 기능 테스트라고도 한다.
> ② 시스템에 여러 가지 결함을 주어 실패하도록 한 후 올바르게 복구하는지 확인하는 테스트이다.
> ③ 소프트웨어의 실시간 성능이나 전체적인 효율성을 진단하는 테스트로 응답시간, 처리량 등을 테스트한다.

02 다음 설명의 소프트웨어 테스트의 기법은?

> 소프트웨어 인터페이스에서 실시되는 기능 테스트로, 소프트웨어의 기능이 의도대로 작동하고 있는지 테스트하는 방법이다.

① 블랙박스 테스트
② 회복 테스트
③ 성능 테스트
④ 화이트박스 테스트

> 입력된 데이터가 블랙박스를 통과할 때 그 결과물이 정확한지를 검사하는 테스트로서, 기능 테스트라고도 한다.

03 루프 검사에서 찾아볼 수 있는 4가지 반복 구조가 아닌 것은?

① 단순 반복
② 중첩 반복
③ 구조적 반복
④ 비구조적 반복

> 루프 검사 : 단순, 중첩, 연결, 비구조적 반복

04 다음 중 블랙박스 테스트 기법은?

① 경계값 분석
② 조건 검사
③ 기초 경로 검사
④ 루프 검사

> **오답 피하기**
> 기초 경로 검사, 제어 구조(조건, 루프, 데이터 흐름) 검사는 화이트박스 테스트 기법이다.

05 다음 중 화이트박스 테스트에 대한 설명으로 옳지 않은 것은?

① 모듈의 논리적 구조를 체계적으로 테스트하는 것으로, 구조적 테스트라고도 한다.
② 프로그램에서 수행되는 기능에 초점을 가지고 테스트하기 때문에 실제 프로그램의 내부 구조는 다루지 않는다.
③ 화이트박스 테스트를 위해 논리 흐름도를 사용할 수 있다.
④ 모듈 안의 작동을 자세히 관찰하기 위한 시험 방법이다.

> **오답 피하기**
> ②번은 블랙박스 테스트 기법이다.

06 아래에서 설명하는 블랙박스 테스트 기법은?

> 테스트 케이스 설계를 프로그램의 입력 명세 조건에 따라 설정한다. 즉 테스트 케이스는 일반적으로 입력 데이터에 해당하므로 프로그램의 입력 조건에 중점을 두고, 어느 하나의 입력 조건에 대하여 타당한 값과 그렇지 못한 값을 설정하는 기법을 말한다.

① 동치 분할 검사
② 경계값 분석
③ 원인 결과 그래프
④ 비교 검사

> 동치 분할 검사는 입력 자료에 초점을 맞춰 테스트 케이스(동치 클래스)를 만들고 검사하는 방법으로, 동등 분할 기법이라고도 한다.

정답 01 ④ 02 ① 03 ③ 04 ① 05 ② 06 ①

SECTION 03 단위 테스트

빈출 태그 #V모델 #개발단계 #단위테스트 #통합테스트 #시스템테스트

01 개발 단계에 따른 애플리케이션 테스트

- 애플리케이션 테스트는 소프트웨어의 개발 단계에 따라 단위 테스트, 통합 테스트, 시스템 테스트, 인수 테스트로 분류된다. 이렇게 분류된 것을 테스트 레벨이라고 한다.
- 애플리케이션 테스트는 소프트웨어 개발 단계에서부터 테스트를 수행하므로 단순히 소프트웨어에 포함된 코드상의 오류뿐만 아니라 요구 분석의 오류, 설계 인터페이스 오류 등도 발견할 수 있다.
- 애플리케이션 테스트와 소프트웨어 개발 단계를 연결하여 표현한 것을 V-모델이라 한다.
- 소프트웨어 생명주기 V-모델

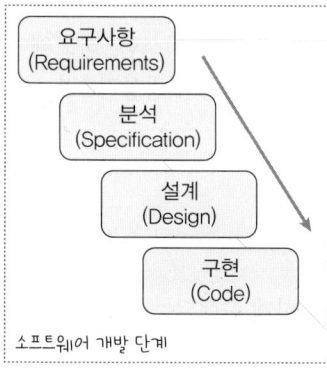
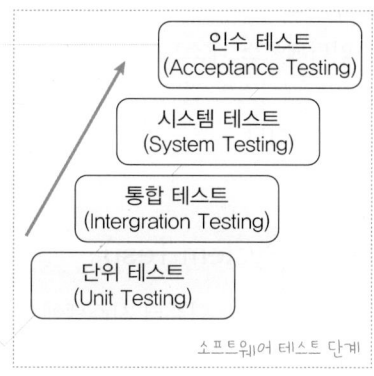

> **암기 TIP**
> 개발 단계는 개발자가 "고객의 요구사항을 분석해야 화면을 디자인하고 프로그램을 구현"하는 거잖아요. 그냥 물 흐르듯 자연스러운 과정이고 그만큼 쉬우니까 개발 단계를 따로 안 외우는데요. 테스트 단계는 어려우니까 그런지 이렇게 외우더라구요. 단통시인이라고요. 단통이라는 이름을 가진 시인이 있는 걸까요?

02 단위 테스트(Unit Test)

- 코딩 직후 소프트웨어 설계의 최소 단위인 모듈이나 컴포넌트에 초점을 맞춰 테스트하는 것이다.
- 일반적으로 개발자에 의해 행해진다.
- 인터페이스, 외부적 I/O, 자료구조, 독립적 기초 경로, 오류 처리 경로, 경계 조건 등을 검사한다.
- 사용자의 요구사항을 기반으로 한 기능성 테스트를 최우선으로 수행한다.

- 구조 기반 테스트와 명세 기반 테스트로 나뉘지만 주로 구조 기반 테스트(화이트박스)를 시행한다.

구조 기반 테스트	• 프로그램 내부 구조 및 복잡도를 검증하는 화이트박스(White Box) 테스트를 시행한다. • 목적 : 제어 흐름, 조건 결정
명세 기반 테스트	• 목적 및 실행 코드 기반의 실행을 통한 블랙박스(Black Box) 테스트를 시행한다. • 목적 : 동등 분할, 경계값 분석

➕ 더 알기 TIP

단위 테스트로 발견 가능한 오류
알고리즘 오류에 따른 원치 않는 결과, 무한 반복문의 사용, 잘못된 수식에 의한 오류 등

03 통합 테스트(Integration Test)

- 단위 테스트가 완료된 모듈들을 결합하여 하나의 시스템으로 완성시키는 과정에서의 테스트를 의미한다.
- 모듈 간 또는 통합된 컴포넌트 간의 상호작용 오류를 검사한다.
- 컴포넌트 간 인터페이스 테스트를 하고 운영체제(OS), 파일 시스템, 하드웨어 또는 시스템 간 인터페이스와 같은 각각 다른 부분과 상호 연동이 정상적으로 작동하는지 여부를 테스트한다.

> **기적의 TIP**
> 통합 테스트는 다음 섹션에서 자세히 배웁니다. 여기에서는 통합 테스트의 뜻만 알고 넘어가도 됩니다.

> **기적의 TIP**
> 컴포넌트란, 소프트웨어 개발에서 재사용 가능한 독립 모듈을 의미합니다.

04 시스템 테스트(System Test)

- 개발된 소프트웨어가 해당 컴퓨터 시스템에서 완벽하게 수행되는가를 점검하는 테스트이다.
- 환경적인 장애 리스크를 최소화하기 위해서는 실제 사용 환경과 유사하게 만든 테스트 환경에서 테스트를 수행해야 한다.
- 기능적 요구사항과 비기능적 요구사항으로 구분하여 각각을 만족하는지 테스트한다.

> **기적의 TIP**
> 환경적인 장애 리스크란 OS, DBMS, 시스템 운영 장비 등 테스트 시 사용할 물리적, 논리적 테스트 환경과 실제 소프트웨어를 사용할 환경이 달라서 발생할 수 있는 바람직하지 못한 결과를 의미합니다.

기능적 요구사항	요구사항 명세서, 비즈니스 절차, 유스케이스 등 명세서 기반의 블랙박스(Black Box) 테스트를 시행한다.
비기능적 요구사항	성능 테스트, 회복 테스트, 보안 테스트, 내부 시스템의 메뉴 구조, 웹 페이지의 내비게이션 등 구조적 요소에 대한 화이트박스(White Box) 테스트를 시행한다.

05 인수 테스트(Acceptance Test)

- 개발한 소프트웨어가 사용자의 요구사항을 충족하는지에 중점을 두고 테스트하는 방법이다.
- 소프트웨어를 사용자가 직접 테스트한다.
- 인수 테스트에 문제가 없으면 사용자는 소프트웨어를 인수하게 되고, 프로젝트는 종료된다.
- 다음과 같이 6가지의 종류로 구분해서 테스트한다.

사용자 인수 테스트	• 사용자가 시스템 사용의 적절성 여부를 확인한다.
운영상의 인수 테스트	• 시스템 관리자가 시스템 인수 시 수행하는 테스트 기법이다. • 백업/복원 시스템, 재난 복구, 사용자 관리, 정기 점검 등을 확인한다.
계약 인수 테스트	• 계약상의 인수/검수 조건을 준수하는지 여부를 확인한다.
규정 인수 테스트	• 정부 지침, 법규, 규정 등 규정에 맞게 개발하였는지 확인한다.
알파 테스트	• 개발자의 장소에서 사용자가 개발자 앞에서 행하는 테스트 기법이다. • 통제된 환경에서 테스트를 수행하며, 오류나 사용상의 문제점을 사용자와 개발자가 함께 확인하면서 기록한다.
베타 테스트	• 선정된 최종 사용자가 여러 명의 사용자 앞에서 행하는 테스트 기법으로, 필드 테스팅이라고도 불린다. • 실제 업무를 담당하는 고객에 의해 실제 업무 환경에서 테스트 수행한다. • 사용자가 직접 테스트하는 것으로, 발견된 오류와 사용상의 문제점을 기록하고 개발자에게 주기적으로 보고한다.

> **기적의 TIP**
>
> 알파 테스트와 베타 테스트가 출제될 것으로 예상되지만, 나머지 인수 테스트의 특징도 구분할 수 있을 정도로 공부하시기 바랍니다.

이론을 확인하는 기출문제

01 애플리케이션 테스트 중 코딩 직후 소프트웨어 설계의 최소 단위인 모듈이나 컴포넌트에 초점을 맞춰 테스트하는 기법은 무엇인가?

① 시스템 테스트
② 베타 테스트
③ 단위 테스트
④ 통합 테스트

설계의 최소 단위를 테스트하는 기법은 단위 테스트이다.

오답 피하기
① 개발된 소프트웨어가 해당 시스템에서 완벽하게 수행되는가 점검한다.
② 실제 업무를 담당하는 사용자가 직접 테스트한다.
④ 단위 테스트가 완료된 모듈을 결합하여 완성시키는 과정에서의 테스트이다.

02 소프트웨어 생명 주기의 V-모델에서 테스트 단계 순서를 올바르게 나열한 것은?

① 단위 테스트 → 인수 테스트 → 통합 테스트 → 시스템 테스트
② 단위 테스트 → 통합 테스트 → 시스템 테스트 → 인수 테스트
③ 인수 테스트 → 단위 테스트 → 통합 테스트 → 시스템 테스트
④ 시스템 테스트 → 인수 테스트 → 통합 테스트 → 인수 테스트

테스트 단계 : 단위 테스트 → 통합 테스트 → 시스템 테스트 → 인수 테스트

오답 피하기
개발 단계 : 요구사항 → 분석 → 디자인 → 구현

03 알파, 베타 테스트와 가장 밀접한 연관이 있는 테스트 단계는?

① 단위 테스트   ② 인수 테스트
③ 통합 테스트   ④ 시스템 테스트

알파/베타 테스트는 사용자 관점의 최종 검증으로, 실제 사용자가 요구사항 충족 여부를 확인하는 인수(수용) 테스트의 대표적 형태이다.

04 필드 테스팅(Field Testing)이라고도 불리며, 개발자 없이 고객의 사용 환경에 소프트웨어를 설치하여 검사를 수행하는 인수 검사 기법은 무엇인가?

① 베타 검사
② 알파 검사
③ 형상 검사
④ 복구 검사

베타 검사는 개발자 없이 사용자가 여러 명의 사용자 앞에서 행하는 테스트 기법이다.

05 인수 테스트 중 개발자의 장소에서 사용자가 개발자 앞에서 행하며, 오류와 사용상의 문제점을 사용자와 개발자가 함께 확인하면서 테스트하는 기법은 무엇인가?

① 베타 테스트
② 알파 테스트
③ 형상 테스트
④ 복구 테스트

알파 테스트는 개발자와 사용자, 베타 테스트는 여러 명의 사용자 앞에서 수행하는 테스트이다.

06 개발 단계에 따른 애플리케이션 테스트 중 단위 테스트가 완료된 모듈들을 결합하여 하나의 시스템으로 완성시키는 과정에서의 테스트는 무엇인가?

① 인수 테스트
② 시스템 테스트
③ 단위 테스트
④ 통합 테스트

통합 테스트는 단위 테스트가 완료된 모듈을 결합(통합)한다.

정답 01 ③ 02 ② 03 ② 04 ① 05 ② 06 ④

SECTION 04 통합 테스트

빈출 태그 #통합테스트 #상향테스트 #하향테스트 #혼합식테스트 #드라이버

01 통합 테스트

- 단위 테스트가 끝난 모듈을 통합하는 과정에서 발생하는 오류 및 결함을 찾는 테스트 기법이다.
- 비점진적 통합 방식과 점진적 통합 방식이 있다.

비점진적 통합 방식	• 단계적으로 통합하는 절차 없이 모든 모듈이 미리 결합되어 있는 프로그램 전체를 테스트하는 방법으로 빅뱅 통합 테스트 방식이 있다. • 규모가 작은 소프트웨어에 유리하며 단시간 내에 테스트가 가능하다. • 전체 프로그램을 대상으로 하기 때문에 오류 발견 및 장애 위치 파악 및 수정이 어렵다.
점진적 통합 방식	• 모듈 단위로 단계적으로 통합하면서 테스트하는 방식으로 하향식, 상향식, 혼합식 통합 방식이 있다. • 오류 수정이 용이하고 인터페이스와 연관된 오류를 테스트할 가능성이 높다.

➕ 더 알기 TIP

빅뱅 통합 테스트

모듈 간의 상호 인터페이스를 고려하지 않고 단위 테스트가 끝난 모듈을 한꺼번에 결합시켜 테스트하는 방법입니다. 주로 소규모 프로그램이나 프로그램의 일부만을 대상으로 테스트할 때 사용됩니다.

02 상향식 통합 테스트

1) 상향식 통합 테스트의 특징

- 프로그램의 하위 모듈에서 상위 모듈 방향으로 통합하면서 테스트하는 기법이다.
- 가장 하위 단계의 모듈부터 통합 및 테스트가 수행되므로 스텁(Stub)은 필요하지 않지만, 하나의 주요 제어 모듈과 관련된 종속 모듈의 그룹인 클러스터(Cluster)가 필요하다.

> **암기 TIP**
> 상향은 위로 향한다는 의미입니다.

> **기적의 TIP**
> 클러스터는 비슷한 특성을 가진 테스트 케이스들을 묶어놓은 집합을 말하고, 스텁은 하향식 통합 테스트에서 사용하는 시험용 모듈을 말합니다.

2) 상향식 통합 테스트 순서

- 하위 모듈들을 클러스터(Cluster)로 결합한다.
- 상위 모듈에서 데이터의 입/출력을 확인하기 위해 더미 모듈인 드라이버(Driver)를 작성한다.
- 통합된 클러스터 단위로 테스트한다.
- 테스트가 완료되면 클러스터는 프로그램 구조의 상위로 이동하여 결합하고 드라이버는 실제 모듈로 대체된다.

3) 테스트 드라이버(Driver)

- 개념 : 테스트 대상의 하위 모듈을 호출하는 도구로써, 매개변수(Parameter)를 전달하고, 모듈 테스트 수행 후의 결과를 도출하는 도구이다.
- 필요 시기 : 상위 모듈 없이 하위 모듈이 있는 경우 하위 모듈을 구동한다.
- 테스트 방식 : 상향식 테스트에 사용된다.

03 하향식 통합 테스트

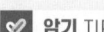

암기 TIP

하향은 아래로 향한다는 의미입니다.

1) 하향식 통합 테스트의 특징

- 프로그램의 상위 모듈에서 하위 모듈 방향으로 통합하면서 테스트하는 기법이다.
- 테스트 초기부터 사용자에게 시스템 구조를 보여줄 수 있다.
- 상위 모듈에서는 테스트 케이스를 사용하기 어렵다.

2) 하향식 통합 테스트 순서

- 주요 제어 모듈은 작성된 프로그램을 사용하고 주요 제어 모듈의 종속 모듈은 스텁으로 대체한다.
- 깊이 우선 또는 넓이 우선 방식에 따라 하위 모듈인 스텁들이 한 번에 하나씩 실제 모듈로 교체된다.
- 모듈이 통합될 때마다 테스트를 실시한다.
- 새로운 오류가 발생하지 않음을 보증하기 위해 회귀 테스트를 실시한다.

3) 스텁(Stub)

- 개념 : 제어 모듈이 호출하는 타 모듈의 기능을 단순히 수행하는 도구로, 일시적으로 필요한 조건만을 가지고 있는 시험용 모듈이다.
- 필요 시기 : 상위 모듈은 있지만 하위 모듈이 없는 경우 하위 모듈을 대체한다.
- 테스트 방식 : 하향식 테스트에 사용된다.

+ 더 알기 TIP

드라이버와 스텁의 비교
- 공통점 : 소프트웨어 개발과 테스트를 병행할 경우 이용된다.
- 차이점

드라이버	• 이미 존재하는 하위 모듈과 존재하지 않는 상위 모듈 간의 인터페이스 역할을 한다. • 소프트웨어 개발이 완료되면 드라이버는 본래의 모듈로 교체된다.
스텁	• 일시적으로 필요한 조건만을 가지고 임시로 제공되는 가짜 모듈의 역할을 한다. • 시험용 모듈이기 때문에 일반적으로 드라이버보다 작성하기 쉽다.

> **암기 TIP**
> 상향식은 드라이버, 하향식은 스텁 = 상드라, 하스텁

04 혼합식 통합 테스트

- 하위 수준에서는 상향식 통합, 상위 수준에서는 하향식 통합을 사용하여 최적의 테스트를 지원하는 방식이다.
- 샌드위치식 통합 테스트 방식이라고도 한다.

+ 더 알기 TIP

회귀 테스트
- 이미 테스트된 프로그램의 테스팅을 반복하는 것으로, 통합 테스트로 인해 변경된 모듈이나 컴포넌트에 새로운 오류가 있는지 확인하는 테스트이다.
- 회귀 테스트의 특징
  - 수정한 모듈이나 컴포넌트가 다른 부분에 영향을 미치는지, 오류가 생기지 않았는지 테스트하여 새로운 오류가 발생하지 않음을 보증하기 위해 반복 테스트한다.
  - 모든 테스트 케이스를 이용해 테스팅하는 것이 가장 좋지만 시간과 비용이 많이 필요하므로 기존 테스트 케이스 중 변경된 부분을 테스트할 수 있는 테스트 케이스만을 선정하여 수행한다.
- 회귀 테스트의 테스트 케이스 선정 방법
  - 모든 애플리케이션의 기능을 수행할 수 있는 대표적인 테스트 케이스를 선정한다.
  - 애플리케이션 기능 변경에 의한 파급 효과를 분석하여 파급 효과가 높은 부분이 포함된 테스트 케이스를 선정한다.
  - 실제 수정이 발생한 모듈 또는 컴포넌트에서 시행하는 테스트 케이스를 선정한다.

> **기적의 TIP**
> 회귀 테스트는 변경·통합 후 기존 기능이 깨지지 않았는지 확인하는 목적 지향 테스트 기법입니다. 따라서 각 통합 단계마다 회귀 테스트를 반복 실행하여 이전에 통합된 영역이 영향을 받지 않았는지 확인합니다.

이론을 확인하는 기출문제

01 통합 테스트에 대한 설명으로 <u>틀린</u> 것은?
① 드라이버를 사용하는 것은 상향식 테스트이다.
② 스텁을 사용하는 것은 하향식 테스트이다.
③ 모듈 또는 컴포넌트 간의 상호작용 오류를 검사한다.
④ 모듈이나 컴포넌트의 기능성 테스트를 최우선으로 한다.

모듈이나 컴포넌트에 초점을 맞춰 기능을 검사하는 것은 단위 테스트이다.

02 통합 테스트에 해당하지 <u>않는</u> 것은?
① 상향식 테스트
② 강도 테스트
③ 하향식 테스트
④ 혼합식 테스트

통합 테스트 : 상향식, 하향식, 혼합식

오답 피하기
② 시스템에 과도한 정보량이나 빈도 등을 부과하여 과부하 시에도 소프트웨어가 정상적으로 실행되는지를 확인하는 테스트이다.

03 하향식 통합에 있어서 모듈 간의 통합 시험을 위해 일시적으로 필요한 조건만을 가지고 임시로 제공되는 시험용 모듈을 무엇이라고 하는가?
① 스텁(Stub)
② 드라이버(Driver)
③ 프로시저(Procedure)
④ 컴파일러(Compiler)

• 스텁 : 하향식(Top-Down) 통합에서 아직 개발되지 않은 하위 모듈을 흉내 내는 임시 모듈
• 드라이버 : 상향식(Bottom-Up)에서 하위 모듈을 호출·구동하기 위한 임시 호출자

04 다음 설명에 해당하는 것은?

이미 존재하는 하위 모듈과 존재하지 않는 상위 모듈 간의 인터페이스 역할을 하는 것으로 상위 모듈 없이 하위 모듈이 있는 경우 하위 모듈 구동 시 필요하다.

① 스텁(Stub)
② 드라이버(Driver)
③ 프로시저(Procedure)
④ 컴파일러(Compiler)

상위 모듈 없이 하위 모듈이 있는 경우, 하위 모듈 구동 시 필요한 것은 드라이버이다.

05 아래에서 설명하는 테스트는?

• 가장 하위 단계의 모듈부터 통합 및 테스트가 수행되므로 스텁(Stub)은 필요하지 않다.
• 테스트는 통합된 클러스터 단위로 수행한다.

① 상향식 통합 테스트
② 회귀 테스트
③ 하향식 통합 테스트
④ 빅뱅 통합 테스트

스텁은 필요 없고 클러스터가 필요한 테스트는 상향식이다.

06 하향식 통합 검사에 대한 설명으로 가장 옳지 <u>않은</u> 것은?
① 시스템 구조의 위층에 있는 모듈부터 아래층의 모듈로 내려오면서 통합한다.
② 일반적으로 스텁을 드라이버보다 쉽게 작성할 수 있다.
③ 테스트 초기에는 시스템의 구조를 사용자에게 보여줄 수 없다.
④ 상위층에서 테스트 케이스를 쓰기가 어렵다.

위에서 내려오는 하향식은 상위에서 내려다보는 것처럼 테스트 초기에 사용자에게 시스템 구조를 보여줄 수 있다.

정답 01 ④ 02 ② 03 ① 04 ② 05 ① 06 ③

SECTION 05 프로그램 디버깅

난이도 상중하
반복학습 1 2 3

빈출 태그 #결함관리 #디버깅 #결함심각도 #결함조치우선순위

01 결함(Fault) 20년 1회

- 오류 발생, 작동 실패 등과 같이 소프트웨어가 개발자가 설계한 것과 다르게 동작하거나 다른 결과가 발생되는 것을 의미한다.
- 사용자가 예상한 결과와 실행 결과 간의 차이나 업무 내용과의 불일치 등으로 인해 변경이 필요한 부분도 모두 결함에 해당된다.

> 🏆 기적의 TIP
> 결함의 개념과 결함 관리 추적 순서를 공부하세요.

02 결함 관리

1) 결함 관리 프로세스

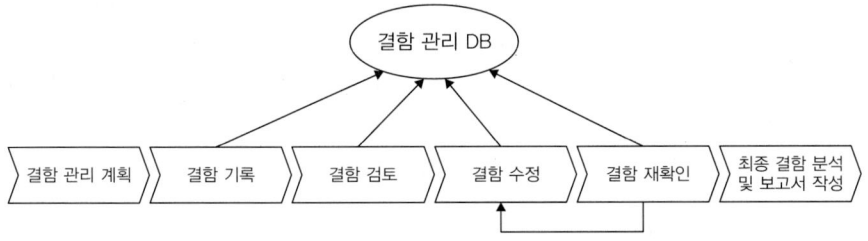

① **결함 관리 계획** : 전체 프로세스에 대한 결함 관리 일정, 인력, 업무 프로세스 등을 확보하여 계획을 수립하는 단계이다.
② **결함 기록** : 테스터는 발견된 결함을 결함 관리 DB에 등록한다.
③ **결함 검토** : 테스터, 프로그램 리더, 품질 관리(QA) 담당자 등은 등록된 결함을 검토하고 결함을 수정할 개발자에게 전달한다.
④ **결함 수정** : 개발자는 전달받은 결함을 수정한다.
⑤ **결함 재확인** : 테스터는 개발자가 수정한 내용을 확인하고 다시 테스트를 수행한다.
⑥ **결함 상태 추적 및 모니터링 활동** : 결함 관리 DB를 이용하여 프로젝트별 결함 유형, 발생률 등을 한눈에 볼 수 있는 대시보드 또는 게시판 형태의 서비스를 제공한다.
⑦ **최종 결함 분석 및 보고서 작성** : 발견된 결함에 대한 정보와 이해관계자들의 의견이 반영된 보고서를 작성하고 결함 관리를 종료한다.

> 🏆 기적의 TIP
> 결함 관리 프로세스는 애플리케이션 테스트에서 발견된 결함을 처리하는 것으로, 처리 순서를 알아 두세요.

> 🏆 기적의 TIP
> 프로그램 리더는 소프트웨어 설계, 구현 등 소프트웨어의 기술 분야를 책임지는 사람입니다.

> 🏆 기적의 TIP
> 품질 관리(QA) 담당자는 제품에 대한 고객만족을 목표로 제품의 생산부터 판매, 폐기에 이르는 전 과정을 관리하는 사람입니다.

> 🏆 기적의 TIP
> 대시보드란, 다양한 데이터를 쉽게 모니터링할 수 있도록 만든 일종의 상황판을 의미합니다.

2) 결함 상태 추적

- 테스트에서 발견된 결함은 지속적으로 상태 변화를 추적하고 관리해야 한다.
- 발견된 결함에 대해 결함 관리 측정 지표의 속성 값들을 분석하여 향후 결함이 발견될 모듈 또는 컴포넌트를 추정할 수 있다.
- 결함 관리 측정 지표

결함 분포	모듈 또는 컴퓨넌트의 특정 속성에 해당하는 결함 수 측정
결함 추세	테스트 진행 시간에 따른 결함 수의 추이 분석
결함 에이징	특정 결함 상태로 지속되는 시간 측정

> **기적의 TIP**
> 결함 추적은 결함이 발견된 때부터 결함이 해결될 때까지 전 과정을 추적하는 것으로 순서를 반드시 알아 두세요.

3) 결함 추적 순서

① 결함 등록(Open) : 테스터와 품질 관리(QA) 담당자에 의해 발견된 결함이 등록된 상태이다.
② 결함 검토(Reviewed) : 등록된 결함을 테스터, 품질 관리(QA) 담당자, 프로그램 리더, 담당 모듈 개발자에 의해 검토된 상태이다.
③ 결함 할당(Assigned) : 결함을 수정하기 위해 개발자와 문제 해결 담당자에게 결함이 할당된 상태이다.
④ 결함 수정(Resolved) : 개발자가 결함 수정을 완료한 상태이다.
⑤ 결함 조치 보류(Deferred) : 결함의 수정이 불가능해 연기된 상태로, 우선순위, 일정 등에 따라 재오픈을 준비 중인 상태이다.
⑥ 결함 종료(Closed) : 결함이 해결되어 테스터와 품질 관리(QA) 담당자가 종료를 승인한 상태이다.
⑦ 결함 해제(Clarified) : 테스터, 프로그램 리더, 품질 관리(QA) 담당자가 종료 승인한 결함을 검토하여 결함이 아니라고 판명한 상태이다.

4) 결함 분류

시스템 결함	시스템 다운, 애플리케이션의 작동 정지, 종료, 응답시간 지연, 데이터베이스 에러 등 주로 애플리케이션 환경이나 데이터베이스 처리에서 발생된 결함이다.
기능 결함	사용자의 요구사항 미반영/불일치, 부정확한 비즈니스 프로세스, 스크립트 오류, 타 시스템 연동 시 오류 등 애플리케이션의 기획, 설계, 업무 시나리오 등의 단계에서 유입된 결함이다.
GUI 결함	UI 비일관성, 데이터 타입의 표시 오류, 부정확한 커서/메시지 오류 등 사용자 화면 설계에서 발생된 결함이다.
문서 결함	사용자의 요구사항과 기능 요구사항의 불일치로 인한 불완전한 상태의 문서, 사용자의 온라인/오프라인 매뉴얼의 불일치 등 기획자, 사용자, 개발자 간의 의사소통 및 기록이 원활하지 않아 발생된 결함이다.

5) 결함 심각도

- 애플리케이션에서 발생한 결함이 전체 시스템에 미치는 치명도를 나타내는 척도이다.
- 결함 심각도는 단위 업무의 가중치를 기반으로 환산하며 우선순위에 따라 분류하면 다음과 같다.

High	• 단위 업무 프로세스가 비정상적으로 수행되고, 해당 프로세스로 인해 시스템 전반적인 기능에 장애가 발생하는 경우의 결함이다. • 핵심 요구사항 미구현, 장시간 시스템 응답 지연, 시스템 다운 등과 같이 더 이상 프로세스를 진행할 수 없도록 만드는 결함이다.
Medium	• 단위 업무 프로세스가 일반 사용자 환경에서는 정상적으로 완료될 수 없는 경우의 결함이다. • 부정확한 기능이나 데이터베이스 에러 등과 같이 시스템 흐름에 영향을 미치는 결함이다.
Low	• 일반 사용자 환경에서는 정상적으로 완료될 수 있으나, 특정 사용자는 정상적으로 완료될 수 없는 경우의 결함이다. • 부정확한 GUI 및 메시지, 에러 시 메시지 미출력, 화면상의 문법/철자 오류 등과 같이 시스템 흐름에는 영향을 미치지 않는 결함이다.

6) 결함 조치 우선순위

- 발견된 결함 처리에 대한 신속성을 나타내는 척도로, 단위 업무의 가중치와 결함 심각도 등에 따라 우선순위가 결정되고 우선순위에 따라 결함 조치가 취해진다.
- 일반적으로 결함의 심각도가 높으면 우선순위도 높지만 애플리케이션과 업무의 특성에 따라 우선순위가 결정될 수도 있기 때문에 심각도가 높다고 반드시 우선순위가 높은 것은 아니다.
- 결함 우선순위는 결정적(Critical), 높음(High), 보통(Medium), 낮음(Low) 또는 즉시 해결, 주의 요망, 대기, 개선 권고 등으로 분류되며 우선순위에 따라 인력 배치와 결함 조치 일정을 결정한다.

7) 결함 관리 도구

- 소프트웨어에 발생한 결함을 체계적으로 관리할 수 있도록 도와주는 도구이다.
- 종류

Mantis	결함 및 이슈 관리 도구로, 소프트웨어 설계 시 단위별 작업 내용을 기록할 수 있어 결함 추적도 가능한 도구이다.
Trac	결함 추적은 물론 결함을 통합하여 관리할 수 있는 도구이다.
Redmine	프로젝트 관리 및 결함 추적이 가능한 도구이다.
Bugzilla	결함 신고, 확인, 처리 등 결함을 지속적으로 관리할 수 있는 도구로, 결함의 심각도와 우선순위를 지정할 수도 있다.

이론을 확인하는 기출문제

01 다음 설명하는 용어는 무엇인가?

- 오류 발생, 작동 실패 등과 같이 소프트웨어가 개발자의 설계와 다르게 동작하거나 다른 결과가 발생되는 것을 의미한다.
- 사용자가 예상한 결과와 실행 결과 간의 차이나 업무 내용과의 불일치 등으로 인해 변경이 필요한 부분도 모두 해당된다.

① Testcase
② Stub
③ Fault
④ Mistake

고장, 오류, 오작동 등을 결함(Fault)이라고 한다.

02 결함 추적은 물론 결함을 통합하여 관리할 수 있는 도구는 무엇인가?

① Mantis
② Trac
③ Redmine
④ Bugzilla

Trac은 결함 추적과 결함을 통합하여 관리하는 도구이다.

오답 피하기
① 결함 및 이슈 관리 도구로, 소프트웨어 설계 시 단위별 작업 내용을 기록할 수 있어 결함 추적도 가능한 도구이다.
③ 프로젝트 관리 및 결함 추적이 가능한 도구이다.
④ 결함 신고, 확인, 처리 등 결함을 지속적으로 관리할 수 있는 도구이다.

03 결함 관리 측정 지표에서 특정 결함 상태로 지속되는 시간 측정은 무엇인가?

① 결함 분포
② 결함 추세
③ 결함 에이징
④ 결함 수정

결함 관리 측정 지표 : 분포, 추세, 에이징

04 다음 설명하는 해당하는 결함 심각도는?

- 일반 사용자 환경에서는 정상적으로 완료될 수 있으나, 특정 사용자는 정상적으로 완료될 수 없는 경우의 결함
- 부정확한 GUI 및 메시지, 에러 시 메시지 미출력, 화면상의 문법/철자 오류 등과 같이 시스템 흐름에는 영향을 미치지 않는 결함

① High
② Medium
③ Down
④ Low

특정 사용자는 정상적으로 완료될 수 없는 경우가 있지만, 시스템 흐름에는 영향을 미치지 않는 결함 심각도는 Low이다.

05 테스트에서 발견되는 결함 중 UI 비일관성, 데이터 타입의 표시 오류, 부정확한 커서/메시지 오류 등 사용자 화면 설계에서 발생된 결함은 무엇인가?

① UI 결함
② 문서 결함
③ 시스템 결함
④ 기능 결함

UI 비일관성, 데이터 타입의 표시 오류, 부정확한 커서/메시지 오류 등 사용자 화면 설계에서 발생된 결함은 UI 결함이다.

정답 01 ③ 02 ② 03 ③ 04 ④ 05 ①

CHAPTER

02

애플리케이션 배포

학습 방향

애플리케이션 배포의 DevOps와 CI/CD의 개념을 숙지하세요.

난이도

- 상 **SECTION 01** DevOps 개념
- 중 **SECTION 02** CI/CD 개념

SECTION 01 DevOps 개념

빈출태그 #DevOps #DevOps개념 #DevOps도구

01 DevOps 개요

1) DevOps의 정의와 목표

① DevOps의 정의
- DevOps는 Dev(Development, 개발) + Ops(Operations, 운영)의 합성어이다.
- 개발팀과 운영팀이 분리되어 있던 전통적인 방식에서 벗어나, 협업/자동화/지속적 배포를 통해 빠르고 안정적인 소프트웨어 제공을 목표로 하는 "문화(Culture) + 프로세스(Process) + 도구(Tools)"이다.

② DevOps의 목표
- 빠른 배포 : 새로운 기능을 사용자에게 빠르게 전달한다.
- 품질 보장 : 자동화된 테스트와 검증으로 오류를 최소화한다.
- 안정적인 서비스 운영 : 장애를 신속히 탐지하고 대응한다.
- 지속적인 개선 : 모니터링 및 피드백 기반으로 서비스 최적화한다.

> **기적의 TIP**
>
> **DevOps 도입 효과(장점)**
> - 배포 주기 단축
> - 서비스 품질 향상
> - 장애 발생 감소
> - 팀 간 협업 강화
> - 고객 만족도 상승

2) DevOps 핵심 원칙

① 자동화(Automation)
- 빌드, 테스트, 배포, 모니터링 등의 반복 작업을 자동화한다.

② 지속적 통합(CI : Continuous Integration)
- 코드 변경을 자주 통합하고 자동 테스트를 실행한다.

③ 지속적 배포(CD: Continuous Delivery/Deployment)
- 안정적으로 운영 환경에 배포 가능하도록 자동화한다.
- 배포 준비와 운영 환경을 반영해 자동화한다.

④ 협업(Collaboration)
- 개발자와 운영자 간의 QA(질의/응답) 등으로 팀 간 장벽을 제거, 공동의 목표를 추구한다.

⑤ 모니터링 & 피드백
- 운영 상태를 실시간 관찰하고 개선점 반영

3) DevOps 파이프라인 흐름

- CI/CD 파이프라인을 중심으로 개발 → 배포 → 운영을 자동화

단계	설명
Plan	요구사항 수집, 기획
Code	개발자가 코드 작성
Build	빌드 및 컴파일, 아티팩트 생성
Test	자동화 테스트 실행
Release	배포 준비
Deploy	실제 환경에 배포
Operate	서비스 운영
Monitor	모니터링 및 피드백 수집

4) 주요 DevOps 도구

영역	도구
소스코드 관리(SCM)	Git, GitHub, GitLab
CI/CD	Jenkins, GitHub Actions, GitLab CI, CircleCI
컨테이너	Docker, Podman
오케이스트레이션	Kubernetes, OpenShift
인프라 자동화(IaC)	Terraform, Ansible, Chef, Puppet
모니터링/로깅	Prometheus, Grafana, ELK Stack
협업	Jira, Slack

① 소스코드 관리 (SCM)
- Git : 분산 버전 관리 시스템, 협업 필수
- GitHub / GitLab / Bitbucket : Git 기반 원격 저장소 + 협업 기능

② CI/CD (지속적 통합/배포)
- Jenkins : 오픈소스 CI/CD 자동화 서버, 가장 널리 사용됨.
- GitLab CI/CD : GitLab과 통합된 파이프라인 자동화
- CircleCI, Travis CI, Azure DevOps : 클라우드 기반 CI/CD 서비스

③ 구성 관리 (Configuration Management)
- Ansible : 에이전트 없는 간단한 구성 관리 도구
- Puppet, Chef : 서버 설정 및 자동화 관리 도구

④ 인프라 자동화 / IaC
- Terraform: 인프라를 선언적으로 관리 (클라우드 멀티 플랫폼 지원)
- AWS CloudFormation: AWS 환경 전용 IaC
- Pulumi: 프로그래밍 언어 기반 IaC

⑤ 컨테이너(Container) & 오케스트레이션
- Docker: 컨테이너 기반 애플리케이션 실행 환경 제공
- Kubernetes(K8s): 컨테이너 오케스트레이션(배포, 확장, 관리 자동화)
- OpenShift: Kubernetes 기반 PaaS

⑥ 모니터링 & 로깅
- Prometheus: 오픈소스 모니터링 및 알림 시스템
- Grafana: 시각화 대시보드 도구
- ELK 스택 (Elasticsearch + Logstash + Kibana): 로그 수집, 검색, 분석

⑦ 협업 및 이슈 관리
- Jira : 애자일 프로젝트 관리 툴
- Confluence : 문서 협업 툴
- Slack, Microsoft Teams : 실시간 협업 및 알림

> **기적의 TIP**
> Agile(민첩한, 기민한)이란 변화에 빠르게 대응하고 유연하게 개발을 진행하는 방법론과 문화를 말합니다.

02 DevOps 문화

1) DevOps 문화의 개념
- DevOps(Development + Operations)는 개발(Dev)과 운영(Ops)의 경계를 허물고 협업과 자동화를 통해 소프트웨어를 빠르고 안정적으로 제공하기 위한 문화, 방법론, 도구를 의미한다.

2) DevOps 문화의 특징
① 협업(Collaboration)
- 개발자, 운영팀, QA, 보안팀 등이 분리되지 않고 하나의 팀으로 협력한다.
- 사일로(Silo) 문화에서 공동 책임 문화로 변화된다.

> **기적의 TIP**
> 사일로(Silo) 문화 : 조직 내 부서(개발, 운영, QA 등)가 벽을 두고 각자 따로 일하는 방식을 의미합니다.

② 자동화(Automation)
- 빌드, 테스트, 배포, 모니터링 과정을 자동화하여 반복 작업을 최소화한다.
- CI/CD, IaC, 자동화 테스트 등이 대표적 예시이다.

> **더 알기 TIP**
>
> **IaC(Infrastructure as Code)**
> 수동 서버 관리 의존을 줄이고, 코드로 인프라를 정의하여 일관성을 유지하며 DevOps 문화에서 인프라를 코드로 다루어 자동화/일관성/버전 관리/협업을 실현하는 핵심 도구입니다.

③ 지속적 통합 및 배포(CI/CD)
- 작은 단위로 자주 코드 변경을 통합하고, 자동으로 배포까지 이어진다.
- 배포 주기가 단축되고 품질이 향상된다.

④ 피드백 루프(Feedback Loop)
- 코드 변경 → 테스트 → 배포 → 모니터링 → 피드백 → 개선
- 짧은 주기의 피드백을 통해 문제를 조기에 발견하고 신속히 대응할 수 있다.

⑤ 문화적 변화(Cultural Shift)
- "내 일, 네 일"의 구분이 아닌 공동 책임(shared responsibility)이 강조된다.
- 실패를 두려워하지 않고, 작은 단위의 실험과 개선을 장려한다.

⑥ 지속적인 개선(Continuous Improvement)
- 자동화 도구, 프로세스, 협업 방식 모두 지속적으로 점검/개선한다.
- 애자일(Agile)과 연결되어 유연한 개발 문화 확립된다.

3) DevOps 문화의 기대 효과
- 배포 속도와 빈도 증가
- 서비스 안정성 강화
- 운영 효율성 향상
- 협업 분위기 개선
- 사용자 만족도 향상

이론을 확인하는 기출문제

01 DevOps의 주요 목표로 옳지 않은 것은?
① 개발과 운영 간의 협업 강화
② 소프트웨어 배포 주기 단축
③ 서버 하드웨어 성능 향상
④ 자동화된 테스트와 배포 구현

> DevOps는 서버 성능 향상이 목적이 아니라 개발과 운영의 효율성과 배포 자동화, 품질 향상이 목표이다.

02 CI/CD에서 CI(Continuous Integration)의 의미는?
① 지속적인 배포
② 지속적인 통합
③ 지속적인 인프라 관리
④ 지속적인 보안 검사

> CI는 개발자가 코드를 자주 병합하고 자동화된 빌드와 테스트를 수행하는 지속적 통합 프로세스를 의미한다.
>
> **오답 피하기**
> 지속적인 배포는 CD(Continuous Delivery/Deployment)이다.

03 다음 중 DevOps 도구가 아닌 것은?
① Jenkins   ② Docker
③ Git   ④ Photoshop

> 포토샵은 그래픽 편집 도구이다.

04 DevOps 문화에서 "Infrastructure as Code(IaC)"의 장점이 아닌 것은?
① 인프라 자동화
② 설정 오류 감소
③ 수동 서버 관리 의존
④ 환경 일관성 확보

> IaC는 수동 서버 관리 의존을 줄이고, 코드로 인프라를 정의하여 환경 일관성을 유지한다.

05 DevOps의 핵심 원칙 중 "Feedback Loop"의 의미는?
① 배포 자동화
② 빠른 피드백으로 개선
③ 서버 모니터링
④ 코드 백업

> Feedback Loop는 문제를 빠르게 발견하고 개선할 수 있도록 개발과 운영 간 피드백을 빠르게 주고받는 과정을 의미한다.

06 DevOps 도입 시 기대할 수 있는 효과가 아닌 것은?
① 배포 속도 증가
② 운영 안정성 향상
③ 고객 피드백 반영 속도 증가
④ 하드웨어 가격 인하

> DevOps는 프로세스와 문화적 변화로 효율성을 높이는 것이지, 하드웨어 가격을 낮추는 것과는 관계가 없다.

07 DevOps가 사일로(Silo) 문화와 다른 점은?
① 개발과 운영이 분리되어 책임이 구분된다.
② 각 부서가 독립적으로 목표를 수행한다.
③ 개발과 운영이 공동 책임을 가진다.
④ 정보 공유가 제한된다.

> DevOps는 협업과 공동 책임 문화를 강조하여 사일로 문화를 극복한다.

08 DevOps에서 "CI/CD"의 의미로 옳은 것은?
① 지속적 통합/지속적 배포
② 중앙 통합/코드 배포
③ 코드 인프라/클라우드 디버깅
④ 지속적 입력/지속적 데이터

> CI는 지속적 통합(Continuous Integration)을 의미하고, CD는 지속적 배포(Continuous Deployment/Delivery)를 의미한다.

정답 01 ③ 02 ② 03 ④ 04 ③ 05 ② 06 ④ 07 ③ 08 ①

SECTION 02 CI/CD 개념

빈출 태그 #CI #CD #빌드 #CI과정

01 CI(Continuous Integration)

1) CI(지속적 통합) 개념

① CI의 정의
- 개발자가 작성한 코드를 중앙 저장소(공용 저장소)에 자주 통합하고, 자동 빌드 및 테스트를 통해 문제를 조기에 발견하는 프로세스이다.
- 코드 변경 시 빠르게 오류를 발견하고 품질을 보장하기 위해 사용한다.

② CI의 핵심 원칙
- 코드 공유 : 모든 개발자는 같은 저장소를 사용한다(Git 등 활용).
- 자동화 : 빌드, 테스트, 코드 검사 등을 자동화한다.
- 짧은 주기 : 하루에도 여러 번 commit & push를 하고 통합한다.
- 즉각적인 피드백 : 빌드나 테스트 실패 시 즉각 알린다.
- 일관된 환경 : 동일한 빌드/테스트 환경을 유지한다(Docker, 가상환경 활용).

③ CI의 장점
- 빠른 오류 발견 : 작은 단위에서 바로 버그를 발견할 수 있다.
- 품질 보장 : 자동화된 테스트로 코드 품질을 유지할 수 있다.
- 생산성 향상 : 반복적인 수작업을 줄여서 개발 속도가 향상된다.
- 통합 문제 최소화 : 작은 변경 단위로 merge(통합) 충돌을 완화할 수 있다.
- 지속적인 피드백 : 실패 시 즉시 수정이 가능하다.

➕ 더 알기 TIP

CI에서는 팀원들이 자주 커밋과 푸시를 해서 원격 저장소에 변경 내역이 쌓이고, 이것을 CI 도구(Jenkins, GitHub Actions 등)가 자동으로 빌드하고 테스트합니다.

> **기적의 TIP**
>
> 빌드는 사람이 작성한 소스 코드를 컴퓨터가 실행할 수 있는 형태로 변환하는 과정으로 단순히 컴파일만 의미하는 게 아니라, 실행 가능한 프로그램이나 배포가 가능한 형태를 만드는 전체 과정을 말합니다.

> **기적의 TIP**
>
> - commit : 작업한 파일(코드,문서 등)을 로컬 저장소에 저장하는 행위를 말합니다.
> - push : 로컬 저장소에 commit한 내용을 원격 저장소(Remote Repository, Github 등)로 업로드하는 행위를 말합니다.

2) CI 과정

> **기적의 TIP**
> CI는 코드를 "자주 통합 + 자동 빌드 + 자동 테스트"하여 "빠르게 오류를 잡고 품질을 보장"하는 개발 문화/방법론입니다.

```
개발자가 코드를 작성하고 Git 저장소에 push 한다.
                    ↓
CI 서버(Jenkins, GitHub Actions 등)가 변경 감지한다.
                    ↓
빌드(compile, dependency install 등) 자동 실행한다.
                    ↓
단위 테스트, 정적 분석 도구 실행한다.
                    ↓
결과(성공/실패) 알림 → 개발자가 즉시 확인한다.
```

02 CD(Continuous Delivery / Continuous Deployment)

- CD는 CI 이후 단계를 뜻하는데, 크게 두 가지로 나뉜다.
- Continuous Delivery와 Continuous Deployment의 차이

Continuous Delivery (지속적 제공, 지속적 전달)	• 빌드와 테스트까지 자동화한 뒤, 배포 직전 상태까지 자동으로 준비한다. • 실제 배포는 사람이 승인 버튼을 눌러야 한다.
Continuous Deployment (지속적 배포)	• Continuous Delivery보다 한 단계 더 나아가, 코드 변경 사항을 승인 없이 자동으로 운영 환경에 배포하지만, 잘못된 코드가 운영에 바로 반영될 수 있는 단점이 있다. • 빌드 → 테스트 → 배포까지 전부 완전 자동화한다. • 코드가 main 브랜치에 들어오면 바로 운영 서버(Production)에 반영한다. • 사용자에게 즉시 반영하는 것이 핵심 목표이다.

➕ 더 알기 TIP

Delivery vs Deployment 비교

구분	Continuous Delivery	Continuous Deployment
배포	자동으로 준비까지	자동으로 운영 반영
승인	필요(사람이 승인)	불필요(자동 배포)
안전성	사람의 확인 절차 있음	자동화 수준이 매우 높음
예시	"운영 서버 배포 버튼 클릭"	"코드 합치면 바로 운영 반영"

> **기적의 TIP**
> Delivery는 운영 배포 직전까지 자동화, Deployment는 운영 배포까지 자동화입니다.

03 CI/CD

1) CI/CD 과정(파이프 라인)

코드 작성(Code)	개발자가 기능 추가/수정
지속적 통합(CI)	자동 빌드 및 테스트 성공
지속적 제공(CD)	운영 배포 가능한 상태로 패키지를 자동 생성
지속적 배포(CD)	운영 환경에 자동 배포

> **기적의 TIP**
> - CI = 코드 통합과 자동 테스트
> - CD(Delivery) = 배포 준비까지 자동화
> - CD(Deployment) = 실제 배포까지 자동화

> **암기 TIP**
> 알파벳 순서라고 생각하세요. a,b,c,d...Lmn...oPqr.... (순서는 엘 다음 피! 엘피!!!) DeLivery가 먼저니까 준비하고 사람이 승인하고, 다음이 DePloyment니까 모든 것을 자동화하는구나!

2) CI/CD 도입 효과
- 버그를 조기에 발견할 수 있어서 코드의 품질이 향상된다.
- 개발에서 운영까지 자동화를 할 수 있어서 배포 속도가 증가된다.
- 릴리즈 실패 위험 감소로 서비스 안정성이 향상된다.
- 개발과 운영에서 협업이 강화된다.

3) 주요 CI/CD 툴
- Jenkins : 오픈소스 자동화 서버
- GitHub Actions : GitHub 기반 CI/CD
- GitLab CI/CD : GitLab 내장 파이프라인
- CircleCI, Travis CI, ArgoCD 등

> **기적의 TIP**
> - 릴리즈(Release) : 소프트웨어 개발에서 특정 버전을 사용자에게 배포하는 행위 또는 그 결과물(버전)을 말합니다. 즉, 최종 사용자에게 내놓는 제품이라고 이해하면 됩니다. ⓓ 윈도우11, 오피스2021, 한글2022
> - Canary Release : 일부 사용자에게만 먼저 배포해 문제가 없을 시 점진적으로 전체에 배포하는 버전입니다.

이론을 확인하는 기출문제

01 CI(Continuous Integration)의 주요 목적은?

① 코드를 자주 통합하여 오류를 빠르게 발견하기 위함
② 배포를 완전히 자동화하기 위함
③ 모든 테스트를 수동으로 진행하기 위함
④ 코드 실행 속도를 무조건 빠르게 하기 위함

> CI의 목적은 자주 코드 통합 & 자동 빌드/테스트를 통해 오류를 빠르게 발견하는 것이다.
>
> **오답 피하기**
> 배포 준비까지 자동화는 CD(Continuous Delivery), 실제 배포까지 자동화는 CD(Continuous Deployment)이다.

02 CD(Continuous Delivery)의 특징으로 올바른 것은?

① 코드가 통합되면 바로 운영 서버에 자동 반영된다.
② 배포 준비까지 자동화되며 운영 반영은 수동 승인 가능하다.
③ 테스트는 반드시 수동으로 진행해야 한다.
④ 빌드 단계가 포함되지 않는다.

> Continuous Delivery는 배포 준비까지 자동화되지만, 운영 반영은 사람이 승인할 수 있다.

03 Continuous Deployment와 Continuous Delivery의 차이로 옳은 것은?

① Delivery는 수동 승인 필요, Deployment는 완전 자동 배포
② Delivery는 완전 자동 배포, Deployment는 수동 승인 필요
③ 둘 다 완전 자동 배포
④ 둘 다 수동 승인 필요

> • Delivery : 자동 준비 + 수동 승인
> • Deployment : 운영까지 완전 자동화

04 CI/CD에서 '빌드(Build)'의 의미로 적절한 것은?

① 실행 가능한 결과물, 생성 과정을 말한다.
② 테스트 실행만 의미한다.
③ 코드 실행 속도를 높이는 작업이다.
④ 배포 과정 전체를 말한다.

> 빌드란 사람이 작성한 소스코드를 컴퓨터가 실행할 수 있는 형태로 변환하는 과정으로, 단순히 컴파일만 의미하는 게 아니라 실행 가능한 프로그램이나 배포가 가능한 형태를 만드는 전체 과정을 의미한다.

05 CI/CD의 장점이 아닌 것은?

① 오류를 빠르게 발견할 수 있다.
② 코드의 품질이 보장된다.
③ 배포 위험이 감소한다.
④ 코드 실행 속도가 무조건 빨라진다.

> CI/CD는 품질과 배포 효율을 높이지만 실행 속도가 항상 빨라지는 것은 아니다.

06 commit과 push의 차이를 올바르게 설명한 것은?

① commit은 로컬 저장소에 기록하고, push는 원격 저장소에 반영한다.
② commit은 원격 저장소에 기록하고, push는 로컬 저장소에 반영한다.
③ commit은 테스트를 실행하고, push는 빌드를 실행한다.
④ 둘 다 동일한 기능을 한다.

> commit은 로컬 저장소에 기록하고, push는 원격 저장소에 업로드한다.

정답 01 ① 02 ② 03 ① 04 ① 05 ④ 06 ①

07 CI/CD 파이프라인에서 가장 먼저 실행되는 단계는?
① 테스트
② 빌드
③ 코드 통합(Commit & Push)
④ 배포

> commit & push → 빌드/테스트 → 배포

08 다음 중 CI/CD 도구가 아닌 것은?
① Jenkins
② GitHub Actions
③ GitLab CI/CD
④ MySQL

> **오답 피하기**
> MySQL은 데이터베이스 프로그램이다.

09 Canary Release 전략은 무엇을 의미하는가?
① 모든 사용자에게 한 번에 배포
② 일부 사용자에게 먼저 배포한 후 점진적으로 확대
③ 배포 전 자동 테스트만 수행
④ 운영과 배포를 수동으로 수행

> Canary Release는 일부 사용자에게만 먼저 배포해 문제가 없을 시 점진적으로 전체에 배포하는 버전이다.

10 Continuous Deployment의 단점으로 올바른 것은?
① 수동 배포라서 속도가 느리다.
② 자동화 수준이 낮다.
③ 잘못된 코드가 운영에 바로 반영될 수 있다.
④ 테스트 자동화가 불가능하다.

> 자동으로 운영 반영되므로 테스트 누락 시 위험이 크다는 단점이 있다.

PART 06

개발자 환경 구축

파트 소개

운영체제의 개념과 특징, 종류를 숙지하고 운영체제의 기본 명령어를 학습하세요. 윈도우와 윈도우 CMD 명령, 유닉스/리눅스 명령어도 자주 출제되던 부분이니 숙지하세요.

CHAPTER

01

운영체제 기초 활용

학습 방향

이번 Section 01의 운영체제는 기존에 정보처리기능사 필기와 실기에서 출제되었던 용어들을 정리한 파트입니다. 운영체제의 개념과 목적, 운영방식, 발전 순서, 메모리에 대한 개념을 정리하세요.

난이도

- 하 **SECTION 01** 운영체제의 기본
- 중 **SECTION 02** Windows의 특징과 기본 명령어
- 중 **SECTION 03** Windows의 CLI 명령어(DOS)
- 중 **SECTION 04** UNIX 특징과 기본 명령어, 기타 운영체제

운영체제의 기본

빈출 태그 #운영체제 #성능평가요소 #커널 #운영체제목적

01 운영체제의 개념

1) 운영체제(OS, Operating System)의 정의
- 운영체제는 컴퓨터 시스템의 자원들을 효율적으로 관리하며, 사용자가 컴퓨터를 편리하고 효과적으로 사용할 수 있는 인터페이스를 제공해 주는 소프트웨어이다.
- 운영체제의 구조

2) 운영체제의 목적

처리 능력(Throughput)	일정 시간 내에 시스템이 처리하는 일의 양
반환 시간(Turn Around Time)	시스템에 작업을 의뢰한 시간부터 처리가 완료될 때까지 걸린 시간(짧을수록 좋음)
사용 가능도(Availability)	시스템을 사용할 필요가 있을 때 즉시 사용 가능한 정도
신뢰도(Reliability)	시스템이 주어진 문제를 정확하게 해결하는 정도

3) 제어 프로그램과 처리 프로그램

① 제어 프로그램(Control Program)
- 감시(Supervisor) : 프로그램의 실행과 시스템의 작동 상태 감시 및 감독
- 작업 관리(Job Control) : 작업의 스케줄 및 시스템 자원 할당 및 감동
- 데이터 관리(Data Management) : 주기억 장치와 보조 기억 장치 사이의 데이터 전송과 보조 기억 장치의 자료 갱신 및 유지보수 기능 수행

② 처리 프로그램(Processing Program)
- 언어 번역 : 원시 프로그램을 목적 프로그램으로 번역(어셈블러, 컴파일러, 인터프리터 등)
- 서비스 : 효율성을 위해 사용 빈도가 높은 프로그램(링커, 정렬/병합, 라이브러리, 유틸리티 등)
- 문제(Problem) : 특정 업무 해결을 위해 사용자가 작성한 프로그램

암기 TIP

제어는 통제한다는 뜻이므로, 감시하고 관리합니다.

02 운영체제의 운영 방식과 메모리

1) 운영체제의 시스템 발전 과정

① 일괄 처리 시스템(Batch Processing System) : 일정 시간, 일정 양을 모아서 한 번에 처리한다(예 수도요금, 전기요금, 월급 등).
② 다중 프로그래밍 시스템(Multi Programming System) : CPU 1개로 여러 개의 프로그램을 실행한다(시분할 기법 활용).
③ 시분할 시스템(Time sharing) 24년 1회 : 하나의 컴퓨터를 시간을 나누어 여러 개의 단말기가 공동으로 사용하는 방식이다.
④ 다중 처리 시스템(Multi Processing System) : 둘 이상의 CPU로 여러 개의 프로그램을 실행한다.
⑤ 실시간 처리 시스템(Real Time Processing System) : 처리할 작업을 바로 바로 처리하는 시스템이다(예 항공기 예약, 은행 업무, 질의응답).
⑥ 다중 모드 시스템(Multi Mode System) : 일괄 처리, 시분할, 다중 처리, 실시간 처리 시스템을 한 시스템에서 모두 제공한다.
⑦ 분산 처리 시스템(Distributed Processing System) : 여러 대의 컴퓨터들에 의해 작업들을 나누어 처리하여 그 내용이나 결과를 통신망을 이용하여 상호 교환되도록 연결되어 있는 시스템이다.

> **기적의 TIP**
> 일괄 처리 → 다중 프로그래밍, 시분할, 실시간 → 다중 모드 → 분산 처리

> **암기 TIP**
> 프로그램을 여러 개 실행하니까 다중 프로그래밍입니다.

> **암기 TIP**
> 처리기가 여러 개니까 다중 처리입니다.

2) 메모리와 스풀, 교착상태

① 메모리 빠른 순서 : 레지스터 > 캐시메모리 > 주기억장치 > 보조기억장치 21년 2회

레지스터(Register)	프로세서에 있는 고속 메모리로 프로세서가 바로 사용할 수 있는 데이터를 담고 있는 메모리이다.
캐시메모리(Cache Memory)	레지스터 다음으로 빠른 메모리로 CPU 내부에 존재하고 CPU가 자주 사용하는 데이터를 담고 있는 메모리. CPU와 주기억장치 간 속도 차이로 인한 성능 저하를 막기 위해 사용된다.
주기억장치(Main Memory)	CPU와 직접 접근이 가능한 메모리로 캐시메모리에 비해 느리지만, 하드디스크보다 빠르고 보통 DRAM으로 구성된 메모리이다.
보조기억장치(Secondary Memory)	장기간 데이터나 정보를 저장하는 비휘발성 메모리로 주기억장치보다는 느리지만, 컴퓨터의 전원을 끄더라도 데이터가 보관되는 하드디스크, USB 메모리 등의 기억장치이다.

② 스풀(Spool) 24년 2회, 21년 4회
- CPU와 입출력장치가 독립적으로 동작하게 하여 CPU에 비해 주변장치의 처리속도가 느려서 발생하는 대기시간을 줄이기 위해 고안된 기법이다.

③ 교착상태(Dead Lock) 23년 2회
- 다중 프로그래밍 상태에서 서로 필요한 자원을 무한정 기다리고 있는 상태를 말한다.
- 교착상태 필수 조건(걸릴 수 밖에 없는 조건) 21년 2회 : 상호배제, 환형대기, 비선점, 점유와 대기

> **기적의 TIP**
> 비선점이란 CPU를 차지하고 있는 자원이 처리가 완료될 때까지 양보하지 않는 것을 말합니다.

> **암기 TIP**
> 비선점은 비양보 : 내가 차지한 공간을 절대 양보하지 않겠다.

3) 프로세스(Process)

① 프로세스 정의
- 프로세스는 일반적으로 프로세서(CPU, 처리기)에 의해 처리되는 사용자 프로그램, 즉 실행 중인 프로그램을 의미하며, 작업(Job) 또는 태스크(Task)라고도 한다.

② 프로세스 상태

준비(Ready)	프로세스가 CPU를 할당받기 위해 기다리고 있는 상태로, 준비상태 큐에서 실행을 준비함
실행(Run)	준비상태 큐에 있는 프로세스가 CPU를 할당받아 실행되는 상태
대기(Wait), 보류, 블록(Block)	프로세스에 입/출력 처리가 필요하면 현재 실행 중인 프로세스가 중단되고, 입/출력 처리가 완료될 때까지 대기하고 있는 상태
디스패치(Dispatch)	준비상태에서 대기하고 있는 프로세스 중 우선순위가 가장 높은 프로세스가 CPU를 할당받아 실행 상태로 전이되는 과정

4) 스케줄링(Scheduling)

① 스케줄링 정의
- 스케줄링은 프로세스가 생성되어 실행될 때 필요한 시스템의 여러 자원을 해당 프로세스에게 할당하는 작업을 의미하며, 이를 수행하는 것을 스케줄러라고 한다.

② 스케줄링 종류
- 비선점 스케줄링 : 이미 할당된 CPU를 다른 프로세스가 강제로 빼앗아 사용할 수 없는 스케줄링 기법

FCFS=FIFO	준비상태 큐에 도착한 순서에 따라 차례로 CPU를 할당하는 기법
SJF	실행 시간이 가장 짧은 프로세스에게 먼저 CPU를 할당하는 기법
HRN	SJF를 보완한 것으로 대기시간과 서비스(실행) 시간을 이용하는 기법
우선순위	프로세스마다 우선순위를 부여하여 그중 가장 높은 프로세스에게 먼저 CPU를 할당하는 기법

- 선점 스케줄링 : 하나의 프로세스가 CPU를 할당받아 실행하고 있을 때 우선순위가 높은 다른 프로세스가 CPU를 강제로 빼앗아 사용할 수 있는 스케줄링 기법

SRT	현재 실행 중인 프로세스의 남은 시간과 준비상태 큐에 새로 도착한 프로세스의 실행 시간을 비교하여 가장 짧은 실행 시간을 요구하는 프로세스에게 CPU를 할당하는 기법
라운드 로빈 (Round Robin)	CPU 스케줄러가 준비상태 큐에서 정의된 시간만큼 각 프로세스에게 CPU를 제공하는 시분할 시스템에 적절한 스케줄링 기법

이론을 확인하는 기출문제

01 다음 〈보기〉의 운영체제 운영 방식을 발달 순서에 맞게 나열한 것은?

〈보기〉
- ㉠ 일괄 처리
- ㉡ 다중 모드
- ㉢ 분산 처리
- ㉣ 시분할

① ㉠ → ㉡ → ㉢ → ㉣
② ㉡ → ㉠ → ㉢ → ㉣
③ ㉠ → ㉣ → ㉡ → ㉢
④ ㉠ → ㉣ → ㉢ → ㉡

운영체제 운영 방식은 '일괄 처리 → 시분할 → 다중 모드 → 분산 처리' 순으로 발달하였다.

오답 피하기
다중 모드와 다중 프로그래밍과 다중 처리는 다른 개념이므로 헷갈리지 말아야 한다.

02 컴퓨터 시스템을 구성하고 있는 하드웨어 장치와 일반 사용자에게 실행되는 응용 프로그램의 중간에 위치하여 컴퓨터 시스템을 제어하고 관리하는 프로그램은?

① Operating System
② Compiler
③ Loader
④ Interpreter

운영체제는 컴퓨터 시스템의 자원들을 효율적으로 관리하며, 사용자가 컴퓨터를 편리하고 효과적으로 사용할 수 있는 인터페이스를 제공해 주는 소프트웨어이다.

오답 피하기
② 목적 프로그램을 생성하는 언어번역기
③ 실행 가능한 프로그램을 주기억장치에 올리는 적재기
④ 줄 단위로 번역하고 목적 프로그램을 생성하지 않는 언어번역기

03 운영체제(OS)의 목적과 거리가 먼 것은?

① 성능의 향상
② 응답시간의 단축
③ 단위 작업량의 소형화
④ 신뢰성 향상

운영체제는 단위 작업량이 많아야 좋다.

오답 피하기
문제에 응답시간 지연이라고 출제되기도 하는데 이것도 틀린 설명이다.

04 운영체제를 기능상으로 분류했을 때, 제어 프로그램에 해당하지 않는 것은?

① 작업 제어 프로그램(Job Control Program)
② 감시 프로그램(Supervisor Program)
③ 서비스 프로그램(Service Program)
④ 데이터 관리 프로그램(Data Management Program)

제어 프로그램의 제어는 감시하고 관리한다는 의미이다.

오답 피하기
서비스 프로그램은 처리 프로그램에 속한다.

05 다중 처리 시스템에서 하나의 프로세서가 CPU를 독점하는 것을 방지하기 위하여 각각 하나의 시간 슬롯을 할당하여 동작하도록 하는 시스템은?

① 병렬 처리 시스템
② 시분할 처리 시스템
③ 실시간 처리 시스템
④ 분산 처리 시스템

하나의 컴퓨터를 시간을 나누어 여러 개의 단말기가 공동으로 사용하는 방식이다.

오답 피하기
① 여러 개의 회선을 이용하여 한 번에 처리하는 방식이다.
③ 발생한 자료를 즉시 처리하는 방식이다.
④ 지역적으로 분산된 여러 대의 컴퓨터들이 통신망을 이용하여 동시에 작업하고, 결과를 상호 교환되도록 네트워크로 연결되어 있는 시스템 방식이다.

정답 01 ③ 02 ① 03 ③ 04 ③ 05 ②

06 운영체제에 대한 설명으로 거리가 먼 것은?

① 운영체제는 컴퓨터 하드웨어와 사용자 간의 매개체 역할을 하는 시스템 프로그램이다.
② 운영체제의 주목적은 컴퓨터 시스템을 편리하게 이용할 수 있게 하는 데 있다.
③ 운영체제는 컴퓨터 시스템을 공정하고 효율적으로 운영하기 위해 어떻게 자원을 할당할 것인가를 결정한다.
④ 운영체제는 컴퓨터 시스템에 항상 존재해야 하며 컴파일러, 문서 편집기, 데이터베이스 등의 프로그램을 반드시 포함하고 있어야 한다.

운영체제는 다른 응용 프로그램이 유용한 작업을 할 수 있도록 환경을 제공해 주는 것으로, 제어 프로그램과 처리 프로그램으로 구성된다.

오답 피하기
문서 편집기와 데이터베이스는 응용 프로그램이다.

07 여러 개의 CPU를 가지고 동시에 많은 일을 처리하는 것을 무엇이라 하는가?

① Multi-Processing
② Multi-Programming
③ Multi-Accessing
④ Multi-Tasking

CPU는 중앙처리장치이자 메인 프로세서이다. 프로세서가 여러 개라는 말이 핵심이므로, 정답은 다중 처리이다.

오답 피하기
하나의 CPU를 이용하여 여러 개의 프로그램을 동시에 처리하면 다중 프로그래밍(Multi-Programming)이다.

08 한 개의 CPU가 있는 컴퓨터에서 여러 개의 프로그램을 동시에 기억장치에 보관시킨 후 번갈아가며 처리하는 방법은 무엇인가?

① Multi-Processing
② Multi-Programming
③ Multi-Accessing
④ Multi-Tasking

CPU 1개로 여러 개의 프로그램(멀티 프로그램)을 실행하는 것은 다중 프로그래밍(Multi-Programming)이다.

09 운영체제의 운용 기법 중 시분할(Time-Sharing) 처리 시스템에 대한 설명으로 옳지 않은 것은?

① 하나의 CPU를 여러 개의 작업들이 일정한 시간 간격 동안 사용함으로써 각각의 작업은 CPU를 공유한다.
② Round-Robin 방식이라고도 한다.
③ 다중 프로그래밍 방식과 결합하여 모든 작업이 동시에 진행되는 것처럼 대화식 처리가 가능하다.
④ 시스템의 효율 향상을 위하여 작업량이 일정한 수준이 될 때까지 모아두었다가 한꺼번에 일시에 처리한다.

작업을 한꺼번에 모아서 일괄로 처리하는 시스템은 일괄 처리 시스템이다.

10 운영체제의 운영 기법 중 실시간 처리 시스템에 적합하지 않은 업무는?

① 연말 결산 업무
② 은행의 온라인 업무
③ 비행기, 기차 등의 좌석 예약 업무
④ 인공위성, 군함 등의 제어 업무

연말 결산은 일괄 처리 시스템에 적합한 업무이다.

11 비선점(Non-Preemptive) 프로세스 스케줄링 방식에 해당하는 것은?

① SJF, SRT
② SJF, FIFO
③ Round-Robin, SRT
④ Round-Robin, SJF

비선점 방식에는 FIFO, SJF, HRN, 우선순위 등이 있다.

SECTION 02 Windows의 특징과 기본 명령어

빈출 태그 #윈도우특징 #윈도우단축키

01 Windows의 특징

① GUI(Graphic User Interface) 20년 2회
- 마우스로 아이콘이나 메뉴를 선택하여 모든 작업을 수행하는 방식이다.
- 그래픽 환경을 기반으로 한 마우스나 전자펜을 이용하는 사용자 인터페이스이다.

② 멀티태스킹(Multitasking, 다중작업)
- 다수의 작업(혹은 프로세스)이 중앙처리장치(CPU)와 같은 공용자원을 나누어 사용하는 작업이다.

③ 선점형 멀티태스킹(Preemptive Multi-Tasking)
- 운영체제가 각 작업의 CPU 이용 시간을 제어하여 응용 프로그램 실행 중 문제가 발생하면 해당 프로그램을 강제로 종료시키고 모든 시스템 자원을 반환하는 방식이다.
- 하나의 응용 프로그램이 CPU를 독점하는 것을 방지할 수 있어 시스템 다운 현상 없이 더욱 안정적인 작업을 할 수 있다.

④ 32비트 또는 64비트 데이터 처리
- 32비트나 64비트 데이터 처리를 하므로 더 많은 양의 데이터를 빠르게 처리할 수 있다.

⑤ PnP(Plug an Play, 자동 감지 기능)
- 컴퓨터 시스템에 프린터나 사운드 카드 등의 하드웨어를 설치했을 때, 해당 하드웨어를 사용하는 데 필요한 시스템 환경을 운영체제가 자동으로 구성해주는 기능이다.

⑥ OLE(Object Linking and Embedding)
- 다른 여러 응용 프로그램에서 작성된 문자나 그림 등의 개체(Object)를 현재 작성 중인 문서에 자유롭게 연결(Linking)하거나 삽입(Embedding)하여 편집할 수 있게 하는 기능이다.
- OLE로 연결된 이미지를 원본 프로그램에서 수정/편집하면 그 내용이 해당 문서에 반영된다.

⑦ 255자의 긴 파일명
- 파일 이름으로 공백을 포함한 최대 255자까지 지정이 가능하며, 한글은 127자까지 지정할 수 있다. 단, ₩ / : *? " 〈 〉 | 는 사용할 수 없다.

> **+ 더 알기 TIP**
>
> **Windows 10 Home과 Professional의 차이**
>
> ① Bitlocker(장치 암호화) 22년 3회, 20년 1회
> - 윈도우 운영체제에 포함된 완전한 디스크 암호화 기능으로 볼륨 전체의 암호화를 제공함으로써 중요 자료를 보호하도록 설계되어 있습니다.
> - 장치를 분실 또는 도난당했을 때 장치를 완전히 잠그는 기능으로 다른 사람이 시스템이나 데이터에 액세스(접속)할 수 없도록 하는 기능입니다.
> - Windows 10의 Pro 버전에서 지원하는 기능으로 128bit 키의 CBC 모드에서 AES 암호화 알고리즘을 이용하여 이동식 디스크와 시스템 드라이브 암호화를 지원합니다.
>
> ② 소켓 21년 4회
> - Windows 10 Home 버전과 Pro 버전의 차이점으로 각각의 OS 버전에 따라 사용할 수 있는 소켓의 수가 다릅니다.
> - Home 버전은 1개, Pro 버전은 2개입니다.

02 Windows 기본 명령어

1) Windows 바로가기 키

키	기능
F1	도움말
F2	이름 변경
F5	새로 고침
Ctrl + Esc	[시작] 메뉴 표시
Alt + Enter	속성창 표시
Ctrl + W	열려 있는 윈도우 창을 종료, 여러 개의 탭이 열려 있을 때 탭을 우선적으로 하나씩 종료
Alt + F4	창 닫기, 프로그램 종료 21년 1회
Print Screen	화면 전체를 클립보드로 복사
Alt + Print Screen	활성창을 클립보드로 복사
Alt + Esc	실행 중인 프로그램을 순서대로 전환
Alt + Tab	실행 중인 프로그램 목록을 보여주면서 프로그램 전환
Ctrl + Shift + Esc	응답 없는 프로그램 강제 종료(작업 관리자)
Shift + F10	바로가기 메뉴
Shift + Delete	휴지통에 거치지 않고 완전 삭제 21년 1회
Ctrl + A	전체 선택
Ctrl + C	복사
Ctrl + X	잘라내기
Ctrl + V	붙여넣기
Ctrl + Z	실행 취소

2) Windows + 키

키	기능
⊞+D	모든 창을 최소화, 이전 크기로 21년 3회
⊞+E	파일 탐색기 실행 20년 2회
⊞+F	'피드백 허브 앱' 실행
⊞+L	컴퓨터 잠금 또는 사용자 전환
⊞+P	디스플레이 복제/확장 20년 3회
⊞+M	모든 창을 최소화
⊞+Shift+S	윈도우 화면 캡처 도구 20년 4회
⊞+R	'실행' 창을 나타냄
⊞+U	[설정]의 '접근성' 창을 나타냄
⊞+T	작업 표시줄의 앱을 차례로 선택
⊞+A	알림 센터를 표시
⊞+B	알림 영역으로 포커스를 옮김
⊞+Alt+D	알림 영역에 날짜 및 시간을 표시/숨김
⊞+I	'설정' 창을 화면에 나타냄
⊞+S	'검색 상자'로 포커스를 옮김
⊞+Ctrl+D	가상 데스크톱을 만들기 22년 3회
⊞+Ctrl+F4	사용 중인 가상 데스크톱을 삭제 22년 3회
⊞+Home	선택된 창을 제외 최소화/이전 크기로
⊞+↑/←/→/↓	최대화/왼쪽/오른쪽/최소화
⊞+Ctrl+F	'컴퓨터 찾기' 대화상자를 나타냄
⊞+Tab	'작업 보기'를 실행
⊞+Pause Break/Break	'제어판'의 '시스템' 창을 나타냄
⊞+숫자 키	작업표시줄 고정 프로그램 실행(왼쪽 기준) 21년 4회

이론을 확인하는 기출문제

01 Windows의 기능으로 옳지 않은 것은?
① GUI를 지원한다.
② 마이크로소프트사만이 수정과 배포가 가능하다.
③ 문제점이 발견되었을 때 즉각적인 수정이 가능하다.
④ 유닉스 계열의 운영체제에 비하여 보안에 취약하다.

윈도우는 마이크로소프트사만이 수정과 배포가 가능하기 때문에 문제점이 발견되었을 때 수정에 시간이 소요된다.

02 윈도우에서 선택된 아이콘을 다른 폴더로 이동 또는 복사, 크기 조절을 위하여 아이콘을 선택한 후 왼쪽 버튼을 누른 채 원하는 곳에 끌어다 놓은 후 마우스 왼쪽 버튼을 놓는 마우스 동작 방법은?
① Click
② Double Click
③ Drag And Drop
④ Click And Drop

오답 피하기
① 한 번 클릭
② 두 번 연속 클릭

03 윈도우 환경에서 여러 개의 프로그램을 동시에 작업하는 것을 무엇이라 하는가?
① 멀티 컨트롤
② 멀티 스케줄링
③ 멀티 태스킹
④ 멀티 유저

태스킹(Tasking)을 '작업'이라고 한다. 그래서 여러 개의 프로그램을 동시에 작업하는 것을 멀티 태스킹이라고 한다.

04 윈도우의 특징으로 거리가 먼 것은?
① 16비트 운영체제이다.
② Plug and Play 기능을 지원한다.
③ 인터넷 접속 기능이 있다.
④ 멀티 태스킹을 제공한다.

윈도우는 32비트 또는 64비트 운영체제이다.

05 윈도우의 특징으로 거리가 먼 것은?
① 모든 파일은 파일명 없이 아이콘으로 되어 있다.
② GUI 방식의 운영체제이다.
③ 멀티 태스킹(Multi-Tasking)을 지원한다.
④ 마우스 버튼을 눌러 원하는 작업을 실행할 수 있다.

모든 아이콘(파일)은 이름과 확장자를 가지고 있다.

06 윈도우에서 새로운 하드웨어를 장착하고 시스템을 가동시키면 자동으로 하드웨어를 인식하고 실행하는 기능은?
① Interrupt 기능
② Auto & Play 기능
③ Plug & Play 기능
④ Auto & Plug 기능

코드(플러그)를 꽂으면 바로 켜진다(플레이). 자동으로 인식하고 설치하는 기능을 플러그 앤 플레이라고 한다.

정답 01 ② 02 ③ 03 ③ 04 ① 05 ① 06 ③

07 윈도우에서 마우스 오른쪽 단추를 누르는 것과 같은 기능을 하는 단축키는?

① [F9]
② [Ctrl]+[F10]
③ [Alt]+[F10]
④ [Shift]+[F10]

[Shift]+[F10]을 누르거나 마우스 오른쪽 단추를 클릭하면 바로가기 메뉴가 나온다.

08 윈도우에서 하나의 디렉터리 내의 모든 파일을 선택할 때 사용하는 단축키는?

① [Shift]+[F5]
② [Ctrl]+[A]
③ [Shift]+[Alt]
④ [Ctrl]+[F1]

모두(All) 선택은 [Ctrl]+[A]이다.

09 윈도우에서 클립보드에 현재 화면의 활성 윈도우를 복사하는 단축키는?

① [Ctrl]+[Print Screen]
② [Ctrl]+[C]
③ [Alt]+[Print Screen]
④ [Ctrl]+[V]

활성 윈도우란 현재 맨 앞에 나와 있는 창을 말한다.

오답 피하기
[Print Screen]은 전체화면 캡처, [Ctrl]+[C]는 복사, [Ctrl]+[V]는 붙여넣기이다.

10 윈도우의 단축키 중 활성 창을 닫고 프로그램을 종료하는 것은?

① [Ctrl]+[Esc]
② [Ctrl]+[C]
③ [Alt]+[F4]
④ [Alt]+[Tab]

오답 피하기
[Ctrl]+[Esc]는 시작 메뉴, [Alt]+[Tab]은 창 전환 시 사용되는 단축키이다.

11 윈도우에서 파일을 휴지통에 버리지 않고 바로 삭제할 때 사용하는 단축키는?

① [Delete]
② [Alt]+[Delete]
③ [Ctrl]+[Delete]
④ [Shift]+[Delete]

[Delete]는 휴지통에 삭제되고, [Shift]+[Delete]는 완전 삭제된다.

12 윈도우에서 현재 창을 최소화하고 바탕화면을 바로 보는 단축키는?

① [⊞]+[D]
② [Alt]+[Tab]
③ [Ctrl]+[Shift]+[Esc]
④ [⊞]+[E]

오답 피하기
② 창 전환
③ 작업 관리자
④ 파일 탐색기

정답 07 ④ 08 ② 09 ③ 10 ③ 11 ④ 12 ①

13 윈도우에서 실행 단축키는?

① ⊞+L
② ⊞+Pause/Break
③ ⊞+Shift+S
④ ⊞+R

> **오답 피하기**
> ① 컴퓨터 잠금 또는 사용자 전환
> ② 제어판-시스템
> ③ 캡처 도구

14 화면에서 원하는 부분만 스크린샷을 만들어내는 기능을 담당하는 단축키는?

① ⊞+Shift+S
② ⊞+D
③ ⊞+L
④ ⊞+E

> **오답 피하기**
> ② 모두 최소화
> ③ 사용자 전환
> ④ 파일 탐색기

15 윈도우 단축키 중 클립보드에 저장되어 있는 내용을 보기 위한 윈도우 단축키는?

① ⊞+Shift+S
② ⊞+D
③ ⊞+V
④ ⊞+P

> **오답 피하기**
> ① 원하는 부분만 캡처
> ② 모두 최소화
> ④ 프로젝트 표시(다중 디스플레이)

SECTION 03 Windows의 CLI 명령어(DOS)

▶ 합격 강의

빈출 태그 #윈도우CLI #윈도우CMD #DOS

01 Windows CLI 명령어(DOS)

명령어	설명
DIR 20년 1회, 22.3회	지정한 위치의 파일과 폴더의 목록을 보여줌 • /ON, /O-N : 이름순(오름차순), 이름의 역순(내림차순) • /P : 한 화면씩 한 줄로 보여줌 • /W : 한 화면에 가장 많이 볼 수 있음 • /S : 서브 디렉터리(하위) 목록까지 다 보여줌 • /E : 확장자 순
TYPE	텍스트 파일 내용 확인
COPY	파일 복사
DEL	파일 삭제 • /P : 삭제 확인
REN	이름 변경
CLS	화면 지우기
VER	운영체제 버전
MD	디렉터리(폴더) 생성
CD	디렉터리(폴더) 위치 변경
RD	빈 디렉터리(폴더) 삭제
PATH	경로 확인 • PATH; : 경로 해제
VOL	볼륨(디스크 이름) 확인
LABEL	볼륨 이름 삭제 또는 변경
TIME	시간 설정
DATE	날짜 설정
EXIT	CLI(DOS) 창 닫기
FORMAT	디스크 표면을 트랙과 섹터를 나누어 초기화 작업
CHKDSK	디스크의 상태를 점검하고 결과 표시
SCANDISK	디스크 검사 유틸리티로, 디스크의 문제점을 진단하고 수정하거나 하드디스크의 표면을 검사하여 표면에 존재하는 미미한 오류 수정
FDISK	하드디스크를 논리적으로 여러 개의 디스크로 나누는 명령
DEFRAG	단편화되어 있는 파일의 저장 상태를 최적화하여 디스크의 작동 효율을 높임
FC	두 개의 파일을 비교하여 그 차이를 나타내며, 파일 복사 후 정확히 복사되었는지 확인할 때 사용

> 기적의 TIP
>
> 디렉터리는 파일을 모아 관리하기 위한 장소로, 폴더라고도 합니다.

> 기적의 TIP
>
> 디스크는 드라이브와 같은 말입니다.

> **기적의 TIP**
>
> - + : 속성 부여
> - − : 속성 해제
> ⓓ C:\ATTRIB +H 영진.MP4 → 영진.MP4 파일을 숨김 속성으로 변경

> **기적의 TIP**
>
> 필터 명령(Filter commands)은 표준 입력(STDIN)을 받아 가공해 표준 출력(STDOUT)으로 내보내는 명령어로, 파이프(|)나 리다이렉션(<, >)과 함께 자주 사용됩니다.

SYS	시스템 파일을 디스크에 복사하는 명령
ATTRIB	파일의 속성(R:읽기, H:숨김)을 변경 • A : 저장/백업 • S : 시스템 파일
XCOPY	디렉터리 구조 복사 • /E : 빈 디렉터리도 복사 • /S : 하위 디렉터리까지 모두 복사
필터 명령	• SORT : 이름순으로 정렬 • MORE : 한 화면씩 보여주는 명령 • FIND : 파일에서 문자열을 검색
IPCONFIG	네트워크 정보 확인(IP 주소, 게이트웨이 등)
PING	네트워크 연결 확인
MOVE	파일을 다른 위치로 옮기거나 이름 변경

02 와일드카드

*	모든 글자를 대신하며 글자의 개수에 제한이 없다.
?	한 글자를 대신한다.

> **더 알기 TIP**
>
> **와일드카드의 예**
> - DIR *.MP4 : 파일이름에 상관없이 확장자가 MP4인 파일의 목록을 보여줍니다.
> - DIR 영진*.MP4 : 파일이름이 영진으로 시작하고 확장자가 MP4인 파일의 목록을 보여줍니다.
> - DIR 영진??.MP3 : 파일이름이 영진으로 시작하는 4글자이고 확장자가 MP4인 파일의 목록을 보여줍니다.

이론을 확인하는 기출문제

01 디스크를 논리적으로 여러 개의 디스크로 나누어 각 볼륨이 서로 다른 드라이브 문자를 가진 별개의 드라이브로 동작하도록 하는 데 사용되는 명령어는?

① FDISK
② CHKDSK
③ VOL
④ XCOPY

파티션을 나누는 명령은 FDISK이다.

02 단편화되어 있는 파일의 저장 상태를 최적화하여 디스크의 작동 효율을 높이는 명령은?

① CHKDSK
② DISKCOMP
③ DEFRAG
④ DISKCOPY

오답 피하기
① 디스크 검사(체크), ② 디스크 비교, ④ 디스크 복사

03 새로운 디렉터리(폴더)를 만드는 명령어는?

① MD
② CD
③ RD
④ COPY

MD는 Make Directory이다.

04 특정 디렉터리 내의 모든 파일 및 하위 디렉터리까지 복사해주는 명령어는?

① SORT
② COPY
③ XCOPY
④ FDISK

COPY는 파일 복사, XCOPY는 파일과 디렉터리를 복사하는 명령어이다.

05 DIR 명령은 현재 디렉터리와 파일 등에 관한 정보를 표시해주는 명령이다. 이 명령의 옵션 중 하위 디렉터리의 정보까지 표시해주는 명령은?

① DIR/P
② DIR/W
③ DIR/A
④ DIR/S

오답 피하기
① 한 화면씩
② 파일명과 디렉터리명을 여러 개의 열로 표시
③ 기록 속성이 있는 목록을 표시

06 특정 파일의 감추기 속성, 읽기 속성 등을 지정할 수 있는 명령어는?

① MORE
② FDISK
③ ATTRIB
④ DEFRAG

ATTRIB 명령어의 H는 숨김, R은 읽기 속성이다. +는 속성을 부여하고 -는 해제한다.

정답 01 ① 02 ③ 03 ① 04 ③ 05 ④ 06 ③

07 두 개의 파일을 비교하여 그 차이를 나타내는 명령은?

① SHARE
② VER
③ MOVE
④ FC

파일 비교는 FC, 디스크 비교는 DISKCOMP이다.

08 다음 중 윈도우 CLI 명령에 관한 설명 중 옳지 <u>않은</u> 것은?

① CLS : 화면을 깨끗이 지운다.
② MD : 새로운 디렉터리를 만든다.
③ CD : 현재의 디렉터리 위치를 변경한다.
④ FC : 모든 열려 있는 파일을 닫는다.

FC는 파일 비교 명령어이다.

09 감추어진 파일의 속성을 해제하는 명령으로 올바른 것은?

① ATTRIB /+A
② ATTRIB /−A
③ ATTRIB /−H
④ ATTRIB /+H

숨김 속성은 H, 해제는 −이다.

10 ATTRIB 명령어의 옵션에 대한 설명으로 옳지 <u>않은</u> 것은?

① A : 백업 파일 속성
② S : 시스템 파일 속성
③ P : 읽기 파일 속성
④ H : 숨김 파일 속성

읽기 파일 속성은 R이다.

11 윈도우 CLI 명령어 중 텍스트 파일의 내용을 출력하는 명령은?

① VER   ② TYPE
③ CAT   ④ LABEL

파일의 내용을 출력하는 명령은 TYPE이다.

12 명령 프롬프트(CMD) 창을 종료하는 명령어는?

① STOP   ② QUIT
③ EXIT   ④ END

exit는 cmd 세션을 종료한다.

13 파일을 다른 위치로 옮기거나 이름을 변경하는 명령어는?

① COPY   ② MOVE
③ REN   ④ DEL

MOVE는 '이동'이란 뜻이므로, 이동 또는 이름을 변경한다.

14 내 컴퓨터의 IP 주소와 네트워크 정보를 확인하는 명령어는?

① NETSTAT   ② PING
③ IPCONFIG   ④ NSLOOKUP

ipconfig로 IP, 게이트웨이, 서브넷 마스크 확인이 가능하다.

오답 피하기
• ① 현재 컴퓨터의 네트워크 연결 상태 확인
• ② 네트워크 연결 여부를 확인(상대 서버가 응답하는지 체크)
• ④ 도메인 주소의 IP 또는 IP 주소의 도메인 주소를 확인

15 네트워크 연결 상태를 확인하기 위해 특정 주소로 패킷을 보내는 명령어는?

① PING   ② NETSTAT
③ IPCONFIG   ④ TRACERT

PING은 대상 IP/도메인에 ICMP(Internet Control Message Protocol) Echo Request 패킷을 보내고, 응답(Echo Reply)을 받는지 확인하는 명령어이다.

오답 피하기
TRACERT는 패킷이 내 컴퓨터에서 목적지(도메인/IP)까지 도달하는 경로를 추적하는 명령어이다.

SECTION 04 UNIX 특징과 기본 명령어, 기타 운영체제

난이도 상 중 하
반복학습 1 2 3

빈출 태그 #유닉스 #리눅스 #유닉스명령어 #iOS #안드로이드

01 UNIX와 LINUX의 특징

1) UNIX의 개요
- 1960년대 AT&t 벨(Bell) 연구소, MIT, General Electric이 공동 개발한 운영체제이다.
- 시분할 시스템을 위해 설계된 대화식 운영체제로, 소스가 공개된 개방형 시스템이다.
- 초기 운영체제는 Multics이고, 대부분 C언어로 작성되어 있어 이식성이 높으며, 장치/프로세스 간의 호환성이 높고, 다중 사용자(Multi-User)/다중 작업(Multi-Tasking)을 지원한다.

2) UNIX 시스템의 구성

① 쉘(Shell) 21년 1회
- 사용자 명령을 해석하고 처리해주는 역할을 수행한다.

② 커널(Kernel) 22년 2회, 21년 1회
- 운영체제의 핵심으로 컴퓨터 자원을 사용자 프로그램이 사용할 수 있도록 관리한다.
- 커널의 기능

프로세스 관리	프로세스 스케줄링 및 동기화 관리, 프로세스 생성과 제거, 시작과 정지, 메시지 전달 등의 기능 담당
기억장치 관리	프로세스에게 메모리 할당 및 회수 관리 담당
주변장치 관리	입출력장치 스케줄링 및 전반적인 관리 담당
파일 관리	파일의 생성과 삭제, 변경, 유지 등의 관리 담당

> **기적의 TIP**
>
> 하드웨어 < 커널 < 쉘 < 유틸리티 < 사용자

3) UNIX 파일 시스템의 구조

- UNIX 파일 시스템의 구조는 디스크를 블록으로 분류하여 배치한 구조를 의미한다.

부트 블록(Boot Block)	부팅 시 필요한 코드를 저장하고 있는 블록
슈퍼 블록(Super Block)	전체 파일 시스템에 대한 정보를 저장하고 있는 블록
I-node 블록(Index-node Block)	각 파일이나 디렉터리에 대한 모든 정보를 저장하고 있는 블록
데이터 블록(Data Block)	디렉터리별로 디렉터리 엔트리와 실제 파일에 대한 데이터가 저장된 블록

> **기적의 TIP**
>
> **I-node 블록의 정보**
> 파일 소유자의 사용자 번호(UID) 및 그룹 번호(GID), 파일 크기, 파일 타입(일반, 디렉터리, 특수파일 등), 생성 시기, 최종 변경 시기, 최근 사용 시기, 파일의 보호 권한, 파일 링크 수, 데이터가 저장된 블록의 시작 주소

3) LINUX의 개요

- 1991년 리누스 토발즈(Linus Torvalds)가 '자유 소프트웨어(Free Software)' 정책하에서 완전히 자유롭고 재배포가 가능하도록 UNIX를 기반으로 개발한 운영체제이다.
- 프로그램 소스코드가 무료로 공개되어 있기 때문에 프로그래머가 원하는 기능을 추가할 수 있고, 다양한 플랫폼에 설치하여 사용이 가능하며, 재배포가 가능하다.
- UNIX와 완벽하게 호환되며 대부분의 특징이 UNIX와 동일하다.
- 리눅스는 수천 명 이상의 개발자들이 코드를 보고 update를 하고 있기 때문에 버그 발생 시 다수의 개발자가 수정에 참여하여 빠른 업데이트가 가능하지만, 윈도우와 같은 체계적인 지원이 부족하여 일반인들보다는 전문가들이 사용하고 있다.

> **기적의 TIP**
>
> 디렉터리 엔트리는 파일 이름과 I-node 번호로 구성되어 이들을 서로 연결해 주는 기능을 수행합니다.

> **기적의 TIP**
>
> 자유 소프트웨어(Free Software)란 금전적 무료가 아닌 '원하는 대로의 실행', '무료나 유료로 복제물 재배포', '필요에 따른 개작' 등 포괄적인 '자유'를 부여하는 것을 의미합니다.

➕ 더 알기 TIP

UNIX와 LINUX의 차이

분류	유닉스	리눅스
비용	대부분 유료	대부분 무료 (지원 정책에 따라 일부 유료 서비스 제품도 있음)
주 사용자	메인프레임, 워크스테이션 등 대형 시스템 관리자	개발자, 일반 사용자
개발사	IBM, HP 등	커뮤니티
개발/배포	대부분 사업자에 의해 배포	오픈소스 개발
사용량	인터넷 서버, 워크스테이션 등 대형 서비스에 주로 사용	모바일 폰, 태블릿 등 다양하게 사용
사용자 편의	커맨드 기반이 주였으나 GUI도 제공하는 추세, 파일 시스템 제공, 기본은 Bourne Shell(현재는 많은 Shell과 호환 가능)	GUI 제공, 파일 시스템 지원, BASH 셸 사용

02 UNIX와 LINUX의 기본 명령어

명령어	설명
ls	현재 디렉터리 내의 파일 목록을 확인한다(도스의 dir). 21년 3회
pwd	현재 작업 중인 디렉터리 경로를 화면에 표시한다. 22년 2회, 20년 4회
uname	시스템의 이름, 운영체제와 버전, 호스트명, 하드웨어 정보 등을 표시한다.
uptime	시스템의 가동 시간, 현재 사용자 수, 평균 부하량 등을 확인한다.
cat	파일 내용을 화면에 표시한다(도스의 type). 21년 1회
chmod	파일의 보호 모드를 설정하여 파일의 사용 권한을 지정한다. 21년 2회, 20년 4회
chown	파일이나 디렉터리의 소유자를 수정한다. 21년 1회 예 chown man abc.txt → abc.txt 파일의 소유자를 man으로 변경한다.
cp	파일 혹은 디렉터리 복사한다(도스의 copy).
rm	파일을 삭제한다(도스의 del). 21년 2회
cd, chdir	디렉터리 위치를 변경한다(도스의 cd).
rmdir	디렉터리를 삭제한다(도스의 rd).
mkdir	디렉터리를 생성한다(도스의 md).
mv	파일을 이동한다. 예 mv handa.txt hansacom/man.txt → handa.txt 파일을 hansacom 디렉터리에 man.txt로 이름을 변경하여 이동한다.
tar	다수의 파일이나 디렉터리를 하나의 파일로 묶는다. 22년 2회
find	파일을 찾는다. 예 find man.txt → man.txt 파일을 찾는다.
grep	특정 문자열을 찾는다.
fork	새로운 프로세스를 생성한다(하위 프로세스 호출, 프로세스 복제 명령).
exec	새로운 프로세스를 수행한다.
wait	fork 후 exec에 의해 실행되는 프로세스의 상위 프로세스가 하위 프로세스 종료 등의 event를 기다린다(자식 프로세스의 하나가 종료될 때까지 부모 프로세스를 임시 중지시킴).
fsck	파일 시스템을 검사하고 보수한다. 예 fsck /dev/sda1 → /dev/sda1에 기록된 모든 파일 시스템을 검사하고 보수한다.
id	사용자의 로그인명, id, 그룹 id 등을 출력한다.
last	시스템의 부팅부터 현재까지의 모든 사용자의 로그인과 로그아웃에 대한 정보를 표시한다.
who	현재 시스템에 접속해 있는 사용자를 표시한다.
getpid	자신의 프로세스 아이디를 얻는다.
getppid	부모 프로세스 아이디를 얻는다.
kill	PID(프로세스 고유번호)를 이용하여 프로세스를 종료한다. 예 kill 1234 → PID가 1234인 프로세스를 종료한다.
killall	프로세스의 이름을 이용하여 프로세스를 종료한다. 예 killall handa → 프로세스 이름이 handa인 모든 프로세스를 종료한다.
ps	현재 실행 중인 프로세스를 표시한다.

> **기적의 TIP**
> CLI 기본 명령어는 쉘(Shell)에 명령어를 입력하여 작업을 수행합니다.

> **기적의 TIP**
> 사용 권한(R:읽기, W:쓰기, X:실행) 변경에 대해서는 아래의 '더 알기 TIP'에서 자세하게 공부하세요.

> **기적의 TIP**
> tar는 특히 백업의 목적으로 시스템의 파일을 하나의 파일로 묶을 때 유용하다. gzip이나 bzip2과 같은 파일 압축 명령어와 함께 쓰면 파일 아카이브를 생성하면서 압축까지 같이 병행할 수 있다.

top	시스템의 프로세스와 메모리 사용 현황을 표시한다.
mount/unmount	기존 파일 시스템에 새로운 파일 시스템을 서브 디렉터리에 연결한다(마운팅/마운팅 해제).
ifconfig	네트워크 인터페이스를 설정하거나 확인한다. 24년 3회
host	도메인(호스트)명은 알고 있는데 ip 주소를 모르거나 혹은 그 반대의 경우에 사용한다.

더 알기 TIP

사용 권한 변경의 예

- 예1 : 행복.MP3의 사용 권한이다.

-	R	W	X	R	-	X	R	-	-	행복.MP3
파일	소유자			그룹			비회원			파일이름
	읽기/쓰기/실행			쓰기 권한 없음			쓰기/실행 권한 없음			

- 예2 : chmod u=rwx abc.txt → user에게 abc.txt 파일의 읽기(r), 쓰기(w), 실행(x) 권한을 부여(=)한다.

더 알기 TIP

-rwxrw-r--의 8진수 변환

- 파일 소유자 : rwx → 읽기/쓰기/실행 → 4+2+1 = 7
- 그룹 : rw- → 읽기/쓰기/실행 안 됨 → 4+2+0 = 6
- 비회원 : r-- → 읽기/쓰기 안 됨/실행 안 됨 → 4+0+0 = 4

03 기타 운영체제

1) iOS

① iOS 개요

- Apple사에서 개발한 유닉스 기반 모바일 운영체제로 하드웨어의 번들(Bundle)이다.
- 아이폰, 아이패드 등 Apple사 제품에만 탑재 가능하다.
- 앱 스토어 : App Store

② iOS 특징

- 폐쇄형(Closed)으로 안정성과 보안성이 높다.
- UI/UX가 통일되어 사용성이 직관적이다.
- 하드웨어와 소프트웨어를 애플이 모두 관리해서 최적화가 우수하다.
- 앱 심사 기준이 엄격해서 품질 관리가 철저하다.

2) Android

① Android 개요
- 구글(Google)이 개발한 리눅스 기반 모바일 운영체제로 무료이다.
- 스마트폰 및 태블릿 PC 등 휴대용 장치에서 주로 사용된다.
- 대표 기기 : 삼성 Galaxy, LG Google Pixel, 샤오미 등
- 앱 스토어 : Google Play Store(외부 APK 설치 가능)

② Android 특징
- 모든 코드가 공개되어 있는 개방형 소프트웨어이다.
- 개방형 운영체제로써 자유로운 커스터마이징이 가능하다.
- 자바, 코틀린 등을 이용해 애플리케이션 작성이 가능하다.
- 생산성이 높으며 전문 지식이 없어도 개발 가능하다.
- 다양한 제조사/모델에서 사용이 가능하므로 기기 선택의 폭이 넓다.
- 보안 이슈 가능성이 있어서 외부 앱 설치 시 주의가 필요하다.

> **기적의 TIP**
> 커스터마이징(Customizing)이란 사용자의 필요에 맞게 기능이나 화면을 바꾸는 것을 말합니다. ⓔ 홈 화면에 위젯 추가/위치 변경

이론을 확인하는 기출문제

01 애플사에서 개발한 유닉스 기반의 모바일 운영체제로 애플사 제품에만 탑재 가능한 운영체제는 무엇인가?
① Windows
② Unix
③ iOS
④ Linux

iOS는 애플사의 아이폰, 아이패드 등 애플사 제품에만 탑재가 가능한 유닉스 기반의 모바일 운영체제이다.

02 UNIX의 쉘(Shell)에 대한 설명으로 옳지 <u>않은</u> 것은?
① C, Bourne, Korn Shell 등이 있다.
② 시스템과 사용자 간의 인터페이스를 담당한다.
③ 명령 해석기이다.
④ UNIX의 보안 관리를 수행한다.

보안 관리는 커널(Kernel)의 역할이다.

03 UNIX에서 파일 시스템의 I-node를 구성하는 정보에 해당하지 <u>않는</u> 것은?
① 파일의 소유자
② 보호 비트
③ 파일 생성 시간
④ 파일이 최초로 수정된 시간

파일이 최초로 수정된 시간이 아니라 최종 변경 시기이다.

04 UNIX에서 현재 프로세스의 상태를 확인할 때 사용되는 명령어는?
① ps
② cp
③ chmod
④ cat

프로세스(Process)의 상태(State)를 확인하는 명령은 ps이다.

05 UNIX에서 새로운 프로세스를 생성시키는 시스템 호출은?
① fork
② exit
③ brk
④ wait

프로세스 생성, 프로세스 복제, 하위 프로세스 호출을 수행하는 명령은 fork이다.

06 UNIX 운영체제에서 가장 핵심적인 부분으로 하드웨어를 보호하고 응용 프로그램들에게 서비스를 제공해 주는 것은?
① Shell
② IPC
③ Kernel
④ Process

유닉스 운영체제에서 가장 핵심적인 부분은 커널이다.

07 UNIX에 대한 설명으로 옳지 <u>않은</u> 것은?
① 대부분 C언어로 작성되었다.
② 대화식 운영체제이다.
③ 네트워크 기능이 풍부하다.
④ Stand Alone 시스템에 주로 사용된다.

Stand Alone 시스템은 단일 사용자 시스템을 의미한다.

08 UNIX의 구성요소를 크게 세 부분으로 나눌 때 이에 해당하지 <u>않는</u> 것은?
① 커널(Kernel)
② 쉘(Shell)
③ 포트(Port)
④ 유틸리티(Utility)

UNIX의 기본 구성요소는 커널(Kernel), 쉘(Shell), 유틸리티(Utility)이다.

정답 01 ③ 02 ④ 03 ④ 04 ① 05 ① 06 ③ 07 ④ 08 ③

09 UNIX에서 태스크 스케줄링(Task Scheduling) 및 기억장치 관리(Memory Management) 등의 일을 수행하는 부분은?

① 커널(Kernel)
② 쉘(Shell)
③ 응용 프로그램(Application Program)
④ 유틸리티(Utility)

커널(Kernel)은 운영체제의 핵심 구성요소이며 기억장치 관리, 작업 관리 등의 '관리'를 담당한다.

10 다음 중 UNIX 시스템의 쉘(Shell)에 대한 설명이 아닌 것은?

① 쉘은 사용자가 지정한 명령들을 해석하여 커널로 처리할 수 있도록 전달해주는 명령 인터프리터이다.
② 쉘은 단말장치를 통하여 사용자로부터 명령어를 입력받는다.
③ 쉘 인터프리터를 사용자가 활용할 수 있다.
④ 쉘은 항상 주기억장치에 상주하면서 메모리 관리, 작업 관리, 파일 관리 등 기능을 한다.

쉘은 명령 해석, 커널은 관리이다.

11 다음 보기의 괄호 안에 알맞은 것은?

> 유닉스의 파일은 (   )라는 자료구조로 표현된다.
> (   )에는 파일 이름, 크기, 소유자, 파일의 종류, 파일의 위치 등에 관련된 정보를 가지고 있다.

① I-node
② Tree
③ Stack
④ Queue

각 파일이나 디렉터리에 대한 모든 정보를 저장하고 있는 것은 I-node 이다.

12 유닉스에서 네트워크상의 문제를 진단할 수 있는 명령은?

① talk
② ping
③ who
④ login

네트워크의 현재 상태를 점검하는 명령은 ping이다.

13 윈도우 CLI 명령어의 DIR과 같은 UNIX 명령어로 현재 작업 중인 디렉터리의 모든 파일을 보여주는 명령어는?

① cd
② mv
③ ls
④ tar

ls는 list의 약자로, 목록을 의미한다.

14 유닉스에서 사용하는 명령어에 대한 설명 중 옳지 않은 것은?

① cd : 파일 복사에 사용
② rm : 파일을 삭제하기 위한 명령
③ ps : 시스템 내에 동작 중인 프로세스 관련 정보 표시
④ cat : 파일의 내용을 화면에 출력

cd는 디렉터리 위치를 변경하는 명령이고, cp는 파일 복사이다.

15 다음 보기의 내용에 해당하는 것은?

> - 테이프 아카이브에서 유래된 것으로, 유닉스와 리눅스에서 여러 파일을 묶거나 묶인 파일을 풀 때 사용하는 명령어이다.
> - 이 명령어는 다수의 파일이나 디렉터리를 하나의 파일로 묶는다. 특히 백업의 목적으로 시스템의 파일을 하나의 파일로 묶을 때 유용하다.
> - gzip이나 bzip2과 같은 파일 압축 명령어와 함께 쓰면 파일 아카이브를 생성하면서 압축까지 같이 병행할 수 있다.

① kill
② tar
③ ps
④ chmod

오답 피하기
① 프로세스 종료
③ 프로세스 조회
④ 권한 변경

16 다음 중 iOS의 특징으로 알맞은 것은?

① 다양한 제조사에서 기기를 생산한다.
② 외부 APK 파일 설치가 가능하다.
③ App Store를 통해서만 앱 설치가 가능하다.
④ 오픈소스 기반으로 자유롭게 커스터마이징이 가능하다.

iOS는 애플 기기 전용이며, 앱은 App Store를 통해서만 설치 가능하다.
오답 피하기
①, ②, ④ Android 운영체제의 특징

17 iOS와 Android 비교 설명으로 옳지 않은 것은?

① iOS는 애플에서 개발하였다.
② Android는 오픈소스 기반이다.
③ iOS는 App Store 외부에서도 앱 설치가 자유롭다.
④ Android는 Google Play Store 외에도 APK 설치가 가능하다.

iOS는 폐쇄형이므로 App Store를 통해서만 앱 설치가 가능하다.

18 Android의 단점으로 볼 수 있는 것은?

① 보안 취약 가능성이 존재한다.
② 기기 선택의 폭이 좁다.
③ 앱 심사 기준이 매우 엄격하다.
④ 하드웨어, 소프트웨어 최적화가 뛰어나다.

Android는 개방성이 크다는 장점이 있지만, 외부 APK 설치 등으로 인해 보안 취약성이 존재한다.
오답 피하기
②, ③, ④ iOS의 특징

CHAPTER 02

기본 개발환경 구축

학습 방향

개발환경 구축과 설정, 개발도구의 종류와 설치 및 설정 방법을 학습하세요.

난이도

- 중 **SECTION 01** 개발환경 설정
- 중 **SECTION 02** 개발도구 설치 및 설정

SECTION 01 개발환경 설정

난이도 상 중 하
반복학습 1 2 3

빈출 태그 #개발환경 #운영체제설치 #시스템설치보고서

01 개발환경

1) 개발환경 구축

① 개발환경 구축 개요
- 개발환경 구축은 응용 소프트웨어 개발을 위해 개발 프로젝트를 이해하고 소프트웨어 및 하드웨어 장비를 구축하는 것을 말한다.

② 개발환경 구축 특징
- 개발환경은 응용 소프트웨어가 운영될 환경과 유사한 구조로 구축한다.
- 개발 프로젝트의 분석 단계의 산출물을 바탕으로 개발에 필요한 하드웨어와 소프트웨어를 선정한다.
- 하드웨어와 소프트웨어의 성능, 편의성, 라이선스 등의 비즈니스 환경에 적합한 제품들을 최종적으로 결정하여 구축한다.

③ 개발환경 구축에 필요한 정보
- 개발환경 구축은 설치하는 운영체제에 따라 웹 서버, 데이터베이스, 프로그래밍 언어가 상이할 수 있다.
- 해당 프로젝트의 목적과 구축 설계에 대한 명확한 이해가 필요하다.
- 개발하고자 하는 프로그램에 맞는 하드웨어와 소프트웨어의 선정이 중요하다.
- 개발에 사용되는 제품들의 성능, 라이선스, 사용 편의성 등에 대한 내용을 파악하고 있어야 한다.

2) 소프트웨어 환경

시스템 소프트웨어	• 클라이언트와 서버 운영에 사용 • 운영체제(OS), 웹 서버 및 웹 애플리케이션 서버(WAS) 운용을 위한 서버 프로그램, DBMS 등
개발 소프트웨어	• 개발에 사용 • 요구사항 관리 도구, 설계/모델링 도구, 구현 도구, 빌드 도구, 테스트 도구, 형상관리 도구 등

> **기적의 TIP**
> 개발이란 특정한 개발환경에서 개발도구를 불러와 사용 가능한 개발 언어로 인터페이스에 맞게 특정 운영체제 등의 시스템에서 동작할 수 있는 프로그램을 만드는 것을 말합니다.

> **기적의 TIP**
> 개발환경 구축 절차
> 운영체제 → 개발도구, 컴파일러 설치 → DB 환경 설정 → 협업/형상관리 도구 설정

3) 하드웨어 환경

클라이언트(Client)	• 사용자와의 인터페이스 역할 • PC(개인용 컴퓨터), 스마트폰 등	
서버(Server)	• 서비스를 제공 • 사용 목적에 따른 분류	
	웹 서버 (Web Server)	클라이언트로부터 직접 요청을 받아 처리하는 서버로, 저용량의 정적 파일을 제공한다.
	웹 애플리케이션 서버 (WAS)	사용자에게 동적 서비스를 제공하기 위해 웹 서버로부터 요청을 받아 데이터 가공 작업을 수행하거나, 웹 서버와 데이터베이스 서버 또는 웹 서버와 파일 서버 사이에서 인터페이스 역할을 수행한다.
	데이터베이스 서버 (DB Server)	데이터베이스와 이를 관리하는 DBMS를 운영한다.
	파일 서버 (File Server)	데이터베이스에 저장하기에는 비효율적이거나, 서비스 제공을 목적으로 유지하는 파일들을 저장한다.

> **기적의 TIP**
> 정적 파일이란 별도의 처리 과정 없이 클라이언트에서 다운로드하여 사용자에게 보여주는 파일로 HTML, CSS, 이미지 등이 있습니다.

> **기적의 TIP**
> 동적 서비스란 사용자의 입력에 따라 다른 결과를 보여주는 서비스를 의미합니다.

+ 더 알기 TIP

클라이언트와 서버

클라이언트는 서비스를 요청하는 컴퓨터, 서버는 서비스를 제공해 주는 컴퓨터입니다. 예를 들어 네이버에 있는 컴퓨터와 집에 있는 컴퓨터는 각자 역할이 분담되어 있습니다. 네이버에 있는 컴퓨터는 서비스를 제공해주는 서버, 집에 있는 컴퓨터는 정보를 요청하는 클라이언트라고 생각하면 됩니다.

02 운영체제 선택 및 설치

1) Windows 계열 운영체제 선택

Windows Home	• 개인 사용자에게 최적화된 운영체제
Windows Pro	• 소규모 기업용으로 최적화된 운영체제 • Home에 비해 관리 및 배포, 도메인 가입, 엔터프라이즈 모드, 원격 데스크톱 지원, Hyper V와 같이 향상된 기능 제공
Windows Pro for Workstation	• 트랜잭션이 몰리거나 복구 기능을 필요로 하는 소규모 기업용 운영체제 • CPU를 4개까지 동시 지원하여 동시 처리 성능이 뛰어남 • 메모리는 6테라바이트까지 지원 • 비휘발성 메모리 모듈을 지원하여 전력이 공급되지 않아도 데이터를 유지할 수 있어 안정성 향상 • 파일 복원을 위해 향상된 ReFs 지원

> **기적의 TIP**
> Hyper V는 MS에서 제공하는 가상화 플랫폼으로, 물리적 컴퓨터(호스트) 위에서 가상 컴퓨터(게스트)를 실행할 수 있게 합니다.

> **기적의 TIP**
> ReFs는 데이터 가용성을 최대화하고, 다양한 워크로드에서 큰 데이터 집합을 효율적으로 확장하고, 손상에 대한 복원력으로 데이터 무결성을 제공하는 MS의 최신 파일 시스템입니다.

2) 유닉스/리눅스 계열 운영체제 선택

- 오픈소스 기반의 리눅스와 유닉스는 개발사 및 제공 업체가 다양하다.
- 리눅스는 Redhat, 페도라, 센트OS와 같은 Redhat 계열과 데비안, 우분투, 칼리, 라즈비안과 같은 데비안 계열 그리고 기타 리눅스(젠투, 아치, 슬랙웨어) 등으로 구분된다.

Debian GNU/Linux	• 개발자 패키지와 매뉴얼이 활성화되어 있어 개발자에게 최적화되어 있음
Ubuntu	• 가장 광범위하게 쓰이는 Linux 운영체제 • 다양한 개발자용 패키지 제공 • Software Center를 통해 응용 소프트웨어 공급
openSUSE	• 안정화된 버전(openSUSE)과 테스트 중인 버전(Tumbleweed)을 동시에 공급 • YaST 패키지를 통해 태스크 자동화 지원
Fedora	• 스마트 설정과 업데이트로 사용자 편의성 제공 • 안정화된 운영과 다양한 하드웨어 지원
CentOS	• 프로그래밍에 최적화된 환경 제공 • RHEL 소스로 컴파일되어 해당 계열의 프로그램 대다수 사용 가능
Slackware	• 다양한 소프트웨어와 그래픽 유저 인터페이스가 미리 설치 • 시스템 관리자를 위한 복구 툴 내장

3) 운영체제 운용 기준 및 설치 시 고려사항

① 운영체제 운용 기준

서버 운용 기준	• 운용 아키텍처 및 기능 파악 • 네트워크 구성 현황 및 장비 매뉴얼 확보 • 장비 가동 및 중지 매뉴얼 확인 • 백업 주기, 보안 업데이트 주기 설정 및 점검 • 문제 발생 시 대처 방안 마련
개별 PC용 운영체제 운용 기준	• 정기적인 데이터 백업 • 주기적 보안 업데이트 • 시스템 백업 정례화 • 문제 발생 시 문의처 정보 확인

② 운영체제 설치 시 고려사항

- 상용 운영체제인 경우 라이선스 및 수량을 확인한다.
- 개발통합환경(IDE)과의 호환성을 확인한다.
- 운영체제 EOS(End of Support) 여부를 확인한다.
- 운영체제 설치 후 취약점 점검 항목을 확인하고 조치한다.
- 운영체제의 최신 패치 여부를 확인한다.

> **기적의 TIP**
> 운영체제는 외부의 침입이나 바이러스로 인해 시스템이 통제 불능의 상태가 되어 불필요한 리소스를 낭비하거나 중요한 데이터의 유실을 방지하기 위해 계속 점검하여 운용해야 합니다.

> **기적의 TIP**
> IDE는 소프트웨어 개발에 필요한 도구들을 하나의 프로그램에 통합해 제공하는 환경으로 '코딩 → 빌드 → 실행 → 디버깅'까지 한 곳에서 가능한 통합개발환경입니다.

> **기적의 TIP**
> EOS는 운영체제 또는 소프트웨어에 대한 공식적인 기술 지원 및 보안 업데이트가 종료된 상태로써 더 이상 보안 패치, 기능 업데이트, 기술 상담 등을 받을 수 없습니다.

4) 시스템 설치 보고서

① 시스템 설치 보고서 개요
- 운영체제 및 개발도구 설치 후 시스템이 성공적으로 설치되었음을 확인하기 위해 개발환경에 설치된 시스템의 개요 및 개발환경, 설치 작업 요약, 설치 시 문제점과 문제점 해결 방법 등을 보고서에 작성할 수 있다.

② 시스템 설치 보고서에 작성하는 항목

시스템 개요	설치된 시스템의 전반적인 개요와 특징을 설명하고 시스템의 구성 및 운영환경에 대해 기술한다.
시스템 설치 작업 요약	시스템 설치 작업의 전반적인 내용을 요약해서 기술하며 서버 주소, 작업 내역 및 결과, 운영환경, DB, 애플리케이션별 작업 내역을 기술한다.
상세 작업 내용	개발환경 내 운영체제, 데이터베이스, 애플리케이션 설치 현황 및 계정 정보에 대해 기술한다.
플랫폼 설치 결과	플랫폼 설치가 완료된 상태를 검토하기 위한 결과물로 구분(S/W, D/B, VPN 등), 장비(UNIX, NT 등), S/W명, 설치 일자, 설치 테스트 결과(성공/실패), 설치 수량 등을 기술한다.
시스템 설치 결과	모든 시스템의 구성요소가 계획대로 설치되었는지 검증하고 설치 완료 상태를 보고하는 것으로 시스템명, 설치 일시, 설치 테스트, 설치 담당자 등을 기술한다.
시스템 정기 점검	시스템 설치 이후에 시스템에 대한 정기 점검을 실시할 수 있으며, 시스템 정기 점검 시 작업 내역을 문서로 기록한다. OS 계정과 패스워드 관리대장은 관리자가 관리하고, 기밀성 보장을 위해 암호화하여 안전하게 관리한다.

이론을 확인하는 기출문제

01 개발환경 구축의 주된 목적이 아닌 것은?
① 프로그램 작성 및 실행이 가능하도록 하는 것
② 협업과 버전 관리가 원활하도록 하는 것
③ 컴퓨터 하드웨어 성능을 향상시키는 것
④ 테스트 및 디버깅 환경을 제공하는 것

> 개발환경 구축은 소프트웨어 개발의 효율성을 높이는 것이 목적이지, 하드웨어 성능 향상이 직접적인 목적은 아니다.

02 다음 중 소프트웨어 환경에 해당하지 않는 것은?
① 운영체제(OS)
② 데이터베이스(DBMS)
③ 개발도구(IDE)
④ CPU 및 메모리

> CPU 및 메모리는 하드웨어 환경이다.

정답 01 ③ 02 ④

03 다음 중 개발환경 구축 절차를 올바른 순서로 나열한 것은?

> ㉠ 운영체제 설치
> ㉡ 데이터베이스 환경 설정
> ㉢ 개발도구(IDE) 및 컴파일러 설치
> ㉣ 버전 관리 도구 설정

① ㉠ → ㉡ → ㉢ → ㉣
② ㉠ → ㉢ → ㉡ → ㉣
③ ㉡ → ㉢ → ㉠ → ㉣
④ ㉠ → ㉡ → ㉣ → ㉢

개발환경 구축은 일반적으로 운영체제 → 개발도구 → DB → 협업/형상관리 도구 순으로 진행된다.

04 다음 중 하드웨어 환경에 속하는 것은?

① 메모리(RAM)
② IDE(Eclipse, IntelliJ 등)
③ 운영체제(Windows, Linux 등)
④ DBMS(MySQL, Oracle 등)

메모리(RAM)는 하드웨어, 나머지는 소프트웨어 환경이다.

05 다음 중 개발환경 구축 시 고려해야 할 요소로 옳지 않은 것은?

① 개발 언어와 프레임워크
② 협업을 위한 버전 관리 도구
③ 네트워크 연결 및 보안
④ 모니터의 크기와 무게

모니터의 크기와 무게는 개발환경 구축과 직접적인 관련이 없다.

06 다음 중 개발환경 구축 과정에서 수행하는 일이 아닌 것은?

① 운영체제 설치 및 환경 변수 설정
② 개발 언어 및 라이브러리 설치
③ 버전 관리 시스템 연동
④ 하드웨어 부품 교체

개발환경 구축은 소프트웨어적인 환경 준비가 중심이며, 하드웨어 교체는 별도의 영역이다.

07 다음 중 소프트웨어 환경에 해당하는 것은?

① CPU 및 GPU
② Windows 11
③ SDD와 HDD
④ 메모리(RAM)

Windows 11은 운영체제로 시스템 소프트웨어이다.

08 다음 중 개발환경 구축의 필요성으로 적절하지 않은 것은?

① 개발 효율성과 협업을 높이기 위함
② 프로그램을 안정적으로 실행하기 위함
③ 하드웨어 성능을 높이기 위함
④ 테스트 및 디버깅 환경을 제공하기 위함

개발환경 구축은 하드웨어 성능 향상과는 직접적인 관련이 없다.

09 다음 중 하드웨어 환경에 해당하지 않는 것은?

① CPU   ② 메모리
③ SSD   ④ IDE

IDE(통합개발환경)는 소프트웨어 환경이다.

10 다음 중 운영체제(OS)의 역할로 적절하지 않은 것은?

① 하드웨어 자원 관리
② 사용자와 하드웨어 간 인터페이스 제공
③ 응용 프로그램 실행 환경 제공
④ CPU와 메모리 자체 성능 향상

운영체제는 사용자와 컴퓨터 사이에서 인터페이스(중계) 역할을 하며, 하드웨어와 소프트웨어의 자원을 관리하는 역할을 하지만, 하드웨어 자체의 성능을 높일 수는 없다.

11 웹 브라우저와 같은 클라이언트로부터 HTTP 요청을 받아들이고, HTML 문서와 같은 웹 페이지를 반환하는 프로그램을 무엇이라고 하는가?

① 웹 서버   ② Proxy 서버
③ WAS   ④ DBMS

웹 서버는 웹 환경 서비스를 지원하기 위하여 웹 페이지를 클라이언트로 전달한다.

SECTION 02 개발도구 설치 및 설정

난이도 상 중 하
반복학습 1 2 3

빈출 태그 #개발도구 #개발도구설치 #컴파일 #디버깅 #배포

▶ 합격 강의

01 개발도구(Development Tools)

- 프로그램을 작성, 빌드, 실행, 디버깅하기 위해 사용하는 도구를 말한다.
- 개발도구는 대표적으로 IDE(통합개발환경), 컴파일러/인터프리터, 빌드 도구, 패키지 관리자 등이 있다.

02 개발도구 종류

1) 통합개발환경(IDE, Integrated Development Environment)

① 통합개발환경의 개요
- 통합개발환경은 코딩(Coding), 컴파일(Compile), 디버깅(Debugging), 배포(Deployment) 등 프로그램 개발과 관련된 모든 작업을 하나의 프로그램에서 처리할 수 있도록 제공하는 소프트웨어적인 개발환경을 말한다.
- 기존 소프트웨어 개발에서는 편집기(Editor), 컴파일러(Compiler), 디버거(Debugger) 등의 다양한 툴을 별도로 사용했으나 현재는 하나의 인터페이스로 통합하여 제공한다.

② 통합개발환경 도구 종류
- 통합개발환경 도구는 통합개발환경을 제공하는 소프트웨어를 의미한다.
- 통합개발환경을 지원하는 도구는 플랫폼, 운영체제, 언어별로 다양하게 존재하며, 대표적인 도구는 다음과 같다.

프로그램	플랫폼	운영체제	지원 언어
이클립스(Eclipse)	크로스 플랫폼	Windows, Linux, MacOS 등	Java, C, C++, PHP, JSP 등
비주얼 스튜디오(Visual Studio)	Win32, Win64	Windows	Basic, C, C++, C#, .NET
엑스 코드(Xcode)	Mac, iPhone	MacOS, iOS	C, C++, C#, Java, AppleScript 등
안드로이드 스튜디오(Android Studio)	Android	Windows, Linux, MacOS	Java, C, C++
IDEA	크로스 플랫폼	Windows, Linux, MacOS	Java, JSP, XML, Go, Kotlin, PHP 등

> 🎯 기적의 TIP
>
> 코딩은 C, JAVA 등의 프로그래밍 언어로 컴퓨터 프로그램을 만드는 기능입니다.

> 🎯 기적의 TIP
>
> 컴파일은 개발자가 고급 언어로 작성한 코드를 컴퓨터가 이해할 수 있는 목적 프로그램으로 번역하여 컴퓨터에서 실행 가능한 형태로 변환하는 기능입니다.

> 🎯 기적의 TIP
>
> 디버깅은 소프트웨어나 하드웨어의 오류나 잘못된 동작, 즉 버그(Bug)를 찾아 수정하는 기능입니다.

> 🎯 기적의 TIP
>
> 배포는 소프트웨어를 사용자에게 전달하는 기능입니다.

> 🎯 기적의 TIP
>
> 크로스 플랫폼이란 여러 종류의 시스템에서 공통으로 사용될 수 있는 소프트웨어로, 멀티 플랫폼이라고도 불립니다.

2) 빌드 도구

- 빌드는 소스코드 파일들을 컴퓨터에서 실행할 수 있는 제품 소프트웨어로 변환하는 과정 또는 결과물을 말한다.
- 빌드 도구는 소스코드를 소프트웨어로 변환하는 과정에 필요한 전처리(Preprocessing), 컴파일(Compile) 등의 작업들을 수행하는 소프트웨어를 말한다.
- 대표적인 도구로는 Ant, Maven, Gradle 등이 있다.

Ant(Another Neat Tool)	• 아파치 소프트웨어 재단에서 개발한 소프트웨어로, 자바 프로젝트의 공식적인 빌드 도구로 사용되고 있다. • XML 기반의 빌드 스크립트를 사용하며, 자유도와 유연성이 높아 복잡한 빌드 환경에도 대처가 가능하다. • 정해진 규칙이나 표준이 없어 개발자가 모든 것을 정의하며, 스크립트의 재사용이 어렵다.
Maven	• 아파치 소프트웨어 재단에서 개발된 것으로, Ant의 대안으로 개발되었다. • 규칙이나 표준이 존재하여 예외 사항만 기록하면 되며, 컴파일과 빌드를 동시에 수행할 수 있다. • 의존성(Dependency)을 설정하여 라이브러리를 관리한다.
Gradle	• 기존의 Ant와 Maven을 보완하여 개발된 빌드 도구이다. • 한스도커 외 6인의 개발자가 모여 공동 개발하였다. • 안드로이드 스튜디오의 공식 빌드 도구로 채택된 소프트웨어이다. • Maven과 동일하게 의존성을 활용하며, 그루비(Groovy) 기반의 빌드 스크립트를 사용한다.

기적의 TIP
전처리란 컴파일에 앞서 코드에 삽입된 주석을 제거하거나 매크로들을 처리하는 과정을 말합니다.

기적의 TIP
XML은 W3C가 채택한 인터넷 표준 언어로 인터넷 환경에 적합하도록 구성된 메타 언어(프로그램 언어의 규칙을 기술하는 데 사용하는 언어)입니다.

기적의 TIP
의존성은 Maven, Gradle에서 라이브러리를 관리할 때 사용하는 명령어입니다.

기적의 TIP
그루비란 자바를 기반으로 여러 프로그래밍 언어들의 장점을 모아 만들어진 동적 객체지향 프로그래밍 언어입니다.

3) 기타 협업 도구

- 협업 도구는 개발에 참여하는 사람들이 서로 다른 작업 환경에서 원활히 프로젝트를 수행할 수 있도록 도와주는 도구(Tool)로, 협업 소프트웨어, 그룹웨어(Groupware) 등으로도 불린다.
- 협업 도구의 종류

프로젝트 및 일정관리	• 전체 프로젝트와 개별 업무들의 진행 상태, 일정 등을 공유하는 기능이다. • 종류 : 구글 캘린더(Google Calendar), 원더(분더)리스트(Wunderlist), 트렐로(Trello), 지라(Jira), 플로우(Flow) 등
정보 공유 및 커뮤니케이션	• 주제별로 구성원들을 지목하여 방을 개설한 후 정보를 공유하고 대화하는 것이 가능하다. • 파일 관리가 간편하고, 의사소통이 자유로운 것이 특징이다. • 종류 : 슬랙(Slack), 잔디(Jandi), 태스크월드(Taskworld) 등
디자인	• 디자이너가 설계한 UI나 이미지의 정보들을 코드화하여 개발자에게 전달하는 기능을 제공한다. • 종류 : 스케치(Sketch), 제플린(Zeplin) 등
기타	• 아이디어 공유에 사용되는 에버노트(Evernote) • API를 문서화하여 개발자들 간 협업을 도와주는 스웨거(Swagger) • 깃(Git)의 웹호스팅 서비스인 깃허브(GitHub)

03 개발도구 설치 및 설정

1) 개발도구 설치

① 개발 언어 환경 설치

Java	JDK 설치, 환경변수(PATH, JAVA_HOME) 설정
Python	Python 설치, pip 설정
C/C++	GCC, Visual Studio 설치
JavaScript	Node.js 설치, npm 설정

② IDE(통합개발환경) 설치

- 설치 후 프로젝트 생성, 언어/SDK 연동 설정 등을 한다.

Java	Eclipse, IntelliJ IDEA
Python	PyCharm, VS Code
C/C++	Visual Studio, CLion

③ 개발 언어별 빌드 및 패키지 관리 도구 설정

- 의존성 라이브러리 자동 설치 및 관리 등을 한다.

Java	• 프로젝트 빌드, 의존성 관리, 라이프사이클 관리 • 도구 종류 : Maven, Gradle
Python	• 패키지 설치 및 관리, 가상환경(venv) 연동 • 도구 종류 : pip
Node.js	• 패키지 설치, 버전 관리, 의존성 관리 • 도구 종류 : npm, yarn
C/C++	• 빌드 자동화, 컴파일 옵션 관리 • 도구 종류 : Make, CMake

④ 데이터베이스(DB) 환경 설정

- MySQL, PostgreSQL, Oracle 등을 설치한다.
- DB 계정/권한 생성, DB 연결을 설정한다.
- 개발도구(예 DBeaver, HeidiSQL)와 연동한다.

⑤ 버전 관리 도구 설치

- Git 설치 및 GitHub/GitLab을 연동한다.
- 초기 설정은 git config --global user.name / user.email이다.

⑥ 환경 변수 설정

- Windows : PATH, CLASSPATH 등록한다.
- Linux/Unix : .bashrc, .zshrc 파일을 수정한다.

2) 개발도구 설정 시 주의사항
- 운영체제(OS)에 맞는 버전을 선택한다Windows, Linux, macOS).
- 호환성(언어 버전, 라이브러리 버전)을 확인한다.
- 협업 시 동일한 개발환경(도구 버전, 패키지 버전)을 유지한다.

3) 개발도구 설치/설정의 목적
- 개발자가 코드 작성, 빌드, 실행을 원활히 할 수 있는 환경이 제공된다.
- 표준화된 환경 구축으로 협업 효율성을 증대할 수 있다.
- 재현 가능한 개발환경이 보장된다(CI/CD 환경과 연계 가능).

이론을 확인하는 기출문제

01 다음 중 Java 개발환경 설정 과정에 포함되는 것은?
① JDK 설치 및 환경 변수(PATH, JAVA_HOME) 설정
② Python 설치 및 pip 설정
③ Node.js 설치 및 npm 설정
④ MySQL 설치 및 계정 생성

Java 개발환경 구축 시 반드시 JDK와 환경 변수 설정이 필요하다.

02 다음 중 Python 개발환경 설치 및 설정 과정에서 사용하는 패키지 관리 도구는?
① npm
② pip
③ Maven
④ Gradle

Python은 pip를 통해 라이브러리를 관리한다.

오답 피하기
① C, C++
③, ④ Java

03 다음 중 개발도구 설정 시 고려해야 할 사항으로 옳지 않은 것은?
① 운영체제와의 호환성
② 협업 및 동일한 버전 유지
③ 네트워크 및 보안 환경
④ 모니터의 해상도와 크기

모니터의 해상도와 크기는 개발도구 설정과 상관이 없다.

04 다음 중 IDE 설치의 목적에 해당하지 않는 것은?
① 코드 작성 및 편집
② 컴파일 및 실행
③ 디버깅
④ 하드웨어 자원 직접 제어

IDE는 소프트웨어 개발 지원 도구이며, 하드웨어를 직접 제어하지는 않는다.

정답 01 ① 02 ② 03 ④ 04 ④

05 다음 중 빌드 도구(Buile Tool)와 개발 언어의 올바른 연결은?

① Java – Maven
② Python – Gradle
③ Node.js – pip
④ C/C++ – npm

> Java : Maven, Gradle
>
> **오답 피하기**
> ② Python : pip
> ③ Node.js : npm
> ④ C, C++ : Make

06 다음 중 Java 개발환경 구축 과정에서 수행하지 않는 것은?

① JDK 설치
② 환경 변수 설정(PATH, JAVA_HOME)
③ pip 설정
④ IDE 연동

> pip는 Python 패키지 관리자이며, Java 설치와는 상관이 없다.

07 다음 중 C, C++ 개발환경에서 주로 사용하는 빌드 도구는?

① Make, CMake
② Maven
③ pip
④ npm

> C와 C++에서는 Make 또는 CMake를 사용해 빌드를 자동화한다.
>
> **오답 피하기**
> ② Java
> ③ Python
> ④ Node.js

08 다음 중 IDE와 텍스트 에디터의 차이로 옳은 것은?

① IDE는 코드 작성만 가능하다.
② 텍스트 에디터는 디버깅 및 빌드 기능이 기본 제공된다.
③ IDE는 코드 작성, 빌드, 디버깅 등 통합 환경 제공한다.
④ 텍스트 에디터는 모든 기능이 통합되어 있다.

> IDE는 통합개발환경으로 다양한 기능을 제공한다.

09 다음 중 Maven과 Gradle과 관련된 설명으로 옳은 것은?

① Python 패키지 관리 도구이다.
② Java 프로젝트의 빌드 및 의존성 관리 도구이다.
③ Node.js 패키지 관리 도구이다.
④ C/C++ 빌드 도구이다.

> Maven과 Gradle은 Java 프로젝트 빌드 및 라이브러리 관리 도구이다.

10 다음 중 개발도구 설치 후 환경 변수 설정이 필요한 이유는?

① IDE 테마를 변경하기 위해
② 운영체제에서 개발 언어와 도구를 인식하게 하기 위해
③ 마우스 감도를 조절하기 위해
④ 모니터 해상도를 변경하기 위해

> 환경 변수(PATH, JAVA_HOME 등)는 OS가 도구를 인식하고 실행할 수 있도록 설정한다.

PART 07

개발환경 운영 지원

파트 소개

백업 용량 산정 기법과 다양한 백업 시스템의 유형 및 복원 절차를 다루며, 소스 코드 형상관리의 개념과 주요 도구 활용법을 통해 안정적인 시스템 유지 방안을 학습하세요.

CHAPTER 01

개발환경 백업 및 복원

학습 방향

백업 용량 산정 기법과 백업 시스템 종류 및 복원, 소스코드 형상관리에 대해 개념을 숙지합니다.

난이도

- 중 **SECTION 01** 백업 용량 산정 기법
- 중 **SECTION 02** 백업 시스템 종류 및 복원
- 중 **SECTION 03** 소스코드 형상관리

SECTION 01 백업 용량 산정 기법

빈출 태그 #백업 #백업용량산정기법 #풀백업 #풀+증분백업

01 백업 용량 산정 기법

1) 백업 용량 산정 기법의 개념
- 기업이나 개인이 데이터를 안정적으로 보관하고 복구할 수 있도록 현재 보유한 데이터량, 증가율, 보존기간, 중복제거 비율, 백업 방식 등을 고려하여 필요한 스토리지 용량을 계산하는 방법이다.

> **기적의 TIP**
> 백업 솔루션 적용 시 저장공간 절감(보통 20~80%)이 가능하므로, 중복 제거 및 압축 효과(Deduplication & Compression)를 기대할 수 있습니다.

2) 기본 산정 요소
① 원본 데이터 크기(Primary Data Size) : 현재 보관 중인 전체 데이터 용량이다.
② 일일 변경 데이터량(Daily Change Rate) : 하루에 새로 추가되거나 수정되는 데이터 비율이다(예 전체 데이터의 2%).
③ 보관 기간(Retention Period) : 백업본(백업데이터)을 며칠 동안 보관할지 결정한다 (예 30일, 90일, 1년 등).
④ 백업 방식

> **기적의 TIP**
> 백업 용량 산정 : 전체 데이터 크기, 일일 변경량, 백업 주기, 보관 기간 및 중복 제거/압축

풀 백업(Full Backup)	전체 데이터를 통째로 백업한다.
증분 백업(Incremental Backup)	마지막 백업 이후 변경분만 저장한다.
차등 백업(Differential Backup)	마지막 풀 백업 이후 변경된 모든 데이터를 백업한다.
스냅샷 백업(Snapshot Backup)	특정 시점의 데이터 상태를 그대로 저장(주로 스토리지 레벨)하는 것으로 VM, DB 등에 많이 활용한다.
CDP(Continuous Data Protection, 지속적 백업)	변경 즉시 기록하는 백업으로, 실시간 또는 준실시간 백업이라고도 하며, RPO(데이터 손실 시점)를 최소화한다.

> **기적의 TIP**
> 차등 백업은 매일 새로 바뀐 것만 저장하는 증분 백업과 달리 풀 백업을 기준으로 한 누적 백업입니다.

02 종류별 계산 방법

1) 풀 백업만 사용하는 경우

필요용량 = (데이터 총량) × (보관 차수)

① 예제 : 1TB 데이터를 4주(주 1회 풀 백업) 보관 → 1TB × 4 = 4TB

2) 풀+증분 백업 혼합한 경우

> 필요용량 = (풀 백업 크기 × 보관 차수) + (일일 변경 데이터 × 보관일수)

① 예제
- 전체 데이터 크기는 100GB, 하루 변경량은 10GB이다.
- 백업 방식은 주 1회(일요일) 풀 백업을 하고, 평일(월요일~토요일)에는 증분 백업을 한다.

② 풀이
- 일요일(풀 백업) : 100GB 전체 저장
- 월요일(차등 백업) : 일요일 이후 변경된 10GB 저장
- 화요일(차등 백업) : 일요일 이후 변경된 10GB 저장
- 수요일(차등 백업) : 일요일 이후 변경된 10GB 저장
- 목요일(차등 백업) : 일요일 이후 변경된 10GB 저장
- 금요일(차등 백업) : 일요일 이후 변경된 10GB 저장
- 토요일(차등 백업) : 일요일 이후 변경된 10GB 저장

③ 결과 : 총 백업 필요 용량 = 100GB(풀 백업) + (10GB × 6일)GB = 160GB

3) 풀+차등 백업 혼합한 경우

> 필요용량 = (풀 백업 크기 × 보관 차수) + (차등 증가 데이터 평균 × 보관일수)

① 예제
- 전체 데이터 크기는 100GB, 하루 변경량은 10GB이다.
- 백업 방식은 주 1회(일요일) 풀 백업을 하고, 평일(월요일~토요일)에는 차등 백업을 한다.

② 풀이
- 일요일(풀 백업) : 100GB 전체 저장
- 월요일(차등 백업) : 일요일 이후 변경된 10GB 저장
- 화요일(차등 백업) : 일요일 이후 변경된 총량 = 20GB 저장
- 수요일(차등 백업) : 일요일 이후 변경된 총량 = 30GB 저장
- 목요일(차등 백업) : 일요일 이후 변경된 총량 = 40GB 저장
- 금요일(차등 백업) : 일요일 이후 변경된 총량 = 50GB 저장
- 토요일(차등 백업) : 일요일 이후 변경된 총량 = 60GB 저장

③ 결과
- 총 백업 용량 = 100GB(풀 백업) + (10+20+30+40+50+60)GB(차등 백업)
- 100GB + 210GB = 310GB

> **기적의 TIP**
>
> 차등 백업은 날이 지날수록 하루 변경량이 누적되므로 저장 용량이 커지지만, 복구 시 풀 백업과 원하는 날짜의 차등 백업만 필요하기 때문에 복구가 간단합니다.

기적의 TIP

용량 최소화가 목표이면 풀+증분, 복구를 단순/빠르게 하고 싶다면 풀+차등이 유리합니다.

+ 더 알기 TIP

풀+증분과 풀+차등의 비교

항목	풀+증분	풀+차등
주간 총 용량	160GB	310GB
복원에 필요한 백업본 수	풀 + 해당일까지 모든 증분(많음)	풀 + 해당일 차등 1개(적음)
복원 난이도/속도	복잡/느림	단순/빠름
중간 파일 손상 시	해당 시점 이후 복구 실패 위험이 높음	최신 차등만 정상이면 복구 가능

이론을 확인하는 기출문제

01 어떤 회사의 데이터 총량은 500GB이다. 매일 데이터의 변경률은 5%이고, 백업 정책은 매일 풀(Full) 백업, 보관 기간은 7일이다. 필요한 백업 용량은 얼마인가?

① 500GB
② 507GB
③ 3.5TB
④ 3.5GB

> 매일 풀 백업을 7일치 보관하므로 500 × 7 = 3500GB(3.5TB)이다.

02 데이터 크기가 1TB이고, 일일 변경률은 2%이다. 백업 정책은 일요일 풀 백업 + 평일(월~토) 증분 백업, 보관 기간은 2주일인 경우 총 백업 용량은 얼마인가?

① 2,240GB
② 2,260GB
③ 2,220GB
④ 2,280GB

> - 주당 풀 백업 1개이므로 총 풀 백업 수 = 1,000GB × 2 = 2,000GB
> - 증분 백업 : 주중(월~토) 증분이 하루마다 발생해서 2주 동안 증분 수 = 6 × 2 = 12개
> - 증분 총합 = 20 × 12 = 240GB
> - 총 용량 = 풀 총합 + 증분 총합 = 2,000 + 240 = 2,240GB(2.24TB)

03 한 기관은 데이터가 2TB이며, 매일 변경률은 3%이다. 백업 정책은 일요일 풀 백업 + 평일 차등 백업, 보관 기간은 4주일인 경우 4주 동안 필요한 백업 총 용량은?

① 13,040GB
② 9,200GB
③ 1,340GB
④ 1,160GB

> - 풀 백업 수(4주) = 2000 × 4 = 8000 GB
> - 차등 백업(주별 계산)은 일요일 이후 누적 변경량
>   - 월 : 60 GB (1일)
>   - 화 : 60 × 2 = 120 GB
>   - 수 : 60 × 3 = 180 GB
>   - 목 : 60 × 4 = 240 GB
>   - 금 : 60 × 5 = 300 GB
>   - 토 : 60 × 6 = 360 GB
> - 1주 차등 = 60 × (1+2+3+4+5+6) = 60 × 21 = 1260GB
> - 4주 동안 차등 총합 = 1260 × 4 = 5040GB
> - 총 용량 = 풀(8000) + 차등(5040) = 13040GB

04 다음 중 증분 백업 방식의 장점으로 옳은 것은?

① 복원이 단순하다.
② 백업 용량이 적게 든다.
③ 백업 시간이 길다.
④ 매번 전체 데이터를 저장한다.

> 증분 백업 방식은 마지막 백업 이후 변경분만 저장하는 방식이므로, 저장공간과 시간적인 면에서 효율이 좋다.

정답 01 ③ 02 ① 03 ① 04 ②

SECTION 02 백업 시스템 종류 및 복원

빈출 태그 #백업시스템 #복원 #백업 #CDP

01 저장 위치에 따른 백업 시스템

1) 로컬(Local) 백업
- 직접 연결된 스토리지(HDD, NAS, SAN 등)에 저장한다.
- 속도가 빠르고, 구축 비용이 저렴하다.
- 화재, 도난, 재해 발생 시 원본과 함께 손실 위험성이 있다.

2) 원격(Remote/Offsite) 백업
- 다른 지사나 IDC(데이터센터)에 백업하여 저장한다.
- 재해복구(DR)에 유리하다.

3) 클라우드 백업
- AWS S3, Azure, Naver Cloud, Google Cloud 등 퍼블릭 클라우드에 백업한다.
- 확장성이 좋고 관리 및 재해 대응이 용이하다.
- 네트워크 의존도가 높고, 장기간 사용 시 비용이 증가한다.

더 알기 TIP
퍼블릭 클라우드
- 클라우드 서비스 제공 업체(AWS, Google Cloud, Naver Cloud 등)가 인터넷을 통해 다수의 고객에게 동시에 제공하는 클라우드 환경을 말합니다.
- 고객은 물리적 서버를 직접 소유하지 않고, 필요한 만큼 임대(구독)하여 사용할 수 있습니다.

02 복원(Restor) 방법에 따른 백업 시스템

1) 풀 백업 복원
- 전체 데이터를 풀 백업본에서 한 번에 복원한다.
- 가장 간단하지만, 시간이 오래 걸린다.

> **기적의 TIP**
> 증분 백업 복원은 마지막 풀 백업 → 각 증분 백업 순서대로 적용한다.

2) 증분 백업 복원
- 특정 요일로 복구하려면 마지막 풀 백업 + 해당 요일까지의 모든 증분을 순서대로 적용해야 한다.
- 저장하는 데 효율적이지만, 증분 중 일부가 손상되면 복구에 실패할 수 있다.
- 예제
  - 전체 데이터 크기는 100GB, 하루 변경량은 10GB이다.
  - 백업 방식은 주 1회(일요일) 풀 백업을 하고, 평일(월요일~토요일)에는 증분 백업을 한다.
  - 수요일에 복구하는 경우 복원 과정은 일요일 풀(100GB) → 월(10) → 화(10) → 수(10)를 순차 적용한다.

3) 차등 백업 복원
- 풀 백업 + 최신 차등 백업만 있으면 된다.
- 복원 속도는 증분보다 빠르고, 안정성도 높다.
- 예제
  - 전체 데이터 크기는 100GB, 하루 변경량은 10GB이다.
  - 백업 방식은 주 1회 (일요일) 풀 백업을 하고, 평일(월요일~토요일)에는 차등 백업을 한다.
  - 수요일에 복구하는 경우 복원 과정은 일요일 풀 백업(100GB) + 수요일 차등 백업(30GB)만 필요하다(중간 월요일/화요일 차등 백업은 필요 없음).

4) 스냅샷 복원
① 스냅샷의 정의
- 특정 시점의 데이터 상태를 그대로 사진 찍듯이 저장한 것을 말한다.
- 보통 서버, 가상머신(VM), 데이터베이스에서 사용된다.
- 전체를 새로 복사하는 게 아니라, 변경된 부분만 기록하는 것으로 복원 속도가 빠르다.

② 스냅샷의 복원 방법
- 원하는 시점의 스냅샷을 선택한다.
- 시스템을 해당 시점으로 롤백(rollback) : 현재 데이터/설정을 버리고 스냅샷 시점의 상태로 되돌린다.
- 부분 복원도 가능하다(전체 시스템이 아니라, 특정 파일이나 폴더만 복원 가능).
- 예를 들어 일요일에 시스템이 정상이라 스냅샷을 찍어 둔다. 다음 주 수요일에 오류 발생 → 일요일 스냅샷으로 복원 → 월·화 데이터는 사라지지만, 시스템은 정상으로 돌아올 수 있다.

③ 스냅샷의 장단점

장점	• 복구 속도가 매우 빠름(몇 분~몇 초) • 전체가 아니라 특정 시점만 선택 가능 • VM · DB 같은 환경에서 많이 활용
단점	• 장기 보관에는 비효율적(용량 ↑) • 스냅샷을 찍은 이후 변경된 데이터는 복원 시 사라질 수 있음

5) CDP(Continuous Data Protection) 복원

① CDP의 정의
- 데이터를 실시간으로 기록해두고, 원하는 시점으로 돌릴 수 있는 기능이다.
- 특정 시점(Point-in-Time)까지 데이터 복구가 가능하다.
- 데이터베이스나 금융권 서비스에서 자주 사용된다.

② CDP의 복원 방법
- 타임라인에서 시점 선택한다.
- 그 순간의 데이터로 되돌리며 파일, 데이터베이스, 서버 모두 복원이 가능하다.
- 분 단위, 초 단위까지 복원이 가능하다.
- 일반 백업은 하루 단위지만, CDP는 거의 실시간으로 복원된다.

③ CDP의 장단점

장점	• 데이터 손실 최소화(거의 0초 차이) • 사고 직전 상태까지 복원 가능
단점	• 저장 공간이 많이 필요 • 시스템 부하가 커질 수 있음

➕ 더 알기 TIP

스냅샷 복원과 CDP 복원 비교

항목	스냅샷 복원	CDP 복원
개념	특정 시점의 데이터 상태를 사진 찍듯 저장 후 복원	데이터 변경을 실시간(또는 초 단위) 으로 기록, 원하는 시점 복원
복원 단위	특정 시점(⑩ 하루에 한 번, 정해진 시각)	거의 모든 시점(분/초 단위까지)
복원 속도	빠름(수 분 내 가능)	빠름(거의 실시간)
데이터 손실	스냅샷 시점 이후 변경분은 손실	손실 최소화(거의 0에 가까움)
저장 공간	상대적으로 적게 사용	더 많이 필요(변경 기록을 모두 저장)
사용 환경	주기적 백업이 필요한 경우 (⑩ 서버, VM)	실시간 복구가 필요한 중요 시스템 (⑩ 금융, 의료, DB)
비유	휴대폰 "사진 찍기" → 원하는 사진 시점으로 복원	CCTV처럼 "실시간 녹화" → 사고 직전 순간까지 복원

03 운영 목적에 따른 백업 시스템

1) 온프레미스(On-Premise) 백업 시스템
- 기업 내부(자체 서버/스토리지)에 백업시스템을 구축하여 데이터 저장 및 관리하는 방법으로 보안성은 높지만 비용과 유지보수 부담이 큰 시스템이다.

장점	• 외부 인터넷 없어도 접근 가능하다. • 데이터 보안/통제 용이하다. • 백업 방식으로는 다양한 전략을 적용할 수 있다.
단점	• 구축 비용이 많이 발생한다. • 유지보수 인력 필요하다. • 재해 시 물리적 위험하다. • 백업 방식에서 관리가 복잡하다.

2) 하이브리드(Hybrid) 백업 시스템
- 온프레미스(내부 서버) + 클라우드 백업을 함께 사용하는 방식으로써 내부 백업의 빠른 복구와 클라우드 백업의 안전성을 동시에 얻는 방식이다.

장점	• 내부 백업 활용하여 빠른 복구가 가능하다. • 클라우드 백업으로 재해/사고에 대비할 수 있다. • 비용과 안정성의 균형을 유지할 수 있다.
단점	• 관리와 구조가 복잡하다. • 클라우드 비용이 발생한다.

- 자주 복구해야 하는 데이터는 로컬에, 장기 보관은 클라우드에 저장하는 방식이다.
- 회사 서버에 매일 증분 백업으로 저장 + 동시에 클라우드에도 주/월 단위 전체 백업으로 전송한다.

3) DR(Disaster Recovery) 시스템
- 지진, 화재, 시스템 장애 같은 재해 발생 시 IT 서비스와 데이터를 신속히 복구하는 시스템으로 서비스와 데이터를 빠르게 되살리는 비상 복구 체계를 말한다.
- 목적 : 서비스 중단 최소화, 데이터 손실 방지, 업무 연속성(BCP) 확보
- 특징

구성요소	• 주 센터 : 실제 서비스 운영 • 재해 복구 센터(DR 센터) : 비상시 서비스를 대신 운영
복구 지표	• RTO(Recovery Time Objective) : 서비스 복구 목표 시간 • RPO(Recovery Point Objective) : 복구 시점(데이터 손실 허용 범위)
방식	• Cold Site : 장비만 준비, 복구 느림(저비용) • Warm Site : 일부 장비 · 데이터 동기화, 복구 중간 • Hot Site : 실시간 동기화, 바로 서비스 가능(고비용)

이론을 확인하는 기출문제

01 다음 중 백업 방식에 대한 설명으로 옳은 것은?

① 풀 백업(Full Backup)은 처음에만 전체를 백업하고 이후에는 변경된 부분만 저장한다.
② 증분 백업(Incremental Backup)은 마지막 풀 백업 이후 모든 변경분을 백업한다.
③ 차등 백업(Differential Backup)은 마지막 풀 백업 이후 변경된 모든 데이터를 누적해서 백업한다.
④ 스냅샷(Snapshot)은 특정 시점의 데이터 일부만 캡처하므로 복원이 불가능하다.

> 차등 백업은 마지막 풀 백업과 복원 시점까지 변경된 데이터를 누적해서 백업하는 방식이다.
>
> **오답 피하기**
> ① 풀 백업은 매번 전체 데이터를 백업한다.
> ② 증분 백업은 마지막 백업(풀 또는 증분) 이후 변경분만 저장한다.
> ④ 스냅샷(특정 시점 캡처)도 복원이 가능하다.

02 증분 백업을 활용한 복원 과정으로 올바른 것은?

① 가장 최근 증분 백업 하나만 복원하면 된다.
② 마지막 풀 백업과 모든 증분 백업을 순서대로 복원해야 한다.
③ 증분 백업은 누적 방식이므로 마지막 풀 백업과 가장 최신 증분만 복원한다.
④ 증분 백업은 풀 백업 없이도 복원이 가능하다.

> 마지막 풀 백업 + 증분1 + 증분2.. 순서대로 복원해야 한다.
>
> **오답 피하기**
> ① 증분 백업 하나만으로는 불가능하다.
> ③ 차등 백업에 대한 설명이다.
> ④ 증분 백업은 풀 백업이 없으면 복원이 불가능하다.

03 온프레미스 백업 시스템의 특징으로 옳지 <u>않은</u> 것은?

① 기업 내부에 백업 장비와 서버를 직접 구축한다.
② 인터넷 연결 없이도 데이터에 접근할 수 있다.
③ 초기 구축 비용과 유지보수 비용이 크다.
④ 자연재해 발생 시에도 안전하게 보장된다.

> 지진, 화재 등 재해 시 내부 장비가 손상될 수 있다.

04 하이브리드 백업 시스템에 대한 설명으로 옳은 것은?

① 클라우드만 사용하는 백업 방식이다.
② 온프레미스와 클라우드를 결합하여 빠른 복구와 안전성을 동시에 확보한다.
③ 관리가 단순하여 소규모 기업에만 적합하다.
④ 복구는 온프레미스에서만 가능하다.

> 하이브리드 백업시스템은 내부와 클라우드를 함께 활용한다.
>
> **오답 피하기**
> ① 클라우드 백업 방식이다.
> ③ 관리가 복잡하며 대규모 기업에서도 많이 사용한다.
> ④ 복구는 내부와 클라우드 모두 가능하다.

05 DR(Disaster Recovery) 시스템에서 Hot Site에 대한 설명으로 옳은 것은?

① 장비만 준비되어 있어 재해 발생 시 구축 시간이 오래 걸린다.
② 일부 장비와 데이터만 미리 준비되어 있어 복구 속도가 중간이다.
③ 실시간 동기화가 되어 있어 즉시 서비스 전환이 가능하다.
④ 비용은 저렴하지만 복구까지 시간이 오래 소요된다.

> Hot Site는 실시간 복제와 바로 서비스 전환이 가능하다.
>
> **오답 피하기**
> ①, ④ Cold Site
> ② Warm Site

정답 01 ③ 02 ② 03 ④ 04 ② 05 ③

SECTION 03 소스코드 형상관리

난이도 상 중 하
반복학습 1 2 3

빈출 태그 #소스코드형상관리 #CVCS #DVCS

01 소스코드 형상관리(Version Control)

1) 소스코드 형상관리의 개념
- 소스코드 변경 이력을 체계적으로 관리하는 것을 말한다.
- 코드 변경 이력을 기록/관리하여 협업과 오류 복원을 쉽게 하는 시스템이다.

> **더 알기 TIP**
>
> **형상관리(Version Control)**
> - 코드의 변경 이력(누가, 언제, 무엇을 왜 바꿨는지)을 저장하고 관리하는 시스템입니다.
> - 협업, 되돌리기(Rollback), 병합(Merge), 감사(Audit), 릴리스 관리가 목적입니다.

2) 소스코드 형상관리의 필요성
- 코드 변경 이력을 추적하고 되돌리기할 수 있다.
- 여러 개발자가 동시에 협업(작업)할 수 있도록 지원한다.
- 오류 발생 시 과거 버전으로 복원할 수 있다.
- 코드 품질과 유지보수성이 향상된다.

> **기적의 TIP**
>
> 릴리스란, 사용자가 실제로 사용할 수 있도록 소프트웨어를 내보내는 것을 의미합니다.

3) 소스코드 형상관리의 종류

로컬 버전 관리	• 개인 PC에서만 관리 • 대표 도구 : RCS
중앙집중식(CVCS)	• 중앙 서버에서 소스코드 관리 • 장점 : 단순 구조, 관리 용이 • 단점 : 서버 장애 시 전체 개발 중단 위험 • 대표 도구 : CVS, Subversion(SVN)
분산형(DVCS)	개발자 각자의 PC에 전체 이력 보관 • 장점 : 서버 없어도 로컬 작업 가능, 협업, 백업에 유리함 • 단점 : 구조 복잡, 초기 학습 필요 • 대표 도구 : Git, Mercurial

> **기적의 TIP**
>
> Git은 버전 관리 도구(프로그램)입니다.

4) 소스코드 형상관리 대표 도구

① Git
- 종류 : 분산 버전 관리 시스템(DVCS)
- 특징
  - 모든 개발자가 전체 이력(Repository)을 자신의 PC에 저장한다.
  - 인터넷/서버 연결 없이도 대부분 작업이 가능하다.
  - 브랜치/머지 기능이 강력 → 병렬 개발 및 협업에 유리하다.
  - GitHub, GitLab, Bitbucket 같은 원격 저장소 서비스와 함께 사용한다.
- 장점 : 빠름, 안정적, 협업에 강함, 오픈소스
- 단점 : 초보자가 배우기 어려움

> **기적의 TIP**
> GitHub는 Git 저장소를 공유/협업할 수 있는 원격 서비스입니다.

② SVN(Subversion)
- 종류 : 중앙집중식 버전 관리 시스템(CVCS)
- 특징
  - 중앙 서버에서 코드와 이력을 관리한다.
  - 개발자는 필요한 파일만 내려받아 작업한다.
  - 서버가 다운되면 작업 불가 (중앙 의존도 높음)
  - 과거 많은 기업에서 사용했으나 현재는 Git이 대세이다.
- 장점 : 구조 단순, 배우기 쉬움
- 단점 : 서버 의존도가 높아 안정성이 낮고, 협업 확장성이 부족함

➕ 더 알기 TIP

Git와 SVN 비교

구분	Git	SVN
구조	분산형(DVCS)	중앙집중형(CVCS)
저장 방식	모든 개발자가 전체 이력 보관	중앙 서버에 이력 보관
작업 방식	오프라인 작업 가능	서버 연결 필수
브랜치	가볍고 빠름	무겁고 상대적으로 느림
협업	대규모 협업 유리	소규모 팀에 적합
대표 서비스	GitHub, GitLab	없음 (자체 서버 구축)

02 주요 용어(Git 명령 기준)

저장소(Repository)	코드와 변경 이력을 저장하는 공간
커밋(Commit)	변경 내용을 기록하는 단위
브랜치(Branch)	독립된 작업 공간으로 하나의 프로젝트를 여러 갈래로 나누어 각자 따로 개발하다가 나중에 합칠 수 있는 기능
병합(Merge)	여러 브랜치의 작업을 합치는 것
푸시(Push)	로컬 → 원격 저장소로 전송
풀(Pull)	원격 저장소 → 로컬로 가져오기
생성(init)	저장소 생성

이론을 확인하는 기출문제

01 소스코드 형상관리의 주된 목적이 <u>아닌</u> 것은?

① 코드 변경 이력을 추적할 수 있다.
② 여러 개발자가 협업할 수 있다.
③ 과거 버전으로 되돌릴 수 있다.
④ 프로그램 실행 속도를 향상시킨다.

> SCM의 목적은 코드 변경 추적, 버전 관리, 협업 지원 등이며 프로그램 실행 속도와는 관련이 없다.

02 다음 중 분산 버전 관리 시스템(DVCS)에 해당하는 것은?

① CVS
② SVN
③ Git
④ RCS

> DVCS(Distributed Version Control System, 분산형 버전 관리 시스템)는 개발자 각자가 전체 저장소를 로컬로 가지고 있어 독립적으로 작업이 가능하다. Git이 대표적인 DVCS이다.
>
> **오답 피하기**
> CVS, SVN은 중앙집중식 버전 관리(CVCS)이다.

03 중앙 서버에 저장소를 두고, 개발자들이 서버에서 파일을 받아 사용하는 방식은?

① 로컬 버전 관리
② 중앙집중식 버전 관리(CVCS)
③ 분산 버전 관리(DVCS)
④ 클라우드 관리

> CVCS는 중앙 서버에서만 버전을 관리하며, 개발자들은 서버에서 최신 버전을 받아 작업한다.

04 Git에서 브랜치(Branch)의 특징으로 올바른 것은?

① 메인 코드와 완전히 분리되어 병합이 불가능하다.
② 독립적인 작업 공간을 제공하여 실험적 개발이 가능하다.
③ 코드 실행 속도를 높이는 기능이다.
④ 원격 저장소에서만 사용할 수 있다.

> 브랜치는 독립적인 작업 공간을 제공하여 기능 개발, 버그 수정 등 실험적 개발이 가능하고, 필요하면 메인 브랜치에 병합할 수 있다.

05 Git과 GitHub에 대한 설명으로 옳은 것은?

① Git은 버전 관리 서비스이고, GitHub은 버전 관리 도구이다.
② Git은 분산 버전 관리 도구이고, GitHub은 원격 저장소 서비스이다.
③ Git은 중앙집중식 관리 도구이고, GitHub은 분산 저장소 서비스이다.
④ Git은 형상관리와 관련이 없고, GitHub은 코드 실행을 위한 플랫폼이다.

Git은 로컬과 원격에서 버전 관리를 지원하는 분산 버전 관리 도구이고, GitHub은 Git을 기반으로 한 원격 저장소 및 협업 서비스이다.

06 소스코드 형상관리의 주요 기능으로 옳지 않은 것은?

① 버전 관리
② 변경 이력 추적
③ 코드 자동 최적화
④ 협업 지원

형상관리는 '변경 이력 관리, 버전 관리, 협업, 복원'을 지원하지만, 코드 성능 최적화는 하지 않는다.

07 다음 중 중앙집중식 형상관리 도구는?

① Git
② SVN
③ Mercurial
④ Bitbucket

SVN(Subversion)은 중앙집중식(Centralized VCS)이다.

오답 피하기
①, ③ 분산형(Distributed VCS)
④ Git 호스팅 서비스

08 형상관리에서 브랜치(Branch)를 사용하는 주된 이유는?

① 저장소 용량을 줄이기 위해서
② 여러 작업을 동시에 독립적으로 수행하기 위해서
③ 원격 저장소와 동기화하기 위해서
④ 실행 속도를 높이기 위해서

브랜치는 독립된 작업 공간을 제공하여 새로운 기능 개발, 버그 수정 등을 동시에 진행할 수 있다.

09 다음 중 소스코드 형상관리를 사용하는 이유로 가장 적절한 것은?

① 자동 배포를 위해서
② 개발 속도를 무조건 빠르게 하기 위해서
③ 코드 변경 이력을 체계적으로 관리하기 위해서
④ 코드 최적화를 자동화하기 위해서

형상관리의 본질적 목적은 변경 이력 관리와 협업 지원이다.

오답 피하기
자동 배포/최적화는 CI/CD나 다른 도구의 역할이다.

10 다음 중 Git의 주요 명령어와 설명이 잘못 연결된 것은?

① git init - 저장소 생성
② git commit - 스테이징 영역의 변경 사항 기록
③ git push - 원격 저장소에서 코드 가져오기
④ git merge - 브랜치 병합

• git push는 로컬 코드를 원격 저장소에 업로드하는 명령어이다. 원격 저장소에서 코드 가져오는 것은 git pull 또는 git fetch이다.
• git pull은 가져오기+병합, git fetch는 가져오기만 수행한다.

자격증은 이기적!

합격입니다.

 이기적 강의는 무조건 0원!
이기적 영진닷컴

공부하다가 궁금한 사항은?
이기적 스터디 카페

이렇게
기막힌
적중률

프로그래밍기능사
필기 기본서

"이" 한 권으로 합격의 "기적"을 경험하세요!

차례

대표 기출 70선

대표 기출 70선	2-4

기출 예상문제

기출 예상문제 01회	2-20
기출 예상문제 02회	2-29
기출 예상문제 03회	2-39
기출 예상문제 04회	2-48
기출 예상문제 05회	2-58

기출 예상문제 정답 & 해설

기출 예상문제 01회 정답 & 해설	2-71
기출 예상문제 02회 정답 & 해설	2-74
기출 예상문제 03회 정답 & 해설	2-78
기출 예상문제 04회 정답 & 해설	2-81
기출 예상문제 05회 정답 & 해설	2-85

대표 기출 70선

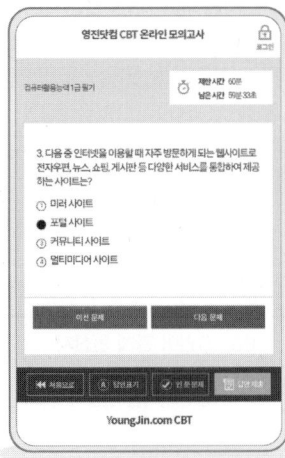
 ◀ 접속

CBT 온라인 문제집
① QR 코드 찍기(PC는 홈페이지 접속)
② 랜덤 모의고사 무료 응시
③ 풀이 후 자동 채점
④ 해설 즉시 확인 가능

대표 기출 70선

참고 파트01-챕터01-섹션01

01 | C언어 표준 입출력 함수

- getchar( ) : 한 문자 입력
- gets( ) : 문자열 입력
- putchar( ) : 한 문자 출력
- puts( ) : 문자열 출력

C언어에서 한 문자를 출력할 때 사용하는 함수는?

① gets( )   ② puts( )
③ getchar( )   ④ putchar( )

한 문자를 출력할 때 사용하는 함수는 putchar()이다.

참고 파트01-챕터01-섹션01

02 | 자료형의 크기

- int : 정수형, 4byte
- float : 실수형, 4byte
- double : 실숫형, 8byte
- char : 문자형, 1byte

C언어에서 printf("%d", sizeof(char));의 출력 결과는?

① 1   ② 2
③ 4   ④ 8

char형의 크기는 1byte이다.

참고 파트01-챕터01-섹션01

03 | C언어 변수 규칙

- 영문자, 숫자, 밑줄로 첫 글자는 반드시 영문자나 밑줄로 시작한다.
- 공백이나 특수문자(* + - / 등), 예약어를 사용할 수 없다.

다음 중 C언어의 변수 이름으로 사용할 수 있는 것은?

① 9score   ② nine_Score
③ nine Score   ④ for

C언어에서 변수명은 숫자로 시작할 수 없고, 예약어를 단독으로 사용하거나 변수명 중간에 공백이 삽입될 수 없다.

참고 파트01-챕터01-섹션01

04 | C언어 확장 문자(이스케이프 시퀀스)

- \n : 다음 줄 처음으로 이동
- \t : 일정 간격 이동
- \b : 커서를 왼쪽으로 한 칸 이동
- \r : 현재 줄 처음으로 이동
- \0 : Null 문자 출력
- \a : 벨소리(비프음) 발생

C언어에서 이스케이프 시퀀스 중 다음 줄 처음으로 이동하는 것은?

① \n   ② \r
③ \b   ④ \t

\n은 '엔터(n터)'라고 기억하고 '한 줄 바꿈'이라고 외우면 된다.

참고 파트01-챕터01-섹션02

05 | C언어 사칙 연산자와 모듈러스 연산자

덧셈(+), 뺄셈(-), 곱셈(*), 나눗셈(/), 나머지(%)

C언어에서 나머지 연산을 수행하며, 반드시 정수를 사용해야 하는 연산자는?

① %   ② /
③ *   ④ +

- C언어에서 나머지 연산(%)은 반드시 정수를 사용해야 한다.
- 실수를 사용하려면 math.h 라이브러리의 fmod() 함수를 사용해야 한다.

참고 파트01-챕터01-섹션02

06 | C언어 관계 연산자

==(같다), !=(같지 않다, 다르다), >(크다), <(작다), >=(이상), <=(이하)

C언어의 관계 연산자 중 "A와 B가 같다"를 의미하는 것은?

① A = B   ② A == B
③ A != B   ④ A === B

C언어 관계 연산자에서 같다는 ==, 같지 않다는 !=이다.

정답 01 ④ 02 ① 03 ② 04 ① 05 ① 06 ②

참고 파트01-챕터01-섹션02

07 | C언어 증감 연산자

- ++(1 증가), --(1 감소)
- 연산자가 왼쪽에 위치하면 연산 전 증감, 오른쪽에 위치하면 연산 후 증감

다음 C언어 코드의 출력 결과는?

```
int num1=10, num2=10;
int a = num1++;
int b = --num2;
printf("%d", a+b);}
```

① 19 ② 20
③ 21 ④ 22

10인 num1을 a에 주고 1 증가, 10인 num2에 1 감소시킨 9를 b에 준다.

참고 파트01-챕터01-섹션03

08 | C언어 비트 연산자

&(and), |(or), ^(xor), ~(not), 〈〈(왼쪽 시프트), 〉〉(오른쪽 시프트)

두 개의 조건 중에서 하나씩만 참일 때 참이 되는 비트 연산자는?

① | ② &
③ ~ ④ ^

둘 중에 하나만 1인 경우 1이 되는 연산은 xor(^)이다.

참고 파트01-챕터01-섹션03

09 | C언어 삼항 연산자

조건? 참 : 거짓

다음 C언어 코드의 출력 결과는?

```
int min, x=1, y=2;
min = x < y? x : y;
printf("%d", min);
```

① 1 ② 2
③ 0 ④ -1

1인 x가 2인 y보다 작으므로 min은 1인 x가 된다.

참고 파트01-챕터01-섹션04

10 | 구조적 프로그램의 특징

구조적 프로그램은 가독성이 좋으며 개발 및 유지보수가 쉽고, 프로그래밍에 대한 규칙을 제공하여 투자되는 노력과 시간이 감소되어 프로그램의 신뢰성이 향상된다.

구조적 프로그래밍의 특징으로 가장 적절한 것은?

① goto 문을 적극적으로 활용한다.
② Top-Down 방식을 사용한다.
③ 클래스와 객체를 활용한다.
④ 비선형적인 제어 흐름을 허용한다.

구조적 프로그래밍은 Top-Down 방식을 사용하여 goto를 배제하고 제어 구조를 단순화한다.

참고 파트01-챕터01-섹션05

11 | 반복문 while, do~while

- while은 참일 때만 반복하고, do~while은 한 번은 무조건 반복한다.
- while의 무한루프는 while(1)이다.

C언어에서 while 문과 do~while 문의 차이점으로 옳은 것은?

① while은 최소 1번은 반드시 실행된다.
② do~while은 조건이 거짓이면 한 번도 실행되지 않는다.
③ while은 조건 검사 후 실행하고, do~while은 실행 후 조건을 검사한다.
④ 두 문법은 완전히 동일하게 동작한다.

while은 조건이 참이면 실행하고, do~while은 일단 한 번 실행한 후 조건을 확인하여 반복 실행 여부를 결정한다.

정답 07 ① 08 ④ 09 ① 10 ② 11 ③

참고 파트01-챕터01-섹션06

12 | 반복문 for, break, continue

- for(시작 ; 조건 ; 증감) : 조건이 참일 때까지 반복한다.
- for의 무한루프는 for(; ;)이다.
- break : 반복문을 빠져나올 때 사용한다.
- continue : 다음 반복으로 넘어갈 때 사용한다.

다음 C언어 코드의 출력 결과는?

```
int i;
for (i=0; i<5; i++) {
    if (i == 2) break;
    printf("%d ", i);
}
```

① 0 1 2 3 4   ② 0 1 3 4
③ 1 2 3 4   ④ 0 1

i는 2일 때 break를 만나 반복문을 탈출한다.

참고 파트01-챕터01-섹션07

14 | 배열

- 배열의 요소는 0부터 시작한다. 예 a[5]는 a[0]~a[4]까지 5칸으로 이루어짐
- 2차원 배열 : 배열명[행의 개수][열의 개수]

아래 C언어 코드의 출력 결과는?

```
int arr[2][3] = {
    {1, 2, 3},
    {4, 5, 6}
};
printf("%d", arr[1][1]);
```

① 3   ② 4
③ 5   ④ 6

arr[1][1] : 두 번째 행, 두 번째 열에 있는 값(5)을 의미한다.

참고 파트01-챕터01-섹션07

13 | 문자열 배열, 문자열 함수

- 문자열 배열은 문자 배열보다 1byte의 널 문자(\0)를 포함한다. 널 문자는 문자열의 끝을 표현하여 실제 문자열의 경계를 나타내기 위해 사용된다.
- 문자열 함수 : strlen(문자열 길이), strncpy(문자열 일부 복사), strcat(문자열 이어 붙이기), strcmp(문자열의 크기 비교, 같으면 0, 작으면 음수, 크면 양수)

strlen("Hello")의 반환 값은?

① 4   ② 5
③ 6   ④ 0

strlen()은 문자열의 길이를 반환하는 명령이지만, 널 문자('\0')는 개수에 포함하지 않는다.

참고 파트01-챕터01-섹션08

15 | 포인터

- 포인터 변수를 선언할 때는 자료형을 먼저 쓰고 변수명 앞에 *를 붙인다.
- 포인터 변수에 *를 붙이면 해당 포인터 변수가 가리키는 곳에 있는 값을 의미한다.

다음 C언어가 실행되었을 때의 결과는?

```
#include <stdio.h>
int main() {
㉠    int code = 10;
㉡    int *p = &code;
㉢    printf("%d ", (*p)++);
㉣    printf("%d", code);
}
```

① 10 10   ② 11 11
③ 10 11   ④ 11 10

㉠ 정수형 변수 code에 10을 넣는다.
㉡ 포인터 변수 p에 code 변수의 주소를 넣는다.
㉢ 포인터 변수 p가 지정한 곳(code)에 있는 10을 출력한 후 1 증가한다.
㉣ 1 증가된 code에 저장된 11을 출력한다.

정답 12 ④ 13 ② 14 ③ 15 ③

참고 파트01-챕터01-섹션09

16 | C언어 함수, 사용자 함수

- Call by Value는 실제 값이 전달, Call by Reference는 매개변수의 주소가 전달된다.
- 반환 값이 없을 때는 함수 선언할 때 void를 사용한다.

다음 C언어가 실행되었을 때의 결과는?

```
#include <stdio.h>
int add(int x) {
    return x + x;
}
int main() {
    printf("%d", add(5));
    return 0;
}
```

① 5
② 10
③ 25
④ 0

printf("%d", add(5)); //5를 들고 add 함수에 가서 전해준다.
return x + x; //5+5의 결과 10을 호출한 곳으로 가져간다.

참고 파트01-챕터02-섹션01

17 | 객체지향 프로그램 종류

객체지향 프로그래밍 언어의 종류로는 JAVA, C++, Smalltalk 등이 있다.

다음 중 캡슐화, 추상화, 상속성 등의 특징을 갖는 객체지향 언어는?

① JAVA
② COBOL
③ C
④ FORTRAN

C, COBOL, FORTRAN은 절차적 프로그래밍 언어이다.

참고 파트01-챕터02-섹션01

18 | 객체지향 프로그래밍 언어의 특징

- 캡슐화 : 데이터와 함수를 하나로 묶는 것을 의미하며, 객체의 세부 내용이 외부에 은닉되어 변경이 발생할 때 오류의 파급 효과가 적다.
- 추상화 : 불필요한 부분을 생략하고 가장 중요한 것에만 중점을 두어 모델화 하는 것이다.
- 상속 : 이미 정의된 상위(부모) 클래스의 속성과 연산을 하위(자식) 클래스가 물려받는 것이다.
- 다형성 : 메시지에 의해 객체(클래스)가 연산을 수행하게 될 때 하나의 메시지에 대해 각 객체(클래스)가 가지고 있는 고유한 방법(특성)으로 응답할 수 있는 능력을 의미한다.

객체지향 언어의 특징에서 이미 정의되어 있는 상위 클래스(슈퍼 클래스, 부모 클래스)의 메서드를 비롯한 모든 속성을 하위 클래스가 물려받는 것을 무엇이라고 하는가?

① 다형성(Polymorphism)
② 상속성(Inheritance)
③ 추상화(Abstraction)
④ 캡슐화(Encapsulation)

이미 정의된 상위 클래스의 속성과 연산을 하위 클래스가 물려받는 것을 상속이라고 한다.

참고 파트01-챕터02-섹션03

19 | length()와 length의 차이

arr.length는 배열의 길이, str.length( )는 문자열의 길이를 나타낸다.

```
int[] arr = {10, 20, 30, 40};
System.out.println(arr.length);
                        // 출력 : 4
String str = "Hello";
System.out.println(str.length());
                        // 출력 : 5
```

배열의 길이를 구하는 올바른 메서드는?

① arr.size( )
② arr.length
③ arr.length( )
④ arr.count( )

배열의 길이는 arr.length로 구할 수 있다.

참고 파트01-챕터02-섹션03

20 | 문자열 함수, substring, charAt, indexOf

- charAt(인덱스 번호) : 인덱스 위치의 문자
- indexOf(문자) : 문자가 위치한 인덱스 번호
- toCharArray : 문자 배열로 변환
- substring(시작, 끝) : 시작부터 끝-1 위치까지 문자열 추출
- split(문자) : 해당 문자를 기준으로 분리

다음 Java 코드의 출력 결과로 옳은 것은?

```
String str="wow wonderful!!";
System.out.print(str.charAt(5));
System.out.print(str.indexOf('d'));
System.out.print(str.substring(4,7));
```

① w8ond ② o7won
③ o6ond ④ w7won

- str.charAt(5) : 인덱스 5 위치에 값 'o'
- str.indexOf('d') : 'd'가 처음 나오는 인덱스 번호 '7'
- str.substring(4,7) : 인덱스 4 위치부터 (7-1) 위치까지 'won'

참고 파트01-챕터02-섹션03

21 | 문자열 함수, equals

- equals( ) : 문자열 내용이 같은지 비교한다(대소문자 구분).
- equalsIgnoreCase( ) : 대소문자 구분 없이 비교

"java".equals("Java")의 결과는?

① true ② false
③ 컴파일 오류 ④ 런타임 오류

"java".equals("Java")는 대소문자를 구분하여 비교하므로 false이다.

참고 파트01-챕터02-섹션03

22 | JAVA 배열

int[] arr = new int[5];
//첨자가 5개인 배열을 arr 이름의 정수형 배열로 생성

다음 중 배열 선언과 생성이 올바른 것은?

① int arr = new int[10];
② int[] arr = new int[10];
③ int[10] arr = new int;
④ int arr( ) = new int[10];

- 배열 선언은 "자료형[] 변수명 = new 자료형[크기];" 형태로 작성한다.
- int arr[] = new int[10];도 정답이 될 수 있다.

참고 파트02-챕터01-섹션01

23 | OSI 7계층

물데네전세표응 : 물리-데이터 링크-네트워크-전송-세션-표현-응용

OSI 참조 모델의 최상위 계층은?

① 물리 계층(Physical Layer)
② 전송 계층(Transport Layer)
③ 응용 계층(Application Layer)
④ 표현 계층(Presentation Layer)

물리-데이터 링크-네트워크-전송-세션-표현-응용

참고 파트02-챕터01-섹션01

24 | OSI 7계층 계층별 특징

- 물리 : 기계적, 전기적, 절차적 특성을 정의한 계층
- 데이터 링크 : 두 개의 인접한 개방 시스템 간에 신뢰성 있고 효율적인 정보 전송을 할 수 있도록 하는 계층
- 네트워크 : 최적의 경로를 선택하도록 지원, 개방 시스템 간의 네트워크 연결을 관리하는 기능과 데이터의 교환 및 중계 기능을 함
- 전송 : 종단 시스템(End to End) 간에 투명하고 신뢰성 있는 데이터 전송을 가능하게 함
- 세션 : 두 이용자 사이의 연결을 의미, 관련성을 유지하고 대화 제어를 담당하는 계층
- 표현 : 코드 문자 등의 암호화, 압축, 코드 변환, 구문 검색 기능을 수행
- 응용 : 사용자가 OSI 환경에 접근할 수 있도록 서비스를 제공

OSI 7계층에서 데이터의 암호화, 압축, 코드 변환, 구문 검색 기능을 수행하는 계층은?

① 물리 계층(Physical Layer)
② 전송 계층(Transport Layer)
③ 응용 계층(Application Layer)
④ 표현 계층(Presentation Layer)

암호화, 압축, 코드 변환, 구문 검색 기능을 수행하는 계층은 표현 계층이다.

참고 파트02-챕터01-섹션01

25 | OSI 7계층 계층별 전송 단위

- 물리(비트), 데이터 링크(프레임), 네트워크(패킷), 전송(TCP-세그먼트, UDP-데이터그램)
- 세션, 표현, 응용은 데이터(Data) 단위 전송

OSI 7계층에서 데이터 링크 계층의 전송되는 데이터 단위는 무엇인가?

① 비트   ② 패킷
③ 세그먼트   ④ 프레임

데이터 링크 계층의 전송 단위는 프레임이다.

참고 파트02-챕터01-섹션02

26 | 프로토콜, 응용 계층 프로토콜, SNMP

- 프로토콜 : 데이터의 송수신을 위해 필요한 일련의 통신 규칙 (구문, 의미, 순서)
- 응용 계층 : SMTP(메일 송신, 수신은 POP3), DNS(도메인을 IP로 상호 변환), DHCP(동적 주소 할당), SNMP(네트워크 관리), FTP(파일 전송)

네트워크에서 호스트나 라우터, 다른 컴퓨터 장치들을 감시하고 관리하기 위한 목적으로 사용되는 응용 계층 프로토콜은?

① FTP   ② SNMP
③ POP3   ④ ICMP

네트워크 관리 프로토콜은 SNMP이다.

참고 파트02-챕터01-섹션02

27 | 네트워크 계층 프로토콜, ICMP, PING

네트워크 계층 : IP(패킷 단위), ARP(IP를 MAC 주소로 변환, 반대는 RARP), ICMP(네트워크 진단을 위한 PING 명령으로 오류 발생 유무를 알리는 기능을 수행)

네트워크 계층에 속하며, PING 유틸리티의 구현을 통해 오류가 발생했음을 알리는 기능을 수행하는 프로토콜은?

① SNMP   ② ARP
③ IP   ④ ICMP

PING은 네트워크의 연결 상태와 정상 작동 여부를 확인하는 명령어이다.

정답 24 ④ 25 ④ 26 ② 27 ④

28 | 전송 계층 프로토콜, TCP, UDP

전송 계층 : TCP(연결형, 신뢰성), UDP(비연결형, 빠름)

TCP와 UDP는 OSI 7계층 중 어디에 속하는가?
① 네트워크 계층　② 전송 계층
③ 응용 계층　　　④ 물리 계층

TCP와 UDP는 전송 계층에 속한다.

29 | TCP/IP 계층

TCP/IP 계층 : 네트워크 인터페이스 계층-인터넷 계층-전송 계층-응용 계층

OSI 7계층의 네트워크 계층에 해당하는 TCP/IP 계층은?
① 전송 계층
② 네트워크 인터페이스 계층
③ 인터넷 계층
④ 응용 계층

- OSI 7계층의 물리, 데이터 링크 계층은 네트워크 인터페이스 계층이다.
- 네트워크 계층은 인터넷 계층, 전송 계층은 전송 계층이다.
- 세션, 표현, 응용 계층은 TCP/IP 계층의 응용 계층이다.

30 | IP주소, IPv4, IPv6

- IPv4 : 8비트씩 .(점)으로 4개의 부분으로 총 32비트로 구성 (A~E 클래스)
- IPv6 : 128비트로, 16비트씩 8부분으로 구분, 유니캐스트, 멀티캐스트, 애니캐스트

IPv4의 문제점인 인터넷 주소 부족 문제를 해결하기 위해 개발된 IPv6은 몇 비트의 주소를 사용하는가?
① 32비트　　② 64비트
③ 128비트　 ④ 256비트

IPv6은 16비트씩 8개 부분을 :(콜론)으로 구분한다.

31 | DBMS, DBMS 필수 기능

- DBMS : 데이터의 종속성과 중복성을 해결하기 위해 제안된 시스템으로 모든 응용 프로그램들이 데이터베이스를 공유할 수 있도록 운영하고 관리해 주는 소프트웨어 시스템
- DBMS 필수 기능 : 정의, 조작, 제어

DBMS의 필수 기능에 해당하지 않는 것은?
① 정의 기능　② 조작 기능
③ 제어 기능　④ 관리 기능

DBMS 필수 기능은 정의, 조작, 제어 기능이다.

32 | 데이터베이스 관리자(DBA)

DBMS에 표현하고 관리하는 목적으로 데이터베이스를 접근하여, 데이터베이스 시스템의 관리 운영에 대한 책임을 지고 있는 사람이나 집단

데이터베이스 시스템의 관리를 목적으로 데이터베이스에 접근하여 데이터베이스 시스템의 관리와 운영에 책임을 지는 사람 또는 집단은?
① 데이터베이스 관리자
② 일반 사용자
③ 응용 프로그래머
④ 시스템 개발자

데이터베이스 관리와 운영에 책임을 지는 사람은 DBA이다.

33 | 스키마(Schema)

데이터베이스의 논리적 구조를 정의한 것으로 서브 스키마, 뷰의 정의라고도 하며 외부, 내부, 개념 스키마가 있다.

다음 중 스키마(Schema)의 종류에 해당하지 않는 것은?
① 외부 스키마　② 내부 스키마
③ 개념 스키마　④ 가상 스키마

스키마 : 외부, 내부, 개념 스키마

정답 28 ② 29 ③ 30 ③ 31 ④ 32 ① 33 ④

참고 파트02-챕터02-섹션03

34 | 기본키, 슈퍼키, 대체키, 외래키

- 키 : 후보키(기본키가 될 수 있는 키), 기본키(후보키 중 대표), 대체키(기본키를 제외한 나머지 후보키), 슈퍼키(속성의 집합으로 유일성은 만족하지만, 최소성은 만족 못함)
- 외래키 : 릴레이션 R1의 기본키의 값들을 참고하는 다른 릴레이션 R2의 한 속성임

튜플을 유일하게 구분할 수 있는 속성 또는 속성들의 집합으로 기본키로 사용할 수 있는 속성들을 무엇이라 하는가?

① 슈퍼키   ② 기본키
③ 대체키   ④ 후보키

기본키가 될 수 있는 키의 집합을 후보키라고 한다.

참고 파트02-챕터02-섹션02

35 | E-R 모델 기호

사각형(개체), 마름모(관계), 타원(속성), 밑줄 타원(기본키)

개체-관계 모델(E-R Model)에서 속성을 나타내는 도형은?

① 사각형   ② 타원
③ 마름모   ④ 선

속성은 타원, 사각형은 개체, 관계는 마름모로 표현한다.

참고 파트02-챕터02-섹션02

36 | 데이터 모델

- 관계형 모델 : 표 형태로 구조가 단순하고 사용이 편리하여 가장 많이 사용됨
- 망형(네트워크) 모델 : 그래프 형태로 표현하며 레코드 타입 간 관계를 도형으로 표현
- 계층형 모델 : 트리구조를 이용해서 데이터 상호 관계를 계층적으로 정의한 구조

그래프 형태로 표현하며 데이터 상호관계를 상위와 하위 레코드로 이루어져 있고 다대다(N:M)의 대응 관계로 이루어진 데이터 모델은 무엇인가?

① 네트워크 데이터 모델
② 객체 데이터 모델
③ 관계 데이터 모델
④ 계층 데이터 모델

그래프로 표현하고 다대다 관계를 가지는 데이터 모델은 네트워크(망형) 데이터 모델이다.

참고 파트02-챕터02-섹션03

37 | 릴레이션, 튜플, 카디널리티

- 릴레이션 : 데이터들을 표(Table)의 형태로 표현한 것으로 2차원 구조를 나타냄
- 튜플 : 속성의 모임으로 각각의 행을 말함(튜플의 수 = 카디널리티, 기수)

관계형 데이터베이스에서 릴레이션을 구성하는 속성의 모임으로 구성되며 각각의 행을 의미하는 것은?

① 도메인(Domain)
② 튜플(Tuple)
③ 카디널리티(Cardinality)
④ 차수(Degree)

행, 레코드를 의미하는 것은 튜플이다.

정답 34 ④ 35 ② 36 ① 37 ②

참고 파트02-챕터02-섹션03

38 | 속성, 디그리, 도메인

- 속성 : 가장 작은 논리적 단위로 항목, 필드에 해당(속성의 수 = 디그리, 차수)
- 도메인 : 속성의 범위, 속성이 취할 수 있는 원자값들의 집합

릴레이션(Relation)들 간의 관계를 표현할 때 릴레이션(Relation)이 가질 수 있는 속성의 개수를 의미하는 것은?

① 기수(Cardinality)
② 도메인(Domain)
③ 속성(Attribute)
④ 차수(Degree)

속성(필드)의 개수는 디그리(차수)이며, 튜플의 개수는 카디널리티(기수)이다.

참고 파트02-챕터02-섹션04

40 | 이상 현상(Anomaly)

- 데이터를 부적절하게 구조화했을 때 발생하는 일련의 문제
- 이상 현상의 종류
  - 삽입 이상 : 필요한 데이터를 넣으려면 관계없는 값까지 억지로 같이 넣어야 하거나, 일부 정보를 아예 넣을 수 없음
  - 삭제 이상 : 특정 행을 지우다 의도치 않은 정보까지 함께 소실
  - 갱신 이상 : 중복된 동일 정보가 여러 행에 퍼져 있어 한 곳만 수정하면 불일치 발생

새로운 데이터를 추가할 때, 필요 이상의 정보를 제공해야 하거나 원하지 않는 정보까지 입력해야 하는 경우 발생하는 아노말리(Anomaly) 현상은?

① 갱신 이상
② 삭제 이상
③ 삽입 이상
④ 관계 이상

이상 현상에는 삽입, 삭제, 갱신이 있다.

참고 파트02-챕터02-섹션04

39 | 개체 무결성, 참조 무결성, 도메인 무결성

- 개체 무결성 : 기본키가 널(Null)일 수 없다.
- 참조 무결성 : 참조할 수 없는 외래키 값을 가질 수 없다.
- 도메인 무결성 : 특정 속성의 값들은 도메인에 속한 값이어야 한다.

릴레이션은 참조할 수 없는 외래키 값을 가질 수 없음을 의미하는 무결성 조건은?

① 참조 무결성 제약 조건
② 도메인 무결성 제약 조건
③ 개체 무결성 제약 조건
④ 주소 무결성 제약 조건

외래키와 관련된 무결성 제약 조건은 참조 무결성 제약 조건이다.

참고 파트02-챕터02-섹션04

41 | 정규화

- 정규화 : 함수적 종속 관계를 이용하여 데이터베이스 구조를 안정화시키는 작업
- 정규화 과정 : 도부이결다조
  - 도 : 도메인이 원자값(1정규형 만들기)
  - 부 : 부분적 함수 종속 제거(1에서 2정규형)
  - 이 : 이행적 함수 종속 제거(2에서 3정규형)
  - 결 : 결정자이면서 후보키가 아닌 것 제거(3에서 BCNF)
  - 다 : 다치 종속 제거(BCNF에서 4정규형)
  - 조 : 조인 종속성 이용(4에서 5정규형)

모든 컬럼은 부분적 종속(Partial Dependency)이 없어야 한다. 즉 모든 칼럼은 완전 함수 종속을 만족해야 하는 정규형은?

① 제1정규형
② 제2정규형
③ 제3정규형
④ 비정규 릴레이션

제1정규형을 만족하고 모든 칼럼은 부분적 종속이 없어야 하는 정규형은 제2정규형이다.

참고 파트02-챕터02-섹션05

42 | 자료구조, 선형, 비선형

- 선형 : 배열, 스택, 큐, 데크
- 비선형 : 트리, 그래프

다음 중 비선형 자료 구조에 해당하는 것은?
① 리스트(List) ② 큐(Queue)
③ 데크(Deque) ④ 그래프(Graph)

비선형 자료 구조는 트리와 그래프만 있습니다.

참고 파트02-챕터02-섹션05

43 | 스택, 큐, 데크

- 스택(후입선출, LIFO), 큐(선입선출, FIFO), 데크(삽입/삭제가 양쪽 끝에서 모두 가능)
- 그래프 : 무방향(n*(n-1)/2), 방향(n*(n-1))

가장 먼저 삽입된 자료가 가장 먼저 삭제되는 선입선출(FIFO) 방식으로 자료를 처리하는 자료 구조는?
① 큐(Queue) ② 그래프(Graph)
③ 스택(Stack) ④ 트리(Tree)

선입선출(FIFO) 방식으로 자료를 처리하는 자료 구조는 큐(Queue)이다.

참고 파트03-챕터01-섹션01

44 | 시스템 카탈로그, 메타 데이터

- 카탈로그 : 시스템 그 자체에 관련이 있는 다양한 객체에 관한 정보를 포함하는 시스템 데이터베이스로써 좁은 의미로는 자료사전이라 함
- 메타 데이터 : 데이터 관리를 위한 데이터, 즉 데이터를 위한 데이터

다음 중 시스템 카탈로그에 대한 설명으로 옳지 않은 것은?
① 데이터베이스에서 SQL 실행을 위해 필요한 데이터 사전(Data Dictionary)이다.
② 카탈로그에 저장된 정보를 메타데이터(Meta-Data)라고 한다.
③ 시스템 그 자체에 관련이 있는 다양한 객체에 관한 정보를 포함하는 시스템 데이터베이스이다.
④ 사용자가 직접 수정할 수 있는 데이터 파일이다.

시스템 카탈로그는 일반 사용자가 검색할 수 있지만 수정할 수는 없다.

참고 파트03-챕터01-섹션01

45 | 트랜잭션

- 트랜잭션 : 데이터베이스에서 하나의 논리적 기능을 수행하기 위한 작업의 단위
- 트랜잭션 특징 : 원자성, 일관성, 격리성(독립성), 영속성(지속성)

다음 중 트랜잭션의 특징이 아닌 것은?
① 갱신성(Update)
② 원자성(Atomicity)
③ 일관성(Consistency)
④ 지속성(Durability)

트랜잭션은 원자성, 일관성, 격리성(독립성), 영속성의 특징을 가진다.

참고 파트03-챕터01-섹션01

46 | 인덱스(INDEX)

데이터들을 보다 효율적으로 관리하고 빠르게 검색할 수 있도록 데이터의 위치 정보와 관련지어 유지하는 정보

데이터들을 보다 효율적으로 관리하고 빠르게 검색할 수 있도록 데이터의 위치 정보와 관련지어 유지하는 정보를 무엇이라고 하는가?
① 트랜잭션 ② 시스템 카탈로그
③ 인덱스 ④ 뷰

인덱스는 데이터를 효율적으로 관리하고 빠르게 검색할 수 있도록 데이터의 위치 정보를 유지한다.

참고 파트03-챕터01-섹션02

47 | 순수 관계 연산자, 일반 집합 연산자

- 순수 관계 연산자 : Select(σ), Project(π), Join(⋈), Division(÷)
- 일반 집합 연산자 : 합집합(∪), 교집합(∩), 차집합(-), 교차곱(×)

다음 중 집합 연산자의 기호가 아닌 것은?
① ∪ ② ∩
③ ⋈ ④ ×

⋈는 순수 관계 연산자의 Join 기호이다.

정답 42 ④ 43 ① 44 ④ 45 ① 46 ③ 47 ③

48 | DDL(데이터 정의어)

DDL : CREATE(테이블 생성), DROP(테이블 삭제), ALTER(테이블 수정)

SQL의 데이터 정의어(DDL)에 속하지 않는 것은?

① CREATE ② DROP
③ GRANT   ④ ALTER

GRANT는 권한을 부여하는 데이터 제어어(DCL)이다.

49 | CREATE

- UNIQUE : CREATE 문에서 중복 값이 없는 속성으로 테이블, 인덱스, 뷰를 생성한다.
- RESTRICT : 다른 곳에서 참조하고 있으면 제거가 취소된다.

CREATE 문에서 중복을 제거하기 위해 사용하는 명령어는?

① SELECT   ② UNIQUE
③ DISTINCT ④ DELETE

CREATE 문에서 중복 값이 없는 속성으로 테이블, 인덱스, 뷰를 생성하는 명령은 UNIQUE이다.

50 | CASCADE

CASCADE : 참조하는 다른 테이블, 인덱스, 뷰 등의 자료를 모두 제거한다.

DROP 문에서 참조하고 있는 모든 데이터도 연쇄적으로 제거하는 명령은?

① RESTRICT ② CASCADE
③ DELETE   ④ ROLLBACK

CASCADE는 참조하는 모든 개체를 한꺼번에 제거하는 명령어이다.

51 | DML, SELECT

DML : SELECT(검색), INSERT(튜플 추가), UPDATE(갱신)

학생 테이블에서 점수가 80 이상인 자료의 이름을 검색하는 SQL문으로 옳은 것은?

① SELECT 학생 FROM 이름 WHERE 점수 >= 80;
② SELECT 이름 FROM 학생 WHERE 점수 >= 80;
③ SELECT 이름 FROM 학생 HAVING 점수 >= 80;
④ SELECT 학생 FROM 이름 HAVING 점수 >= 80;

SELECT 필드명 FROM 테이블명 WHERE 조건;

52 | DISTINCT

DISTINCT : 검색문에서 중복되지 않도록 검색하는 명령

SELECT문에서 검색 결과에 대한 레코드의 중복을 제거하기 위해 사용하는 명령은?

① UNIQUE   ② DESC
③ DISTINCT ④ DELETE

검색 결과에 대한 중복을 제거하는 명령은 DISTINCT이다.

53 | GROUP BY ~ HAVING

- GROUP BY 필드 이름 HAVING 그룹 조건식
- 집단함수 : SUM(합계), AVG(평균), COUNT(개수), MAX(최대값), MIN(최소값)

GROUP BY 절에서 조건을 지정하는 명령은?

① HAVING ② UNION
③ WHERE ④ JOIN

GROUP BY 절에서 조건을 지정하는 명령은 HAVING이다.

정답 48 ③ 49 ② 50 ② 51 ② 52 ③ 53 ①

> 참고 | 파트03-챕터01-섹션05

54 | DCL

DCL : GRANT(권한 부여), REVOKE(권한 해제), COMMIT(연산 결과 저장, 정상 완료됨), ROLLBACK(원래 상태로 되돌림)

데이터베이스 제어어(DCL)에 해당하지 않는 것은?

① GRANT
② REVOKE
③ COMMIT
④ DROP

DROP은 DDL(데이터 정의어)이다.

> 참고 | 파트03-챕터01-섹션07

55 | 조인, INNER JOIN, LEFT OUTER JOIN

- INNER JOIN : 조건에 만족하는 튜플만 표시함
- LEFT OUTER JOIN : 왼쪽은 모두 표시하고 오른쪽은 관련이 있는 튜플만 표시함

다음 중 조인(join)에 대한 설명으로 옳지 못한 것은?

① 두 개 이상의 테이블로부터 원하는 데이터를 검색하는 방법이다.
② 조인에 사용되는 기준 필드는 동일하거나 호환되는 데이터 형식을 가져야 한다.
③ 조인되는 두 테이블의 필드 수가 동일할 필요는 없다.
④ 조건에 일치하는 자료를 검색한 후, 오른쪽 자료를 모두 가져오는 방식의 조인을 LEFT OUTER JOIN이라고 한다.

LEFT OUTER JOIN은 왼쪽 자료를 모두 가져오고 오른쪽 조건에 일치하는 자료를 가져오는 방식이다.

> 참고 | 파트04-챕터01-섹션01

56 | 사용자 인터페이스, UI, UX

- UI : 사용자와 시스템 간의 상호작용이 원활하도록 도와주는 장치나 소프트웨어, GUI(그래픽 사용자 환경), CLI(명령과 출력이 텍스트로 이뤄지는 환경)
- UX : 사용자가 시스템이나 서비스를 이용하면서 느끼고 생각하게 되는 총체적인 경험

문자로 된 명령어를 직접 입력하여 작업을 수행하는 사용자 인터페이스 방식은?

① GUI(Graphical User Interface)
② OUI(Organic User Interface)
③ NUI(Natural User Interface)
④ CLI(Command Line Interface)

사용자가 명령어를 직접 입력하는 방식은 CLI이다.

> 참고 | 파트04-챕터01-섹션02

57 | UI 테스트

UI 테스트 기법의 종류 : 휴리스틱 평가, 페이퍼 프로토타입, 선호도 평가, 성능 평가

종이로 해당 서비스를 간단하게 만들어 실제 구현되는 것처럼 표현하고, 가장 빠른 방법으로, 제품의 전반적인 컨셉과 흐름을 보여주는 UI 테스트 기법은?

① 휴리스틱 평가
② 페이퍼 프로토타입
③ 선호도 평가
④ 성능 평가

종이(페이퍼)로 해당 서비스를 만들어 실제 구현되는 것처럼 표현하는 것은 페이퍼 프로토타입 기법이다.

오답 피하기
① 디자인 전문가에 의해 수행되는 테스트 기법
③ 사용자의 감성을 분석하기 위해 과학적인 시점에서 객관적으로 해석
④ 개발의 마지막 단계에서 학습성, 효율성, 기억용이성, 오류, 만족도 등을 평가하여 성능을 개선하는 기법

정답 54 ④ 55 ④ 56 ④ 57 ②

58 | HTML, 태그

- HTML : 인터넷 표준 문서인 하이퍼텍스트 문서를 만들 때 사용하는 마크업 언어
- 태그 : 각 개체가 웹브라우저 화면에서 어떻게 나타내야 하는지 알려주는 예약어
- ⟨br⟩ 다음 줄로 이동, ⟨p⟩ 문단으로 지정, ⟨ul⟩ 순서 없는 목록, ⟨ol⟩ 순서 있는 목록

HTML에서 입력된 내용을 하나의 문단(Paragraph, 단락)으로 지정하는 태그는?

① ⟨1b⟩ ② ⟨br⟩
③ ⟨p⟩   ④ ⟨line⟩

문단을 구분하는 태그는 ⟨p⟩이다.

59 | HTML, 태그

- ⟨h1⟩~⟨h6⟩ 입력된 제목 스타일을 적용한다. ⟨h1⟩이 가장 크고, ⟨h6⟩이 가장 작다.
- ⟨tr⟩ 행 만들기, ⟨td⟩ 셀 만들기, colspan(가로 병합), rowspan(세로 병합)
- ⟨cite⟩ 책이나 음악 등 창작물의 제목 표시, ⟨sub⟩ 아래 첨자

HTML에서 제목 스타일을 적용하는 것으로 다음 중 가장 큰 글자가 나오는 태그는?

① ⟨h1⟩ ② ⟨h0⟩
③ ⟨h6⟩ ④ ⟨h7⟩

⟨h1⟩이 가장 크고, ⟨h6⟩이 가장 작다.

60 | CSS

CSS 선택자 : 범용(*), id(#), 클래스(.), 반응(a:link 한 번도 방문하지 않은 링크, a:visited 방문한 링크, a:hover 마우스를 올린 상태, a:active 마우스를 클릭한 상태)

CSS의 반응 선택자 중 해당 요소에 마우스를 올린 상태를 말하는 것은?

① a:link   ② a:visited
③ a:active ④ a:hover

마우스를 올린 상태의 선택자는 hover이다.

61 | 자바스크립트

- 자바스크립트의 제어문, 반복문 등의 사용법은 C언어와 동일하며 코드는 ⟨script⟩와 ⟨/script⟩ 사이에 입력한다.
- 대화상자 : alert(내용만 표시), confirm(확인/취소), prompt(입력)

자바스크립트 대화상자 본문에 '내용'이 표시되고, 오른쪽 하단에 [확인], [취소] 단추가 나오게 하는 메서드는?

① prompt   ② confirm
③ alert   ④ messagebox

confirm은 사용자에게 [확인], [취소]를 요청하는 태그이다.

62 | 화이트박스 테스트, 블랙박스 테스트

- 화이트박스 테스트 : 원시 코드의 논리적인 경로를 테스트(기초 경로, 제어 구조 검사)
- 블랙박스 테스트 : 소프트웨어가 수행할 특정 기능을 알기 위해서 각 기능이 완전히 작동되는 것을 입증하는 테스트로, 기능 테스트라고도 함(동치 분할, 경계값 분석, 원인-효과 그래프, 오류 예측, 비교 검사)

블랙박스 테스트의 종류 중 타당한 입력 자료와 타당하지 않은 입력 자료의 개수를 균등하게 하여 테스트 케이스를 정하고, 해당 입력 자료에 맞는 결과가 출력되는지 확인하는 검사 방법은 무엇인가?

① 동치 분할 검사
② 경계값 분석
③ 원인-효과 그래프 검사
④ 오류 예측 검사

입력 자료에 초점을 맞춰 옳은 것과 옳지 않은 테스트 케이스를 이용하여 균등하게 테스트하는 기법을 동치(동등) 분할 검사라고 한다.

정답 58 ③ 59 ① 60 ④ 61 ② 62 ①

참고 파트05-챕터02-섹션02

63 | CI, CD

- CI : 개발자가 작성한 코드를 중앙 저장소(공용 저장소)에 자주 통합하고, 자동 빌드 및 테스트를 통해 문제를 조기에 발견하는 프로세스(코드 통합과 자동테스트)
- CD : 배포 준비(Delivery)와 실제 배포(Deployment)까지 자동화

개발자가 코드를 자주 병합하고 자동화된 빌드와 테스트를 수행하는 지속적 통합 프로세스를 의미하는 것은?

① CD ② CI
③ DevOps ④ UNION

CI는 개발자가 작성한 코드를 중앙 저장소(공용 저장소)에 자주 통합하여 코드 변경 시 빠르게 오류를 발견하고 품질을 보장하기 위해 사용한다.

참고 파트06-챕터01-섹션01

64 | 운영체제 운영 방식

- 일괄 처리 : 모았다가 한 번에 처리
- 실시간 : 즉시 처리
- 분산 처리 : 여러 컴퓨터가 네트워크로 협력 처리
- 다중 프로그래밍 : CPU 1개로 여러 개의 프로그램 실행

지역적으로 떨어져 있는 여러 대의 컴퓨터들이 통신망을 이용하여 동시에 작업하고, 결과를 상호 교환되도록 네트워크로 연결되어 있는 시스템은 무엇인가?

① 병렬 처리 시스템
② 시분할 처리 시스템
③ 실시간 처리 시스템
④ 분산 처리 시스템

지역적으로 분산된 컴퓨터들이 동시에 처리하는 방식은 분산 처리이다.

참고 파트06-챕터01-섹션02

65 | 윈도우 단축키

바로가기 키	기능
Alt + F4	창 닫기, 프로그램 종료
Shift + Delete	휴지통에 거치지 않고 완전 삭제

⊞ + 키	기능
⊞ + D	모든 창을 최소화, 이전 크기로
⊞ + E	파일 탐색기 실행
⊞ + L	컴퓨터 잠금 또는 사용자 전환
⊞ + P	디스플레이 복제/확장
⊞ + R	'실행' 창을 나타냄
⊞ + V	클립보드 내용 보기
⊞ + Shift + S	윈도우 화면 캡처 도구
⊞ + Ctrl + D	가상 데스크톱 만들기
⊞ + Ctrl + F4	사용 중인 가상 데스크톱 삭제

윈도우에서 가상 데스크톱을 만드는 단축키는?

① ⊞ + D
② ⊞ + Ctrl + D
③ ⊞ + Shift + S
④ ⊞ + E

윈도우에서 가상 데스크톱을 만드는 단축키는 ⊞ + Ctrl + D 이다.

참고 파트06-챕터01-섹션04

66 | 유닉스

- 유닉스 특징 : 대부분 C언어로 작성, 대화식, 다중 사용자, 다중 작업
- 유닉스 시스템 구성 : 커널(운영체제의 핵심, 관리), 쉘(명령 해석기)

UNIX의 커널(Kernel)에 대한 설명으로 옳은 것은?

① 운영체제의 핵심 요소로 프로세스 관리, 기억장치 관리 등을 수행한다.
② 시스템과 사용자 간의 인터페이스를 담당한다.
③ 명령 해석기이다.
④ 사용자 명령을 해석하고 처리해 주는 역할을 수행한다.

커널은 컴퓨터 자원을 사용자 프로그램이 사용할 수 있도록 관리한다.

정답 63 ② 64 ④ 65 ② 66 ①

참고 파트06-챕터01-섹션03

67 | UNIX 명령어와 도스(CLI) 명령

- ls : 현재 디렉터리 내의 파일 목록을 확인(도스의 dir)
- pwd : 현재 작업 중인 디렉터리 경로를 화면에 표시
- chmod : 파일의 사용 권한을 지정
- chown : 파일이나 디렉터리의 소유자를 수정하는 명령어
- rm : 파일을 삭제(도스의 del)
- tar : 다수의 파일이나 디렉터리를 하나의 파일로 묶는다.
- cat : 파일 내용을 화면에 표시(도스의 type)
- ifconfig : 네트워크 인터페이스를 설정하거나 확인(도스의 ipconfig)
- ps : 현재 실행 중인 프로세스를 표시

윈도우 CLI 명령어 중 텍스트 파일의 내용을 출력하는 명령과 같은 유닉스 명령은?

① VER
② TYPE
③ CAT
④ LABEL

텍스트 파일의 내용을 화면에 표시하는 윈도우 CLI 명령은 TYPE, 유닉스 명령은 CAT이다.

참고 파트06-챕터02-섹션01

68 | 개발 환경, 소프트웨어/하드웨어 환경

- 소프트웨어 환경 : 운영체제(OS), 웹 서버 및 웹 애플리케이션 서버(WAS) 운용을 위한 서버 프로그램, DBMS 등이 있다.
- 하드웨어 환경 : 사용자와의 인터페이스 역할을 하는 클라이언트(Client) 그리고 서비스를 제공하는 서버(Server)로 구성된다.

다음 중 하드웨어 환경에 속하는 것은?

① 운영체제(Windows, Linux 등)
② IDE(Eclipse, IntelliJ 등)
③ 중앙처리장치(CPU)
④ DBMS(MySQL, Oracle 등)

CPU는 하드웨어, 나머지는 소프트웨어 환경이다.

참고 파트06-챕터02-섹션02

69 | IDE, 통합 개발 환경

IDE : 소프트웨어 개발에 필요한 도구들을 하나의 프로그램에 통합해 제공하는 환경으로 "코딩 → 빌드 → 실행 → 디버깅"까지 한 곳에서 가능한 통합 개발 환경이다.

다음 중 IDE와 텍스트 에디터의 차이로 옳지 않은 것은?

① 텍스트 에디터는 코드 작성만 가능하다.
② IDE는 디버깅 및 빌드 기능이 기본 제공된다.
③ IDE는 코드 작성, 빌드, 디버깅 등 통합 환경 제공한다.
④ 텍스트 에디터는 모든 기능이 통합되어 있다.

개발에 필요한 도구를 하나의 프로그램에 통합해 제공하는 환경은 IDE이다.

참고 파트07-챕터01-섹션01

70 | 백업

- 풀 백업 : 전체 데이터를 통째로 백업한다.
- 증분 백업 : 마지막 백업 이후 변경분만 저장한다.
- 차등 백업 : 마지막 풀 백업 이후 변경된 모든 데이터를 백업한다.
- 스냅샷 백업 : 특정 시점의 데이터 상태를 그대로 저장한다 (VM, DB 등에 많이 활용).

다음 백업 방식 중 마지막 백업 이후 변경분만 저장하는 백업 방식은?

① 풀 백업(Full Backup)
② 증분 백업(Incremental Backup)
③ 차등 백업(Differential Backup)
④ 스냅샷 백업(Snapshot Backup)

풀 백업 이후 변경분만 저장하는 백업 방식은 증분 백업이다.

정답 67 ③ 68 ③ 69 ④ 70 ②

기출 예상문제

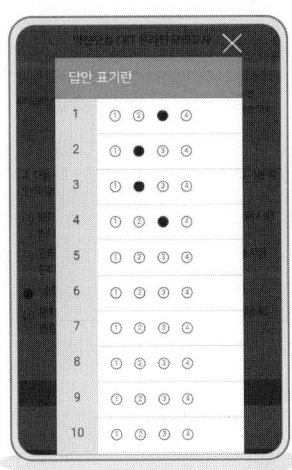

자동 채점 서비스

① 상단 QR 코드 찍기
② 오픈된 답안 표기란에 정답 체크
③ 입력 후 X 클릭, '답안 제출'
④ 자동 채점과 해설까지 즉시 제공

기출 예상문제 01회

시험 시간	풀이 시간	합격 점수	내 점수	문항수
60분	분	60점	점	60문항

자동 채점 서비스

1과목 프로그래밍 언어 활용 및 응용

참고 파트01-챕터01-섹션01

01 C언어에서 printf("%d", (int)3.56);의 실행 결과는?

① 3
② 4
③ 3.56
④ 컴파일 에러

참고 파트01-챕터01-섹션07

02 C언어에서 char str[10] = "Hello"; 선언 시, 메모리에 실제로 할당되는 크기는?

① 5
② 6
③ 10
④ 11

참고 파트01-챕터01-섹션02

03 다음 코드의 출력 결과는?

```
int a = 5, b = 6;
printf("%d %d", a++, ++b);
```

① 5 6
② 6 7
③ 5 7
④ 6 7

참고 파트01-챕터01-섹션05

04 C언어에서 do-while 문에 대한 설명으로 옳은 것은?

① 조건이 거짓이면 한 번도 실행되지 않는다.
② 최소 한 번은 실행된다.
③ 무조건 반복된다.
④ for 문과 같다.

참고 파트01-챕터01-섹션09

05 매개변수 전달 방법 중 실 매개변수의 주소를 대응되는 형식 매개변수들에게 보내어 기억장소를 공유시키는 전달 방식은?

① Call by Reference
② Call by Value
③ Call by Pointer
④ Call by Break

참고 파트01-챕터01-섹션07

06 다음 C언어 코드의 출력 결과는?

```
int i;
for (i=0; i<=3; i++) {
    printf("%d ", i);
}
```

① 0 1 2
② 1 2 3
③ 0 1 2 3
④ 1 2 3 4

07 객체지향 프로그래밍(OOP)의 4대 핵심 개념이 아닌 것은?

① 캡슐화
② 상속성
③ 다형성
④ 절차지향성

08 다음 중 객체지향 프로그래밍의 종류가 아닌 것은?

① Java
② C
③ Smalltalk
④ C++

09 자바에서 클래스를 체계적으로 관리하기 위해 관련 클래스들을 묶어 놓은 단위를 무엇이라고 하는가?

① 클래스(Class)
② 메서드(Method)
③ 패키지(Package)
④ 라이브러리(Library)

10 다음 Java 코드의 출력 결과는?

```
class Path{
    public static void main (String[ ] args){
        String str = ("HRDK" + 40 + 23);
        SYstem.out.println(str);
    }
}
```

① HRDK + 40 + 23
② HRDK63
③ HRDK+63
④ HRDK4023

11 다음 중 Java에서 참(True), 거짓(False)과 같이 논리값을 저장하는 자료형은?

① String
② byte
③ bool
④ boolean

12 다음 Java 프로그램이 실행되었을 때의 결과는?

```
public class Test {
    public static void main(String[ ] args) {
        int a = 0b0101;
        System.out.print(a);
    }
}
```

① 0101
② 2
③ 5
④ 12

13 객체지향의 주요 개념에 대한 설명으로 틀린 것은?

① 캡슐화는 상위 클래스에서 속성이나 연산을 전달받아 새로운 형태의 클래스로 확장하여 사용하는 것을 의미한다.
② 객체는 실세계에 존재하거나 생각할 수 있는 것을 말한다.
③ 클래스는 하나 이상의 유사한 객체들을 묶어 공통된 특성을 표현한 것이다.
④ 다형성은 상속받은 여러 개의 하위 객체들이 다른 형태의 특성을 갖는 객체로 이용될 수 있는 성질이다.

참고 파트04-챕터02-섹션03

14 자바스크립트에서 배열의 속성과 메서드에 대한 설명으로 옳지 않은 것은?

① pop( ) : 배열의 맨 끝의 값을 삭제한다.
② join( ) : 배열의 요소들을 구분자로 구분하는 하나의 문자열로 반환한다.
③ splice( ) : 배열에서 지정한 범위의 데이터를 가져온다.
④ length( ) : 배열의 길이를 반환한다.

참고 파트01-챕터02-섹션01

15 다음에서 설명하는 객체지향 프로그래밍 언어의 특징은?

> • 불필요한 부분을 생략하고 객체의 속성 중 가장 중요한 것에만 중점을 두어 개략화(모델화)하는 것이다.
> • 데이터의 공통된 성질을 추출하여 슈퍼 클래스를 선정하는 개념이다.

① 캡슐화(Encapsulation)
② 정보 은닉(Information Hiding)
③ 추상화(Abstraction)
④ 상속성(Inheritance)

참고 파트01-챕터01-섹션04

16 다음 C언어 코드의 출력 결과는?

```
#include <stdio.h>
int main(void) {
    int x=1, y=2, min;
    min = x<y? x : y;
    printf("%d", min);
}
```

① 1
② 2
③ x
④ y

참고 파트04-챕터02-섹션01

17 HTML의 태그 중 책이나 음악, 영화 등의 제목을 정의할 때 사용하는 태그는?

① ⟨mark⟩
② ⟨small⟩
③ ⟨sub⟩
④ ⟨cite⟩

참고 파트06-챕터02-섹션02

18 다음 중 빌드 도구가 아닌 것은?

① Zeplin
② Ant
③ Maven
④ Gradle

참고 파트06-챕터02-섹션02

19 다음 중 Java 개발 환경 설정 과정에 포함되는 것은?

① JDK 설치 및 환경 변수(PATH, JAVA_HOME) 설정
② Python 설치 및 pip 설정
③ Node.js 설치 및 npm 설정
④ MySQL 설치 및 계정 생성

참고 파트04-챕터02-섹션02

20 CSS에서 주석을 작성하는 올바른 방법은?

① ⟨!-- 주석 --⟩
② /* 주석 */
③ // 주석
④ ** 주석 **

2과목 데이터베이스 활용

21 다음에서 설명하는 DB 용어로 올바른 것은?

- 데이터의 독립성을 확보하고 중복성과 종속성을 회피하여 모든 응용 시스템들이 데이터베이스를 공유하여 사용할 수 있도록 데이터베이스를 정의, 조작, 제어하기 위한 기능을 탑재한 소프트웨어 시스템
- 데이터베이스의 데이터를 관리하고 사용자와 데이터베이스의 중재자 역할을 수행

① E-R 모델
② Schema
③ DBMS
④ DBA

22 다음에서 설명하는 SQL 명령어는?

Select 문장을 이용하여 데이터를 질의할 때 검출되는 중복 값을 제거하기 위해 사용되는 명령어이다.

① DISTINCT
② UNION
③ UNIQUE
④ RESTRICT

23 아래 SQL문은 고객등록 테이블에서 성별이 "여"인 데이터의 고객명, 전화번호, 주소, 성별을 검색하여 고객명을 오름차순으로 정렬하여 검색하는 문장이다. 괄호에 알맞은 명령어는?

SELECT 고객명, 전화번호, 주소, 성별 FROM 고객등록 WHERE 성별="여" (　　) 고객명 ASC;

① ORDER TO
② SORT
③ ORDER BY
④ DESC

24 다음에서 설명하는 DB 용어는?

- 개체들에 존재하는 데이터 속성의 중복을 최소화하여 일치성을 보장하며 데이터 모델을 단순하게 구성
- 개체에 존재하는 함수적 종속 관계를 이용하여 데이터베이스 구조를 안정화시키는 작업
- (　　)의 목적
  a. 자료저장 공간의 최소화 및 데이터 구조의 안정성 최대화
  b. 데이터베이스 내부 자료의 무결성 유지 극대화
  c. 데이터베이스 사용자의 의도하지 않은 삽입, 삭제, 갱신이 발생하는 아노말리(이상) 현상을 최소화

① 정규화
② 모델링
③ 안정화
④ 무결성

25 기존의 속성에 데이터_타입이나 사이즈, 기본값 등의 성질을 수정할 때 사용하는 SQL 명령어는?

① Add
② Modify
③ Plus
④ Alter

26 아래 SQL 형식은 좌측 릴레이션에 있는 튜플은 모두 표시하고 우측 릴레이션은 관련이 있는 튜플만 표시하는 다중 검색문이다. 괄호에 적당한 답안은?

SELECT [테이블명1.]속성명,[테이블명2.]속성명 FROM 테이블명1 LEFT (　　) 테이블명2 ON 테이블명1.속성명 = 테이블명2.속성명;

① outer join
② outer
③ inner join
④ inner

27 아래에서 설명하는 데이터베이스 용어는 무엇인가?

> • 데이터의 가장 작은 논리적 단위로서 파일 구조상의 데이터 항목에 해당한다.
> • 어떤 데이터 개체의 구성요소로서 그 개체의 성질이나 상태를 기술해 주는 역할을 하며, 그 자체로는 중요한 의미를 가지지 못한다.
> • 개체를 구성하는 항목으로서 관계형 데이터베이스(ERD)에서는 필드에 해당한다.

① Attribute
② Tuple
③ Relation
④ Record

28 개체-관계(E-R) 모델에 대한 설명으로 틀린 것은?

① 개체 타입과 이들 간의 관계 타입을 이용해서 현실 세계를 개념적으로 표현하는 방법이다.
② 1976년 P.Chan이 제안한 것이다.
③ E-R 모델의 기본적인 아이디어를 시각적으로 가장 잘 나타낸 것이 E-R 다이어그램이다.
④ E-R 다이어그램은 개체 타입을 사각형, 관계 타입을 다이아몬드, 속성을 화살표로 표현한다.

29 릴레이션을 조작할 때 데이터의 중복으로 인하여 발생하는 이상(Anomaly) 현상이 아닌 것은?

① 검색 이상
② 삽입 이상
③ 삭제 이상
④ 갱신 이상

30 큐의 응용 분야로 알맞은 것은?

① 서브루틴 호출
② 인터럽트 처리
③ 운영체제의 작업 스케줄링
④ 수식 계산 및 수식 표기법

31 데이터베이스의 스키마(Schema)를 3단계로 표현할 때, 해당되지 않는 것은?

① 외부 스키마
② 저장 스키마
③ 개념 스키마
④ 내부 스키마

32 SQL 명령 중 DDL에 해당하는 것으로만 짝지어진 것은?

① CREATE, ALTER, SELECT
② CREATE, UPDATE, DROP
③ CREATE, ALTER, DROP
④ DELETE, ALTER, DROP

33 데이터베이스 모델의 구성요소가 아닌 것은?

① 데이터 구조(Structure)
② 연산(Operation)
③ 관계(Relationship)
④ 제약 조건(Constraint)

34 다음 자료 구조 중 비선형 구조로만 짝지어진 것은?

① 데크, 트리
② 그래프, 트리
③ 큐, 그래프
④ 스택, 트리

35 아래는 〈patient〉 테이블에 데이터 타입이 문자 20자리인 'job' 속성을 추가하는 SQL문이다. 괄호 안에 알맞은 SQL 명령어는?

> ALTER TABLE patient (　　) job CHAR(20);

① PLUS
② MODIFY
③ ALTER
④ ADD

36 아래에서 설명하는 데이터베이스 키(Key)는 무엇인가?

> • 어떤 릴레이션 R1의 기본키의 값들과 일치함을 요구하는 다른 릴레이션 R2의 한 속성을 말한다.
> • (　　)로 지정되면 참조 릴레이션의 기본키에 없는 값은 입력할 수 없다.

① 대체키(Alternate Key)
② 슈퍼키(Super Key)
③ 외래키(Foreign Key)
④ 후보키(Candidate Key)

37 릴레이션의 기본키를 구성하는 어떤 속성도 널(Null) 값이나 중복 값을 가질 수 없음을 의미하는 것은?

① 참조 무결성 제약 조건
② 정보 무결성 제약 조건
③ 개체 무결성 제약 조건
④ 도메인 무결성 제약 조건

38 다음 설명이 의미하는 것은?

> • 리스트의 한쪽에서는 삽입 작업, 다른 한쪽에서는 삭제 작업이 이루어지도록 구성한 자료 구조이다.
> • 가장 먼저 삽입된 자료가 가장 먼저 삭제되는 선입선출(FIFO, First In First Out) 방식으로 처리한다.

① 스택(Stack)
② 큐(Queue)
③ 그래프(Graph)
④ 데크(Deque)

39 데이터베이스 설계 순서가 올바른 것은?

① 논리적 설계 → 개념적 설계 → 물리적 설계
② 물리적 설계 → 개념적 설계 → 논리적 설계
③ 개념적 설계 → 물리적 설계 → 논리적 설계
④ 개념적 설계 → 논리적 설계 → 물리적 설계

40 〈고객〉 테이블에서 '주소'가 '안산시'인 고객들의 '성명'과 '전화번호'를 '안산고객'이라는 뷰로 정의하는 SQL문으로 옳은 것은?

① CREATE VIEW 안산고객(성명, 전화번호) AS SELECT 성명, 전화번호 FROM 고객 WHERE 주소 = '안산시'
② CREATE DOMAIN 안산고객(성명, 전화번호) AS SELECT 성명, 전화번호 FROM 고객 WHERE 주소 = '안산시'
③ CREATE INDEX 안산고객(성명, 전화번호) AS SELECT 성명, 전화번호 FROM 고객 WHERE 주소 = '안산시'
④ CREATE VIEW 안산고객(성명, 전화번호) SELECT 성명, 전화번호 FROM 고객 WHERE 주소 = '안산시'

3과목 정보 시스템 및 응용 SW 기초 기술

41 OSI 7계층 중 데이터 링크 계층의 프로토콜에 해당하지 않는 것은?

① HDLC
② LAPB
③ FTP
④ BSC

42 OSI 7계층 중 IP 프로토콜과 관련된 계층으로 네트워크 연결 관리 및 데이터의 교환 및 중계 기능을 수행하는 계층은?

① 물리 계층
② 데이터 링크 계층
③ 네트워크 계층
④ 전송 계층

43 통신망 간의 접속장치 중 OSI 7계층의 네트워크 계층까지를 담당하면서 통신망의 경로 선택 등을 전담하는 장치는?

① 리피터(Repeater)
② 브리지(Bridge)
③ 라우터(Router)
④ 모뎀(Modem)

44 IP 주소의 수는 한정되어 있으므로 어떤 기관에서 배정받은 하나의 네트워크 주소를 다시 여러 개의 작은 네트워크로 나누어 사용하는 것은?

① Subnetting
② SLIP
③ MAC
④ IP address

45 UI 시스템에 대한 설명으로 옳지 않은 것은?

① 입력 데이터를 사전에 검증하는 역할을 수행한다.
② 잘못된 입력으로 발생하는 예외를 처리한다.
③ 오류에 대한 구체적인 시스템 정보를 메시지로 제공한다.
④ 사용자에게 입력 창과 프롬프트, 도움말 등을 제공한다.

46 다음 설명이 의미하는 것은?

- 프로세서가 할당되는 개체
- 비동기적 행위
- 실행 중인 프로그램
- 프로시저가 활동 중인 것

① 워킹셋(Working Set)
② 모니터(Monitor)
③ 스래싱(Thrashing)
④ 프로세스(Process)

47 다음 중 백업 방식에 대한 설명으로 옳은 것은?

① 풀 백업(Full Backup)은 처음에만 전체를 백업하고 이후에는 변경된 부분만 저장한다.
② 증분 백업(Incremental Backup)은 마지막 풀 백업 이후 모든 변경분을 백업한다.
③ 차등 백업(Differential Backup)은 마지막 풀 백업 이후 변경된 모든 데이터를 누적해서 백업한다.
④ 스냅샷(Snapshot)은 특정 시점의 데이터 일부만 캡처하므로 복원이 불가능하다.

48 아래에서 설명하는 애플리케이션 테스트 용어는?

- 구현된 소프트웨어가 사용자의 요구사항을 정확하게 준수했는지를 확인하기 위해 설계된 입력 값, 실행 조건, 기대 결과 등으로 구성된 테스트 항목에 대한 명세서로, 명세 기반 테스트의 설계 산출물에 해당된다.
- (　　)를 미리 설계하면 테스트 오류를 방지할 수 있고 테스트 수행에 필요한 인력, 시간 등의 낭비를 줄일 수 있다.
- 가장 이상적인 (　　)를 설계하려면 시스템 설계 시 작성해야 한다.

① 테스트 케이스
② 워크스루
③ 인스펙션
④ 살충제 패러독스

49 UDP(User Datagram Protocol)에 대한 설명으로 거리가 먼 것은?

① 속도가 빠르다.
② 신뢰성 있는 전송이 가능하다.
③ 오버헤드가 적다.
④ 비연결형 서비스를 제공한다.

50 다음 중 코딩 직후 소프트웨어 설계의 최소 단위인 모듈이나 컴포넌트에 초점을 맞춰 하는 테스트는?

① 시스템 테스트
② 베타 테스트
③ 단위 테스트
④ 통합 테스트

51 다음 중 IPv6에 대한 설명으로 옳지 않은 것은?

① IPv4의 주소 부족 문제를 해결하기 위해 개발되었다.
② 주소를 32비트로 나눠서 8진수로 표시하고 마침표로 구분한다.
③ 인증성, 기밀성, 데이터 무결성의 지원으로 보안 문제를 해결할 수 있다.
④ 실시간 흐름 제어로 향상된 멀티미디어 기능을 지원한다.

52 소프트웨어의 개발 과정에서 소프트웨어의 변경 사항을 관리하기 위해 개발된 일련의 활동은?

① 정규화
② 프로토타입
③ 통합 테스트
④ 형상 관리

53 운영체제의 발달 과정 순서를 옳게 나열한 것은?

㉠ 일괄 처리 시스템
㉡ 분산 처리 시스템
㉢ 다중 모드(Mode) 시스템
㉣ 시분할 시스템

① ㉠ → ㉡ → ㉢ → ㉣
② ㉡ → ㉠ → ㉢ → ㉣
③ ㉠ → ㉣ → ㉡ → ㉢
④ ㉠ → ㉣ → ㉢ → ㉡

54 UNIX 시스템에서 파일의 권한 모드 설정에 관한 명령어는?

① chmod
② cp
③ ls
④ cat

[참고] 파트06-챕터01-섹션03

55 디렉터리 위치를 변경하는 명령어는?

① MD
② CD
③ RD
④ COPY

[참고] 파트06-챕터01-섹션03

56 특정 파일의 감추기 속성, 읽기 속성 등을 지정할 수 있는 명령어는?

① MORE
② FDISK
③ ATTRIB
④ DEFRAG

[참고] 파트06-챕터01-섹션02

57 윈도우에서 탐색기 실행 단축키는?

① [윈도우키]+[L]
② [윈도우키]+[E]
③ [윈도우키]+[Shift]+[S]
④ [윈도우키]+[R]

[참고] 파트06-챕터01-섹션01

58 고급 언어나 코드화된 중간 언어를 입력받아 목적 프로그램 생성 없이 직접 기계어를 생성, 실행하는 언어번역 프로그램은?

① 어셈블러
② 인터프리터
③ 컴파일러
④ 프리프로세서

[참고] 파트06-챕터01-섹션01

59 다중 프로그래밍 상에서 두 개의 프로세스가 실행 중에 있게 되면 각 프로세스는 자신이 필요한 자원을 가지고 실행되다가 서로 자신이 점유하고 있는 자원을 포기하지 않은 상태에서 다른 프로세스가 자원을 요구하는 경우가 발생된다. 이 경우 두 프로세스는 모두 더 이상 실행을 할 수 없게 되는데 이러한 현상을 무엇이라고 하는가?

① 교착상태(Deadlock)
② 세마포어(Semaphore)
③ 가상 시스템(Virtual System)
④ 임계 영역(Critical Section)

[참고] 파트06-챕터01-섹션02

60 윈도우에서 하드디스크에 있는 파일을 휴지통에 버리지 않고 바로 삭제하려고 한다. 파일 선택 후 어떤 키를 눌러야 하는가?

① Delete
② Alt + Delete
③ Shift + Delete
④ Ctrl + Delete

빠른 정답 확인 QR
스마트폰으로 QR을 찍으면 정답표가 오픈됩니다.
기출문제를 편리하게 채점할 수 있습니다.

기출 예상문제 02회

시험 시간	풀이 시간	합격 점수	내 점수	문항수
60분	분	60점	점	60문항

1과목　프로그래밍 언어 활용 및 응용

01 다음 Java 코드의 출력 결과는?

```
public class Handaman {
    public static void main(String[ ] args) {
        System.out.println((int)Math.sqrt(16) + (int)Math.log10(100));
    }
}
```

① 104
② 14
③ 6
④ 26

02 소프트웨어 개발 과정에서 소프트웨어의 변경 사항을 관리하기 위해 개발된 일련의 활동은?

① 정규화
② 프로토타입
③ 통합 테스트
④ 형상 관리

03 다음 Java 코드의 출력 결과는?

```
class Increases {
    public static void main(String[ ] str) {
        int a = 10;
        increase(a);
        System.out.println(a);
    }
    public static void increase(int n) {
        n = n+1;
    }
}
```

① 10
② 11
③ 9
④ 8

04 포인터에 대한 설명으로 옳지 않은 것은?

① 포인터는 변수의 주소를 저장한다.
② & 연산자는 변수의 주소를 얻는다.
③ 포인터는 반드시 정수형 변수에만 사용할 수 있다.
④ * 연산자는 포인터가 가리키는 값을 참조한다.

05 다음 중 CSS 선택자가 id를 선택하는 방법은?

① .id
② #id
③ id { }
④ *id

참고 파트01-챕터01-섹션04

06 구조적 프로그래밍의 특징으로 옳지 않은 것은?

① 구조적 프로그램의 기본 구조는 순차, 조건, 반복이다.
② 구조적 프로그래밍의 목적은 모듈화를 통해 이해하기 쉽고 유지/보수를 쉽게 할 수 있게 하는 것이다.
③ 위에서 아래로(Top-Down) 설계를 강조한다.
④ goto 문을 적극적으로 활용한다.

참고 파트01-챕터01-섹션07

07 문자열 처리 라이브러리 〈string.h〉 함수 명령 중 문자열 이어 붙이기 함수는?

① strlen
② strcpy
③ strcat
④ strncpy

참고 파트01-챕터02-섹션01

08 캡슐화의 주된 목적은 무엇인가?

① 코드의 실행 속도를 높이기 위해
② 데이터와 메서드를 하나로 묶어 정보를 은닉하기 위해
③ 코드의 라인을 줄이기 위해
④ 프로그램의 이식성을 높이기 위해

참고 파트01-챕터02-섹션01

09 객체지향 언어의 특징에서 이미 정의되어 있는 상위 클래스(슈퍼 클래스, 부모 클래스)의 메서드를 비롯한 모든 속성을 하위 클래스가 물려받는 것을 무엇이라고 하는가?

① 캡슐화(Encapsulation)
② 상속성(Inheritance)
③ 다형성(Polymorphism)
④ 추상화(Abstraction)

참고 파트01-챕터02-섹션04

10 자식 메서드에서 상속 자체가 불가능하여 오버라이딩이 불가능한 부모 메서드는 무엇인가?

① public
② protected
③ default
④ private

참고 파트04-챕터02-섹션01

11 HTML의 〈input〉 태그에서 반드시 입력되어야 할 필드를 만들 때 사용하는 속성은?

① essential
② required
③ expected
④ fill

참고 파트01-챕터02-섹션02

12 다음 Java 코드의 출력 결과는?

```
public class Test {
    public static void main(String[ ] args) {
        int a = 19, b=25, c=43;
        int temp = a;
        if (b>temp) temp=b;
        if (c>temp) temp=c;
        System.out.println(temp);
    }
}
```

① 19
② 25
③ 43
④ 44

13 자바스크립트에서 화면에 숫자 100을 출력하는 명령문으로 올바른 것은?

① wirte(100)
② document.write(100)
③ print(100)
④ console.print(100)

14 다음 Java 코드의 출력 결과는?

```
public class Test {
    public static void main(String[ ] args) {
        int k = 0;
        int temp;
        for(int i=1; i<=3; i++) {
            temp = k;
            k++;
            System.out.print(temp + "번");
        }
    }
}
```

① 1번2번3번4번
② 0번1번2번3번
③ 1번2번3번
④ 0번1번2번

15 다음 중 소프트웨어 환경에 해당하지 않는 것은?

① 운영체제(OS)
② 데이터베이스(DBMS)
③ 개발도구(IDE)
④ CPU 및 메모리

16 C언어에서 sizeof(char)의 값은?

① 1byte
② 2byte
③ 4byte
④ 8byte

17 int arr[5]; 배열 선언 시 올바른 인덱스 범위는?

① 1~5
② 0~5
③ 0~4
④ 1~6

18 C언어에서 널 문자에 대한 설명으로 틀린 것은?

① 널 문자는 1byte이다.
② 문자열의 끝을 표현하여 실제 문자열의 경계를 나타내기 위해 사용된다.
③ printf 함수는 널 문자를 통해서 출력의 범위를 결정짓는다.
④ 문자열 배열 끝에 자동으로 널 문자(\0)가 삽입되며 아스키코드 값으로 1이다.

19 다음 Java 코드의 출력 결과는?

```
public class One {
    public static void main(String[ ] args) {
        String arr[ ] = {"월요일","화요일","수요일","목요일","금요일","토요일","일요일"};
        int cnt = 1;
        for(int i=1; i<7; i++) {
            if(i%3 == 0) {
                break;
            }
            cnt++;
        }
        System.out.print("오늘은 " + arr[cnt]);
    }
}
```

① 오늘은 화요일
② 오늘은 수요일
③ 오늘은 목요일
④ 오늘은 금요일

참고 파트01-챕터02-섹션01

20 다음 중 객체지향 언어에 속하는 것은?

① ALGOL
② COBOL
③ C
④ C++

2과목 데이터베이스 활용

참고 파트02-챕터02-섹션02

21 합집합 연산 명령어 중 하나로 2개 이상의 릴레이션에서 중복된 행은 하나만 출력하게 하는 명령어는?

① INTERSECTION
② DIFFERENCE
③ DISTINCT
④ UNION

참고 파트02-챕터02-섹션01

22 다음에서 설명하는 SQL 명령어는?

- 데이터 정의어 중에서 테이블을 삭제할 때 사용하는 명령어이다.
- 스키마, 도메인, 테이블, 뷰, 인덱스의 제거 시 사용되는 SQL 명령어이다.

① DELETE
② DEL
③ ALTER
④ DROP

참고 파트02-챕터02-섹션03

23 아래 학생 테이블의 카디널리티의 수와 디그리의 수는?

[학생]

이름	중간고사	기말고사	학과
김영진	90	92	연영과
한다맨	88	89	국문과
이서영	87	88	수학과
장효정	89	90	철학과
추연국	86	85	영어과

① 카디널리티 : 4, 디그리 : 5
② 카디널리티 : 6, 디그리 : 4
③ 카디널리티 : 5, 디그리 : 4
④ 카디널리티 : 4, 디그리 : 6

참고 파트02-챕터02-섹션01

24 아래 괄호에 해당하는 데이터베이스 사용자는?

- 데이터 정의 언어를 사용하여 데이터베이스를 DBMS에 표현하고 관리하는 목적으로 데이터베이스를 접근하여, 데이터베이스 시스템의 관리 운영에 대한 책임을 지고 있는 사람이다.
- (   )의 역할
  - 데이터베이스 구성요소 결정, 개념스키마와 내부 스키마 정의
  - 저장 구조 및 접근방법 정의, 보안 및 데이터베이스의 접근 권한 부여 정책을 수립
  - 백업과 복원에 대한 전략을 수립, 무결성을 위한 제약 조건을 지정
  - 데이터 사전을 구성하고 유지 관리

① 응용 프로그래머
② 일반 사용자
③ 데이터베이스 관리자
④ 시스템 개발자

25 다음에서 설명하는 SQL 언어는?

- 데이터베이스의 무결성 유지, 보안과 권한 검사, 회복 절차 이행, 병행 수행 제어 등을 관리하기 위한 언어이다.
- ( )의 종류는 아래와 같다.
  a. GRANT : 생성된 데이터베이스의 사용 권한 부여
  b. REVOKE : 부여된 사용 권한 제거
  c. COMMIT : 데이터베이스 관련 연산 작업 실행 결과를 저장하도록 하는 명령
  d. ROLLBACK : 실행 중인 데이터베이스 연산 작업을 실행 이전의 원래 상태로 되돌리도록 하는 명령

① DDL
② DCL
③ DML
④ DBMS

26 아래 SQL문은 도서등록 테이블에서 도서구분이 소설인 레코드를 삭제하는 문장이다. 괄호에 알맞은 명령어는?

( ) * FROM 도서등록 WHERE 도서구분 = '소설';

① DROP
② DELETE
③ BACK SPACE
④ UPDATE

27 SQL 명령 중 DML에 속하지 않는 것은?

① SELECT
② UPDATE
③ DELETE
④ ADD

28 개체 집합에 대한 속성 관계를 표시하기 위해 개체를 노드로 표현하고 개체 집합들 사이의 관계를 링크로 연결한 트리(Tree) 형태의 자료 구조 모델은?

① 망 데이터 모델
② 계층 데이터 모델
③ 관계 데이터 모델
④ 객체지향 데이터 모델

29 관계 데이터 모델에서 애트리뷰트가 취할 수 있는 값들의 집합을 의미하는 것은?

① 릴레이션
② 도메인
③ 튜플
④ 차수

30 다음과 같은 그래프에서 간선의 개수는?

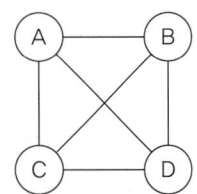

① 2개
② 4개
③ 6개
④ 8개

31 시스템 카탈로그에 대한 설명으로 틀린 것은?
① 데이터베이스에 포함된 다양한 데이터 객체에 대한 정보들을 유지, 관리하기 위한 시스템 데이터베이스이다.
② 시스템 카탈로그를 데이터 사전이라고도 한다.
③ 시스템 카탈로그에 저장된 정보를 메타 데이터라고도 한다.
④ 시스템 카탈로그는 시스템을 위한 정보를 포함하는 시스템 데이터베이스이므로 일반 사용자는 내용을 검색할 수 없다.

32 다음 중 PROJECT를 나타내는 기호는?
① ∪
② π
③ σ
④ ∩

33 제2정규형에서 제3정규형이 되기 위한 조건은?
① 이행적 함수 종속 제거
② 부분적 함수 종속 제거
③ 다치 종속 제거
④ 결정자이면서 후보키가 아닌 것 제거

34 관계대수와 관계해석에 대한 설명으로 옳지 않은 것은?
① 기본적으로 관계대수와 관계해석은 관계 데이터베이스를 처리하는 기능과 능력 면에서 동등하다.
② 관계대수는 질의에 대한 해를 생성하기 위해 수행해야 할 연산의 순서를 명시해야 하므로, 비절차적 특징을 가진다.
③ 관계해석은 원하는 정보가 무엇이라는 것만 정의하는 비절차적 특징을 가지고 있다.
④ 관계해석은 수학의 프레디킷 해석(Predicate Calculus)에 기반을 두고 있다.

35 뷰(View)에 대한 설명으로 옳지 않은 것은?
① 뷰는 CREATE 문을 사용하여 정의한다.
② 뷰는 저장장치 내에 물리적으로 존재한다.
③ 뷰를 제거할 때에는 DROP 문을 사용한다.
④ 뷰는 데이터의 논리적 독립성을 제공한다.

36 아래 SQL문은 〈학생〉 테이블에 점수는 200점, 이름은 홍길동, 학년이 2학년인 데이터를 추가하기 위한 SQL이다. 빈칸에 알맞은 명령은?

( ) INTO 학생(점수, 이름, 학년) VALUES(200, '홍길동', 2);

① UPDATE
② INSERT
③ DELETE
④ SELECT

37 다음에서 설명하는 키(Key)는?

> - 한 릴레이션 내에 있는 후보키 중에서 하나 이상의 속성들의 집합으로 구성된 키
> - 모든 튜플에 대해 유일성(Uniqueness)를 만족하지만, 최소성(Minimality)은 만족할 수 없다.

① 슈퍼키(Super Key)
② 기본키(Primary Key)
③ 외래키(Foreign Key)
④ 대체키(Alternate Key)

38 아래는 〈학생〉 테이블에서 학번이 20261234에 해당되는 모든 레코드의 수강과목을 데이터베이스로 변경하기 위한 SQL문이다. 빈칸에 알맞은 명령은?

```
UPDATE 학생 (      ) 수강과목 = '데이터베이스'
WHERE 학번 = '20261234';
```

① INTO
② FROM
③ WHERE
④ SET

39 아래 SQL문은 'STAR'에게 'Table1'의 검색 권한을 부여하기 위한 SQL문이다. 빈칸에 알맞은 명령은?

```
(      ) SELECT On Table1 TO STR;
```

① REVOKE
② COMMIT
③ ALTER
④ GRANT

40 자식 테이블의 항목 값을 삭제할 경우 부모 테이블과의 관계로 인하여 해당 레코드를 삭제할 수 없는 조건은?

① 개체 무결성
② 참조 무결성
③ 관계 무결성
④ 도메인 무결성

3과목 정보 시스템 및 응용 SW 기초 기술

41 TCP/IP 4계층을 하위 단계부터 순서대로 작성한 것은?

① 네트워크 계층 – 인터넷 계층 – 전송 계층 – 응용 계층
② 인터넷 계층 – 전송 계층 – 네트워크 인터페이스 계층 – 응용 계층
③ 네트워크 인터페이스 계층 – 인터넷 계층 – 전송 계층 – 응용 계층
④ 물리 계층 – 인터넷 계층 – 전송 계층 – 응용 계층

42 호스트의 도메인 이름을 호스트의 네트워크 주소로 바꾸거나 그 반대의 변환을 수행하는 서비스로 도메인을 IP로 상호변환하는 서비스는?

① DNS
② SMTP
③ DHCP
④ HTTP

[참고] 파트02-챕터01-섹션02

43 다음 설명에서 괄호에 해당하는 계층은 무엇인가?

> TCP/IP 계층의 최하위 계층은 (㉠)으로 OSI 7계층의 물리 계층과 데이터 링크 계층에 해당하고, 그다음 계층은 (㉡)로 OSI 7계층의 네트워크 계층에 해당한다.

① ㉠ 네트워크 계층
　㉡ 전송 계층
② ㉠ 네트워크 인터페이스 계층
　㉡ 전송 계층
③ ㉠ 데이터 링크 계층
　㉡ 네트워크 인터페이스 계층
④ ㉠ 네트워크 인터페이스 계층
　㉡ 인터넷 계층

[참고] 파트06-챕터01-섹션02

44 윈도우에서 여러 개의 응용 프로그램을 순서대로 전환할 때 사용하는 단축키는?

① [Alt]+[F1]
② [Alt]+[Tab]
③ [Alt]+[Enter]
④ [Alt]+[Shift]

[참고] 파트02-챕터01-섹션03

45 다음 설명에서 괄호 안에 적합한 답은 무엇인가?

> - IPv4는 인터넷에서 활용하는 32비트 IP 주소 체계이다. 그리고 IPv6는 IPv4의 주소 고갈 문제를 해결하기 위하여 기존의 IPv4주소 체계를 (　)비트 크기로 확장한 차세대 IP 주소 체계이다.
> - IPv4는 과거에 인터넷에서 사용되는 유일한 프로토콜이였으나 오늘날에는 IPv6이 대중화되었다.

① 64
② 128
③ 256
④ 512

[참고] 파트04-챕터01-섹션01

46 사용자가 시스템이나 서비스를 이용하면서 느끼고 생각하게 되는 총체적인 경험을 의미하는 것은?

① UI
② UX
③ Use Case
④ Gesture

[참고] 파트04-챕터02-섹션01

47 사용자 인터페이스(UI)의 요소에 대한 설명으로 옳지 않은 것은?

① 토글 버튼은 자주 찾지 않는 항목의 on/off를 결정할 때 사용한다.
② 체크 박스는 여러 개의 선택 상황에서 1개의 값만 선택해야 할 때 사용한다.
③ 라디오 버튼은 여러 항목 중 하나만 선택해야 할 때 사용한다.
④ 콤보 상자는 목록 상자에 제시된 여러 항목 중 하나를 선택할 때 사용한다.

[참고] 파트07-챕터01-섹션03

48 개발 주기 동안 생성된 문서를 관리하고, 소프트웨어 시스템과 컴포넌트 상태를 추적하는 기능으로 옳은 것은?

① 디지털 저작권 관리(DRM)
② 소프트웨어 재공학(Software Reengineering)
③ 형상 관리(SCM)
④ 검증(Verification)

49 Round-Robin 스케줄링에 대한 설명으로 틀린 것은?
① 프로세스들이 배당 시간 내에 작업을 완료하지 못하면 폐기된다.
② 프로세스들이 중앙처리장치에서 시간량에 제한을 받는다.
③ 시분할 시스템에 효과적이다.
④ 선점형(Preemptive) 기법이다.

50 다음 설명에 해당하는 테스트는?

- 가장 하위 단계의 모듈부터 통합 및 테스트가 수행되므로 스텁(Stub)은 필요 없다.
- 테스트는 통합된 클러스터 단위로 수행한다.

① 상향식 통합 테스트
② 하향식 통합 테스트
③ 회귀 테스트
④ 빅뱅 통합 테스트

51 증분 백업을 활용한 복원 과정으로 올바른 것은?
① 가장 최근 증분 백업 하나만 복원하면 된다.
② 마지막 풀 백업과 모든 증분 백업을 순서대로 복원해야 한다.
③ 증분 백업은 누적 방식이므로 마지막 풀 백업과 가장 최신 증분만 복원한다.
④ 증분 백업은 풀 백업 없이도 복원이 가능하다.

52 윈도우에서 파일명 지정 방법으로 옳지 않은 것은?
① 파일명 내에 공백 포함 불가능
② 255 문자의 파일명 허용
③ 영문 대/소문자 표현 가능
④ '*' 문자는 사용 불가능

53 아래에서 설명하는 애플리케이션 테스트는?

- 테스터는 코드 또는 설계에 대한 지식 없이 사용자 입장에서 시스템에 접근해서 입력값을 제공하고 출력값을 분석하여 시스템을 평가한다.
- 프로그램 외부 사용자의 요구사항 명세를 보면서 수행하는 테스트(기능 테스트)이다.
- 소프트웨어의 특징, 요구사항, 설계 명세서 등에 초점을 맞춰 테스트가 이루어진다.
- 기능 및 동작 위주의 테스트를 진행하기 때문에 내부 구조나 작동 원리를 알지 못해도 가능하다.
- 균등 분할(동등 분할), 경계값(한계값) 분석, 원인효과 그래프, 비교 검사(호환성) 등이 있다.

① 블랙박스 테스트
② 회복 테스트
③ 성능 테스트
④ 화이트박스 테스트

54 윈도우에서 이웃하는 파일들을 선택할 때 사용하는 키와 이웃하지 않는 파일들을 선택할 때 사용하는 키의 나열이 옳은 것은?
① Ctrl, Alt
② Shift, Alt
③ Alt, Ctrl
④ Shift, Ctrl

55 프로세스 스케줄링 방법 중 가장 먼저 CPU를 요청한 프로세스에게 가장 먼저 CPU를 할당하여 실행할 수 있게 하는 방법은?

① FIFO
② LRU
③ LFU
④ FILO

56 일괄 처리(Batch Processing) 방법에 속하지 않는 것은?

① 자료가 발생할 때마다 보조기억장치에 기억해 두었다가 필요시에 처리하는 방식
② 자료가 일정량 수신되면 처리하는 방식
③ 자료를 일정 기간 단위로 처리하는 방식
④ 자료가 발생하는 즉시 필요한 처리를 하는 방식

57 현재 사용 중인 운영체제 버전을 화면에 표시할 때 사용하는 CLI 명령은?

① CLS
② DEL
③ DIR
④ VER

58 유닉스에 대한 설명으로 옳지 않은 것은?

① 대부분 C언어로 작성되었다.
② Stand Alone 시스템에 주로 사용된다.
③ 네트워크 기능이 풍부하다.
④ 대화식 운영체제이다.

59 유닉스에서 현재 작업 중인 프로세스의 상태를 알아볼 때 사용하는 명령어는?

① cp
② ping
③ ps
④ ls

60 유닉스에서 현재의 작업 디렉터리 경로를 나타내기 위한 명령어는?

① pwd
② kill
③ cd
④ ls

기출 예상문제 03회

시험 시간	풀이 시간	합격 점수	내 점수	문항수
60분	분	60점	점	60문항

1과목 프로그래밍 언어 활용 및 응용

01 추상 클래스에 대한 설명으로 틀린 것은?
① 자식 클래스에서 구현하려는 기능들의 공통점만을 모은 것이다.
② 인스턴스 생성이 불가능하다.
③ 부모 클래스에서 상속받아 구체화한다.
④ 자식 클래스의 인스턴스를 생성하는 방식으로 사용한다.

02 C언어에서 함수 호출 시, 기본적으로 전달되는 방식은?
① 값에 의한 호출(Call by Value)
② 참조에 의한 호출(Call by Reference)
③ 포인터에 의한 호출
④ 시스템마다 다름

03 HTML 문서에서 '줄 바꾸기' 기능을 의미하는 태그는?
① h1 ② br
③ b   ④ p

04 C언어에서 두 개의 논리 값 중 하나라도 참이면 1을 모두 거짓이면 0을 반환하는 연산자는 무엇인가?
① || ② &&
③ **   ④ !

05 다음 C언어 코드에서 괄호에 들어갈 알맞은 예약어는?

```
#include <stdio.h>
int func(int i, int j) {
    int sum = i + j;
    (   ) sum;
}
int main( ) {
    int r = func(3, 5);
}
```

① print
② input
③ continue
④ return

06 다음 코드의 출력 결과는?

```
int main( ) {
    int ar[ ] = {6, 4, 11, 15, 3};
    int len = sizeof(ar);
    printf("%d", len);
}
```

① 20
② 28
③ 24
④ 64

[참고] 파트01-챕터01-섹션09

07 다음 중 C언어에서의 일반적인 변수 선언 방법으로 가장 올바른 것은?

① int b = 10;
② char c = A;
③ long d = "A";
④ unsigned double e = -10.5

[참고] 파트06-챕터02-섹션02

08 다음 중 개발도구 설정 시 고려해야 할 사항으로 옳지 않은 것은?

① 운영체제와의 호환성
② 협업 및 동일한 버전 유지
③ 네트워크 및 보안 환경
④ 모니터의 해상도와 크기

[참고] 파트01-챕터01-섹션01

09 다음 C언어의 함수 중 키보드로 문자 하나를 입력받아 변수에 저장하는 함수는?

① gets( )
② putchar( )
③ puts( )
④ getchar( )

[참고] 파트01-챕터02-섹션01

10 다음 Java 코드의 출력 결과는?

```
public class Test {
    public static void main(String[ ] args) {
        System.out.println((int)34.5);
    }
}
```

① 34
② 35
③ 34.5
④ 36

[참고] 파트01-챕터02-섹션03

11 다음 Java 코드의 출력 결과는?

```
public static void main(String[ ] args)
{
    int arr[ ] = {0,1,2,3};
        for(int num : arr)
            System.out.printf("%d", num);
}
```

① 0,1,2,3
② 0123
③ 012
④ 123

[참고] 파트01-챕터02-섹션03

12 다음 Java 코드의 출력 결과는?

```
public class handaman {
    public static void main(String[ ] args) {
        String str = "  gohandaman  ";
        int length = str.trim().length( );
        System.out.println(length);
    }
}
```

① 10
② 12
③ 14
④ 16

13 다음 Java 코드의 출력 결과는?

```
public static void main(String[ ] args)
{
    int num1 = 3;
    int num2 = 7;
    if(++num1 < 5 || ++num2 > 8)
        System.out.print(num1);
    System.out.print(num2);
}
```

① 48
② 38
③ 47
④ 37

14 다음 중 목록을 생성하는 HTML 태그가 아닌 것은?

① ⟨ul⟩
② ⟨li⟩
③ ⟨ol⟩
④ ⟨el⟩

15 다음 중 CSS의 속성 중 사각형 테두리를 둥글게 만드는 속성은?

① border-radius
② square-round
③ border-round
④ square-radius

16 다음 중 IDE와 텍스트 에디터의 차이로 옳은 것은?

① IDE는 코드 작성만 가능하다.
② 텍스트 에디터는 디버깅 및 빌드 기능이 기본 제공된다.
③ IDE는 코드 작성, 빌드, 디버깅 등 통합 환경을 제공한다.
④ 텍스트 에디터는 모든 기능이 통합되어 있다.

17 다음 중 JAVA에서 참(true), 거짓(false)과 같이 논리값을 저장하는 자료형은?

① String
② byte
③ bool
④ boolean

18 switch 문에서 case 값이 중복될 수 있는가?

① 가능하다.
② 불가능하다.
③ 컴파일러 옵션에 따라 가능하다.
④ Java 버전에 따라 가능하다.

19 다음 C언어 코드의 출력 결과는?

```
int arr[3] = {10, 20, 30};
int *p = arr;
printf("%d", *p);
```

① 10
② 20
③ 30
④ {10, 20, 30}

참고 파트01-챕터02-섹션02

20 다음 Java 코드의 출력 결과는?

```
public class Test {
    public static void main(String[ ] args) {
        int i, j, k = 0;
        for(i=0; i<=3; i++)
        {
            for(j=0; j<4; j++)
                k++;
        }
        System.out.printf("%d",k);
    }
}
```

① 15
② 16
③ 17
④ 18

2과목 데이터베이스 활용

참고 파트03-챕터02-섹션01

21 다음 SQL 명령어 중 DDL에 해당하지 않는 것은?

① DROP
② GRANT
③ ALTER
④ CREATE

참고 파트02-챕터02-섹션02

22 다음에서 설명하는 논리적 데이터 모델의 종류는?

- 트리 구조를 이용해서 데이터 상호관계를 계층적으로 정의한 구조이다.
- 상위와 하위 레코드가 일대다(1:N)의 대응 관계로 이루어진 구조이다.
- 개체 간의 관계를 부모와 자식의 관계로 표현한다.

① 망형 데이터 모델
② 계층형 데이터 모델
③ 관계형 데이터 모델
④ 분산형 데이터 모델

참고 파트02-챕터02-섹션03

23 아래 SQL문에서 aaa를 기본키로 만들기 위해 빈칸에 알맞은 명령은?

```
create table sample aaa char(5), bbb char(8),
(     )(aaa);
```

① Super Key
② Foreign Key
③ Alternate Key
④ Primary Key

참고 파트02-챕터02-섹션01

24 데이터의 실제 저장 방법을 기술한 것으로, 시스템 프로그래머나 시스템 설계자의 관점에서 보는 스키마는?

① 외부 스키마
② 내부 스키마
③ 개념 스키마
④ 물리 스키마

참고 파트03-챕터02-섹션05

25 DCL 명령어 중의 하나로 데이터베이스 작업이 비정상적으로 종료되었을 때 원래 상태로 복구하는 명령을 의미하고 변경된 모든 내용을 취소하고 데이터베이스를 이전 상태로 되돌리는 명령어는 무엇인가?

① COMMIT
② ROLLBACK
③ GRANT
④ REVOKE

26 다음에서 설명하는 DB 용어는?

- 하나 이상의 기본 테이블에서 유도되는 가상의 테이블이다. 즉 저장장치 내에 물리적으로는 존재하지 않지만 사용자에게는 있는 것처럼 보이게 하는 것이다.
- 접근이 허용된 자료만을 제한적으로 보여주기 위한 가상의 테이블이다.
- 기본 테이블의 기본키를 포함한 속성(열) 집합으로 뷰를 구성해야지만 삽입, 삭제, 갱신, 연산이 가능하다.

① INDEX
② TABLE
③ SCHEMA
④ VIEW

27 아래 SQL문은 〈학생〉 테이블에서 학년이 1학년이거나 학과가 컴퓨터인 학생을 검색하는 문장이다. 괄호 안에 알맞은 명령은?

select 이름 from 학생 where 학년 = 1 (   ) 학과 = "컴퓨터";

① AND
② OR
③ NULL
④ NOT IN

28 다음에서 설명하는 DB 용어는?

속성의 값이 정의된 사항에 맞게 데이터가 입력되었는지 확인하는 작업을 수행하며, 또한 같은 길이의 문자 등을 입력하여야 하는 제약 조건이다.

① 도메인 무결성
② 참조 무결성
③ 데이터 무결성
④ 개체 무결성

29 다음에서 설명하는 DB 설계 방법으로 옳은 것은?

- 개념적 설계 단계에서 생성한 개념적 스키마를 기반으로 설계
- E-R 모델을 통해 릴레이션으로 매핑
- 트랜잭션의 인터페이스를 설계
- 관계형 데이터베이스 시스템에서 사용

① 논리적 설계
② 개념적 설계
③ 물리적 설계
④ 요구조건 분석

30 DBA의 역할로 거리가 먼 것은?

① 응용 프로그램(Application Program)의 작성
② 스키마 정의
③ 무결성 제약 조건의 지정
④ 저장 구조와 액세스 방법 정의

31 다음 괄호 안에 해당하는 SQL 용어는?

- (   )은/는 빠른 조회 속도와 효율적인 동작을 제공한다.
- (   )은/는 CREATE 문으로 생성이 가능하다.
- (   )은/는 컬럼, 주소 등의 구성요소로 이루어져 있다.

① VIEW
② TABLE
③ TUPLE
④ INDEX

32 다음의 자료 구조 중 나머지 셋과 성격이 다른 하나는?

① 스택(Stack)
② 트리(Tree)
③ 큐(Queue)
④ 데크(Deque)

33 데이터베이스 설계 시 물리적 설계 단계에서 수행하는 사항이 아닌 것은?

① 저장 레코드 양식 설계
② 레코드 집중의 분석 및 설계
③ 접근 경로 설계
④ 목표 DBMS에 맞는 스키마 설계

34 E-R 다이어그램에서 타원형은 무엇을 나타내는가?

① 개체
② 관계
③ 링크
④ 속성

35 관계대수의 JOIN 연산자 기호에 해당하는 것은?

① ÷
② ⋈
③ π
④ ∩

36 SQL에서 스키마, 도메인, 테이블, 뷰, 인덱스를 정의하거나 변경 또는 삭제할 때 사용하는 언어는?

① DML(Data Manipulation Language)
② DDL(Data Definition Language)
③ DCL(Data Control Language)
④ IDL(Interactive Data Language)

37 아래 SQL문은 〈학생〉 테이블을 사용하여 고유한 특성을 갖는 'idx_no'라는 이름의 인덱스를 정의하되, '아이디' 속성에 대해 오름차순으로 정렬하는 SQL문이다. 괄호( ) 안에 알맞은 명령은?

```
CREATE (        ) INDEX idx_no ON 학생(아이디 ASC);
```

① DISTINCT
② UNIQUE
③ RESTRICT
④ CASCADE

38 트랜잭션(Transaction)의 특성에 대한 설명으로 옳지 않은 것은?

① 원자성은 트랜잭션의 일부만 수행된 상태로 종료될 수 있다는 특성을 의미한다.
② 일관성은 시스템의 고정 요소는 트랜잭션 수행 전과 수행 완료 후에 같아야 한다는 특성을 의미한다.
③ 고립성은 트랜잭션이 실행될 때마다 다른 트랜잭션의 간섭을 받지 않아야 한다는 성질을 의미한다.
④ 지속성은 트랜잭션의 완료 결과가 데이터베이스에 영구히 기억되는 성질을 의미한다.

39 SQL에서 검색을 위한 조건문을 기술하는 데 사용되는 구문은?

① If
② When
③ Select
④ Where

40 아래 SQL문은 고객 테이블에서 직책이 부장을 포함하는 레코드를 검색하는 SQL문이다. 괄호 안에 알맞은 명령은?

SELECT * FROM 고객 WHERE 직책 (   ) '%부장%';

① LIKE
② INCLUDE
③ IN
④ NOT LIKE

3과목 정보 시스템 및 응용 SW 기초 기술

41 OSI 7계층 모델에서 비트 전송을 위한 기계적, 전기적, 절차적 특성을 정의한 계층은?

① 물리 계층
② 데이터 링크 계층
③ 네트워크 계층
④ 전송 계층

42 프롬프트 상에서 명령어를 직접 입력하여 작업을 수행하는 인터페이스 방식은?

① GUI
② NUI
③ OUI
④ CLI

43 다음 중 모두 응용 계층에 속하는 프로토콜로 옳은 것은?

① TCP, IP
② ICMP, FTP
③ HTTP, UDP
④ HTTP, FTP

44 OSI 7계층의 전송 계층에 해당하는 프로토콜로 신뢰성 있는 연결형 서비스를 제공하며, 패킷의 다중화, 순서 제어, 오류 제어, 흐름 제어 기능을 제공하는 프로토콜은 무엇인가?

① UDP
② IP
③ SMTP
④ TCP

45 OSI 참조 모델의 최상위 계층은?

① 전송 계층(Transport Layer)
② 표현 계층(Presentation Layer)
③ 세션 계층(Session Layer)
④ 응용 계층(Application Layer)

46 교착상태 발생의 필요 충분 조건이 아닌 것은?

① 상호배제(Mutual Exclusion)
② 점유와 대기(Hold and Wait)
③ 선점(preemption)
④ 환형 대기(Circular Wait)

참고 파트06-챕터01-섹션01

47 UNIX의 쉘(Shell)에 대한 설명으로 옳지 않은 것은?

① C, Bourne, Korn Shell 등이 있다.
② 시스템과 사용자 간의 인터페이스를 담당한다.
③ 명령어 해석기이다.
④ UNIX의 보안 관리를 수행한다.

참고 파트07-챕터01-섹션02

48 온프레미스 백업 시스템의 특징으로 옳지 않은 것은?

① 기업 내부에 백업 장비와 서버를 직접 구축한다.
② 인터넷 연결 없이도 데이터에 접근할 수 있다.
③ 초기 구축 비용과 유지보수 비용이 크다.
④ 자연재해 발생 시에도 안전하게 보장된다.

참고 파트05-챕터01-섹션02

49 다음 중 화이트박스 테스트의 종류가 아닌 것은?

① 기초 경로 검사
② 조건 검사
③ 루프 검사
④ 경계값 분석

참고 파트06-챕터01-섹션01

50 운영체제의 성능 평가 요인으로 가장 거리가 먼 것은?

① Throughput
② Availability
③ Turn Around Time
④ Security

참고 파트06-챕터01-섹션01

51 사용자의 편의를 위해 사용 빈도가 높은 프로그램을 시스템 제공자가 미리 작성하여 사용자에게 제공해 주는 운영체제의 처리 프로그램에 해당하는 것은?

① 서비스(Service) 프로그램
② 작업 관리(Job Management) 프로그램
③ 데이터 관리(Data Management) 프로그램
④ 감시(Supervisor) 프로그램

참고 파트06-챕터01-섹션01

52 가상기억장치 관리 기법인 페이지 대체 알고리즘에 대한 설명으로 틀린 것은?

① FIFO : 가장 처음에 기록된 페이지를 교체
② LRU : 최근에 사용하지 않은 페이지를 교체
③ LFU : 사용한 횟수가 가장 적은 페이지를 교체
④ MRU : 사용 빈도가 가장 많은 페이지를 교체

참고 파트06-챕터01-섹션03

53 화면의 내용을 깨끗이 지워주는 역할을 하는 CLI 명령은?

① CLS
② DEL
③ DIR
④ VER

참고 파트06-챕터01-섹션03

54 파일을 읽기 전용 속성으로 지정하는 CLI 명령은?

① ATTRIB +R
② ATTRIB +A
③ ATTRIB +H
④ ATTRIB +V

[참고] 파트06-챕터01-섹션02

55 윈도우에서 파일이나 폴더를 바탕 화면에 바로가기 아이콘으로 만들 때 마우스와 함께 사용하는 단축키는?

① Alt + Shift
② Ctrl + Alt
③ Alt + Tab
④ Ctrl + Shift

[참고] 파트06-챕터01-섹션02

56 윈도우에서 클립보드에 대한 설명으로 옳지 않은 것은?

① 윈도우에서 자료를 일시적으로 보관하는 장소를 제공한다.
② 선택된 대상을 클립보드에 오려두기 할 때 사용되는 단축키는 [Ctrl]+[V]이다.
③ 가장 최근에 저장된 파일 하나만 저장할 수 있다.
④ 컴퓨터의 전원을 끄면 클립보드에 저장된 내용이 사라진다.

[참고] 파트06-챕터01-섹션03

57 유닉스 명령어 중 CLI 명령의 DIR과 같은 역할을 하는 명령은?

① ls
② cd
③ pwd
④ cl

[참고] 파트02-챕터01-섹션01

58 OSI 7계층 중 암호화, 데이터 압축, 코드 변환 등의 기능을 수행하는 계층은?

① 전송 계층
② 응용 계층
③ 물리 계층
④ 프레젠테이션 계층

[참고] 파트06-챕터01-섹션03

59 다음 중 유닉스 시스템의 쉘(Shell)에 대한 설명이 아닌 것은?

① 쉘은 사용자가 지정한 명령들을 해석하여 커널로 처리할 수 있도록 전달해주는 명령 해석기이다.
② 쉘은 단말장치를 통하여 사용자로부터 명령어를 입력받는다.
③ 쉘 인터프리터를 사용자가 활용할 수 있다.
④ 쉘은 항상 주기억장치에 상주하면서 메모리 관리, 작업 관리, 파일 관리 등의 기능을 조정한다.

[참고] 파트05-챕터01-섹션02

60 화이트박스 테스트와 관련한 설명으로 틀린 것은?

① 화이트박스 테스트의 이해를 위해 논리 흐름도를 이용할 수 있다.
② 모듈 안의 작동을 직접 관찰할 수 있다.
③ 프로그램의 구조를 고려하지 않기 때문에 테스트 케이스 프로그램 또는 모듈의 요구나 명세를 기초로 결정한다.
④ 원시 코드의 모든 문장을 한 번 이상 실행함으로써 수행된다.

빠른 정답 확인 QR
스마트폰으로 QR을 찍으면 정답표가 오픈됩니다.
기출문제를 편리하게 채점할 수 있습니다.

기출 예상문제 04회

1과목 프로그래밍 언어 활용 및 응용

01 C언어에서 break와 continue의 차이로 옳은 것은?

① 둘 다 반복문을 즉시 종료한다.
② break는 반복문을 종료, continue는 다음 반복으로 넘어간다.
③ break는 함수를 종료, continue는 반복문을 유지한다.
④ 동일한 의미이다.

02 다음 C언어 코드의 출력 결과는?

```
#include <stdio.h>
main( ) {
    int a=3, b=1;
    a*=5-b;
    printf("%d", a);
}
```

① 14
② 13
③ 12
④ 11

03 다음 자바스크립트 프로그램이 실행되었을 때, 실행 결과는?

```
<script>
    var r = 0;
    for (var i = 1; i <= 10; i++)
        r = r + i;
    document.write(r);
</script>
```

① 10
② 45
③ 55
④ 66

04 다음 C언어에서 상수를 정의할 때 사용하는 예약어는?

① #include
② #define
③ #valuable
④ #function

05 다형성(Polymorphism)의 의미로 올바른 것은?

① 여러 객체가 동일한 메시지(메서드 호출)에 대해 서로 다른 방식으로 응답하는 것이다.
② 하나의 메서드가 여러 개 존재하는 것이다.
③ 프로그램이 여러 운영체제에서 실행 가능한 것이다.
④ 여러 클래스가 동시에 실행되는 것이다.

참고 파트01-챕터02-섹션02

06 다음 Java 코드의 출력 결과는?

```java
class MethodReturns {
    public static void main(String[ ] str){
        int result;
        result = adder(3, 4);
        System.out.println(result);
    }

    public static int adder(int num1, int num2) {
        int addResult = num1 + num2;
        return addResult;
    }
}
```

① 3
② 4
③ 7
④ 8

참고 파트01-챕터02-섹션01

07 다음 중 객체지향에서 정보 은닉과 가장 밀접한 관계가 있는 것은?

① Encapsulation
② Class
③ Method
④ Instance

참고 파트01-챕터01-섹션03

08 두 비트 중 한 비트만 1일 때 참을 반환하는 연산자는?

① &
② ^
③ |
④ ~

참고 파트01-챕터02-섹션03

09 다음에서 설명하는 Java 용어는 무엇인가?

- 자바의 한 클래스 내에 이미 사용하려는 이름과 같은 이름을 가진 메서드가 있더라도 매개변수의 개수와 타입이 다르면, 같은 이름을 사용해서 메서드를 정의할 수 있다.
- 메서드의 이름이 같아도 각 매개변수의 개수나 타입이 다르면 여러 개의 메서드를 정의하여 사용할 수 있는 방식이다.
- 단, 리턴 값만 다른 것은 사용할 수 없다.

① 클래스
② 오버라이딩
③ 상속
④ 오버로딩

참고 파트01-챕터01-섹션06

10 다음 C언어 코드의 출력 결과는?

```c
int main( ) {
    int a = 15, b = 6;
    int ans = 0;
    int i;
    for (i = 1; i <= a * b; i++) {
        if (i % a == 0 && i % b == 0) {
            ans = i;
            break;
        }
    }
    printf("%d", ans);
    return 0;
}
```

① 6
② 15
③ 30
④ 90

[참고] 파트01-챕터01-섹션01

11 다음 중 C언어에서 실수를 표현하는 자료형은?

① int
② byte
③ short
④ float

[참고] 파트04-챕터02-섹션03

12 자바스크립트에서 배열의 맨 끝에 데이터를 추가하는 데 사용하는 메서드는?

① push( )
② pop( )
③ shift( )
④ unshift( )

[참고] 파트01-챕터01-섹션03

13 다음 Java 코드의 출력 결과는?

```
public class Test {
    public static void main(String[ ] str){
        int a = 0b0101;
        System.out.print(a);
    }
}
```

① 0101　　② 2
③ 5　　　　④ 12

[참고] 파트04-챕터02-섹션03

14 C언어에서 입출력을 담당하는 stdio.h 파일에 정의되어 있는 함수 중 하나로 화면 출력 기능을 수행하는 함수는?

① print( )
② scanf( )
③ println( )
④ printf( )

[참고] 파트04-챕터02-섹션01

15 다음 HTML 코드로 구현한 표에서 2번째 행에 만들어지는 셀을 3개 공간을 차지하는 병합된 셀로 만들고자 할 때 괄호에 들어갈 알맞은 속성은?

```
<table>
  <tr>
    <td>a</td>
    <td>b</td>
    <td>c</td>
  </tr>
    <td (     ) = '3'>def</td>
</table>
```

① rows
② rowspan
③ cols
④ colspan

[참고] 파트01-챕터01-섹션02

16 다음 C언어 코드의 출력 결과는?

```
#include <stdio.h>
void main( ) {
    int x = 5;
    printf("%d", x++);
}
```

① 3
② 4
③ 5
④ 6

[참고] 파트04-챕터02-섹션03

17 JavaScript에서 변수를 선언할 때 사용하는 예약어는?

① dim
② int
③ var
④ scr

[참고] 파트01-챕터01-섹션01

18 다음 중 C언어에서 정수형 변수 앞에 추가하여 0 이상의 값을 표현하도록 하는 예약어는?

① static
② fixed
③ signed
④ unsigned

[참고] 파트01-챕터01-섹션01

19 다음 중 C언어에서 반드시 정수를 사용해야 하는 연산자는?

① %
② /
③ *
④ +

[참고] 파트01-챕터02-섹션02

20 다음 Java 코드의 실행 결과는?

```
int num = 1;
switch(num) {
    case 1: System.out.print("One ");
    case 2: System.out.print("Two ");
    case 3: System.out.print("Three ");
}
```

① One
② Two
③ One Two Three
④ Two ThreeOne

2과목 데이터베이스 활용

[참고] 파트02-챕터02-섹션02

21 관계형 데이터베이스에서 가장 작은 논리적 단위이며, 릴레이션의 행을 구성하는 요소인 것은?

① 속성(Attribute)
② 기수(Cardinality)
③ 레코드(Record)
④ 차수(Degree)

[참고] 파트03-챕터02-섹션03

22 다음의 내용에 해당하는 SQL 명령은?

- 조작어(DML) 중에서 갱신/수정을 담당하는 명령어이다.
- 테이블의 필드 값을 변경할 때 사용한다.
- 조건을 지정하여 한 번에 여러 레코드의 필드 값을 변경할 수 있다.

① INSERT
② CREATE
③ SELECT
④ UPDATE

[참고] 파트02-챕터02-섹션01

23 하나의 속성이 취할 수 있는 같은 타입의 원자값들의 집합, 속성의 범위에 해당하는 DB 용어는?

① 튜플(Tuple)
② 도메인(Domain)
③ 속성(Attribute)
④ 릴레이션(Relation)

[참고] 파트02-챕터02-섹션03

24 외연(Extention)이라고 하며 릴레이션 내의 어느 시점에 있는 튜플들의 집합을 무엇이라고 하는가?

① 도메인
② 인스턴스
③ 속성
④ 스키마

[참고] 파트02-챕터02-섹션03

25 다음의 내용에 해당하는 SQL 용어는?

- 데이터베이스에서 릴레이션 내의 각각의 행을 말하며, 속성의 모임으로 구성된다. 파일 구조에서 레코드(Record)와 같은 의미이다.
- 관련 테이블에서 여러 개의 속성들이 혼합된 자료 요소를 의미하며, 각 개체들의 각각의 정보를 표현하는 것을 말한다.

① 튜플
② 속성
③ 인스턴스
④ 릴레이션

[참고] 파트02-챕터02-섹션02

26 2차원 테이블로 이루어져 있으며 테이블은 이름을 가지고 있고, 행과 열 그리고 거기에 대응하는 값을 가지는 데이터베이스 시스템은 무엇인가?

① 관계형 데이터베이스 시스템
② 계층형 데이터베이스 시스템
③ 네트워크형(망형) 데이터베이스 시스템
④ 트리형 데이터베이스 시스템

[참고] 파트03-챕터01-섹션01

27 데이터베이스에서 뷰에 대한 설명으로 틀린 것은?

① 뷰는 기본 테이블에서 유도되는 가상의 테이블이다.
② 뷰를 통해 데이터에 접근이 가능하기 때문에 데이터를 안전하게 보호할 수 있다.
③ 뷰를 제거하기 위해 DELETE 문을 사용한다.
④ 필요한 데이터만을 뷰로 정의해서 처리할 수 있다.

[참고] 파트02-챕터02-섹션03

28 다음 괄호 안에 들어갈 데이터베이스 용어는 무엇인가?

- 데이터베이스의 구조와 제약 조건에 관한 전반적인 명세를 기술, 데이터베이스를 구성하는 데이터 객체, 이들의 성질, 이들 간의 관계, 데이터의 조작 및 이들 데이터 값들이 갖는 제약 조건에 관한 정의를 총칭하는 것이다.
- 릴레이션 (   )란 내포(Intension)라고 하며 릴레이션의 이름, 속성의 이름과 타입 등을 릴레이션에 데이터를 넣을 수 있도록 하는 릴레이션 틀이다.

① 도메인
② 인스턴스
③ 속성
④ 스키마

[참고] 파트03-챕터02-섹션01

29 릴레이션 내의 데이터를 변경이나 삭제할 때 다른 개체가 해당 개체를 참조하고 있을 경우 변경 및 삭제를 취소하는 명령어는?

① REVOKE
② RESTRICT
③ DELETE
④ UNDELETE

[참고] 파트02-챕터02-섹션01

30 다음 중 SELECT를 나타내는 기호는?

① $\cup$
② π
③ σ
④ $\cap$

31 다음 괄호 안에 해당하는 SQL 용어는?

- 릴레이션 R1에 저장된 튜플이 릴레이션 R2에 있는 튜플을 참조하려면 참조되는 튜플은 반드시 R2에 존재해야 한다.
- 개체들간의 관계와 관련된 제약 조건이며 데이터베이스에 존재하는 릴레이션은 서로 참조할 수 없는 외래키 값을 가질 수 없는 것을 (   ) 무결성이라 한다.

① 관계
② 도메인
③ 참조
④ 개체

32 데이터베이스에 저장된 데이터 값과 그것이 표현하는 현실 세계의 실제값이 일치하는 정확성을 의미하는 데이터베이스 용어는?

① 카디널리티
② 무결성
③ 뷰
④ 인덱스

33 관계형 데이터베이스에서 연산의 결과로 새로운 릴레이션이 생성되는 절차적 언어를 의미하는 것은?

① 도메인 관계해석
② 튜플 관계해석
③ 관계대수
④ 관계분석

34 아래 SQL문을 알맞게 설명한 것은?

SELECT dept_code FROM dept WHERE dept_code LIKE '_s%';

① s가 포함되는 모든 부서코드를 검색한다.
② 첫 번째 글자가 s인 모든 부서코드를 검색한다.
③ s가 포함되지 않는 모든 부서코드를 검색한다.
④ 두 번째 글자가 s인 모든 부서코드를 검색한다.

35 데이터를 부적절하게 구조화했을 때 발생하는 일련의 문제를 이상 현상(Anomaly)이라고 한다. 이상 현상의 세 가지 유형 중 데이터 중복으로 인해 데이터의 일부만 수정되어 데이터 간 불일치가 발생하는 경우는 무엇인가?

① 삽입 이상
② 삭제 이상
③ 갱신 이상
④ 불일치 이상

36 DML에 해당하는 SQL 명령으로만 나열된 것은?

① DELETE, UPDATE, CREATE, ALTER
② INSERT, DELETE, UPDATE, DROP
③ SELECT, INSERT, DELETE, UPDATE
④ SELECT, INSERT, DELETE, ALTER

참고 파트02-챕터02-섹션04
37 정규화의 목적으로 옳지 않은 것은?

① 데이터 중복을 배제하여 삽입 이상, 삭제 이상, 갱신 이상을 방지할 수 있다.
② 주어진 릴레이션을 더 작은 릴레이션 스키마들로 분할하는 과정이다.
③ 어떠한 릴레이션이라도 데이터베이스 내에서 표현 가능하도록 한다.
④ 릴레이션에 새로운 형태의 데이터가 삽입될 때 릴레이션을 재구성할 필요성을 증가시킨다.

참고 파트03-챕터01-섹션01
38 시스템 카탈로그에 대한 설명으로 옳지 않은 것은?

① 데이터 사전이라고도 한다.
② 시스템 카탈로그에 저장되는 내용을 메타 데이터라고 한다.
③ 시스템 자신이 필요로 하는 스키마 및 여러 가지 객체에 관한 정보를 포함하고 있는 시스템 데이터베이스이다.
④ 시스템 카탈로그의 정보를 INSERT, UPDATE, DELETE 문으로 직접 갱신할 수 있다.

참고 파트02-챕터02-섹션03
39 아래의 그림에서 속성(Attribute)의 개수는?

학번	학생명	주민번호	학과	교수번호
243377	오주완	960129-1234567	컴퓨터	A01
252266	안복남	010505-3456789	건축	A03
241144	김태린	030918-4567890	컴퓨터	A02
231234	유삼백	990909-1345678	컴퓨터	A01

① 4
② 5
③ 6
④ 8

참고 파트02-챕터02-섹션01
40 다음에서 설명하는 데이터베이스 설계 방법으로 옳은 것은?

- DB 설계 단계에서 E-R 다이어그램을 활용하여 릴레이션 스키마로 변환한 후, 속성의 데이터 타입, 길이, 널 값 허용 여부, 기본값 제약 조건 등을 세부적으로 결정하고 결과를 문서화한다.
- 개념적 설계에서 만들어진 구조를 논리적으로 구현 가능한 데이터 모델로 변환하는 단계로 사용자가 알아볼 수 있는 형태로 변환하고, 스키마를 정의하는 과정을 말한다.
- E-R 모델을 통해 릴레이션으로 매핑, 관계형 데이터베이스 시스템에서 사용한다.

① 논리적 설계
② 개념적 설계
③ 물리적 설계
④ 요구조건 분석

3과목 정보 시스템 및 응용 SW 기초 기술

참고 파트02-챕터01-섹션02
41 다음에서 설명하는 프로토콜은?

- 네트워크 기기 간에서 경로 정보를 교환하고, 동적으로 경로 정보를 구성하는 라우터 제어 프로토콜이다.
- GP(Interiot Gateway Protocol)의 한 종류로 최적의 경로를 탐색하기 위해 Bellman-Ford의 거리 벡터 알고리즘을 사용한다. 홉(hop)을 이용하여 경유 네트워크의 수가 가장 적은 경로를 탐색하는 방식이며, 최대 홉 수가 16 미만으로 제한되므로 대규모 네트워크보다는 소규모 네트워크에 적합하다.

① RIP
② SNMP
③ HTTPS
④ SSH

42 IPv4 프로토콜에서 C클래스에 해당하는 기본 서브넷 마스크 주소는?

① 255.0.0.0
② 255.255.0.0
③ 255.255.255.0
④ 255.255.255.255

43 OSI 7계층 모델에서 물리적 연결을 이용해 신뢰성 있는 정보를 전송하려고 동기화, 오류제어, 흐름제어 등의 역할을 하며 프레임 단위로 전송하는 계층은?

① 물리 계층
② 데이터 링크 계층
③ 네트워크 계층
④ 전송 계층

44 다음 설명하는 프로토콜은?

- 사용자의 컴퓨터에서 작성한 메일을 다른 사람의 계정이 있는 곳으로 전송해 주는 프로토콜로 인터넷 연결을 통하여 이메일을 보낼 때 사용되는 프로토콜을 말한다.
- 발신자가 Gmail, Outlook Express 등을 통해 발신한 이메일을 메일 서버에서 받아서 전달하는 과정의 기술 표준으로 포트번호는 25번이다.

① SNMP
② POP3
③ SMTP
④ IMAP

45 UI 테스트 기법 중 성능 평가 기법에서 사용하는 평가 항목이 아닌 것은?

① 학습성
② 기억용이성
③ 오류
④ 이식성

46 하이브리드 백업 시스템에 대한 설명으로 옳은 것은?

① 클라우드만 사용하는 백업 방식이다.
② 온프레미스와 클라우드를 결합하여 빠른 복구와 안전성을 동시에 확보한다.
③ 관리가 단순하여 소규모 기업에만 적합하다.
④ 복구는 온프레미스에서만 가능하다.

47 주로 구현된 기능을 테스트하는 블랙박스 테스트 기법 중 입력 조건의 중간보다 경계에서 오류가 발생될 확률이 높다는 점을 이용하여 테스트 케이스를 생성하는 테스트 기법은?

① 동등 분할 검사(동치 분할 검사)
② 경계값 분석
③ 원인-효과 그래프 검사
④ 오류 예측 검사

48 유닉스 계열의 명령어 중에서 현재 작업 중인 디렉터리의 경로를 출력하는 명령어는 무엇인가?

① ls
② cp
③ move
④ pwd

49 다음 설명에 해당하는 윈도우 프롬프트 명령어는?

- 다양한 원격 호스트와 네트워크의 상태를 검사하고, 네트워크 연결 상태를 확인하는 명령어이다.
- 특정 시스템과 접속이 안 될 경우 네트워크 상의 문제를 진단하는 명령어이다.
- 인터넷이 정상적으로 연결되었는지 확인하는 서비스이다.
- 이 명령을 실행하면 ICMP 패킷을 원격 IP 주소에 송신하고 ICMP 응답을 기다린다.

① NETSTAT
② PING
③ IPCONFIG
④ NSLOOKUP

50 다음 설명에 해당하는 스케줄링 알고리즘은?

- 시분할 시스템을 위해 설계된 선점형 스케줄링의 하나로서, 프로세스들 사이에 우선순위를 두지 않고, 순서대로 시간 단위(Time Quantum)로 CPU를 할당하는 방식의 CPU 스케줄링 알고리즘
- 규정 시간 또는 시간 조각(Slice)을 미리 정의하여 CPU 스케줄러가 준비상태에서 정의된 시간만큼 각 프로세스에 CPU를 제공하는 시분할 시스템에 적절한 스케줄링 기법

① 병렬 처리
② 라운드 로빈
③ 실시간 처리
④ 분산 처리

51 다음 설명에 해당하는 유닉스 명령어는?

- 네트워크 인터페이스 구성을 위한 유닉스 계열 운영체제의 시스템 관리 유틸리티이다.
- 일반적으로 네트워크 인터페이스의 IP 주소와 서브넷 마스크의 설정 및 인터페이스의 활성화/비활성화 등을 위해 사용된다.
- IP주소, 서브넷 마스크, MAC 주소, 네트워크 상태 등을 확인, 설정할 수 있다.

① tar
② ifconfig
③ ls
④ chmod

52 다음 컴퓨터 기억장치를 빠른 순서로 나열한 것은?

① 캐시메모리 – 레지스터 – RAM – 보조기억장치
② 레지스터 – RAM – 캐시메모리 – 보조기억장치
③ RAM – 레지스터 – 캐시메모리 – 보조기억장치
④ 레지스터 – 캐시메모리 – RAM – 보조기억장치

53 윈도우에서 디스크 조각 모음에 대한 설명으로 옳지 않은 것은?

① 디스크 조각 모음은 불량(Bad) 섹터를 치료해 준다.
② 사용 중인 디스크의 효율 향상을 위하여 수행한다.
③ 디스크 조각 모음 작업 중에도 다른 작업을 수행할 수 있다.
④ 단편화 현상을 제거하여 검색 속도를 빠르게 한다.

54 윈도우에서 작업 관리자를 실행하는 단축키는?
① [윈도우키]+[D]
② [Alt]+[Tab]
③ [Ctrl]+[Shift]+[Esc]
④ [윈도우키]+[E]

55 TCP/IP의 응용 계층과 관련된 프로토콜이 아닌 것은?
① SMTP
② UDP
③ SNMP
④ TELNET

56 하드디스크를 논리적으로 여러 개의 디스크로 나누어 각 볼륨이 서로 다른 드라이브 문자를 가진 별개의 드라이브로 동작하도록 하는 데 사용되는 명령어는?
① FDISK
② CHKDSK
③ VOL
④ XCOPY

57 윈도우에서 지워진 파일이 임시로 보관되는 곳은?
① 휴지통
② 내 문서
③ 내 컴퓨터
④ 제어판

58 사용자 인터페이스(User Interface)에 대한 설명으로 틀린 것은?
① 사용자와 시스템이 정보를 주고받는 상호 작용이 잘 이루어지도록 하는 장치나 소프트웨어를 말한다.
② 편리한 유지보수를 위해 개발자 중심으로 설계되어야 한다.
③ 배우기가 용이하고 쉽게 사용할 수 있도록 만들어져야 한다.
④ 사용자 요구사항이 UI에 반영될 수 있도록 구성해야 한다.

59 CLI 명령의 DIR 명령은 현재 디렉터리와 파일 등에 관한 정보를 표시해주는 명령이다. 이 명령의 옵션 중 하위 디렉터리의 정보까지 표시해주는 명령은?
① DIR/P
② DIR/W
③ DIR/S
④ DIR/A

60 윈도우 단축키 중 활성 창을 닫고 프로그램을 종료하는 것은?
① [Alt]+[Tab]
② [Ctrl]+[Esc]
③ [Alt]+[F4]
④ [Ctrl]+[C]

빠른 정답 확인 QR
스마트폰으로 QR을 찍으면 정답표가 오픈됩니다.
기출문제를 편리하게 채점할 수 있습니다.

기출 예상문제 05회

시험 시간	풀이 시간	합격 점수	내 점수	문항수
60분	분	60점	점	60문항

1과목　프로그래밍 언어 활용 및 응용

참고　파트01-챕터02-섹션01

01 다음 중 객체지향 프로그래밍의 장점이 아닌 것은?

① 코드 재사용성이 높다.
② 유지보수가 용이하다.
③ 실행 속도가 항상 절차지향보다 빠르다.
④ 현실 세계의 개념을 잘 반영한다.

참고　파트01-챕터02-섹션01

02 객체지향 설계에서 정보 은닉(Information Hiding)과 관련한 설명으로 틀린 것은?

① 필요하지 않은 정보는 접근할 수 없도록 하여 한 모듈 또는 하부 시스템이 다른 모듈의 구현에 영향을 받지 않게 설계되는 것을 의미한다.
② 모듈들 사이의 독립성을 유지시키는 데 도움이 된다.
③ 설계에서 은닉되어야 할 기본 정보로는 IP 주소와 같은 물리적 코드, 상세 데이터 구조 등이 있다.
④ 모듈 내부의 자료 구조와 접근 동작들에만 수정을 국한하기 때문에 요구사항 등 변화에 따른 수정이 불가능하다.

참고　파트01-챕터01-섹션01

03 컴퓨터가 명령을 처리하는 도중 발생하는 값인 숫자, 문자열, 논리값 등을 저장하기 위한 공간을 의미하는 용어는?

① 상수
② 변수
③ 예약어
④ 주석

참고　파트01-챕터01-섹션01

04 라이브러리의 개념과 구성에 대한 설명 중 틀린 것은?

① 라이브러리란 필요할 때 찾아서 쓸 수 있도록 모듈화되어 제공되는 프로그램을 말한다.
② 프로그래밍 언어에 따라 일반적으로 도움말, 설치 파일, 샘플 코드 등을 제공한다.
③ 외부 라이브러리는 프로그래밍 언어가 기본적으로 가지고 있는 라이브러리를 의미하며, 표준 라이브러리는 별도의 파일 설치를 필요로 하는 라이브러리를 의미한다.
④ 라이브러리는 모듈과 패키지를 총칭하며, 모듈이 개별 파일이라면 패키지는 파일들을 모아 놓은 폴더라고 볼 수 있다.

참고　파트01-챕터02-섹션03

05 다음 Java 코드의 출력 결과는?

```
package helloworld;
public class HelloWorld {
    public static void main(String[ ] args){
        String s1 = "HelloWorld!";
        String s2 = s1.substring(5);
        System.out.print(s2.toUpperCase( ));
    }
}
```

① World!
② orld!
③ ORLD!
④ WORLD!

06 다음 Java 코드의 출력 결과는?

```
public class Handaman {
public static void main(String[ ] args){
    String str1 = "Helloworld!";
    String str2 = "HelloWOrlD!";
    if(str1.equals(str2)) {
        System.out.print(str1.toUpperCase( ));
    }
    else if(str1.equalsIgnoreCase(str2)) {
        System.out.print(str1.toLowerCase( ));
    }
    else {
        System.out.print(str2);
    }
}
}
```

① HELLOWORLD!
② helloworld!
③ HelloWorld!
④ Helloworld!

07 HTML이 호출될 때 자바스크립트를 이용하여 안내 문구를 전달하고 싶은 경우 사용할 수 있는 메서드는?

① alert
② prompt
③ input
④ scan

08 객체지향 개념에서 이미 정의되어있는 상위 클래스(슈퍼 클래스 혹은 부모 클래스)의 메서드를 비롯한 모든 속성을 하위 클래스가 물려받는 것을 무엇이라고 하는가?

① 추상화(Abstraction)
② 메서드(Method)
③ 상속(Inheritance)
④ 캡슐화(Encapsulation)

09 다음 자바 프로그램 조건문에 대해 삼항 조건 연산자를 사용하여 옳게 나타낸 것은?

```
if (a > b)
    max = a;
else if (a <= b)
    max = b;
```

① max = (a > b)? a : b;
② (a > b)? max = a : max = b;
③ max = (a <= b)? a : b;
④ (a <= b)? max = a : max = b;

10 다음 C언어 코드의 출력 결과는?

```
int arr[3] = {10, 20, 30};
int *p = arr;
printf("%d ", *p);
printf("%d", *(p+1));
```

① 1020
② 2030
③ 10 20
④ 20 30

11 다음 C언어 코드의 출력 결과는?

```
#include <stdio.h>
void main( ) {
    int x = 5;
    printf("%d", x++);
}
```

① 3
② 4
③ 5
④ 6

[참고] 파트01-챕터01-섹션02

12 다음 Java 프로그램이 실행되었을 때, 실행 결과는?

```
public class Test {
    public static void main(String[ ] args){
        int a, b, c, d;
        a = b = 5;
        c = - -a % - -a;
        d = b++ * b++;
        System.out.printf("%d, %d", c, d);
    }
}
```

① 0, 25
② 1, 25
③ 0, 30
④ 1, 30

[참고] 파트01-챕터02-섹션03

13 "java".equals("Java")의 결과는?

① true
② false
③ 컴파일 오류
④ 런타임 오류

[참고] 파트01-챕터02-섹션03

14 다음 JAVA 코드가 실행되었을 때의 결과는?

```
int a[ ][ ] = new int[2][3];
System.out.print(a.length);
```

① 2
② 3
③ 5
④ 6

[참고] 파트01-챕터01-섹션01

15 다음 중 C언어에서 변수명으로 사용할 수 있는 것은?

① 8_dei
② while
③ di sum
④ iAvg

[참고] 파트01-챕터01-섹션01

16 다음 중 C언어에서 수학 함수를 사용하기 위해 추가해야 하는 라이브러리는?

① stdio.h
② math.h
③ stdlib.h
④ time.h

[참고] 파트04-챕터02-섹션01

17 HTML에서 다음과 같이 frameset 태그를 사용했을 때 나타나는 결과로 옳은 것은?

```
<FRAMESET cols="50%, 50%">
    <FRAMESET rows="50%, 50%">
    </FRAMESET>
</FRAMESET>
```

참고 파트01-챕터01-섹션01

18 다음 중 커서를 왼쪽으로 한 칸 이동하는 제어 문자는?

① \n
② \r
③ \b
④ \t

참고 파트06-챕터02-섹션02

19 다음 중 C, C++ 개발 환경에서 주로 사용하는 빌드 도구는?

① Make, CMake
② Maven
③ pip
④ npm

참고 파트01-챕터02-섹션03

20 다음 JAVA 코드가 실행되었을 때의 결과는?

```
class Handaman {
    public static void main(String[ ] args) {
        String str = "LOrem/ipsum/can/sit";
        String[ ] a = str.split("/");
        System.out.print(a[3]);
    }
}
```

① LOrem
② ipsum
③ can
④ sit

2과목 데이터베이스 활용

참고 파트03-챕터02-섹션01

21 Table1 테이블의 num 필드 값에 1.3을 곱하여 갱신하는 SQL문이다. 아래 SQL문의 괄호에 알맞은 명령은?

( ) Table1 SET num = num * 1.3;

① INSERT
② CREATE
③ SELECT
④ UPDATE

참고 파트03-챕터02-섹션02

22 SQL 명령어 중에서 테이블 자체(구조와 내용)를 삭제하는 명령어는?

① TRUNCATE
② ALTER
③ DROP
④ DELETE

참고 파트02-챕터02-섹션01

23 SQL 명령어 중 DDL에 해당하는 것은?

① SELECT
② UPDATE
③ DELETE
④ ALTER

24 아래에서 설명하는 데이터베이스 키(Key)는 무엇인가?

- 후보키가 2개 이상일 때 기본키 제외한 후보키를 의미한다.
- 하나의 릴레이션에 존재하는 후보키들 중에서 기본키를 제외한 나머지 후보키들을 의미한다.

① 대체키(Alternate Key)
② 슈퍼키(Super Key)
③ 외래키(Foreign Key)
④ 후보키(Candidate Key)

25 아래 SQL문은 〈학생〉 테이블에서 점수가 85점 이상인 학생을 내림차순으로 성명을 검색하는 문장이다. 괄호 안에 알맞은 명령어는?

SELECT 성명 FROM 학생 WHERE 점수 >= 85 ORDER BY 학번 (   );

① SORT
② ASC
③ DESC
④ SORT BY

26 데이터베이스 설계 단계 중 물리적 설계 단계와 거리가 먼 것은?

① 접근 경로 설계
② 저장 레코드 양식 설계
③ 레코드 집중의 분석 및 설계
④ 트랜잭션 모델링

27 아래 SQL문은 〈학생〉 테이블에 주소 필드를 추가하는 명령어이다. 주소를 최대 5자리 문자까지 저장될 수 있도록 괄호 안에 들어갈 알맞은 명령은?

ALTER TABLE 학생 ADD 주소 (   );

① CHAR(5)
② VARCHAR(5)
③ VAR(5)
④ CHARVAR(5)

28 다음의 특징을 가지고 있는 데이터 모델링은?

- 테이블을 이용하여 데이터 상호 관계를 정의한다.
- 개체 집합은 공통 속성으로 만들어진다.
- 해당 데이터 모델링의 대표적인 언어는 SQL이다.

① 관계형 데이터 모델
② 개체-관계 모델
③ 계층형 데이터 모델
④ 네트워크형 데이터 모델

29 아래 SQL문은 계정 ID가 "KWS"인 사용자에게 〈수강생〉 테이블에 대한 삭제 권한을 부여하고자 하는 SQL문이다. 괄호 안에 알맞은 명령은?

GRANT DELETE ON 수강생 (   ) KWS;

① FOR
② OF
③ IN
④ TO

30 아래에서 설명하는 데이터베이스 용어는 무엇인가?

- 하나의 작업 처리를 위한 논리적 작업 단위
- 논리적 기능을 수행하기 위한 작업 단위이자 연산의 집합이다.
- 데이터베이스에 모두 반영되도록 완료되든지 아니면 전혀 반영되지 않도록 복구되어야 한다.
- 원자성, 일관성, 독립성, 영속성의 특성을 갖는다.

① Commit
② Rollback
③ Transaction
④ Revoke

31 아래에서 설명하는 데이터베이스 용어는 무엇인가?

- 엔티티의 정보를 나타내고 더 이상 분리되지 않는 최소의 단위로써 엔티티의 성질, 분류, 수량, 상태, 특성 등을 나타내는 세부 항목으로 업무에 필요한 데이터를 저장 가능하다.
- 테이블의 열을 구성하는 항목(Field), 데이터베이스를 구성하는 가장 작은 단위이다.
- E-R 다이어그램에서 타원 모양에 해당한다.

① 속성
② 튜플
③ 릴레이션
④ 인스턴스

32 아래에서 설명하는 SQL 명령어는 무엇인가?

데이터베이스 내의 연산이 비정상적으로 종료되거나 정상적으로 수행이 되었다 하더라도 수행되기 이전 상태로 되돌리기 위해 연산 내용을 취소할 때 사용하는 명령어이다.

① ROLLBACK
② REVOKE
③ COMMIT
④ GRANT

33 DROP 명령문 사용 시 다른 개체가 제거할 요소를 참조 중일 때 제거를 취소하기 위해 사용해야 하는 명령어는?

① REVOKE
② RESTRICT
③ DELETE
④ UNDELETE

34 아래에서 설명하는 데이터베이스 용어는 무엇인가?

- 릴레이션 내에서 데이터가 존재하지 않는 상태. 정보의 부재라고도 한다.
- 아직 알려지지 않았거나 모르는 값으로서, 해당 없음 등의 이유로 정보 부재를 나타내기 위해 사용하는, 이론적으로 아무것도 없는 값을 의미한다.

① BLANK
② SPACE
③ DATA
④ NULL

35 아래 SQL문은 사원 테이블에서 연락처가 입력되지 않은 자료의 이름을 검색하는 SQL문이다. 괄호 안에 알맞은 명령은?

SELECT 이름 FROM 사원 WHERE 연락처 (   );

① NULL
② IS NULL
③ BLANK
④ IS BLANK

참고 파트03-챕터02-섹션04

36 아래에서 설명하는 SQL 명령어는 무엇인가?

- 데이터베이스에서 컬럼(필드) 조회 시 중복값을 제거하고 조회하는 명령어이다.
- Select 문장을 이용하여 데이터를 질의할 때 검색되는 자료 중에서 중복 값을 제거하기 위해 사용되는 명령어이다.

① Distinct
② Unique
③ Cascade
④ Delete

참고 파트03-챕터02-섹션02

37 데이터 무결성 제약 조건 중 하나로 인덱스 생성 시 중복을 배제 즉, 유일한 값으로 존재해야 함을 의미하는 명령어는?

① Distinct
② Unique
③ Cascade
④ Delete

참고 파트03-챕터02-섹션02

38 트랜잭션 연산이 성공적으로 끝났음을 선언하는 연산은?

① ROLLBACK
② REVOKE
③ COMMIT
④ SAVEPOINT

참고 파트02-챕터02-섹션01

39 다음 내용이 설명하는 스키마의 종류는?

- 조직이나 기관의 총괄적 입장에서 본 데이터베이스의 논리적 구조이다.
- 접근 권한, 보안 정책, 무결성 규칙에 관해서 기술되어 있다.

① 외부 스키마
② 개념 스키마
③ 내부 스키마
④ 조직 스키마

참고 파트03-챕터01-섹션02

40 제3정규형에서 BCNF가 되기 위한 조건은?

① 이행적 함수 종속 제거
② 부분적 함수 종속 제거
③ 다치 함수 종속 제거
④ 결정자이면서 후보키가 아닌 것을 제거

3과목 　정보 시스템 및 응용 SW 기초 기술

참고 파트02-챕터01-섹션01

41 아래 인터넷 주소는 IPv4의 클래스이다. IPv4 주소는 총 몇 비트인가?

A Class	국가나 대형 통신망(0~127로 시작)
B Class	중대형 통신망(128~191로 시작)
C Class	소형 통신망(192~223로 시작, 이론적으로 256개의 호스트 사용 가능하지만 실제는 254개 사용 가능)
D Class	멀티캐스트용으로 사용(224~239로 시작)
E Class	실험적 주소이며 공용되지 않음

① 16bit
② 32bit
③ 64bit
④ 128bit

참고 파트02-챕터01-섹션02

42 다음 설명하는 프로토콜은?

- OSI 7계층의 전송 계층의 대표적인 프로토콜로 비연결형 서비스를 지원한다.
- 인터넷에서 사용하는 프로토콜 중 구조가 가장 간단하며 빠른 전송이 가능하다.
- 상위 계층에서 받은 데이터를 IP 프로토콜에 전달하지만 전송한 데이터가 목적지까지 제대로 도착했는지 확인하지 않아 TCP에 비해 신뢰성이 떨어진다.

① RIP
② FTP
③ DHCP
④ UDP

참고 파트07-챕터01-섹션01

43 다음 중 증분 백업 방식의 장점으로 옳은 것은?

① 복원이 단순하다.
② 백업 용량이 적게 든다.
③ 백업 시간이 길다.
④ 매번 전체 데이터를 저장한다.

참고 파트02-챕터01-섹션02

44 서로 다른 기기들 간의 데이터 교환을 원활하게 수행할 수 있도록 표준화시켜 놓은 통신 규약을 무엇이라 하는가?

① 클라이언트
② 터미널
③ 링크
④ 프로토콜

참고 파트05-챕터01-섹션02

45 아래 설명하는 애플리케이션 테스트 기법은?

- 소프트웨어 인터페이스에서 실시되는 검사로 설계된 모든 기능들이 정상적으로 수행되는지 확인한다.
- 소프트웨어의 기능이 의도대로 작동하고 있는지, 입력은 적절하게 받아들였는지, 출력은 정확하게 생성되는지를 보여주는 데 사용된다.
- 동치 분할 검사, 경계값 분석, 오류 예측 검사 등이 있다.

① 블랙박스 테스트
② 회복 테스트
③ 성능 테스트
④ 화이트박스 테스트

참고 파트04-챕터01-섹션02

46 다음 설명에 해당하는 UI 테스트 기법은?

- 최소 3명 이상의 디자인 전문가가 사전에 작성한 원칙에 따라 제품을 평가하는 기법이다.
- UI의 구현 정도에 관계 없이 평가가 가능하다.
- 전문가의 능력에 따라 평가 시간이나 수준이 달라진다.

① 휴리스틱 평가
② 페이퍼 프로토타입
③ 선호도 평가
④ 성능 평가

47 다음 설명에 해당하는 운영체제 용어는 무엇인가?

- 버퍼링의 일종. 주변장치와 중앙처리장치의 처리 속도 차이에 의한 대기시간을 줄이기 위해 사용하는 기법으로 보통 프린터에서 자주 사용된다.
- CPU(중앙처리장치)와 입출력 장치 간의 속도 차이를 보완하기 위해 사용하는 것으로 대표적으로 프린터에서 사용하는 기능이다.

① 캐시 메모리
② 스풀링
③ 채널
④ DMA

48 다음 중 제어 프로그램(Control Program)에 해당하지 않는 것은?

① 감시
② 언어 번역
③ 작업 관리
④ 데이터 관리

49 다음 설명에 해당하는 윈도우 프롬프트 명령어는?

- 네트워크 어댑터 속성에 저장되어 있는 IP 주소를 표시하는 명령어
- 사용자 자신의 컴퓨터 IP 주소를 확인하는 명령어

① NETSTAT
② PING
③ IPCONFIG
④ NSLOOKUP

50 OSI 7계층에서 발신지와 목적지의 논리 주소가 추가된 패킷을 최종 목적지까지 전달하는 책임을 지는 계층은?

① 물리 계층
② 데이터 링크 계층
③ 네트워크 계층
④ 세션 계층

51 TCP/IP의 IP Layer에 해당하는 프로토콜은?

① ICMP
② SMTP
③ HTTP
④ UDP

52 소프트웨어 테스트 순서로 올바르게 나열된 것은?

① 단위 테스트 → 인수 테스트 → 통합 테스트 → 시스템 테스트
② 단위 테스트 → 통합 테스트 → 시스템 테스트 → 인수 테스트
③ 인수 테스트 → 단위 테스트 → 시스템 테스트 → 통합 테스트
④ 시스템 테스트 → 인수 테스트 → 단위 테스트 → 통합 테스트

53 윈도우에서 '디스크 검사'를 수행한 결과 나타나는 항목이 아닌 것은?

① 총 디스크 공간 용량
② 각 할당 단위
③ 숨겨진 파일 용량과 파일 수
④ 사용할 수 없는 공간 용량

54 윈도우의 특징으로 옳지 않은 것은?
① 가상 데스크톱 기능을 지원한다.
② NTFS 파일 시스템만 지원한다.
③ 32비트 또는 64비트를 지원한다.
④ 멀티 프로그래밍을 지원한다.

55 유닉스 시스템에서 명령어 해석기에 해당하는 것은?
① 쉘(Shell)
② 커널(Kernel)
③ 유틸리티(Utility)
④ 응용 프로그램(Application Program)

56 유닉스 시스템에서 주로 사용하는 프로그래밍 언어는?
① Pascal
② Fortran
③ C
④ BASIC

57 유닉스에서 사용하는 명령어에 대한 설명 중 옳지 않은 것은?
① cd : 파일 복사에 사용
② rm : 파일을 삭제하기 위한 명령
③ ps : 시스템 내에 동작중인 프로세스 관련 정보 표시
④ cat : 파일의 내용을 화면에 출력

58 윈도우 CLI 명령에서 ATTRIB 명령 사용 시에 읽기 전용 속성을 해제할 때 사용하는 옵션은?
① −H
② −S
③ −A
④ −R

59 윈도우 CLI 명령에 관한 설명 중 옳지 않은 것은?
① CLS : 화면을 깨끗이 지운다.
② MD : 새로운 디렉터리를 만든다.
③ CD : 현재의 디렉터리 위치를 변경한다.
④ FC : 모든 열려 있는 파일을 닫는다.

60 윈도우 CLI 명령에서 사용자가 파일을 잘못해서 삭제했을 때 이를 복원하는 명령은?
① DELETE
② UNDELETE
③ FDISK
④ ANTI

이기적과 함께 또, 기적
또, 합격

기출 예상문제
정답 & 해설

▶ 빠른 정답 확인표

기출 예상문제 01회

01 ①	02 ③	03 ③	04 ②	05 ①
06 ③	07 ④	08 ②	09 ③	10 ④
11 ④	12 ②	13 ①	14 ②	15 ③
16 ①	17 ④	18 ②	19 ①	20 ②
21 ③	22 ①	23 ③	24 ①	25 ②
26 ①	27 ①	28 ④	29 ①	30 ③
31 ②	32 ③	33 ③	34 ②	35 ④
36 ③	37 ③	38 ②	39 ④	40 ①
41 ③	42 ①	43 ③	44 ①	45 ③
46 ④	47 ①	48 ③	49 ②	50 ①
51 ②	52 ④	53 ③	54 ①	55 ①
56 ③	57 ②	58 ②	59 ①	60 ③

기출 예상문제 04회

01 ②	02 ③	03 ③	04 ②	05 ①
06 ③	07 ①	08 ②	09 ④	10 ③
11 ④	12 ①	13 ②	14 ④	15 ④
16 ①	17 ③	18 ④	19 ①	20 ③
21 ①	22 ④	23 ②	24 ②	25 ①
26 ①	27 ③	28 ④	29 ②	30 ③
31 ③	32 ②	33 ③	34 ④	35 ③
36 ③	37 ④	38 ④	39 ②	40 ①
41 ①	42 ③	43 ②	44 ③	45 ③
46 ①	47 ②	48 ②	49 ①	50 ②
51 ①	52 ③	53 ②	54 ①	55 ③
56 ①	57 ③	58 ②	59 ③	60 ③

기출 예상문제 02회

01 ③	02 ④	03 ①	04 ③	05 ②
06 ④	07 ③	08 ②	09 ①	10 ④
11 ②	12 ③	13 ②	14 ④	15 ④
16 ①	17 ③	18 ④	19 ③	20 ④
21 ④	22 ④	23 ②	24 ②	25 ②
26 ②	27 ④	28 ②	29 ②	30 ③
31 ④	32 ②	33 ①	34 ②	35 ②
36 ②	37 ③	38 ④	39 ③	40 ②
41 ③	42 ①	43 ④	44 ①	45 ②
46 ②	47 ②	48 ③	49 ①	50 ①
51 ②	52 ②	53 ①	54 ④	55 ①
56 ④	57 ④	58 ②	59 ③	60 ①

기출 예상문제 05회

01 ③	02 ④	03 ②	04 ③	05 ④
06 ②	07 ①	08 ③	09 ①	10 ③
11 ③	12 ④	13 ②	14 ①	15 ④
16 ②	17 ②	18 ③	19 ①	20 ④
21 ④	22 ③	23 ④	24 ①	25 ③
26 ④	27 ②	28 ①	29 ④	30 ③
31 ①	32 ①	33 ③	34 ①	35 ②
36 ①	37 ①	38 ③	39 ②	40 ④
41 ②	42 ④	43 ②	44 ④	45 ①
46 ①	47 ②	48 ②	49 ③	50 ③
51 ①	52 ②	53 ④	54 ②	55 ①
56 ③	57 ①	58 ④	59 ④	60 ②

기출 예상문제 03회

01 ④	02 ①	03 ②	04 ①	05 ④
06 ①	07 ②	08 ④	09 ④	10 ①
11 ②	12 ①	13 ③	14 ④	15 ①
16 ③	17 ④	18 ②	19 ①	20 ②
21 ②	22 ②	23 ④	24 ②	25 ②
26 ④	27 ②	28 ③	29 ②	30 ④
31 ④	32 ②	33 ③	34 ②	35 ②
36 ②	37 ②	38 ①	39 ④	40 ①
41 ①	42 ④	43 ④	44 ②	45 ④
46 ③	47 ④	48 ④	49 ④	50 ④
51 ①	52 ②	53 ①	54 ①	55 ④
56 ②	57 ①	58 ④	59 ④	60 ③

기출 예상문제 정답 & 해설

기출 예상문제 01회　　2-20p

01 ①	02 ③	03 ③	04 ②	05 ①
06 ③	07 ④	08 ②	09 ③	10 ④
11 ④	12 ③	13 ①	14 ③	15 ③
16 ①	17 ④	18 ①	19 ①	20 ②
21 ③	22 ①	23 ①	24 ①	25 ②
26 ①	27 ①	28 ④	29 ①	30 ②
31 ②	32 ①	33 ③	34 ②	35 ④
36 ③	37 ①	38 ②	39 ④	40 ①
41 ③	42 ①	43 ③	44 ①	45 ③
46 ④	47 ①	48 ①	49 ②	50 ①
51 ②	52 ④	53 ④	54 ①	55 ②
56 ③	57 ②	58 ②	59 ①	60 ③

01 ①
(int)3.56은 double형인 3.56을 int형으로 강제로 변환하여 3이 출력된다.

오답 피하기

int형으로 강제 변환을 수행하면 소수점이 없어지면서 반올림되지 않는다.

02 ③
배열 크기를 10으로 지정했으므로 10바이트가 할당되며, "Hello"는 6바이트(\0 포함)만 사용된다.

오답 피하기

char str[ ] = "Hello";는 메모리에 할당되는 크기가 6바이트이다.

03 ③
a++는 5인 a를 출력하고 1 증가, ++b는 6인 b를 1 증가하고 출력한다.

04 ②
do { ... } while(조건); 구조이므로, 조건 검사 전에 본문이 실행된다.

05 ①
참조 호출(Call by Address 또는 Call by Reference) : 매개 변수의 주소가 전달된다.

오답 피하기

값 호출(Call by Value) : 실제 값이 전달되는 방식으로 부 프로그램의 가인수에 값이 전달되는 방식이다.

06 ③

for (i=0; i<=3; i++) {	//i는 0이 되고 i<=3을 만난다. 참이어서 0을 출력한다. //i는 1 증가하면서 1, 2, 3을 출력한다. i가 4가 되고 i<=3을 만나면 거짓이 되면서 반복문이 종료된다.

07 ④
객체지향 프로그래밍의 핵심은 캡슐화, 상속성, 다형성, 추상화이다.

08 ②
C언어는 구조적 프로그래밍 언어로써 프로그램을 함수 단위로 나누어 설계하는 방식(Top-down 방식)의 언어이다.

09 ③
패키지는 관련 있는 클래스들을 모아 체계적으로 관리하는 단위이다.

10 ④
String str = ("HRDK" + 40 + 23);의 '+'는 문자를 결합하는 연산자이다.

11 ④
자바에서 논리값을 저장하는 자료형은 boolean이다.

12 ③

int a = 0b0101;	//2진수 0101을 10진수로 변환하여 넣는다. //0*8 + 1*4 + 2*0 + 1*1 = 5

13 ①
①은 상속에 대한 설명이다.

14 ③
배열에서 지정한 범위의 데이터를 가져오는 메서드는 slice( )이다.

15 ③

오답 피하기

- 캡슐화 : 데이터와 메서드를 묶는 것
- 정보 은닉 : 내부 구현을 외부에 숨기는 것
- 상속성 : 슈퍼 클래스의 속성과 행위를 서브 클래스가 물려받는 것

16 ①

min = x<y? x : y;	//1인 x가 2인 y보다 작니? → 참 //1인 x를 min에 준다.

17 ④
태그 안의 내용을 기울임꼴로 표시하는 것으로, 책이나 음악, 영화, 그림 등 창작물의 제목 표시에 사용하는 태그는 〈cite〉이다.

오답 피하기

- 〈mark〉 : 텍스트에 형광펜 효과를 줄 때 사용하는 태그
- 〈small〉 : 저작권 표기와 같은 작은 텍스트를 표시할 때 사용하는 태그
- 〈sub〉 : 아래 첨자를 표시할 때 사용하는 태그

18 ①
빌드는 소스 코드 파일들을 컴퓨터에서 실행할 수 있는 제품 소프트웨어로 변환하는 과정 또는 결과물을 말한다.

오답 피하기
Zeplin은 디자인 관련 협업 도구이다.

19 ①
Java 개발 환경 구축 시 반드시 JDK와 환경 변수 설정이 필요하다.

20 ②
CSS에서 주석은 /* */을 사용한다.

오답 피하기
HTML은 〈!-- --〉, JavaScript는 // 또는 /* */를 사용한다.

21 ③

오답 피하기
- E-R 모델 : 개체-관계로 데이터 구조를 모델링하는 방법
- Schema : 데이터베이스의 논리적 구조(틀)
- DBA : 데이터베이스 관리자(사람/역할)

22 ①
SELECT 문에 'DISTINCT'를 입력하면 검색의 결과가 중복되는 레코드는 검색 시 한 번만 표시된다.

오답 피하기
- UNION : 2개의 테이블을 합치는 기능으로 중복되지 않게 병합한다.
- UNIQUE : CREATE 문에서 UNIQUE로 지정한 속성은 중복된 값을 가질 수 없다.
- RESTRICT : DROP 문에서 다른 테이블이 참조 중인 경우 제거가 취소된다.

23 ③
정렬은 ORDER BY, 오름차순은 ASC, 내림차순은 DESC이다.

24 ①
정규화란 함수적 종속성 등의 종속성 이론을 이용하여 잘못 설계된 관계형 스키마를 더 작은 속성의 세트로 쪼개어 바람직한 스키마로 만들어가는 과정을 의미한다.

25 ②
기존 속성의 데이터 타입과 길이 등을 변경할 때 Modify 명령을 사용한다.

오답 피하기
Add : 필드를 추가할 때 사용된다.

26 ①
- LEFT OUTER JOIN은 A의 모든 튜플을 표시하고, B는 매칭된 것만 표시(없으면 B쪽은 NULL)한다.
- 기본 형식

```
SELECT a.col1, b.col2
FROM A a
LEFT OUTER JOIN B b ON a.key = b.key;
```

27 ①
- Attribute는 개체의 성질/상태를 나타내는 속성(열, 필드)에 해당한다.
- 튜플은 속성의 모임으로 구성되며 각각의 행(레코드), 릴레이션은 데이터들을 표(Table)의 형태로 표현한 것을 의미한다.

28 ④
E-R 다이어그램에서 개체 타입은 사각형, 관계 타입은 다이아몬드(마름모), 속성은 타원으로 표현한다.

29 ①
이상의 종류에는 삽입, 삭제, 갱신 이상이 있다.

30 ③
운영체제의 작업 스케줄링은 큐의 응용 분야이다.

오답 피하기
①, ②, ④번은 스택의 응용 분야이다.

31 ②
스키마의 종류 3가지는 외부, 내부, 개념 스키마이다.

32 ③
DDL(데이터 정의어)에는 CREATE, ALTER, DROP이 있다.

오답 피하기
SELECT, UPDATE, DELETE는 DML(데이터 조작어)에 해당한다.

33 ③
데이터베이스 모델의 구성요소
- 구조 : 논리적으로 표현된 개체들 간의 관계를 표시
- 연산 : 데이터베이스에 저장된 실제 데이터를 처리하는 방법을 표시
- 제약 조건 : 데이터베이스에 저장될 실제 데이터의 논리적인 조건을 표시

34 ②
트리와 그래프는 비선형 구조이고, 나머지는 모두 선형 구조이다.

35 ④
새로운 속성을 추가하는 명령은 ADD이다.

36 ③

오답 피하기
- 대체키 : 여러 후보키 중에서 기본키로 선택되지 않은 키
- 슈퍼키 : 튜플을 유일하게 식별할 수 있는 속성(집합)
- 후보키 : 슈퍼키 중에서 최소성(minimality)을 만족하는 키

37 ③

오답 피하기
- 참조 무결성 : 참조할 수 없는 외래키 값을 가질 수 없다는 조건임
- 도메인 무결성 : 속성 값이 허용된 도메인(자료형/범위/형식)을 따라야 함

38 ②

> 오답 피하기

- 스택 : 리스트의 한쪽 끝으로만 자료의 삽입, 삭제 작업이 이루어지는 자료 구조로써 후입선출(LIFO, Last In First Out) 방식으로 자료를 처리한다.
- 그래프 : 정점 V(Vertex)와 간선 E(Edge)의 두 집합으로 이루어진다.
- 데크 : 데크는 삽입과 삭제가 리스트의 양쪽 끝에서 모두 발생할 수 있는 자료 구조이다.

39 ④

데이터베이스 설계 순서 : 요구 분석 → 개념적 설계 → 논리적 설계 → 물리적 설계 → 구현 → 운영 및 유지 보수

40 ①

형식 : CREATE VIEW 뷰이름[(속성명[,속성명....])] AS SELECT문

41 ③

FTP는 응용 계층의 프로토콜이다.

42 ③

IP는 네트워크 계층에 속하는 프로토콜이다.

> 오답 피하기

- 물리 계층은 전송에 필요한 두 장치 간의 실제 접속과 절단 등 기계적, 전기적, 기능적, 절차적 특성을 정의하는 계층이다.
- 데이터 링크 계층은 두 개의 인접한 개방 시스템들 간에 신뢰성 있고 효율적인 정보 전송을 할 수 있도록 하는 계층이다.
- 전송 계층은 종단 시스템(End-to-End) 간에 투명한 데이터 전송을 가능하게 하는 계층이다.

43 ③

라우터는 패킷의 위치를 추출하여, 그 위치에 대한 최적의 경로를 지정하며, 이 경로를 따라 데이터 패킷을 다음 장치로 전향시키는 장치이다.

> 오답 피하기

- 리피터 : 물리 계층의 장비로 전송되는 신호를 증폭/재생함
- 브리지 : 데이터 링크 계층의 장비로 LAN과 LAN을 연결하거나 LAN 안에서의 컴퓨터 그룹을 연결함
- 모뎀 : 디지털 데이터를 아날로그 회선에 적합한 아날로그 신호로 변환하는 변조(Modulation) 과정과 그 반대인 복조(DEModulation) 과정을 수행함

44 ①

하나의 네트워크 주소를 여러 개의 작은 네트워크로 나눈 것을 서브넷 마스크라고 한다.

45 ③

오류에 대한 구체적인 정보가 노출되면 보안에 악영향을 줄 수 있다.

46 ④

프로세스란, CPU가 실행 중인 프로그램을 말한다.

> 오답 피하기

- 워킹셋 : 프로세스가 일정 시간 동안 자주 참조하는 페이지들의 집합
- 스래싱 : 프로세스의 처리 시간보다 페이지 교체에 소요되는 시간이 더 많아지는 현상

47 ③

차등 백업은 마지막 풀 백업과 복원 시점까지 변경된 데이터를 누적해서 백업하는 방식이다.

> 오답 피하기

- 풀 백업 : 매번 전체 데이터를 백업하는 방식
- 증분 백업 : 마지막 백업(풀 또는 증분) 이후 변경분만 저장하는 방식
- 스냅샷(특정 시점 캡처)도 복원이 가능함

48 ①

- 워크스루 : 개발자가 모집한 전문가들이 검토하는 것이다.
- 인스펙션 : 워크스루를 발전시킨 형태로, SW 개발 단계에서 산출된 결과물의 품질을 평가하며 이를 개선하기 위한 방법 등을 제시한다.
- 살충제 패러독스 : 살충제를 지속적으로 뿌리면 벌레가 내성이 생겨서 죽지 않는 현상을 의미한다.

49 ②

신뢰성 있는 전송이 가능한 것은 TCP이다.

50 ③

소프트웨어 설계의 최소 단위인 모듈이나 컴포넌트에 초점을 맞춰 진행하는 테스트는 단위 테스트이다.

> 오답 피하기

- 베타 테스트 : 선정된 최종 사용자가 여러 명의 사용자 앞에서 행하는 테스트 기법
- 통합 테스트 : 단위 테스트가 완료된 모듈들을 결합하여 하나의 시스템으로 완성시키는 과정에서의 테스트

51 ②

IPv6은 16비트씩 8개 부분, 총 128비트로 구성되어 있으며 각 부분을 16진수로 표현하고 콜론(:)으로 구분한다.

52 ④

소프트웨어의 변경 사항을 관리하기 위해 개발된 일련의 활동을 형상 관리라고 한다.

53 ④

운영체제의 발달 과정 : 일괄 처리 → 시분할 → 다중 모드 → 분산 처리

> 오답 피하기

다중 모드, 다중 프로그래밍, 다중 처리는 다른 개념이므로 헷갈리지 않도록 주의해야 한다.

54 ①

파일의 권한 설정은 chmod이다.

> 오답 피하기

- cp : 파일 복사
- ls : 현재 디렉터리 내의 파일 목록을 확인
- cat : 파일 내용을 화면에 표시

55 ②

> 오답 피하기

- md : 디렉터리 생성
- rd : 빈 디렉터리 삭제
- copy : 파일 복사

56 ③

- 파일의 속성을 지정하는 명령은 attrib이다.
- H는 숨김, R은 읽기 속성이며, +는 속성을 부여하고, -는 해제한다.

57 ②

> 오답 피하기

- ① 컴퓨터 잠금 또는 사용자 전환
- ③ 화면 캡처
- ④ 실행

58 ②

목적 프로그램 생성 없이 줄 단위로 번역하는 것은 인터프리터이다.

> 오답 피하기

컴파일러 : 고급 언어로 작성된 프로그램 전체를 목적 프로그램으로 번역한 후 링킹 작업을 통해 컴퓨터에서 실행 가능한 실행 프로그램을 생성함

59 ①

다중 프로그래밍에서 서로 필요한 자원을 무한정 기다리고 있는 상태를 교착상태라고 한다. 전형적으로 상호배제, 점유와 대기, 비선점, 환형대기 조건이 동시에 성립할 때 발생한다.

60 ③

[Del]는 휴지통에 보관되고, [Shift]+[Del]은 완전 삭제 단축키이다.

기출 예상문제 02회 (2-29p)

01 ③	02 ④	03 ①	04 ③	05 ②
06 ④	07 ③	08 ②	09 ②	10 ④
11 ②	12 ③	13 ②	14 ④	15 ④
16 ①	17 ③	18 ④	19 ③	20 ④
21 ④	22 ④	23 ③	24 ③	25 ②
26 ②	27 ④	28 ②	29 ②	30 ③
31 ④	32 ②	33 ①	34 ②	35 ②
36 ②	37 ①	38 ④	39 ④	40 ②
41 ③	42 ①	43 ④	44 ②	45 ②
46 ②	47 ②	48 ③	49 ①	50 ①
51 ②	52 ③	53 ①	54 ②	55 ①
56 ④	57 ④	58 ②	59 ③	60 ①

01 ③

(int)Math.sqrt(16)	//sqrt(16)은 $\sqrt{16}$을 의미한다. 결과는 4
(int)Math.log10(100)	//log10(100)은 $\log_{10}100$을 의미한다. //$\log_{10}100$은 $\log_{10}10^2$으로 제곱(2)이 결과가 된다. 결과는 2

02 ④

소프트웨어의 변경 사항을 관리하기 위해 개발된 일련의 활동을 형상 관리(SCM)라고 한다.

03 ①

increase 함수에는 return이 없기 때문에 그대로 10이 출력된다.

04 ③

포인터는 모든 자료형에 대해 사용이 가능하다.

05 ②

> 오답 피하기

.은 class 선택자, id { }은 명시적 선택자, *은 범용 선택자이다.

06 ④

구조적 프로그래밍은 goto를 배제하고 제어 구조를 단순화한다.

07 ③

strcat(문자열1, 문자열2) 형식으로 문자열1과 문자열2를 이어 붙이기할 수 있다.

> 오답 피하기

- strlen : 문자열 길이(널 문자 제외)
- strcpy : 문자열 복사
- strncpy : 문자열 일부 복사

08 ②

캡슐화의 주된 목적은 객체의 데이터와 메서드를 묶고, 외부에는 필요한 인터페이스만 공개하여 정보 은닉과 유지보수성을 높이는 것이다.

09 ②

오답 피하기

- 캡슐화 : 데이터와 이를 다루는 메서드를 하나의 단위로 묶고, 내부 구현을 감추는 것
- 다형성 : 같은 메시지(메서드 호출)에 대해 객체 유형에 따라 다른 동작을 수행하는 것
- 추상화 : 불필요한 세부를 감추고 핵심 개념만 드러내는 것

10 ④

private는 상속 자체가 불가능하며 같은 클래스만 접근이 가능하다.

11 ②

〈input〉 태그에서 반드시 입력되어야 할 필드를 명시할 때 사용하는 속성은 required이다.

12 ③

int temp = a;	//temp에 a(19)를 준다.
if (b>temp) temp=b;	//25인 b가 19인 temp보다 크니? → 참 → temp는 25가 된다.
if (c>temp) temp=c;	//43인 c가 25인 temp보다 크니? → 참 → temp는 43이 된다.

13 ②

자바스크립트에서 화면 출력하는 명령은 write이고 document 객체의 메서드이다. 그러므로 객체명.메서드 형식으로 작성해야 한다.

14 ④

for(int i=1; i<=3; i++) {	//i는 1부터 3 이하가 참일 때까지 1씩 증가하며 반복한다.
temp = k;	//0인 k를 temp에 준다.
k++;	//0인 k가 1 증가된다.
System.out.print(temp + "번");	//0인 temp와 "번"이 결합(+)되어 0번이 출력된다(줄바꿈 안 됨). //이 과정을 2회 더 수행한다.

15 ④

CPU, 메모리는 하드웨어 환경이다.

16 ①

C언어 표준에서 char는 항상 1바이트이다.

오답 피하기

int, float는 4바이트, double은 8바이트이다.

17 ③

C언어 배열 인덱스는 0부터 시작하고, 마지막 인덱스는 "배열의 길이-1"을 하면 된다. java도 동일하다.

18 ④

널 문자의 아스키코드 값은 0이다.

19 ③

for(int i=1; i<7; i++) {	//i가 1인 상태로 반복문을 수행한다.
if(i%3 == 0) {	//1인 i와 3을 나눈 나머지가 0이니? → 거짓
cnt++;	//1이었던 cnt는 2가 된다. //i가 2일 때 cnt는 3이 되고, i가 3이 되면 if문이 참이 되면서 break를 실행하여 반복문을 벗어난다.
System.out.print("오늘은 " + arr[cnt]);	//'오늘은 '과 arr[3]에 있는 '목요일'이 결합된다.

20 ④

객체지향 언어에는 JAVA, C++, Smalltalk 등이 있다.

오답 피하기

①, ②, ③은 절차적 프로그래밍 언어에 속한다.

21 ④

두 릴레이션에 존재하는 튜플의 합집합을 구하되, 중복되는 튜플은 제거되는 연산은 UNION(합집합, U)이다.

오답 피하기

- INTERSECTION(교집합) : 두 릴레이션에 존재하는 튜플의 교집합을 구하는 연산이다.
- DIFFERENCE(차집합) : 두 릴레이션에 존재하는 튜플의 차집합을 구하는 연산이다.
- DISTINCT : SELECT문을 이용해서 자료를 검색할 때 중복을 제거하는 명령이다.

22 ④

DDL(데이터 정의어)에서 테이블, 스키마, 도메인 등을 삭제할 때 사용하는 명령어는 DROP이다.

23 ③

- 카디널리티(Cardinality, 기수) : 튜플의 수
- 디그리(Degree, 차수) : 속성의 수

24 ③

데이터베이스 시스템의 관리와 운영에 대한 책임을 지고 있는 사람을 데이터베이스 관리자(DBA)라고 한다.

25 ②

데이터베이스의 무결성 유지, 보안과 권한 검사, 회복 절차 이행, 병행 수행 제어 등을 관리하기 위한 언어는 DCL(제어어)이다.

26 ②

튜플(레코드) 삭제 명령은 DELETE이다.

27 ④

ADD는 새로운 속성(열)을 추가할 때 사용하는 명령어로, DDL에 속한 ALTER TABLE 문에서 사용된다.

28 ②

계층형 데이터 모델은 개체 집합에 대한 속성 관계를 표시하기 위해 개체를 노드로 표현하고 개체 집합들 사이의 관계를 링크로 연결한 트리(Tree) 형태의 자료 구조 모델로, 데이터의 액세스 속도가 빠르나 상하 종속적인 관계로 구성된다.

오답 피하기

- 망 데이터 모델 : 그래프를 이용해서 데이터 논리 구조를 표현한 모델이다.
- 관계 데이터 모델 : 가장 널리 사용되는 데이터 모델로, 2차원적인 표(Table)를 이용해서 데이터 상호 관계를 정의하는 DB 구조를 말한다.
- 객체지향 데이터 모델 : 객체 및 객체 식별자, 애트리뷰트와 메서드, 클래스, 클래스 계층 및 계승 그리고 복합 개체 등의 객체지향 개념을 지원한다.

29 ②

하나의 애트리뷰트가 가질 수 있는 원자값들의 집합을 도메인이라고 한다.

30 ③

무방향 그래프의 최대 간선 수 : 4(4−1)/2 = 6

31 ④

카탈로그 자체도 시스템 테이블로 구성되어 있어 일반 사용자도 SQL을 이용하여 내용을 검색해 볼 수 있다.

32 ②

오답 피하기

① 합집합, ③ SELECT, ④ 교집합

33 ①

도부이결다조

- 도 : 도메인이 원자값(1정규형 만들기)
- 부 : 부분적 함수 종속 제거(1에서 2정규형)
- 이 : 이행적 함수 종속 제거(2에서 3정규형)
- 결 : 결정자이면서 후보키가 아닌 것 제거(3에서 BCNF)
- 다 : 다치 종속 제거(BCNF에서 4정규형)
- 조 : 조인 종속성 이용(4에서 5정규형)

34 ②

관계대수는 질의에 대한 결과(해)를 생성하기 위해 수행해야 할 연산의 순서를 명시하는 절차적 언어이다.

35 ②

뷰(View)는 저장장치 내에 물리적으로 존재하지 않는 가상의 테이블이다.

36 ②

레코드를 추가하는 명령은 INSERT이다.

오답 피하기

- UPDATE : 자료를 갱신하는 명령
- DELETE : 레코드 삭제
- SELECT : 자료 검색

37 ①

릴레이션을 구성하는 모든 튜플에 대해 유일성은 만족시키지만, 최소성은 만족시키지 못하는 키는 슈퍼키이다.

오답 피하기

- 기본키 : 후보키 중에서 대표로 지정된 키이다.
- 외래키 : 어떤 릴레이션 R1의 기본키의 값들과 일치힘을 요구하는 다른 릴레이션 R2의 한 속성을 말한다.
- 대체키 : 하나의 릴레이션에 존재하는 후보키들 중에서 기본키를 제외한 나머지 후보키들을 의미한다.

38 ④

형식 : UPDATE [테이블] SET [수정] WHERE [조건];

39 ④

생성된 데이터베이스의 사용 권한을 부여하는 명령은 GRANT이다.

오답 피하기

- REVOKE : 부여된 사용 권한 제거한다.
- COMMIT : 작업이 정상적으로 완료되었음을 관리자에게 알려준다.

40 ②

참조 무결성은 데이터베이스에 존재하는 릴레이션들은 서로 참조할 수 없는 외래키 값을 가질 수 없는 특징을 가집니다.

오답 피하기

- 개체 무결성 : 기본키는 널 값이나 중복 값을 가질 수 없음
- 관계 무결성 : 자식 테이블의 외래키 값이 부모 테이블의 기본키 또는 후보키에 실제로 존재해야 함
- 도메인 무결성 : 속성 값이 허용된 도메인(자료형/범위/형식)을 따라야 함

41 ③

TCP/IP 4계층 : 하위(링크/네트워크 인터페이스) → 인터넷(IP) → 전송(TCP/UDP) → 응용(HTTP/FTP 등)

42 ①

문자로 된 도메인을 숫자로 된 IP로 바꿔주는 서비스는 DNS이다.

오답 피하기

- SMTP : 이메일을 보내기 위한 프로토콜로 포트번호 25
- DHCP : IP 주소의 부족 문제를 해결하기 위한 프로토콜로써 클라이언트에게 IP 주소를 동적으로 할당하는 기능을 수행함
- HTTP : 하이퍼텍스트 문서 전송 규약으로 포트번호는 80

43 ④

네트워크 인터페이스 – 인터넷 – 전송 – 응용 계층

44 ②

[Alt] + [Tab] : 실행 중인 여러 응용 프로그램(창) 사이를 순서대로 전환하는 기본 단축키

오답 피하기

- [Alt] + [Enter] : 속성, 등록 정보
- [Alt] + [Shift] : 입력 언어(키보드 레이아웃) 전환

45 ②

IPv6은 128비트이다.

46 ②

UX(User Experience) : 사용자가 시스템이나 서비스를 이용하면서 느끼고 생각하게 되는 총체적인 경험

오답 피하기

UI(사용자 인터페이스) : 사용자와 시스템 간의 상호작용이 원활하게 이뤄지도록 도와주는 장치나 소프트웨어

47 ②

체크 박스는 여러 개에서 1개 이상의 값을 선택(다중 선택)할 때 사용된다.

48 ③

형상 관리(SCM)는 개발 생명주기 전반에서 산출물(코드, 문서, 빌드, 설정 등)의 버전·변경 이력 관리, 베이스라인 관리, 변경 통제(변경 요청·승인)로 시스템/컴포넌트 상태를 추적한다.

오답 피하기

- 디지털 저작권 관리(DRM) : 저작권자가 배포한 디지털 콘텐츠가 저작권자가 의도한 용도로만 사용되도록 디지털 콘텐츠의 생성, 유통, 이용까지 전 과정에 걸쳐 사용되는 디지털 콘텐츠 관리 및 보호 기술
- 소프트웨어 재공학 : 새로운 요구에 맞도록 기존 시스템을 이용하여 보다 나은 시스템을 구축하고, 새로운 기능을 추가하여 성능을 향상시키는 것
- 검증 : 요구사항 대비 산출물이 올바르게 만들어졌는지 확인하는 것

49 ①

라운드 로빈 스케줄링에서는 프로세스들이 배당 시간 내에 작업을 완료하지 못하면 다음 프로세스에게 CPU를 넘겨주고 현재의 프로세스는 준비상태 큐의 가장 뒤로 배치된다.

50 ①

상향식(bottom-up) : 가장 하위 모듈부터 클러스터(모듈 묶음)로 통합·테스트 → 드라이버가 필요하고 스텁은 필요 없음

오답 피하기

- 하향식(top-down) : 상위 모듈에서 하위 모듈 방향으로 통합하면서 테스트하는 기법
- 회귀 : 이미 테스트된 프로그램의 테스트를 반복하는 것으로 새로운 오류가 있는지 확인하는 기법
- 빅뱅 : 단위 테스트가 끝난 모듈을 한꺼번에 결합시켜 테스트하는 방법

51 ②

마지막 풀 백업 + 증분1 + 증분2 … 순서대로 복원해야 한다.

52 ①

- 윈도우에서 파일 이름에는 공백을 사용할 수 있다.
- 사용할 수 없는 문자 : * / ? \ : < > " |

53 ①

블랙박스 테스트 : 내부 코드/구조 지식 없이, 요구사항·명세를 기준으로 입력→출력 중심의 기능(동작) 검증을 수행

오답 피하기

- 회복 테스트 : 장애/오류 후 복구 능력 검증
- 성능 테스트 : 응답 시간, 처리량, 자원 사용량 등 성능 특성 검증(부하·스트레스·내구)
- 화이트박스 테스트 : 코드의 내부 구조/경로/분기를 기반으로 테스트(문장/분기/경로 커버리지 등)

54 ④

연속적 선택은 키의 넓이가 긴 Shift 이고, 비연속적 선택은 키의 넓이가 좁은 Ctrl 이다.

55 ①

FIFO(First In First Out) : 선입선출

오답 피하기

- LRU(Least Recently Used) : 계수기를 두어 가장 오랫동안 참조되지 않은 페이지를 교체하는 기법
- LFU(Least Frequently Used) : 사용한 횟수가 가장 적은 페이지를 교체하는 기법
- FILO(First In Last Out) : 먼저 들어온 데이터가 가장 마지막에 나오는 구조로 스택에서 사용되는 기법

56 ④

발생하는 즉시 처리하는 방식은 실시간(Real Time) 처리 방식이다.

57 ④

오답 피하기

- CLS : 화면 지우기
- DEL : 파일 삭제
- DIR : 디렉터리, 파일 목록 보기

58 ②

유닉스는 다중 사용자, 다중 작업을 지원한다.

오답 피하기

Stand Alone : 단일 사용자 시스템

59 ③

프로세스 상태를 알아볼 때 사용하는 유닉스 명령은 ps이다.

60 ①

현재 디렉터리 경로를 나타내는 유닉스 명령은 pwd이다.

기출 예상문제 03회 2-39p

01 ④	02 ①	03 ②	04 ①	05 ④
06 ①	07 ①	08 ④	09 ④	10 ①
11 ②	12 ①	13 ③	14 ④	15 ①
16 ③	17 ④	18 ②	19 ①	20 ②
21 ②	22 ②	23 ④	24 ②	25 ②
26 ④	27 ①	28 ①	29 ③	30 ①
31 ④	32 ①	33 ④	34 ①	35 ②
36 ②	37 ①	38 ①	39 ④	40 ①
41 ①	42 ④	43 ④	44 ④	45 ④
46 ③	47 ④	48 ④	49 ④	50 ④
51 ①	52 ②	53 ④	54 ①	55 ④
56 ②	57 ①	58 ④	59 ④	60 ③

01 ④

추상 클래스는 자식 클래스의 인스턴스를 생성하는 방식으로 사용되지 않으며, 자식 클래스가 추상 클래스를 상속받아 인스턴스를 생성한다.

02 ①

함수 호출의 기본 방식은 값에 의한 호출(Call by Value)로써 인자로 값을 복사하여 전달하는 방식이다.

03 ②

HTML에서 줄바꿈 태그는 br이다.

오답 피하기

- h1 : 입력된 내용에 가장 큰 제목 스타일을 지정함
- b : 입력된 글자를 굵게(Bold) 표시함
- p : 입력된 내용을 하나의 문단(Paragraph)으로 지정함

04 ①

하나라도 참이면 참, 모두 거짓이면 거짓이 되는 논리 연산은 or(||)이다.

오답 피하기

- && : and
- ! : not

05 ④

사용자 함수에서 결과값을 반환하는 예약어는 return이다.

06 ①

int형은 4byte, 5칸 배열이므로 총 20byte이다.

07 ①

오답 피하기

- char : 문자를 저장할 때 사용하며 작은 따옴표(' ') 안에 표시함
- long : -2,147,483,648 ~ 2,147,483,647 사이의 정수를 표시함
- unsigned : 부호 비트를 제거하여 양수만 표현함

08 ④

모니터의 해상도와 크기는 개발도구 설정과 상관이 없다.

09 ④

키보드로 한 문자를 입력받아 변수에 저장하는 함수는 getchar()이다.

오답 피하기

- gets() : 키보드로 문자열을 입력받아 변수에 저장하는 함수로 [Enter]를 누르기 전까지를 하나의 문자열로 인식하여 저장
- putchar() : 인수로 주어진 한 문자를 화면에 출력하는 함수
- puts() : 인수로 주어진 문자열을 화면에 출력한 후 커서를 자동으로 다음 줄 앞으로 이동하는 함수

10 ①

System.out.println((int)34.5);	//실수 34.5를 정수형으로 변환하여 34가 된다.

오답 피하기

형 변환은 반올림을 하지 않는다.

11 ②

for(int num : arr)	//arr 배열 값을 순서대로 마지막 입력된 값까지 임시 변수 num에 넣고 반복문을 실행하시오.

12 ①

str.trim().length();	//양쪽 끝의 공백을 모두 제거하고, 남은 글자의 개수를 구한다.

13 ③

if(++num1 < 5 || ++num2 > 8)	//||는 or 연산이다. //3이었던 num1이 1 증가하여 4가 되고, 5 미만인가? → 참. 어차피 참이어서 "++num2 > 8"는 실행되지 않는다.

14 ④

목록에 사용하는 태그에는 〈ul〉, 〈ol〉, 〈li〉, 〈dl〉, 〈dt〉, 〈dd〉가 있다.

15 ①

사각형 테두리를 둥글게 만드는 CSS 속성은 border-radius이다.

16 ③

IDE는 통합 개발 환경으로 다양한 기능을 제공한다.

17 ④

JAVA에서 논리값을 저장하는 자료형은 boolean이다.

18 ②

switch 문의 case 값은 유일해야 하며, 중복되면 컴파일 오류가 발생한다.

19 ①

int *p = arr;	//arr[0]의 주소를 포인터 변수 *p에 저장
printf("%d", *p);	//arr[0]의 값을 출력

20 ②

for(i=0; i<=3; i++)	//i는 0부터 시작해서 3 이하를 만족할 때까지 4회 반복
for(j=0; j<4; j++)	//j는 0부터 시작해서 4 미만을 만족할 때까지 4회 반복
System.out.printf("%d ",k);	//k는 4*4 = 16이 된다.

21 ②
GRANT는 DCL(데이터 제어 언어)이다.

22 ②
개체(Entity) = 세그먼트(Segment) : Tree를 구성하는 노드, 정보가 전달되는 단위

오답 피하기
- 망형 : 그래프 형태로 표현하며 레코드 타입 간 관계를 도형으로 표현함
- 관계형 : 표 형태로 구조가 단순하고 사용이 편리하여 가장 많이 사용됨

23 ④

오답 피하기
① 슈퍼키, ② 외래키, ③ 대체키

24 ②
내부 스키마(Internal Schema) = 물리 스키마(Physical Schema) : 데이터의 물리적 저장 구조, 파일 조직, 인덱스, 접근 경로 등을 정의한다.

오답 피하기
- 외부 스키마(External Schema) : 사용자나 응용 프로그래머가 각 개인의 입장에서 필요로 하는 데이터베이스의 논리적 구조를 정의한다.
- 개념 스키마(Conceptual Schema) : 개체 간의 관계와 제약 조건을 나타내고 데이터베이스의 접근 권한, 보안 및 무결성 규칙을 정의한다.

25 ②
실행 중인 데이터베이스 연산 작업을 실행 이전의 원래 상태로 되돌리도록 하는 명령은 ROLLBACK이다.

오답 피하기
- COMMIT : 연산작업 실행 결과를 저장하도록 하는 명령
- GRANT : 생성된 데이터베이스의 사용 권한을 부여
- REVOKE : 부여된 사용 권한을 제거

26 ④

오답 피하기
- INDEX : 데이터를 효율적으로 관리하고 빠르게 검색할 수 있도록 데이터의 위치 정보와 관련지어 유지하는 정보를 말한다.
- SCHEMA : 데이터베이스의 전체적인 구조와 제약 조건에 관한 전반적인 명세를 기술한 것이다.

27 ②
'이거나' 또는 '조건'은 OR이다.

오답 피하기
- AND : 학년이 1학년이고 학과가 컴퓨터인 학생을 검색
- Not In (..) : 괄호 안에 값이 포함되지 않는 데이터를 의미

28 ①
릴레이션에서 속성값의 범위가 정의된 경우 그 속성값은 정해진 범위 이내의 값으로 구성해야 하는 제약 조건을 도메인 무결성이라고 한다.

오답 피하기
- 참조 무결성 : 릴레이션들은 서로 참조할 수 없는 외래키 값을 가질 수 없다.
- 데이터 무결성 : 데이터베이스에 저장된 값과 실제 값이 일치하는 정확성을 의미한다.
- 개체 무결성 : 한 릴레이션의 기본키를 구성하는 어떠한 속성값도 널 값이나 중복 값을 가질 수 없다.

29 ①
개념적 설계에서 만들어진 구조를 논리적으로 구현 가능한 데이터 모델로 변환하는 단계를 논리적 설계라고 한다.

오답 피하기
- 개념적 설계 : 만들고자 하는 데이터베이스를 개념적으로 표현함으로써 구현할 데이터베이스를 정하고, 구성요소를 결정한 후 수행할 작업과 관계를 설계하는 과정
- 물리적 설계 : 실제 기계가 처리하기에 알맞도록 내부 저장 장치 구조와 접근 경로 등을 설계하는 과정

30 ①
DBA의 역할은 스키마 정의, 무결성 제약 지정, 저장 구조·액세스 방법 정의, 권한 관리, 백업/복구, 성능 튜닝 등의 데이터베이스 관리 작업이 핵심이다.

오답 피하기
일반 사용자가 사용할 수 있도록 응용 프로그램을 작성하는 것은 응용 프로그래머의 역할이다.

31 ④
데이터들을 보다 효율적으로 관리하고 빠르게 검색할 수 있도록 데이터의 위치 정보와 관련지어 유지하는 정보를 인덱스(INDEX)라고 한다.

오답 피하기
- VIEW : 실제 데이터가 아닌, SELECT 결과를 이름으로 저장한 가상 테이블
- TABLE : 데이터를 행(튜플)과 열(속성) 구조로 영구 저장하는 기본 객체
- TUPLE : 테이블의 한 행(row, record)

32 ②
트리(Tree)는 비선형 자료 구조이고, 나머지는 선형 자료 구조이다.

33 ④
목표 DBMS에 맞는 스키마 설계는 논리적 설계 단계에서 수행한다.

34 ④

오답 피하기
- 개체(Entity) : 사각형
- 관계(Relationship) : 마름모
- 개체 타입과 속성 연결 : 선, 링크

35 ②
JOIN 연산자 기호는 ⋈이다.

오답 피하기
- ÷ : DIVISION
- π : PROJECT
- ∩ : 교집합

36 ②
스키마, 도메인, 테이블, 뷰, 인덱스를 정의하거나 변경 또는 삭제할 때 사용하는 언어는 DDL(데이터 정의어)이다.

오답 피하기
- DML(데이터 조작어) : 데이터베이스 사용자가 응용 프로그램이나 질의어를 통하여 저장된 데이터를 실질적으로 처리하는 데 사용되는 언어
- DCL(데이터 제어어) : 데이터 보안, 무결성, 회복, 병행 수행 제어 등을 정의하는 데 사용되는 언어

37 ②
CREATE INDEX에서 UNIQUE가
- 사용된 경우 : 중복 값이 없는 속성으로 인덱스를 생성한다.
- 생략된 경우 : 중복 값을 허용하는 속성으로 인덱스를 생성한다.

오답 피하기
- DISTINCT : SELECT 문에서 검색의 결과가 중복되는 레코드는 검색 시 한 번만 표시됨
- RESTRICT : 삭제할 요소를 다른 개체에서 참조하고 있으면 삭제하지 못함
- CASCADE : 삭제할 요소를 참조하고 있는 모든 개체를 연쇄적으로 삭제

38 ①
원자성은 트랜잭션의 연산이 데이터베이스에 모두 반영(Commit)되든지 아니면 전혀 반영되지 않도록 복구(Rollback)되어야 한다는 특성이다.

39 ④
WHERE는 검색 조건을 기술하여 행을 필터링한다.

오답 피하기
SELECT : 조회 대상 컬럼 지정

40 ①
- LIKE는 문자열의 패턴을 비교할 때 사용하는 연산자이다.
- '_' → 한 글자를 대신하는 문자(한_맨 : 한으로 시작하고 맨으로 끝나는 세 글자)
- not like '이%'; → '이'로 시작하지 않는 문자

41 ①
물리 계층은 실제 장비들을 연결하기 위한 연결 장치로써, 0과 1의 비트 정보를 회선에 보내기 위한 전기적 신호 변환한다.

오답 피하기
- 데이터 링크 계층 : 프레임 단위로 전송
- 네트워크 계층 : 패킷 단위로 전송
- 전송 계층 : TCP는 세그먼트, UDP는 데이터그램 단위로 전송

42 ④
프롬프트 상에서 명령어를 직접 입력하여 작업을 수행하는 사용자 인터페이스 방식은 CLI(Command Line Interface)이다.

오답 피하기
- GUI(Graphic User Interface) : 마우스로 아이콘이나 메뉴를 선택하여 작업을 수행하는 그래픽 사용자 인터페이스
- NUI(Natural User Interface) : 사용자의 말이나 행동으로 기기를 조작하는 인터페이스
- OUI(Organic User Interface) : 모든 사물과 사용자 간의 상호작용을 위한 인터페이스

43 ④
- 응용 계층 : HTTP, SMTP, DNS, TELNET, DHCP, FTP
- 전송 계층 : TCP, UDP
- 네트워크 계층 : IP, ARP, RARP, ICMP

44 ④
TCP : OSI 7계층의 전송 계층에 해당하는 프로토콜로, 신뢰성 있는 연결형 서비스를 제공하며, 패킷의 다중화, 순서 제어, 오류 제어, 흐름 제어 기능을 제공하며 전송 단위는 세그먼트이다.

오답 피하기
- UDP : 전송 계층에 해당하는 비연결형 프로토콜로, 데이터그램 단위로 데이터를 일방적으로 전달하는 방식
- IP : 네트워크 계층에 해당하며 패킷 단위로 전송함
- SMTP : 응용 계층에 해당하는 메일 송신 프로토콜

45 ④
OSI 참조 모델의 계층 : 물리 → 데이터 링크 → 네트워크 → 전송 → 세션 → 표현 → 응용

46 ③
교착상태 필요 충분 조건은 선점이 아니라 비선점이다.

47 ④
보안 관리는 커널(Kernel)의 역할이다.

48 ④
지진, 화재 등 재해 시 내부 장비가 손상될 수 있다.

49 ④
경계값 분석은 블랙박스 테스트의 종류에 해당한다.

50 ④
운영체제 성능 평가 요인 : 처리능력(Throughput), 사용가능도(Availability), 응답시간(Turn Around Time), 신뢰도(Reliability)

51 ①
문제에서 설명하는 처리 프로그램은 서비스 프로그램이다.

오답 피하기
- 작업 관리(Job Management) 프로그램 : 작업 스케줄링 · 작업 제어
- 데이터 관리(Data Management) 프로그램 : 파일 및 입출력 관리
- 감시(Supervisor) 프로그램 : 커널/제어 프로그램의 핵심, 자원 관리 · 프로세스 제어

52 ②

최근에 사용하지 않은 페이지를 교체하는 기법은 NUR(Not Used Recently)이다.

> 오답 피하기

LRU(Least Recently Used) : 계수기를 두어 가장 오랫동안 참조되지 않은 페이지를 교체하는 기법

53 ①

> 오답 피하기

- DEL : 파일 삭제
- DIR : 디렉터리, 파일 목록 보기
- VER : 현재 시스템의 운영체제 버전 보기

54 ①

속성을 지정할 때는 +, 해제할 때는 -이다.
- R : 읽기 전용 속성
- A : 저장/백업 속성
- S : 시스템 파일 속성
- H : 숨김 파일 속성

55 ④

Ctrl + Shift 를 누른 채 마우스로 끌어다 놓으면 바로가기 아이콘이 만들어진다.

56 ②

오려두기 단축키는 Ctrl + X 이다.

57 ①

ls는 list의 줄임말로 목록을 의미한다.

58 ④

암호화, 데이터 압축, 코드 변환 등은 표현 계층(프레젠테이션 계층)이다.

> 오답 피하기

- 전송 계층 : 논리적 안정과 균일한 데이터 전송을 가능하게 함
- 응용 계층 : 사용자(응용 프로그램)가 OSI 환경에 접근할 수 있도록 서비스를 제공함
- 물리 계층 : 전송에 필요한 두 장치 간의 실제 접속과 절단 등 기계적, 전기적, 기능적, 절차적 특성에 대한 규칙을 정의함

59 ④

④번은 커널에 대한 설명이다.

60 ③

화이트박스 테스트는 설계된 절차에 초점을 둔 구조적 테스트로 프로시저 설계의 제어 구조를 사용하여 테스트 케이스를 설계한다.

기출 예상문제 04회   2-48p

01 ②	02 ③	03 ③	04 ②	05 ①
06 ③	07 ①	08 ②	09 ④	10 ③
11 ④	12 ①	13 ④	14 ④	15 ④
16 ③	17 ③	18 ④	19 ①	20 ③
21 ①	22 ④	23 ②	24 ②	25 ①
26 ①	27 ③	28 ④	29 ②	30 ③
31 ③	32 ②	33 ③	34 ④	35 ③
36 ③	37 ④	38 ②	39 ②	40 ①
41 ①	42 ②	43 ②	44 ④	45 ④
46 ③	47 ②	48 ④	49 ②	50 ②
51 ②	52 ④	53 ④	54 ③	55 ②
56 ①	57 ③	58 ②	59 ③	60 ③

01 ②

break는 반복문 전체가 종료되고, continue는 해당 반복만 건너뛰고 다음 반복으로 넘어간다.

02 ③

연산 순위 : (-) → (*=)

| a *= 5 - b; | //5와 1인 b를 빼서 4가 된다. → 4와 3인 a를 곱한 12를 a에 준다. |

03 ③

- i는 1부터 10까지 1씩 증가한다. 그 증가되는 값을 r에 누적한다.
- 1+2+3+4+5+6+7+8+9+10 = 55

04 ②

C언어에서는 상수를 만들 때, #define [이름] [데이터] 또는 const [자료형] [이름] = [데이터]를 사용한다.

05 ①

다형성은 같은 인터페이스/메서드 호출이더라도 객체의 타입에 따라 다르게 동작하는 성질을 말한다.

> 오답 피하기

- 메서드 오버로딩 : 하나의 메서드가 여러 개 존재
- 이식성 : 프로그램이 여러 운영체제에서 실행 가능
- 멀티스레드 : 여러 클래스가 동시에 실행

06 ③

[main]	
result = adder(3, 4);	//adder를 호출하며 3과 4를 들려 보낸다.
[adder]	
public static int adder(int num1, int num2) {	//3, 4를 num1과 num2에게 각각 준다.
int addResult = num1 + num2;	//num1과 num2를 더한 7을 addResult에 준다.
return addResult;	//7을 돌려보낸다.

[main]	
result = adder(3, 4);	//함수 adder(3, 4)의 결과 7을 result에 주고 출력한다.

07 ①

Encapsulation(인캡슐레이션, 캡슐화)은 데이터(속성)와 데이터를 처리하는 함수를 하나로 묶는 것으로, 캡슐화된 객체의 세부 내용은 외부에 은폐(정보 은닉)된다.

오답 피하기

- 클래스(Class) : 공통된 속성과 연산(행위)를 갖는 객체의 집합으로, 객체의 일반적인 타입(Type)을 말함
- 메서드(Method) : 객체가 메시지를 받아 실행해야 할 때 구체적인 연산을 정의하는 것
- 인스턴스(Instance) : 클래스에 속한 각각의 객체를 의미함

08 ②

두 비트 중 한 비트만 1일 때 참(true)을 반환하는 연산자는 ^(xor)이다.

오답 피하기

- & : 두 비트가 모두 1일 때만 참을 반환하는 and 연산자이다.
- | : 두 비트 중 하나라도 1일 때 참을 반환하는 or 연산자이다.
- ~ : 1은 0으로, 0은 1로 변환하는 not 연산자이다.

09 ④

오버로딩은 같은 이름의 메서드를 매개변수(파라미터) 형태만 다르게 여러 개 정의하는 것이다. 즉, 메서드 이름은 같지만 매개변수 개수나 타입이 다르면 구분할 수 있다.

오답 피하기

오버라이딩은 상속 관계에서 부모 클래스의 메서드를 자식 클래스가 재정의(덮어쓰기)하는 것으로 메서드 이름, 매개변수(파라미터), 리턴타입이 완전히 동일해야 한다.

10 ③

15와 6의 최소 공배수 알고리즘이다.

for (i = 1; i <= a * b; i++)	//i는 1부터 90(a*b)까지 1씩 증가하며 반복
if (i % a == 0 && i % b == 0) {	//i와 a를 나눈 나머지와 b로 나눈 나머지가 모두 0이면 참이 됨
ans = i;	//i가 30일 때 모든 조건을 만족하여 ans에 30을 준다.
break;	//반복문을 벗어납니다.
printf("%d", ans);	//30인 ans를 출력한다.

11 ④

C언어에서 실수를 표현하는 자료형은 float이다.

오답 피하기

int, byte, short는 모두 정수 자료형이다.

12 ①

배열의 맨 끝에 데이터를 추가하는 데 사용하는 메서드는 push()이다.

오답 피하기

- pop : 맨 끝의 데이터를 삭제
- shift : 맨 처음의 데이터를 삭제
- unshift : 맨 처음에 데이터를 추가

13 ③

- 0b는 2진수를 말하며 2진수 0101을 10진수로 변환하면 5가 된다.
- int a는 10진 정수를 말하므로 a에는 5가 저장된다.

14 ④

stdio.h 파일에 정의되어 있는 함수 중 scanf()는 입력에 사용하는 함수이고, printf()는 출력에 사용하는 함수이다.

15 ④

HTML의 테이블 관련 태그에서 가로 셀을 병합할 때는 colspan 속성을, 세로 셀을 병합할 때는 rowspan을 사용한다.

a	b	c
def		

16 ③

printf("%d", x++);	//5인 x를 출력하고, 1 증가(연산 후 증가)한다.

17 ③

JavaScript에서 변수를 선언할 때 사용하는 예약어는 var이다.

18 ④

C언어에서 자료형에 저장될 음수의 값을 제한하여 더 많은 수의 양수와 0을 저장하도록 해주는 예약어는 unsigned이다.

19 ①

C언어에서 %(나머지 연산자)에 실수를 사용하면 오류가 발생하므로 반드시 정수를 사용해야 한다.

오답 피하기

실수의 나머지를 계산하려면 math.h에 있는 fmod() 함수를 사용하면 된다.

20 ③

break가 없으므로 case 1에서 시작해 아래 case 2, case 3까지 연속 실행한다.

21 ①

데이터의 가장 작은 논리적 단위로서 파일 구조상의 데이터 항목 또는 필드에 해당하는 것을 속성(Attribute)이라고 한다.

오답 피하기

- 카디널리티(Cardinality, 기수) : 튜플의 수를 말함
- 디그리(Degree) : 차수라고도 하며, 속성의 수를 말함

22 ④

오답 피하기
- INSERT : 테이블에 레코드를 추가한다.
- CREATE : 테이블, 인덱스, 뷰를 생성한다.
- SELECT : 사용자가 원하는 조건을 만족하는 자료를 검색한다.

23 ②

속성의 범위는 도메인이다. **예** 성적은 0~100, 성별은 '남', '여'

24 ②

릴레이션 내의 어느 시점에 있는 튜플들의 집합을 인스턴스라고 한다.

25 ①

오답 피하기
- 속성 : 데이터베이스를 구성하는 가장 작은 논리적 단위(필드)
- 인스턴스 : 릴레이션에서 어느 시점까지 입력된 튜플들의 집합
- 릴레이션 : 데이터들을 표(Table)의 형태로 표현한 것

26 ①

관계형 데이터베이스는 표 데이터 모델이라고도 하며, 구조가 단순하고 사용이 편리하여 가장 많이 사용되고 있는 모델이다.

27 ③

뷰를 제거하려면 DROP 문을 사용해야 한다.

28 ④

오답 피하기
- 도메인 : 하나의 어트리뷰트가 취할 수 있는 모든 원자값들의 집합
- 인스턴스 : 특정 시점의 실제 데이터 집합(= 외연, Extension)
- 속성 : 릴레이션의 열(column)

29 ②

- RESTRICT : 다른 테이블이 해당 행을 참조 중이면 변경/삭제를 거부
- CASCADE : 삭제할 요소를 참조하고 있는 모든 개체를 연쇄적으로 삭제

오답 피하기
- REVOKE : 부여된 권한을 해제하는 DCL 명령
- DELETE : 튜플(레코드) 삭제

30 ③

오답 피하기
① 합집합, ② 프로젝션, ④ 교집합

31 ③

오답 피하기
- 관계 무결성 : 릴레이션에 어느 한 튜플의 삽입 가능 여부 또는 한 릴레이션과 다른 릴레이션의 튜플들 사이의 관계에 대한 적설성 여부를 지정한 규정이다.
- 도메인 무결성 : 릴레이션(테이블)에서 속성값의 범위가 정의된 경우 그 속성값은 정해진 범위 이내의 값으로 구성해야 하는 제약 조건이며, 동일한 속성에 대해 데이터 타입과 데이터 길이가 동일해야 한다.
- 개체 무결성 : 한 릴레이션의 기본키를 구성하는 어떠한 속성값도 널 값이나 중복 값을 가질 수 없다.

32 ②

데이터베이스에 저장된 데이터 값과 그것이 표현하는 현실 세계의 실제 값이 일치하는 정확성을 의미하는 것은 무결성이다.

오답 피하기
- 카디널리티(기수) : 튜플의 개수
- 뷰 : 기본 테이블에서 유도되는 가상의 테이블
- 인덱스 : 데이터들을 보다 효율적으로 관리하고 빠르게 검색할 수 있도록 데이터의 위치 정보와 관련지어 유지하는 정보

33 ③

연산의 결과로 새로운 릴레이션이 생성되는 절차적 언어는 관계대수이다.

34 ④

'_'는 한 글자를 대신하는 문자이며, '%'는 모든 글자를 의미한다.

35 ③

자료를 갱신하는 과정에서 정확하지 않거나 일부의 튜플만 갱신되면서 일관성이 없어져 정확한 정보가 파악이 안되는 현상을 갱신 이상이라고 한다.

오답 피하기
- 삽입 이상 : 새로운 데이터를 추가할 때, 필요 이상의 정보를 제공해야 하거나 원하지 않는 정보까지 입력해야 하는 경우에 발생한다.
- 삭제 이상 : 관계 데이터베이스에서 삭제는 튜플 단위로 이루어지는데, 하나의 자료를 삭제할 때 관련된 유용한 데이터, 즉 원하지 않는 데이터까지 함께 삭제될 수 있는 경우에 발생한다.

36 ③

DML(데이터 조작어)에는 SELECT, INSERT, DELETE, UPDATE가 있다.

오답 피하기
- DDL(데이터 정의어) : CREATE, ALTER, DROP
- DCL(데이터 제어어) : COMMIT, ROLLBACK, GRANT, REVOKE

37 ④

정규화의 목적은 새로운 형태의 데이터가 삽입될 때 릴레이션을 재구성할 필요성을 줄이는 것이다.

38 ④

시스템 카탈로그의 내용은 DBMS가 자동 관리하며, 사용자가 INSERT/UPDATE/DELETE 문으로 직접 갱신할 수 없으며, CREATE/ALTER/DROP/GRANT/REVOKE 같은 DDL/DCL 실행 결과로 간접 반영된다.

39 ②

속성(Attribute)의 수는 차수(Degree), 튜플(Tuple)의 수는 카디널리티(Cardinality)를 의미하므로 차수는 5, 카디널리티는 40이다.

40 ①

오답 피하기
- 개념적 설계 : 만들고자 하는 데이터베이스를 개념적으로 표현함으로써 구현할 데이터베이스를 정하고, 구성요소를 결정한 후 수행할 작업과 관계를 설계하는 과정이다.
- 물리적 설계 : 논리적 데이터베이스 구조를 실제 기계가 처리하기에 알맞도록 내부 저장장치 구조와 접근 경로 등을 설계하는 과정으로, 효율적인 기계 처리에 맞도록 설계하는 과정을 말한다.

41 ①

RIP(Routing Information Path Protocol)은 홉 카운트를 Metric으로 설정하여 최적의 경로를 설정하는 소규모용 프로토콜이다.

> 오답 피하기
- SNMP : 네트워크에서 호스트나 라우터, 다른 컴퓨터나 장치들을 감시하고 관리하기 위한 목적으로 사용됨
- HTTPS : SSL 기반 웹 페이지 전송 프로토콜. 전자상거래에서 널리 쓰임
- SSH : 공개키 암호를 사용하여 원격지 시스템에 접근하여 암호화된 메시지를 전송하는 시스템

42 ③

C클래스는 소형 통신망(192~223)으로, 이론적으로 256개의 호스트 사용 가능하지만 2개는 예약이 되어 있기 때문에 실제 사용 가능한 주소는 254개이다.

> 오답 피하기
① A클래스, ② B클래스

43 ②

> 오답 피하기
- 물리 계층 : 실제 장비들을 연결하기 위한 연결 장치
- 네트워크 계층 : 단말 간 데이터 전송을 위한 최적화된 경로 제공
- 전송 계층 : End to End 형태로 송수신 간 신뢰성 있는 통신 보장

44 ③

메일 송신 프로토콜은 SMTP이고, 메일 수신 프로토콜은 POP3이다.

45 ④

이식성(Portability)은 소프트웨어가 다른 환경(운영체제, 하드웨어, 브라우저, DB 등)에서도 큰 수정 없이 실행될 수 있는 능력을 말한다.

46 ③

하이브리드 백업 시스템은 내부와 클라우드를 함께 활용하는 방식으로 관리가 단순하여 소규모 기업에 적합한 백업 시스템이다.

47 ②

경계값 분석은 동치 분할 기법을 보완하기 위한 기법으로, 중간값보다 경계값에서 오류가 발생할 확률이 높다는 점을 이용한다.

> 오답 피하기
- 동등 분할 : 입력 자료에 초점을 맞춰 테스트 케이스(동치 클래스)를 만들고 검사하는 방법
- 원인-효과 그래프 : 입력 조건(원인)과 출력(효과)의 논리 관계를 그래프로 모델링하여 검사하는 방법
- 오류 예측 : 과거 경험과 직관으로 오류가 나기 쉬운 부분을 추정하여 검사하는 방법

48 ④

셸 프롬프트가 작업 디렉터리를 표시하고 있지 않은 경우, 사용자는 pwd 명령어를 사용하여 디렉터리 안의 장소를 알 수 있다.

49 ②

> 오답 피하기
- NETSTAT : 현재 컴퓨터의 네트워크 연결 상태 확인
- IPCONFIG : IP, 게이트웨이, 서브넷 마스크 확인
- NSLOOKUP : 도메인 주소의 IP 또는 IP 주소의 도메인 주소 확인

50 ②

> 오답 피하기
- 병렬 처리 시스템은 여러 개의 회선을 이용하여 한번에 처리하는 방식으로 과거 컴퓨터 주변장치에 연결하는 목적으로 사용되었다.
- 실시간 처리 시스템은 발생한 자료를 즉시 처리하는 것이다.
- 분산 처리 시스템은 지역적으로 분산된 여러 대의 컴퓨터들이 통신망을 이용하여 동시에 작업하는 시스템이다.

51 ②

> 오답 피하기
- tar : 다수의 파일이나 디렉터리를 하나의 파일로 묶는다.
- ls : 현재 디렉터리 내의 파일 목록을 확인한다(도스의 dir).
- chmod : 파일의 사용 권한을 지정한다.

52 ④

- 레지스터(Register) : CPU가 바로 사용할 수 있는 데이터를 저장
- 캐시메모리(Cache Memory) : CPU와 주기억장치 간 속도 차이를 보완

53 ④

불량 섹터를 치료해 주는 것은 디스크 검사의 기능이다.

54 ③

윈도우에서 작업 관리자를 실행하는 키는 [Ctrl]+[Shift]+[Esc]이다.

> 오답 피하기
- [■]+[D] : 바탕화면 표시/숨기기
- [Alt]+[Tab] : 실행 중인 창 전환
- [■]+[E] : 파일 탐색기 열기

55 ②

UDP는 전송 계층과 관련된 프로토콜이다.

56 ①

파티션을 분할하는 명령은 FDISK이다.

57 ③

삭제된 파일이 보관되는 장소는 휴지통이다.

58 ②

UI는 사용자가 쉽게 이해하고 편리하게 사용할 수 있도록 사용자 중심으로 설계되어야 한다.

59 ③

> 오답 피하기
- DIR/P : 페이지 단위로 볼 수 있는 옵션
- DIR/W : 가장 많은 파일을 한 화면에 볼 수 있는 옵션
- DIR/A : 기록 속성이 설정된 목록을 표시하는 옵션

60 ③

> 오답 피하기
- [Alt]+[Tab] : 창(프로그램) 전환
- [Ctrl]+[Esc] : 윈도우 메뉴
- [Ctrl]+[C] : 복사

기출 예상문제 05회

01 ③	02 ④	03 ②	04 ③	05 ④
06 ②	07 ①	08 ③	09 ①	10 ③
11 ③	12 ④	13 ②	14 ①	15 ④
16 ②	17 ①	18 ③	19 ①	20 ④
21 ④	22 ①	23 ④	24 ①	25 ③
26 ④	27 ①	28 ①	29 ①	30 ③
31 ①	32 ①	33 ②	34 ④	35 ②
36 ①	37 ②	38 ③	39 ②	40 ④
41 ②	42 ④	43 ②	44 ④	45 ①
46 ①	47 ②	48 ③	49 ③	50 ④
51 ①	52 ②	53 ②	54 ②	55 ①
56 ③	57 ①	58 ④	59 ④	60 ②

01 ③
객체지향 프로그래밍의 실행 속도가 절차지향보다 항상 빠른 것은 아니다.

02 ④
정보 은닉은 독립성이 있어서 요구사항 등 변화에 따른 수정이 가능하다.

03 ②
프로그래밍 언어에서 값을 저장하는 공간을 변수(Variable)라고 한다.

04 ③
프로그래밍 언어가 기본적으로 가지고 있는 라이브러리는 표준 라이브러리이고, 별도의 파일 설치를 필요로 하는 라이브러리는 외부 라이브러리이다.

05 ④

| String s2 = s1.substring(5); | //5번 인덱스부터 끝까지 가져온다. |
| System.out.print(s2.toUpperCase()); | //모두 대문자로 변환한다. |

오답 피하기
- substring(3, 5) : 인덱스(3)부터 인덱스(5-1)까지 가져온다.
- substring(4) : 인덱스 4부터 모두 가져온다.
- toLowerCase : 모두 소문자로 변환한다.

06 ②

| if(str1.equals(str2)) { | //equals : 대소문자 구분하여 같으면 참, 다르면 거짓을 판별한다. |
| else if(str1.equalsIgnoreCase(str2)) { | //equalsIgnoreCase : 대소문자를 구분하지 않고 참/거짓을 판별한다. |

07 ①
브라우저의 기본
- alert() : 간단한 안내/알림 메시지를 모달 대화상자로 표시
- confirm() : 사용자에게 허가나 동의를 구할 때 사용
- prompt() : 사용자로부터 데이터에 대한 입력이 필요할 때 사용

08 ③
상위 클래스의 메서드와 속성을 하위 클래스가 물려받는 것을 상속이라고 한다.

오답 피하기
- 추상화 : 불필요한 부분을 생략하고 객체의 속성 중 가장 중요한 것에만 중점을 두어 개략화(모델화)하는 것
- 메서드 : 객체에 정의된 연산을 의미(동사)
- 캡슐화 : 데이터와 데이터를 처리하는 함수를 하나로 묶어 인터페이스를 제외한 세부 내용을 은폐(정보 은닉)함으로써 외부에서의 접근을 제한함

09 ①
a가 b보다 크면 max에 a의 값을 저장하고, a가 b보다 크지 않으면 max에 b의 값을 저장하는 if문이다.

| 조건? A : B | //조건이 참이면 A, 거짓이면 B를 수행한다. |

오답 피하기
조건에 맞는 식은 ①번과 ②번이지만, 삼항 연산자의 각 항에는 삼항 연산자보다 우선순위가 높은 대입 연산자나 순서 연산자를 사용하지 못하므로 정답은 ①번이 된다.

10 ③

int *p = arr;	//arr은 &arr[0]와 같은 의미이다.
printf("%d ", *p);	//arr[0]에 있는 값을 출력하고 한 칸 띄우기 한 후
printf("%d", *(p+1));	//arr[1]에 있는 값을 출력한다.

11 ③

| printf("%d", x++); | //5인 x를 출력하고, 1 증가(연산 후 증가)한다. |

12 ④

a = b = 5;	//a와 b에 각각 5를 저장한다.

c = --a % --a
    ① ③ ②
	//① 5였던 a가 1 감소하여 4가 된다.
	//② 4였던 a가 1 감소하여 3이 된다.
	//③ 4와 3을 나눈 나머지 1을 c에게 준다.

d = b++ * b++
    ① ③ ②
	//b의 값은 5이고 ①은 연산 후 증가이므로 5가 사용된 후, b는 6이 된다.
	//② 역시 연산 후 증가이므로 연산에는 6이 사용된 후, b는 7이 된다.
	//③ 5와 6을 곱한 결과 30을 d에게 준다.

13 ②
"java".equals("Java")는 대소문자를 구분하여 내용이 동일할 때만 true를 반환한다. "java"와 "Java"는 첫 글자 대소문자가 달라 false가 반환된다.

14 ①
Java의 배열 클래스의 속성인 length는 배열 요소의 개수를 가리킨다. 1차원 배열에서는 배열 전체의 요소 수를 가리키지만, 2차원 배열에서는 사용 방법에 따라 length가 가리키는 값이 달라진다.

오답 피하기
- a.length : 2차원 배열 a의 행 수(2)이다.
- a[0].length : 2차원 배열 a의 첫 번째 행에 속한 요소의 수(3)이다.

15 ④

오답 피하기

- 8_dei : 변수명의 첫 글자로 숫자를 사용할 수 없다.
- while : 예약어는 변수명으로 사용할 수 없다.
- di sum : 변수명 중간에 공백을 사용할 수 없다.

16 ②

오답 피하기

- stdio.h : 데이터의 입출력에 사용되는 기능들을 제공함
- stdlib.h : 자료형 변환, 난수 발생, 메모리 할당에 사용되는 기능들을 제공함
- time.h : 시간 처리에 사용되는 기능들을 제공함

17 ②

⟨framset⟩으로 분할한 영역에 ⟨frame⟩ 태그가 적용되는 순서

- 화면을 가로로 분할한 경우 : 위쪽 → 아래쪽
- 화면을 세로로 분할한 경우 : 왼쪽 → 오른쪽

⟨FRAMESET cols="50%, 50%"⟩	//화면을 세로 기준 50:50으로 분할하여 2개의 프레임으로 만든다.
⟨FRAMESET rows="50%, 50%"⟩	//화면을 가로 기준 50:50으로 분할하여 2개의 프레임으로 만듭니다. 위에서 세로로 분할했으므로 왼쪽 프레임에서 수행한다.

18 ③

오답 피하기

- \n : 다음 줄 처음으로 이동
- \r : 커서를 현재 줄 처음으로 이동
- \t : 커서를 일정 간격만큼 띄워서 이동

19 ①

C와 C++에서는 Make 또는 CMake를 사용해 빌드를 자동화한다.

오답 피하기

②는 Java, ③은 Python, ④는 Node.js

20 ④

String str = "LOrem/ipsum/can/sit";	//문자열 변수 str에 'LOrem/ipsum/can/sit'를 넣는다.
String[] a = str.split("/");	//"/" 문자를 구분자로 잘라 a 배열에 저장한다. a[0] a[1] a[2] a[3] LOrem ipsum can sit
System.out.print(a[3]);	//a[3] 위치의 값을 출력한다.

21 ④

형식 : UPDATE [테이블] SET [수정] WHERE [조건];

22 ③

테이블 자체를 삭제하는 명령은 DROP이다.

오답 피하기

테이블은 그대로 두고 내용을 삭제하는 명령은 TRUNCATE이다.

23 ④

ALTER는 DDL(데이터 정의어)이고, 나머지는 DML(데이터 조작어)이다.

24 ①

대체키 : 후보키들 중 기본키로 채택되지 않은 나머지 키

오답 피하기

- 슈퍼키 : 유일성만 만족(여분 속성 포함 가능) → 최소성은 없음
- 외래키 : 다른 릴레이션의 기본키/고유키를 참조하는 키(참조 무결성 보장)
- 후보키 : 유일성+최소성을 모두 만족하여 기본키가 될 수 있는 키들의 집합

25 ③

정렬 옵션에서 오름차순은 ASC이고, 내림차순은 DESC이다.

26 ④

트랜잭션 모델링은 개념적 설계 단계에서 수행한다.

27 ②

문자를 가변적인 길이로 지정하는 명령은 VARCHAR이다.

28 ①

관계형 데이터베이스 모델

- 표 데이터 모델이라고도 하며, 구조가 단순하고 사용이 편리하여 가장 많이 사용되고 있는 모델이다.
- 1:1, 1:n, n:m 관계를 자유롭게 표현할 수 있다.

오답 피하기

- 개체-관계 모델 : 개체 타입과 이들 간의 관계 타입을 이용해 현실 세계를 개념적으로 표현한 데이터 모델이다.
- 계층형 데이터 모델 : 트리 구조를 이용해서 데이터 상호관계를 계층적으로 정의한 것으로 일대다(1:n)의 대응 관계로 이루어진 구조이다.
- 네트워크형 데이터 모델 : CODASYL이 제안한 것으로, 그래프를 이용해서 데이터 논리 구조를 표현한 데이터 모델이다.

29 ④

형식 : GRANT 권한_리스트 ON 개체 TO 사용자 [WITH GRANT OPTION];

오답 피하기

WITH GRANT OPTION : 부여받은 권한을 다른 사용자에게 다시 부여할 수 있는 권한을 부여한다.

30 ③
트랜잭션(Transaction)이란 데이터베이스에서 하나의 논리적 기능을 수행하기 위한 작업의 단위로, 데이터베이스 관련 연산의 가장 기본적인 단위이다.

> 오답 피하기
- Commit : 데이터베이스 관련 연산작업 실행 결과를 저장하도록 하는 명령
- Rollback : 데이터베이스 조작 작업이 비정상적으로 종료되었을 때 원래의 상태로 복구하도록 하는 명령
- Revoke : 부여된 사용 권한 제거

31 ①
관계형 데이터베이스에서 가장 작은 논리적 단위는 속성이다.

32 ①
실행 이전의 원래 상태로 되돌리도록 하는 명령은 ROLLBACK이다.

33 ②
참조 중일 때 제거를 취소하는 명령은 RESTRICT이다.

34 ④
데이터가 존재하지 않는 상태를 NULL이라고 한다.

35 ②
연락처가 입력되지 않았다는 것은 NULL을 의미한다.

36 ①
SELECT 문에서 중복되지 않게 검색하는 명령은 DISTINCT이다.

37 ②
인덱스 생성 시 중복을 배제하는 명령은 UNIQUE이다.

> 오답 피하기
- DISTINCT : SELECT 검색의 결과가 중복되지 않도록 함
- CASCADE : 참조하고 있는 모든 개체를 연쇄적으로 삭제함

38 ③
트랜잭션의 연산이 성공적으로 끝났음을 선언하는 연산은 COMMIT이다.

> 오답 피하기
- ROLLBACK : 비정상적으로 종료되었을 때 원래의 상태로 복구함
- REVOKE : 데이터베이스 사용자의 사용 권한을 취소함

39 ②

> 오답 피하기
- 외부 스키마 : 사용자나 응용 프로그래머가 각 개인의 입장에서 필요로 하는 데이터베이스의 논리적 구조를 정의한 것
- 내부 스키마 : 물리적 저장장치의 입장에서 본 데이터베이스 구조를 정의한 것

40 ④
도부이결다조
- 도 : 도메인이 원자값(1정규형 만들기)
- 부 : 부분적 함수 종속 제거(1에서 2정규형)
- 이 : 이행적 함수 종속 제거(2에서 3정규형)
- 결 : 결정자이면서 후보키가 아닌 것 제거(3에서 BCNF)
- 다 : 다치 종속 제거(BCNF에서 4정규형)
- 조 : 조인 종속성 이용(4에서 5정규형)

41 ②
IPv4 주소는 4옥텟(각 8비트)으로 구성되어 총 32비트이다.

> 오답 피하기
IPv6는 128비트입니다.

42 ④
TCP와 달리 정보를 보내거나 받는다는 신호 절차를 거치지 않고, 보내는 쪽에서 데이터그램 단위로 데이터를 일방적으로 전달하는 방식은 UDP이다.

> 오답 피하기
- RIP : 최적의 경로를 설정하는 소규모용(15홉 제한) 프로토콜로써, 거리 벡터 알고리즘 사용, 30초 주기로 정보 갱신
- FTP : 파일을 전송하기 위한 프로토콜
- DHCP : IP 주소를 동적으로 할당하는 프로토콜

43 ②
증분 백업 방식은 마지막 백업 이후 변경분만 저장하는 방식이다.

44 ④
프로토콜(Protocol) : 서로 다른 기기/시스템 간 데이터 교환을 표준화한 통신 규약(형식, 순서, 오류 제어 등)

> 오답 피하기
- 클라이언트 : 서비스를 요청하는 주체
- 터미널 : 입력/출력 장치 또는 단말
- 링크 : 두 노드를 잇는 전송 경로

45 ①

> 오답 피하기
- 회복 테스트 : 장애·오류·중단 후 정상 복구 능력과 데이터 무결성 유지를 검증
- 성능 테스트 : 응답시간, 처리량, 동시 사용자, 자원 사용량 등을 측정해 성능 목표 충족 여부 확인
- 화이트박스 테스트 : 코드의 내부 구조/로직을 기준으로 검사, 문장/분기/경로 커버리지를 목표로 테스트 케이스 설계

46 ①
디자인 전문가에 의해 수행되는 테스트 기법은 휴리스틱 평가이다.

> 오답 피하기
- 페이퍼 프로토타입 : 종이로 해당 서비스를 만들어 실제 구현되는 것처럼 표현
- 선호도 평가 : 사용자의 감성을 분석하기 위해 과학적인 시점에서 객관적으로 해석
- 성능 평가 : 개발의 마지막 단계에서 학습성, 효율성, 기억용이성, 오류, 만족도 등을 평가하여 성능 개선

47 ②
- 스풀 : 디스크 일부를 버퍼처럼 사용, 주변장치가 CPU에 비해 느려서 발생하는 대기시간을 줄이기 위해 고안된 기법
- 스풀링 : 스풀을 적용하는 일, 스풀(저장공간)을 채우는 동작

48 ②
언어 번역, 서비스 프로그램은 처리 프로그램이다.

49 ③

ipconfig로 IP, 게이트웨이, 서브넷 마스크 확인이 가능하다.

> 오답 피하기

PING : 네트워크 연결 여부 확인

50 ③

네트워크 계층 : 발신지·목적지의 논리 주소(IP) 부여, 라우팅을 통해 패킷을 최종 목적지까지 전달

> 오답 피하기

- 물리 계층 : 비트 전송
- 데이터 링크 계층 : 프레임화, MAC, 에러 검출
- 세션 계층 : 세션 설정, 유지, 종료

51 ①

IP 계층에 속하는 프로토콜은 IP, ICMP, IGMP, ARP, RARP 등이 있다.

> 오답 피하기

SMTP, HTTP는 응용 계층, UDP는 전송 계층에 속한다.

52 ②

소프트웨어 테스트 순서 : 단위 테스트 → 통합 테스트 → 시스템 테스트 → 인수 테스트

53 ④

디스크 검사 수행 시, 사용할 수 있는 공간(사용 가능한 공간)을 확인할 수 있다.

54 ②

윈도우는 FAT, NTFS 파일 시스템을 지원한다.

55 ①

명령 해석은 쉘, 관리는 커널이다.

56 ③

유닉스는 C언어로 작성되어 이식성과 확장성이 높다.

57 ①

cd는 디렉터리 위치를 변경하는 명령어이고, 파일 복사 명령은 cp이다.

58 ④

속성 지정은 +, 해제는 -이고, 읽기 속성은 R이다.

59 ④

FC는 두 개의 파일을 비교하여 그 차이를 나타내는 명령어이다.

60 ②

파일 삭제를 취소하는 명령은 UNDELETE이다.

> 오답 피하기

- DELETE : 파일을 삭제하는 명령
- FDISK : 디스크 파티션을 생성/삭제/관리하는 명령